DICTIONNAIRE ÉCONOMIQUE ET SOCIAL

100 articles thématiques
1500 définitions

JANINE BREMOND

Maître de conférences
à l'Institut d'Études politiques de Paris

Professeur de
Sciences économiques et sociales

ALAIN GÉLÉDAN

Professeur de
Sciences économiques et sociales

5e édition augmentée

HATIER

Définition

 Attention, remarque méthodologique importante

 Corrélat

© HATIER PARIS, juin 1990

ISBN 2-218-**02591.**4

PRÉSENTATION DE L'OUVRAGE

Une information simple
sur le vocabulaire économique et social

Qu'est-ce que l'inflation, le SMIC, le sous-développement, un syndicat?... La très grande majorité des Français connaît mal le vocabulaire économique de base... c'est du moins ce que semblent montrer les très officielles enquêtes du CERC. Cette méconnaissance se comprend aisément, mais elle est grave. Elle se comprend parce que le vocabulaire est presque toujours « supposé connu », en particulier par les *mass media,* ce qui en rend l'acquisition très difficile, si ce n'est de façon intuitive et donc imprécise, quand ce n'est pas inexacte.

Comment peut-on suivre de façon critique une analyse si les notions dont on parle sont floues ou si le sens des mots utilisés est mal perçu? Quand on nous affirme qu'il y a 2 200 000 ou 2 500 000 chômeurs, compte-t-on les jeunes à la recherche d'un premier emploi, les travailleurs obligés de réduire leur temps de travail habituel?... Quand le gouvernement annonce une hausse des prix de 3 % en un an et la C.G.T. de 5 %, qui a raison? La question n'est pas indifférente pour le salarié à qui l'on propose 4 % d'augmentation. La réponse implique que l'on sache non seulement ce qu'est l'INSEE ou la CGT, mais aussi ce qu'est un indice des prix et comment chacune de ces institutions le calcule.

Cet ouvrage voudrait contribuer à répondre à ce besoin d'information simple sur le vocabulaire économique et social; être un auxiliaire de lecture, en présentant sous une forme aussi claire que possible les notions essentielles des Sciences économiques et sociales. Le terme « lecture » doit être entendu ici au sens large, c'est-à-dire en y incluant aussi bien la compréhension d'émissions de radio ou de télévision que celle de journaux, de livres économiques ou politiques et même l'assimilation d'un cours d'initiation aux Sciences sociales.

Les langages en Économie et en Sciences sociales

Les mots vivent et meurent. Ils entretiennent les uns avec les autres et dans leur rapport avec le monde réel des relations complexes. Avant l'invention de la télévision, le mot « télévision » n'existait pas. A un objet nouveau correspond logiquement un terme nouveau. Mais l'extension du vocabulaire n'est pas seulement liée à des transformations du monde dans lequel nous vivons. Jusqu'à la découverte scientifique du « vide » on ne distinguait pas l'espace transparent empli d'air, du vide proprement dit. Un même mot était utilisé pour signifier ce que nous savons être deux réalités différentes l'une de l'autre. L'analyse scientifique a forgé un mot nouveau et le mot facilita ensuite la progression dans l'analyse du réel.

Une illustration célèbre de cette liaison entre les mots et les analyses théoriques est celle du « flogiston ». Avant la mise en évidence du « principe de la combustion », tel qu'on l'explique actuellement, on expliquait la diminution de volume des corps lorsqu'ils brûlaient par l'existence d'un corps particulier qui « sortait des choses ». Cette analyse de la combustion impliquait qu'un mot nouveau fût créé pour désigner ce corps. Ce fut le « flogiston ». L'explication actuelle de la combustion n'a pas besoin d'un tel terme et le mot « flogiston » a disparu du vocabulaire courant du physicien.

Une analyse nouvelle tend à affiner le langage existant, à produire ses propres concepts. Ceci explique que dans le domaine qui nous intéresse ici, l'économique et le social, il existe un nombre important de mots qui ne sont utilisés que dans le cadre d'une analyse précise.

Si la valeur d'une théorie ne peut pas se juger à son seul langage et si trop d'études actuelles ont pour unique originalité l'utilisation d'un vocabulaire obscur, il n'en reste pas moins que plus la logique de deux analyses diverge, plus les mots dont elles ont besoin diffèrent. Ceci explique que les plus grandes différences de vocabulaire en théorie économique et sociale soient celles qui séparent l'analyse « libérale » et l'analyse « marxiste ». C'est pourquoi, plutôt que de chercher une fausse homogénéité de définition, nous avons choisi, dans tous les cas où elle n'existe pas réellement, de présenter plusieurs définitions, en les restituant dans leur cadre d'analyse (keynésienne ou néo-classique...).

Pour les éléments unifiant le langage économique et social, nous avons souvent donné une place essentielle aux vocabulaires de l'INSEE, de l'INED, du CREDOC et du CERC... indispensables à la compréhension des documents, en particulier des données statistiques, élaborés par ces organismes.

La réalité sociale est globale

La réalité est à la fois économique, sociale et politique. Ceci est vrai tant au niveau de la perception des problèmes que de l'analyse des mécanismes eux-mêmes. Les nationalisations sont à la fois un fait juridique, économique, politique, historique... La division du social en économique, sociologique... est sans doute une nécessité pratique. Mais, cette division n'est acceptable que si les interdépendances majeures entre le politique, l'économique et le social sont systématiquement prises en compte. C'est pourquoi il nous a paru indispensable dans cet ouvrage centré sur l'économie de définir les termes les plus fondamentaux de science politique, de sociologie et de démographie...

Organisation matérielle de l'ouvrage

Ce livre présente par ordre alphabétique près de 100 mots-clés qui incluent des familles de mots couramment utilisés en Économie et en Sciences sociales soit plus de 1 500 définitions. Sans doute d'autres choix auraient-ils pu être faits.

Pour faciliter l'usage de ce vocabulaire, nous avons introduit un système de renvois permettant de retrouver des termes proches ou complémentaires.

Enfin, nous avons regroupé des blocs de mots, de façon à ne pas isoler des termes dont la compréhension est plus aisée lorsqu'elle se situe dans un ensemble cohérent.

Pourquoi regrouper les mots par article ?

Il est souvent difficile de comprendre réellement le sens d'un mot dont on vient pourtant de lire la définition. Ce paradoxe renvoie à la nature des définitions qui, le plus souvent, impliquent la connaissance d'autres termes économiques ; de corrélats en corrélats, le lecteur d'un dictionnaire classique, dont les mots sont juxtaposés par ordre alphabétique, cherchera vainement à comprendre.

La construction du présent dictionnaire, dans lequel **une famille de mots** est regroupée pour constituer un article, repose sur une longue pratique de l'enseignement de l'Économie et des Sciences sociales, tant auprès de lycéens que d'étudiants plus avancés, qui néanmoins éprouvent souvent de réelles difficultés à maîtriser le vocabulaire économique et social.

Cette pratique montre que pour permettre une véritable assimilation du vocabulaire, il est indispensable de donner des **chaînons logiques** reliant les différents mots entre eux et de définir les **structures logiques** dans lesquelles ils s'intègrent.

Ces chaînons et ces structures logiques se situent à différents niveaux :

1. Chaînon d'assimilation qui repose sur l'utilisation de l'**exemple** et du **schéma...**

2. Chaînon analytique qui s'appuie sur une recherche systématique des **progressions logiques** dans l'acquisition du vocabulaire, permettant, en particulier, de limiter le renvoi à d'autres notions supposées connues. On ne peut pas comprendre par exemple ce qu'est le « Produit intérieur brut » sans savoir ce qu'est la « valeur ajoutée ».

• Par ailleurs, la compréhension du vocabulaire est souvent **cumulative** et en **spirale.** La connaissance de plusieurs termes proches renforce la maîtrise de chacun d'entre eux. L'expression « prix de seuil » s'éclaire, inséré dans l'article C.E.E.. Inversement, la réalité de la C.E.E. devient plus perceptible quand on définit l'ensemble du vocabulaire qui s'y rapporte (agriculture, monnaie, etc.).

• Enfin, pour être efficacement utilisé, le vocabulaire a besoin d'être **structuré.** Tel terme renvoie-t-il au vocabulaire de la théorie économique ou à celui des statisticiens? Et, dans le premier cas, est-il utilisé par les keynésiens, les libéraux, les marxistes...? Quelle est la place de cette notion ou de ce concept dans l'ensemble de l'analyse concernée?...

Cet ouvrage est adapté au **travail sur document.** Généralement un dossier concerne un thème et les articles du dictionnaire correspondent à cette logique. Si, par exemple, le dossier porte sur l'inflation, le lecteur retrouvera en un seul article le vocabulaire correspondant à son sujet d'étude (déflation, stagflation, etc.).

Un index efficace

Pratiquement, s'il s'agit de connaître **un mot précis,** l'index en fournit immédiatement la page. Le lecteur trouvera le mot recherché situé dans son **contexte,** ce qui permet d'élargir la notion et fournit généralement les **autres mots nécessaires à la compréhension de l'ensemble étudié.**

ACCULTURATION

L'Africain chargé de responsabilités revêt le plus souvent le costume occidental, la cravate, et sur son lieu de travail adopte les attitudes, les gestes, les façons de voir et de parler du système universitaire européen. Le soir, en famille, il peut porter l'habit africain et quitter, avec le vêtement du jour, la langue européenne souvent liée au travail pour parler celle de son expression affective. Ce comportement est le fruit d'un processus d'acculturation.

En revanche, si un avion s'écrase dans la brousse et qu'une tribu l'insère dans ses divinités, l'intègre dans son système de croyances fétichistes, il n'y aura pas acculturation. Dans ce cas, les modèles culturels occidentaux ne sont ni connus, ni même observés de loin, les éléments fonctionnels de l'avion et la société technique dont il est issu, n'interviennent nullement dans son utilisation symbolique.

L'acculturation suppose le contact prolongé entre deux cultures mais ne se réduit pas à ce contact.

Qu'est-ce que l'acculturation? (Sens sociologique)

Pour parler d'acculturation, il faut que :

1. Les emprunts résultent d'un **contact prolongé, d'une observation et d'ajustements entre deux systèmes culturels.** Pour que les modèles culturels puissent être perçus, il faut l'observation d'une multitude de gestes, d'événements, la connaissance des façons de voir, de penser.

2. Les contacts entre les communautés doivent être **directs.** Les modèles culturels étant des modèles de comportement, il faut, pour que les emprunts affectent une culture, qu'un nombre suffisant d'observations et de contacts immédiats permettent d'imiter, de transformer les règles. Les normes d'une culture étant le plus souvent inconscientes, on ne peut les transmettre par simple explication.

3. Il faut **une réinterprétation** de ce qui est emprunté. Dans la mesure où la culture est une totalité, et qu'elle a pour but de donner des modèles de comportement et de systématiser une vision du monde, l'acculturation oblige à transformer ce qui est emprunté. Ainsi la christianisation des Noirs a amené des christianismes particuliers (Jésus peut être présenté sous les traits d'un homme noir...).

4. Il faut qu'il y ait **emprunt de traits culturels,** donc de façons de voir, de sentir, d'agir à l'égard des choses et du réel. L'outil, ou la machine, occidental utilisé par le paysan ne provoque l'acculturation **que si ceux-ci modifient sa façon de concevoir le temps, son rapport avec la nature, sa position à l'égard de l'argent et de l'utilisation de sa production, ainsi que ses rapports avec les autres...**

Il y a acculturation au sens sociologique si les propositions 1, 2, 3, 4 sont vérifiées.

Les situations de l'acculturation

La colonisation de peuplement, les communautés d'immigrés, les migrations collectives lors des vacances, permettent à des cultures diverses de s'observer, de se rencontrer, mais aussi de se heurter. Ces situations ont en commun d'engager dans la durée des nombres assez considérables de groupes qui transportent avec eux toute une culture qu'ils vont vivre en commun au sein d'une culture différente. Ainsi, les foyers africains vont conserver souvent les anciennes hiérarchies, les coutumes alimentaires, maintenir un contrôle social sanctionnant ceux qui rompent avec la religion...

Les enjeux de l'acculturation

Le processus d'acculturation a souvent un enjeu social : assimiler une culture étrangère, faire produire selon certaines règles... Ainsi, le temps occidental ponctué par l'horloge, les sonneries, les rendez-vous,... En Orient au contraire, traditionnellement, le temps est d'abord consacré aux gens que l'on rencontre et les entreprises ont eu beaucoup de difficulté à obtenir la ponctualité et la prééminence de la tâche à accomplir sur les obligations conviviales.

Notons que souvent le processus d'acculturation est le fruit d'un enjeu social : assimiler, faire produire selon certaines règles.

La contre-acculturation

La contre-acculturation refuse la dépendance et tente de réaliser un « retour aux sources » : cultures régionales, langues orales, fêtes traditionnelles seront la base de réactions et d'opposition à l'acculturation... Aux cheveux décrêpés succédera la coiffure « afro » mettant en valeur la spécificité des Noirs ; « *black is beautiful* » répond à la fascination du monde blanc.

Les femmes les plus modernes d'Iran ont manifesté contre l'occidentalisation forcenée du régime du Shah en portant le tchador, voile opaque masquant le visage, signe de la femme islamique recluse, réservée au regard de son époux. Puis, ces mêmes femmes, revendiqueront face aux nouveaux maîtres, instaurant strictement les règles culturelles de l'Islam, la liberté d'avoir le visage découvert.

La contre-acculturation est souvent à la fois **une redécouverte de la culture passée** et aussi **une inversion des symboles** de la culture étrangère honnie.

L'acculturation planifiée

Si la contre-acculturation est souvent le fait d'une révolte, **l'acculturation est parfois le fait d'un État, d'un pouvoir central désirant gommer les différences, généraliser ses normes.** L'État jacobin, par exemple, interdit l'usage des dialectes régionaux, privilégie la mémoire nationale aux dépens des faits régionaux. L'acculturation planifiée opère la transformation des façons de voir, de sentir et d'agir non conformes au modèle dominant. Le pouvoir exerce ainsi une violence symbolique.

L'acculturation au sens psycho-sociologique

Un sens psycho-sociologique, différent de celui exposé ici, définit l'acculturation comme **l'apprentissage du système culturel lors du processus de formation de la personnalité.** Tout enfant connaîtrait en ce sens l'acculturation. Les sociologues préfèrent parler d'enculturation pour désigner l'apprentissage des normes des valeurs, des attitudes et des connaissances caractérisant une culture.

ACCUMULATION

Qu'est-ce que l'accumulation?

Accumulation dans son usage le plus courant est synonyme d'amoncellement, d'augmentation progressive d'un bien.

En économie, cette notion est utilisée plus restrictivement surtout par les marxistes. Les libéraux préfèrent le terme d'investissement ou ne l'utilisent qu'accompagné d'un qualificatif. Dans ce cas le terme reprend son sens courant.

La notion d'accumulation est une notion-clé de l'analyse marxiste. Pour l'expliciter, prenons un exemple :

Si la production de 1 000 unités d'une marchandise demande les dépenses suivantes : salaire 50 000 F, matériel 20 000 F, les marchandises étant vendues 100 000 F, l'entrepreneur a un profit de 30 000 F. Ce profit pourra être soit utilisé pour sa consommation personnelle soit réinvesti dans l'entreprise.

Dans la première hypothèse (consommation de la totalité du profit), il pourra, dans la période suivante, continuer à produire à la même échelle, c'est-à-dire 1 000 unités, en réutilisant 50 000 F pour les salaires et 20 000 F pour le matériel. Son profit restera constant si le contexte général reste stable (état de la technique, de la concurrence, du rapport de forces travailleurs et patronat...). **Il n'y aura pas accumulation** mais reproduction de la situation antérieure. Marx qualifie un tel processus de « **reproduction simple** ». En revanche, si le capitaliste investit ces 30 000 F de profit, il pourra, dans la plupart des cas, augmenter la production de la période suivante et corrélativement ses profits. Il y aura ici accumulation et **reproduction élargie.**

L'accumulation sous sa forme la plus générale est la création des conditions permettant d'atteindre un accroissement de la production.

Ce n'est donc pas simplement l'élargissement du stock de machines, de bâtiments, mais aussi la formation de nouvelles connaissances scientifiques et techniques, les améliorations apportées à la qualification de la main d'oeuvre et les transformations dans l'organisation du travail permettant d'obtenir une production élargie.

Diversité des formes d'accumulation

L'accumulation extensive désigne un mode d'accumulation où l'obtention d'une production supplémentaire se traduit par une augmentation quantitative, proportionnelle au capital dépensé.

L'accumulation intensive correspond à un mode d'accumulation qui recherche un usage plus efficace des facteurs employés. Une production plus importante en valeur est réalisée sans augmenter en proportion le capital engagé. Les gains de productivité sont le vecteur de l'accumulation intensive.

L'accumulation progressive est, pour W. Andreff, un mode d'accumulation qui engage un développement extensif au niveau international (exportation de capitaux dans le Tiers-Monde...) et en même temps intensifie l'accumulation dans les pays économiquement les plus avancés.

Accumulation primitive

Pour Marx, « le capitaliste ne s'enrichit pas comme le paysan et l'artisan indépendants, proportionnellement à son travail et à sa frugalité personnels, mais en raison du travail gratuit qu'il absorbe et du renoncement à toutes les jouissances de la vie imposé à tous ses ouvriers ».

Comment le capitalisme a-t-il trouvé les moyens de se développer? Si l'accumulation du capital explique son développement cumulatif, la question de l'origine n'en est pas résolue pour autant.

Marx répond à cette question par l'analyse de **l'accumulation primitive.** La production capitaliste suppose réalisées un certain nombre de conditions : établissement de la propriété privée, existence de personnes ne disposant que de leur force de travail... Marx insiste sur la violence, l'expropriation légale, et les rapports de force qui ont marqué la formation du mode de production capitaliste qui par la suite, au contraire, niera l'usage de la violence, au profit du respect de la propriété privée : « Ainsi donc ce qui gît au fond de l'accumulation primitive du capital, au fond de sa genèse historique, c'est l'expropriation du producteur immédiat, c'est la dissolution de la propriété fondée sur le travail personnel de son possesseur »

L'accumulation primitive est donc selon Marx le processus de création des conditions de développement du système capitaliste C'est essentiellement la constitution entre les mains d'un groupe donné, de moyens financiers suffisants pour disposer des moyens de production, et d'un autre côté l'expropriation de la masse des paysans ne disposant plus que de leur force de travail.

☞ CROISSANCE, CAPITAL, INVESTISSEMENT

ACTUALISATION

Actualiser, au **sens courant,** signifie rendre actuel : ainsi une pièce de théâtre classique sera réinterprétée par le metteur en scène en fonction des préoccupations du moment ; les statistiques d'un ouvrage seront modifiées en fonction des dernières données connues... **Le sens économique** et financier du terme actualisation, beaucoup plus précis que le précédent, garde de celui-ci l'idée que le temps est essentiel en économie et qu'il faut rapporter au présent des choix économiques qui se déroulent dans la durée.

Qu'est-ce que l'actualisation?

Une nécessité pour tous, particuliers et entreprises...

Le chauffage électrique coûte moins cher à l'installation mais implique des dépenses annuelles très importantes, alors que le chauffage solaire coûte beaucoup plus cher à l'installation, mais son utilisation ultérieure ne nécessite aucun achat de combustible. Pour rendre comparables ces deux projets, se chauffer à l'électricité ou se chauffer au solaire, on peut actualiser, c'est-à-dire **rapporter au présent toutes les dépenses qui s'étalent très différemment dans le temps.**

Le choix du taux

Pour réaliser cette actualisation il faut définir une certaine équivalence entre deux sommes d'argent. Ainsi, je peux estimer que 11 000 F dans un an sont équivalents à 10 000 F aujourd'hui ; mais une autre personne peut retenir une règle différente et estimer que ce n'est pas 11 000 F qui sont équivalents à 10 000 F d'aujourd'hui mais 12 000 F. Les modalités d'appréciation retenues peuvent varier mais l'actualisation suppose toujours une norme d'évaluation permettant de définir la valeur actuelle d'une somme qui ne sera disponible que dans le futur.

L'indicateur permettant de passer d'une valeur future à une valeur actuelle est généralement présenté sous forme de taux, on parle alors de taux d'actualisation. Dans les cas précédents, le taux d'actualisation est de 10 % dans le premier cas, de 20 % dans le second. Le **taux d'actualisation** mesure donc la préférence pour le présent par rapport au futur.

Signification pratique du taux d'actualisation

Préférence pour le présent ⸺

Le taux d'actualisation mesure **la préférence pour le présent.**

Ainsi, 100 F aujourd'hui, si le taux d'actualisation est de 10 %, ont une valeur équivalente à 100 F + (100 F × 10 %) donc 100 (1 + 10 %) F l'année suivante... et 100 (1 + 10 %)^2 F « la deuxième année... soit 100 (1 + 10 %)^n F la nième année.

En sens inverse, une somme qui vaut 100 F dans un an vaudra aujourd'hui :

$$100 \text{ F} \times \frac{1}{(1 + 10\%)} = 90,90 \text{ F}...$$

et une somme de 100 F dans n années vaudra présentement :

$$100 \text{ F} \times \frac{1}{(1 + 10\%)^n}$$

En général une somme S, l'année n, pour un taux d'actualisation de t, vaut, actualisé,

$$S \times \frac{1}{(1 + t)^n}$$

Choix entre les projets

Considérons deux projets dont les coûts se répartissent différemment dans le temps. Le projet A est plus *capitalistique* (plus d'investissements mais moins de frais d'exploitation, de main-d'oeuvre...) que le projet B. Selon le taux d'actualisation retenu, le projet le plus avantageux changera :

PROJET A	Année 1	Année 2	Année 3	Valeurs actualisées totales
Recettes moins coûts	− 900	− 400	800	
Taux d'actualisation 10 %	− 900	360	648	+ 108
30 %	− 900	280	392	− 228
PROJET B				
Recettes moins coûts	− 20	20	20	
Taux d'actualisation 10 %	− 20	18	16,2	+ 14,2
30 %	− 20	14	9,8	+ 3,8

Le projet A avec un taux d'actualisation « faible » (10%) donne un solde positif supérieur au projet B, tandis que le taux d'actualisation de 30% rend déficitaire le projet A, le projet B restant positif et donc supérieur à A. Plus généralement, un taux d'actualisation faible favorise les projets les plus capitalistiques (plus longs à amortir).

☞ AMORTISSEMENT, ÉPARGNE, INVESTISSEMENT

ALIÉNATION

Au sens courant, l'aliéné est un malade mental, un « fou ». Ce sens n'est pas sans rapport avec la signification étymologique du mot, puisque l'aliéné est « autre », « étranger » au monde, il ne répond plus aux comportements sociaux que l'on attend de lui.

Au sens juridique, aliéner un bien signifie s'en dessaisir par un acte de vente qui le rend propriété d'autrui.

De façon plus générale, il y a aliénation lorsque l'on devient « étranger à soi-même ».

L'aliénation au sens de Marx

Marx a repris un terme hégélien mais lui donne une autre signification. Pour Marx, l'aliénation a un sens négatif, c'est la privation des moyens de réaliser son être propre.

Aliénation par l'idéologie

L'aliénation par la religion est un exemple de l'aliénation idéologique. Pour Marx, Dieu est une création du cerveau, le divin est extérieur à l'homme et l'homme est dépendant du divin. L'homme devient étranger à lui-même parce qu'il s'est rendu sujet d'une création de son propre esprit. Il est dépossédé, non pas d'un avoir (ce qu'il était), mais des moyens de réaliser son être.

Aliénation dans le travail

« Le travail est extérieur à l'ouvrier, c'est-à-dire qu'il n'appartient pas à son être et par conséquent, il ne s'affirme pas dans son travail : bien au contraire, il s'y renie. »

Il y a aliénation dans le travail lorsque, perdant la maîtrise de la production d'un objet, le travailleur voit le résultat de son travail lui devenir étranger en même temps qu'il devient lui-même dépendant de l'ensemble du processus de production. L'homme ne peut plus s'affirmer dans son travail, parce que la relation aux choses lui est retirée.

➠ Il ne faut pas confondre aliénation et exploitation ou aliénation et domination. Un patron peut être aliéné alors qu'il ne subit pas d'exploitation et qu'il est dans une position dominante.

Un même mot, d'autres sens

L'aliénation par le rôle social

La pièce de Genêt, « les Bonnes », commence par un jeu entre les domestiques simulant l'une le rôle du maître, l'autre son propre rôle. Celle qui joue « Madame » prend les intonations, les gestes, les tics de comportement, s'habille des vêtements les plus prestigieux de celle qui usuellement est Madame. Le jeu traduit ainsi la double identité, l'agressivité accumulée en même temps que la fascination pour le rôle symétrique.

Placé dans un rôle défini, l'individu est amené à développer des idées, des attitudes, un comportement qui transforment sa propre identité : son langage, ses gestes, ses valeurs.

Le rôle social devient « une seconde nature », c'est-à-dire une façon culturelle de se comporter qui ne se distingue pas de son moi. Jean-Paul Sartre, dans son analyse du garçon de café, Albert Memmi dans celle des domestiques, ont montré comment sourire, soumission, amabilité, obséquiosité, démarche adaptée au port du plateau chargé de verres deviennent inséparables de l'individu.

➡ Pour certains auteurs, notamment Althusser, il est impossible de définir de façon matérialiste l'aliénation, car on ne peut séparer les actes et l'être, l'individu en soi n'existe pas.

L'aliénation au sens de Marcuse

Toute société qui bloque les possibilités d'épanouissement maximum (principe de plaisir) à un moment donné de développement des forces productives, provoque l'aliénation. Ainsi travailler 8 h par jour à la chaîne alors que l'automation permet de produire plus en travaillant moins et en supprimant les tâches répétitives, est aliénant.

L'aliénation au sens de Touraine

A. Touraine utilise le même mot pour désigner une situation tout à fait différente. L'aliénation « est la crise de l'acteur de la classe populaire, pris dans la contradiction entre la participation dépendante imposée par la classe dominante et sa conscience de classe ». L'aliénation s'exprimera par exemple dans le cas du contremaître qui est un militant syndicaliste. Son rôle social de contremaître l'oblige à faire régner une certaine discipline, à exiger un travail efficace et rapide (il doit améliorer la productivité...) alors même qu'il conteste la logique du profit en tant que syndicaliste chargé de représenter ses compagnons de travail...

☞ ANOMIE, CULTURE, IDÉOLOGIE

AMORTISSEMENT

Qu'est-ce que l'amortissement?

Une machine, un immeuble ont une certaine durée de vie. Après 5 ans, 10 ans, 20 ans, parfois moins, ils seront inutilisables soit parce qu'ils seront hors d'état de marche ou d'utilisation, soit parce qu'ils seront techniquement dépassés (obsolescence).

Il est souvent difficile de connaître la durée de vie d'une machine, néanmoins on sait qu'en moyenne telle machine durera normalement 5 ans, telle autre 10 ans. Après 2 ou 3 ans d'utilisation un matériel n'a plus la même valeur d'usage ni la même valeur en cas de revente que lorsqu'il était neuf. L'amortissement correspond à cette **perte de valeur ou dépréciation d'une immobilisation par suite d'usure ou d'obsolescence.** Ainsi une voiture achetée 30 000 F ne vaudra plus que 20 000 F après un an d'usage ; la dépréciation réelle est alors de 10 000 F (amortissement économique).

Amortissement réel et conventionnel

Dans le cas d'une voiture, la dépréciation réelle est connue de façon approximative par la consultation d'« Argus » spécialisés. Elle n'est pas nécessairement linéaire (perte de 10 000 F la 1re année, 8 000 F la seconde...). Bien souvent, l'estimation de l'amortissement est conventionnelle. On admettra, par exemple, qu'un matériel, dont la durée de vie probable est de 10 ans, sera amorti d'un dixième chaque année (amortissements constants). Les amortissements retenus peuvent aussi varier d'une année à l'autre (amortissements progressifs, dégressifs).

L'amortissement comptable

La prise en compte des amortissements est essentielle à la bonne gestion d'une entreprise. Lorsqu'une entreprise achète du matériel, il y a modification de la nature de ses actifs (de l'argent est échangé contre une machine de même valeur) et il peut y avoir des problèmes de financement, mais l'opération est neutre à court terme sur le bénéfice de l'entreprise.

Si le matériel doit durer plusieurs années, il est logique que la charge de son achat incombe à l'ensemble des années pendant lesquelles il sera utilisé. La pratique de l'**amortissement** comptable permet de réaliser cet objectif ; chaque année, l'entreprise compte dans ses charges une certaine somme correspondant, en principe, à la dépréciation des immobilisations pendant l'année. Ainsi l'automobile, achetée plus haut 30 000 F, sera amortie de 10 000 F la 1re année, ce qui augmentera d'autant les charges de l'entreprise. Elle ne sera plus considérée que comme ayant une valeur comptable de 20 000 F au bilan. Pour une situation donnée, plus le montant des amortissements est important, plus le profit déclaré à l'administration fiscale sera faible. L'impôt sur le bénéfice étant généralement important, on comprend que certaines entreprises puissent chercher à fixer les amortissements les plus élevés possibles. Lorsque l'État veut encourager les investissements des entreprises, il peut autoriser des amortissements importants la première année d'acquisition du matériel, ce qui réduit la valeur comptable de l'investissement, donc le bénéfice, et les impôts des entreprises. L'action sur les amortissements constitue donc un moyen de régulation économique, mais ce faisant, on crée une distance entre l'**amortissement réel et comptable.**

Dotations aux amortissements

Au compte « exploitation générale » ou, dans le nouveau plan comptable, au « compte de résultat » de l'exercice, du côté des charges, le montant des amortissements de l'année apparaît au poste « Dotation aux amortissements ». On voit ainsi que l'amortissement est un élément du prix de revient.

Au bilan, l'ensemble des amortissements réalisés depuis l'acquisition du matériel vient an déduction de la valeur d'achat : on obtient ainsi la **valeur nette** du matériel.

Cash-Flow (évaluation courante)

Cash-Flow brut	= Bénéfice Net + Amortissement + Provisions non exigibles.
Cash-Flow net	= Bénéfice Net + Provisions non exigibles.

Le Cash-Flow est un indicateur des possibilités maximales d'autofinancement de l'entreprise.

Sens usuel non comptable

Le mot amortissement est souvent utilisé dans le langage courant dans un sens très différent de celui que nous venons de voir. « J'ai amorti ma nouvelle chaudière en 5 ans » signifie que le coût d'achat de la chaudière a été compensé par la réduction des frais courants de chauffage après 5 ans d'utilisation. Ce sens particulier n'est pas celui de la comptabilité, mais a un intérêt concret évident... à condition de ne pas confondre les différents sens du mot amortissement.

☞ ACCUMULATION, COMPTABILITÉ, INVESTISSEMENT

ANARCHISME

L'anarchie, dans le langage courant, est souvent assimilée au désordre. Pourtant Proudhon, un des principaux théoriciens de l'anarchie, proclame « l'anarchie c'est l'ordre ». En réalité, l'anarchie renvoie à toute une série de théories, de comportements, de pratiques sociales.

Deux grands aspects de l'anarchisme

L'anarchisme, c'est tout à la fois :

1. **Une composante du mouvement ouvrier** : elle développe les caisses d'entraide face au chômage et à la maladie, les bourses du travail, puis contribue à la création de la Confédération Générale du Travail (CGT) qui est d'abord, au XIXe siècle, l'expression du mouvement anarcho-syndicaliste, dont elle se détache progressivement au profit d'une intégration au courant socialiste et communiste. L'anarchisme développe aussi le mouvement coopératif, qui cherche à transformer les relations entre les producteurs.

2. C'est aussi une **révolte individualiste,** ce qui lui donne une forme spectaculaire très différente, dans son esprit, du mouvement social et politique exposé précédemment. Les médias populariseront l'image de l'anarchiste révolté et romantique. A la différence du premier type d'anarchiste révolutionnaire, le révolté ne croit pas à l'action sociale collective. Il croit à l'acte exemplaire ; il veut « tout, tout de suite », se méfie du groupe.

3. **C'est un projet de société** fondé sur quelques principes essentiels : morale libertaire, principe d'association, de fédération, suppression du rôle central de l'argent et refus de l'étatisme.

Les réalisations concrètes

Concrètement, l'anarchisme n'a connu que très peu d'applications. Il a pourtant influencé des expérimentations qui vont des communautés de Cabet aux communautés actuelles sans oublier trois grandes expériences historiques :

1. La Commune de Paris écrasée par Thiers.

2. Le mouvement des paysans Makhnovistes en Russie révolutionnaire, éliminé par l'armée rouge que dirigeait Trotski, sur ordre de Lénine. **Les marins de Kronstadt** aussi sont morts au nom des principes anarchistes, en s'opposant aux Bolchéviques à qui ils reprochaient l'absence de discussions démocratiques, l'omnipotence du parti, l'apparition de nouvelles inégalités.

3. **La municipalité de Catalogne en 1936** dans la république espagnole, ayant obtenu par les urnes une majorité anarchiste, tente au sein de la guerre civile de réaliser une société anarchiste selon les principes suivants :

– Les syndicats s'emparent des secteurs vitaux de l'économie. La propriété des moyens de production devient collective.

– Le pouvoir est exercé par le comité ouvrier élu par les travailleurs. La direction doit soumettre et expliquer ses décisions, sinon elle est révoquée.

– L'éventail des salaires va de 1 pour le manoeuvre à 2 pour le directeur.

– La monnaie disparaît au profit de bons qui ne permettent d'acheter que des biens de consommation, et non le travail d'autrui ou des biens de production.

Les grands principes de l'anarchisme

Ils furent exposés par de nombreux théoriciens souvent de façon contradictoire, Stirner, Proudhon, Bakounine, Kropotkine... On peut y voir de grandes lignes directrices :

1. Ni Dieu, ni Maître, titre de l'*Anthologie de l'anarchie* de D. Guérin (Maspéro), exprime clairement une des spécificités de l'anarchie. L'individualisme libertaire ne se délègue ni à un parti, ni à un gouvernement. A la différence des communistes, les anarchistes se méfient fondamentalement du pouvoir de l'État. **L'anti-étatisme** caractérise l'anarchisme.

2. Il faut que les producteurs possèdent et contrôlent leurs outils de travail et ne dépendent pas de la propriété d'autrui. C'est **le principe d'association,** réunion de travailleurs qui définissent ensemble un projet et le réalisent en se regroupant. Ce principe trouve son illustration dans les coopératives, ou encore dans la recherche d'une société autogérée.

3. **Le principe fédératif** régit l'organisation anarchiste. Il signifie que les individus peuvent librement se regrouper, puis que les groupes de producteurs, de consommateurs, définissent ensemble des unités passant entre elles des contrats qui organisent les échanges, les obligations et les devoirs librement négociés.

4. **L'argent doit perdre son pouvoir** et disparaître progressivement, il ne peut permettre d'acheter le travail d'autrui ni les moyens de production.

5. **L'établissement d'une morale libertaire.** Le groupe, la société doivent apporter un minimum d'entraves à la liberté de l'individu dans tous les domaines.

☞ AUTOGESTION, COMMUNISME, SOCIALISME

ANOMIE

Une société compétitive donne à ses membres le désir de gagner, la réussite sociale guide les actions, les parents suscitent chez leurs enfants des ambitions, les incitent à s'élever. L'échec scolaire, professionnel, le chômage peuvent entraîner une contradiction insurmontable entre les valeurs de réussite et la réalité de l'échec individuel. De telles situations sont génératrices d'**anomie**.

Sens de Merton et de Durkheim

Celle-ci, si on retient la définition de **Merton,** caractérise une situation sociale où l'intégration ne peut se réaliser, l'individu ne pouvant concilier les normes et les valeurs apprises et partagées avec la réalité, qui fait peser ses contraintes et contredit partiellement ou totalement son système de valeurs.

Mais pour **Durkheim** l'anomie n'est pas un simple désajustement entre l'individu et les normes d'une société ; c'est le mouvement même du changement social qui métamorphose l'ensemble du système culturel. Des transformations rapides bouleversent la réalité et introduisent des valeurs nouvelles qui coexistent avec les anciennes tout en les contredisant.

Pour Durkheim, l'anomie est une situation sociale caractérisée par une mutation qui se définit par la coexistence dans le système de valeurs de modèles culturels contradictoires. Les buts et les façons d'agir deviennent incertains, la culture ne joue plus son rôle d'intégration et de guide pour l'action. La société connaît alors des tensions importantes.

Sens critique

L'anomie exprime l'attitude des acteurs qui perçoivent les contradictions du système ou refusent les valeurs, et adoptent une attitude de rejet. Quand cette lucidité critique se développe, on quitte le domaine de l'anomie. Si les individus et les groupes proposent de nouvelles valeurs, une nouvelle organisation sociale en dénonçant les incohérences et les failles du système, l'anomie devient **révolte, puis contestation et enfin attitude révolutionnaire.**

La déviance désigne toute variation significative par rapport aux régles et normes associées à un statut. Le déviant dans une société violente sera celui qui ne cherche pas systématiquement à nuire à autrui, alors que le même individu dans une société plus pacifique serait au contraire bien intégré.

☞ ALIÉNATION, CULTURE, INTÉGRATION

APPAREIL PRODUCTIF

Appareil productif et système productif

L'appareil productif d'un pays désigne « l'ensemble des capacités à créer des richesses » dont dispose un pays à un moment donné. Celui-ci comprend des éléments matériels et humains :

– *Les éléments matériels* dont dispose un pays comportent en particulier les ressources énergétiques, les réserves disponibles en matières premières, les biens d'équipement dont sont dotées ses entreprises, les types de spécialisations sectorielles, les formes et les niveaux de la concentration, etc.

– *Les éléments humains* ont un rôle essentiel dans l'efficacité des systèmes productifs : le nombre des actifs, la qualité de leur formation, l'importance du savoir-faire accumulé au cours de l'histoire, le système de valeurs à l'égard de la technique et de l'enrichissement, la qualité du réseau financier et des relations sociales sont des constituants majeurs du dynamisme d'un appareil productif !

Certains auteurs préfèrent employer l'expression **système productif** afin d'exprimer plus fortement la notion d'interdépendance entre les éléments qui constituent l'appareil productif... Un système productif est un ensemble structuré de capacités productives dont tous les éléments forment une totalité inséparable. Ainsi les entreprises japonaises tissent un réseau puissant en forgeant une cohésion profonde entre les grands groupes industriels *(zaïbatsu),* leurs sociétés de commerce international *(sogo shosha),* et leurs banques et institutions financières...

Des indicateurs d'efficacité

Pour comparer la qualité des appareils productifs, toute une batterie d'indicateurs sont à prendre en compte : volume des investissements, importance des branches à forte croissance, adaptation des entreprises à la demande mondiale, degré de pénétration des importations, qualité des relations sociales, niveau de formation...

Mais il faut aussi prendre on compte l'existence possible de goulots d'étranglement susceptibles de bloquer la croissance de la production. La pénurie d'un seul produit peut paralyser la production d'une multitude de biens. Il en va de même d'une pénurie de main d'oeuvre présentant un type précis de qualification dont l'appareil productif a besoin.

☞ BRANCHE, ENTREPRISE, FILIÈRE, SECTEUR

AUTARCIE, AUTO-CENTRÉ

L'autarcie

Un petit hameau isolé, bloqué par les neiges, vivant sur sa propre production, une lointaine communauté paysanne enfouie dans le passé, ainsi apparaît souvent l'autarcie.

Au sens strict, l'autarcie est la situation d'une unité économique dans laquelle tout ce qui est utilisé est créé de façon interne au groupe, ou au pays qui vit sans échange avec l'extérieur.

L'autarcie totale d'un pays est l'exception, mais beaucoup de pays pratiquent à des degrés divers la recherche d'une certaine autarcie. Ainsi la Chine, après sa rupture avec l'URSS, a développé un certain comportement autarcique. L'autarcie moderne est pour un pays le plus souvent l'expression d'une certaine fermeture par rapport au commerce, aux capitaux, mais aussi aux valeurs et techniques du reste du monde, ceci afin d'éviter une dépendance économique, technologique, culturelle, voire politique.

On mesure les degrés d'autarcie par le % d'importations par rapport au P.N.B., le % de capital étranger, la proportion d'œuvres culturelles d'origine externe (films, livres...)...

Une économie auto-centrée

« Économie autocentrée », au sens littéral, signifie que le principe directeur, le noyau de l'activité est dans la société elle-même : elle est dirigée selon ses propres valeurs, orientations et finalités. Une économie auto-centrée n'est pas nécessairement autarcique. Cette notion a été forgée dans le cadre de théories du développement.

Une **économie auto-centrée** maîtrise l'essentiel de ses choix : les investissements, la politique de l'emploi, la monnaie, les échanges... L'orientation des secteurs stratégiques (informatique, aéronautique, énergie,...) doit dépendre des décisions du pays. Évidemment, un pays sans pétrole dépend nécessairement des autres pour son approvisionnement énergétique aujourd'hui, mais cette dépendance ne s'oppose pas au caractère auto-centré si les producteurs de pétrole ne peuvent lui dicter la composition et l'orientation de sa production ou des conditions concernant sa politique extérieure... (problème de seuil). Par contre, l'économie n'est pas auto-centrée si un seul produit exporté (bananes, pétrole...) fournit l'essentiel des devises qui servent à financer les investissements, sauf s'il y a maîtrise des conditions de prix et de quantité des produits exportés (avance technologique).

☞ AUTO-CONSOMMATION, ÉCHANGES INTERNATIONAUX, PROTECTIONNISME

AUTO-CONSOMMATION

Qu'est-ce que l'auto-consommation?

Lorsqu'un paysan utilise le lait de sa ferme, pour satisfaire les besoins de sa famille et même ceux des animaux de trait qui participent à la production, il y a auto-consommation.

Ainsi, l'auto-consommation est la partie de la consommation qui ne fait pas l'objet d'échanges et est utilisée par le producteur ou sa famille.

Cette auto-consommation peut concerner les biens de consommation, les biens de production. Ainsi le champ de luzerne consacré à nourrir les chevaux, le crottin de cheval utilisé comme fumier font partie de l'auto-consommation, de même l'utilisation de la charrue à boeuf, énergie animale, est une auto-consommation productive.

La part de la production auto-consommée est un indicateur de l'intégration de l'économie : plus celle-ci est forte, plus l'interdépendance des secteurs est faible. Plus une économie connaît une croissance économique rapide, plus la part d'auto-consommation tend à diminuer au profit de la part de production consacrée au marché (achat par l'agriculture d'engrais, de produits de l'industrie chimique, de produits de l'industrie mécanique...).

L'auto-consommation élevée de l'agriculture traditionnelle exprime généralement la place importante du secteur précapitaliste, recourant peu à la monnaie, au marché, et vivant relativement séparé des autres secteurs (dualisme).

La consommation infrabranche

La comptabilité nationale utilise l'expression consommation infrabranche pour désigner la fraction de sa propre production consommée par une branche ou un secteur, ou un agent économique (unité institutionnelle). Ainsi, Renault fait partie du secteur industriel et consomme à des fins productives des produits industriels. Pour construire une voiture, il faut de l'acier, du textile, du caoutchouc, du verre, du plastique, des machines à souder, à fraiser... autrement dit des produits du secteur industriel. Évidemment, tout produit industriel ne sera pas ainsi auto-consommé par ce secteur.

☞ AUTO-CENTRÉ, AUTARCIE, TABLEAU ENTRÉES-SORTIES

AUTOGESTION

Quand des amis décident d'acheter les vieux pans de murs d'un village abandonné, et s'organisent pour le reconstruire, l'animer et y vivre sur un plan d'égalité et de coopération, ils expriment concrètement l'idée autogestionnaire. L'autogestion est l'héritière directe du projet de coopération des producteurs ; elle progresse par les expérimentations des coopératives de production et de consommation, par les tentatives communautaires...

Mais si ces exemples sont sources d'inspiration, l'autogestion est qualitativement différente : elle exprime le projet d'une société entièrement transformée, dans son organisation sociale, économique et politique et ceci surtout dans un but de changement de la vie quotidienne.

Un exemple d'autogestion : La Yougoslavie

Cet exemple permet de mieux définir concrètement ce qu'est un système auto-géré, sans pour autant correspondre à la seule définition possible. L'autogestion yougoslave est, depuis la réforme de 1971 , régie par les principes d'organisation suivants :

1. A la base de l'autogestion, on trouve un petit groupe d'une trentaine de personnes qui forment un atelier : **c'est l'unité de travail associé.** Cette unité de travail associé prend collectivement les décisions qui la concernent : organisation du travail, répartition des revenus et désignation de ses représentants qui coordonnent et ont pour tâche d'assurer la liaison avec les unités supérieures. L'unité de travail associé existe juridiquement, et peut donc passer collectivement un contrat avec les entreprises de son choix.

2. L'entreprise est dirigée par un conseil ouvrier qui s'adjoint un comité de gestion, lui-même désignant un comité de directeurs.

➠ Depuis 1989, la Yougoslavie a mis en place une réforme libérale qui remet en question l'autogestion.

Définition générale :

En France, la définition de l'autogestion a été élaborée successivement par le PSU, la CFDT et le parti socialiste.

L'autogestion est une organisation sociale axée autour de quatre principes selon la CFDT :

– Une circulation décentralisée de l'information, afin de permettre la décision à tous les niveaux de l'entreprise.

– Les **décisions** sont prises au niveau où les personnes connaissant le mieux le problème sur le terrain sont appelées à le résoudre.

– Les **élections** permettent de représenter chaque groupe à l'échelon supérieur, le mandat des élus doit être précis et non un vague blanc-seing. L'élu est révocable à tout moment par ses électeurs.

– La **coordination** doit permettre d'éviter le désordre. Lorsque plusieurs groupes dépendent d'une même décision, ils doivent la prendre en commun.

L'autogestion ne peut être appliquée que si les grands moyens de production essentiels sont à tous et qu'une planification assure la cohérence des choix.

L'autogestion ne s'applique pas au seul niveau de l'entreprise, mais constitue une façon de résoudre tous les problèmes de la vie sociale. Les villes, les lieux de loisir, les immeubles, les transports, l'école ..., doivent s'adjoindre des comités chargés d'assurer la prise de décision par les gens concernés.

L'autogestion est à la fois un projet économique, social et politique, mais son but central est la mutation de la vie quotidienne vers plus de solidarité, plus de convivialité. Le projet d'autogestion tente de résoudre la contradiction entre l'étatisme et les libertés individuelles, en associant planification et décentralisation.

La cogestion

La cogestion désigne un mode de gestion où les organisations de travailleurs participent à la prise de décision dans le cadre d'une entreprise capitaliste. Leurs représentants siègent alors au conseil d'administration et ils sont impliqués dans la gestion de l'entreprise.

La participation aux bénéfices

La cogestion doit aussi être distinguée de la participation aux bénéfices (on partage les bénéfices, mais pas le pouvoir).

La participation aux bénéfices ou intéressement des salariés aux bénéfices consiste à distribuer une partie des profits aux travailleurs. Cette distribution peut être immédiate ou différée dans le temps, elle peut prendre la forme d'un versement financier ou d'une distribution d'actions.

☞ ANARCHISME, SOCIALISME

BANQUE

Les banques font maintenant partie du paysage quotidien, elles reçoivent les virements de salaires règlent par prélèvements automatiques les factures de gaz et d'électricité, d'eau, du téléphone, et même les divers crédits : auto, meubles...

Symboles de la richesse et de la facilité, elles suscitent même le rêve ; un enfant interviewé sur ses désirs, affirmait qu'il aimerait avant tout posséder un carnet de chèques afin de pouvoir acquérir tous les objets qu'il désirerait, simplement en apposant sa signature !

Les activités bancaires

Mais en réalité. quelles sont les activités des banques, quelles marchandises vendent-elles ? Qu'est-ce qui, jour après jour, guide les gestes de ceux qui comptent les billets, échangent des dollars contre des francs, accordent ou refusent des crédits au consommateur ou au chef d'entreprise ?...

Du changeur à la lettre de change

A l'origine une planche sur deux tréteaux, la table du **changeur**, qui pèse et vérifie les multiples monnaies métalliques, pour les convertir en monnaie locale nécessaire aux commerçants, aux voyageurs symbolise l'activité bancaire. Puis la banque dégage ses propres instruments : **la lettre de change ou traite** permet d'assurer les paiements en évitant les manipulations de monnaie métallique.

Aujourd'hui, la **lettre de change** est un ordre de paiement par lequel un créancier appelé tireur ordonne à une autre personne qui est son débiteur (le tiré) de verser à une date t, à une personne p (le bénéficiaire), la somme X.

La lettre de change ne doit pas être confondue avec le **billet à ordre**, autre effet de commerce, par lequel un débiteur s'engage à payer une somme donnée, en un lieu donné, à un bénéficiaire nominalement défini.

Chèque, provision, découvert

Il faut attendre 1865 pour que la loi introduise le chèque en France, et ce n'est que depuis 1945 qu'un mouvement accéléré de « bancarisation » a conduit presque tous les salariés français à détenir un compte en banque.

Les comptes bancaires, les plus courants, sont les comptes de *dépôt à vue.* Le détenteur d'un compte de ce type peut disposer à tout moment des sommes inscrites à son crédit. Les prélèvements s'inscrivent au débit de son compte ; *le solde,* s'il est créditeur, indique les sommes qui restent à sa disposition. Les sommes détenues sur un compte de dépôt bancaire à vue peuvent être transmises à des tiers par l'intermédiaire du chèque.

Le chèque diffère de la lettre de change car il est payable immédiatement, et surtout le tiré ne peut être qu'une banque, un établissement financier, une caisse agricole, un agent de change, un receveur des finances ou une caisse de crédit municipal.

Évidemment le client doit avoir une **provision** disponible pour que le chèque soit honoré : le bénéficiaire n'est payé que si le montant du chèque ne dépasse pas la somme portée au crédit du compte. La banque moderne peut cependant accepter certains **découverts,** c'est-à-dire de payer plus que la somme portée au crédit du compte, mais ces « découverts » ne sont pas accordés à tous les clients. Ainsi les banques n'accordent de découvert que si elles estiment leur client **solvable,** c'est-à-dire capable de tenir ses engagements et de rembourser le moment venu. Quand le découvert est de courte durée, on parle parfois de **facilité de caisse.** Une part croissante de l'activité des banques dans la vie quotidienne consiste à estimer les risques liés aux prêts.

Les chèques sont dit « certifiés » lorsque la banque a bloqué la provision correspondant au montant porté sur le chèque. Le bénéficiaire du chèque est ainsi garanti de la réalité de la provision et du paiement par la banque.

Le « virement bancaire » permet de transférer de la monnaie d'un compte bancaire à un autre. Sur l'ordre de son client, la banque débite son compte et crédite celui d'un autre client pour le même montant.

Le principal agent de la création monétaire

Les années récentes ont vu les banques devenir **le principal agent de création monétaire.** Une image erronée de l'activité bancaire tient dans la séquence suivante : « un déposant arrive, porte une liasse de billets, le banquier l'inscrit à son crédit, range la liasse dans son coffre, puis attend que se présente un autre client désirant justement emprunter ; le banquier utilise alors le dépôt précédent pour prêter ». On pense ainsi que les « dépôts feraient les crédits ». Ce sont, contrairement à une idée courante, les « crédits qui font les dépôts », et c'est là le privilège des banques.

Un exemple exprimera l'activité de création monétaire des banques, et son caractère **scriptural** (écrit en compte), le jeu d'écritures étant la base de l'activité bancaire (aujourd'hui les signes scripturaux deviennent de simples signes magnétiques fournis à des ordinateurs).

Supposons qu'une banque veuille acheter un immeuble pour y établir ses services ou pour faire un placement. Si nous ne tenons pas compte des limitations légales, elle peut créer de la monnaie pour régler son achat par **le jeu d'écritures** suivant (résumant cette opération) :

Bilan de la banque		Patrimoine du vendeur
Actif	**Passif**	Vente de l'immeuble − 1 M Avoir en banque + 1 M
+ immeuble de valeur : 1 M	Compte du vendeur crédité : 1 M	1 M = 1 million de Francs

Le solde de l'opération est nul. Il y a seulement modification dans la nature du patrimoine du vendeur.

Nous constatons que les comptes de la banque sont en équilibre (l'actif et le passif se sont accrus de la même somme : un million de F) : cet équilibre comptable constitue la base des opérations bancaires (1). Plus généralement, on dira que la banque crée de la monnaie chaque fois qu'elle **monétarise** un actif non monétaire, c'est-à-dire quand elle crée de la monnaie en contrepartie d'un actif réel ; il en est ainsi, lorsqu'elle inscrit à son actif un immeuble, des devises étrangères, une reconnaissance de dette, et, qu'en échange elle crédite dans ses propres comptes un montant équivalent (on néglige les taux d'intérêt et le problème de l'estimation de l'actif non monétaire).

Le crédit

Le crédit est la principale activité des banques, l'argent est la marchandise qu'elles commercialisent.

Le crédit est une opération par laquelle un agent économique prête à un autre des moyens de paiement. Lorsqu'elle accorde un crédit, la banque peut demander une « **caution** », c'est-à-dire l'engagement écrit d'un tiers d'effectuer à l'échéance le paiement de la dette en cas de défaillance du débiteur.

(1) Dans ce cas, la banque a créé pour 1 M de monnaie, soit la somme inscrite au crédit du vendeur de l'immeuble. Si elle avait payé en utilisant l'argent déposé par un client, elle n'aurait pas créé de monnaie.

Lorsque la banque accorde un crédit le bénéficiaire du crédit rembourse le montant nominal du prêt auquel s'ajoute l'intérêt perçu par la banque, celui-ci est le revenu qui rétribue le prêteur de capitaux.

On ne confondra pas l'opération de crédit traditionnel et le *leasing*. Le **leasing** est une forme de location vente, celui qui souscrit à une opération de leasing ne devient propriétaire du bien qu'à l'échéance du contrat et après règlement de l'ensemble des versements prévus.

Le crédit « *revolving* » est une forme de crédit qui vient des États-Unis : le montant du crédit accordé au client se reconstitue au fur et à mesure des remboursements effectués.

L'extension des activités bancaires

Aujourd'hui les banques ont étendu leurs activité de façon très diversifiée. La banque crée des cartes de crédit, vend des services financiers, conseille lors des achats de valeurs mobilières...

Les cartes de crédit permettent à leurs détenteurs de ne pas payer immédiatement leurs factures dans tous les cas où le commerçant accepte la carte de crédit considérée. La signature d'un feuillet d'achat (ou la frappe du code secret) vaut, de la part du titulaire de la carte, acceptation du paiement par l'organisme émetteur de la carte de crédit pour le montant indiqué. Le titulaire s'engage par cet acte à rembourser l'émetteur.

La monétique est l'alliance de la monnaie et de l'informatique ; elle remplace le papier par des inscriptions électroniques. La monétique utilise les supports que sont les cartes bancaires, les **cartes à puce** qui communiquent avec des ordinateurs généralement interconnectés et conversant à l'aide de modems. Ainsi par exemple, la monétique permet à l'aide d'une simple carte de crédit de retirer des billets dans des automates ou distributeurs automatiques de billets.

Différentes catégories de banques

• Les **banques centrales** : la banque centrale ou institut d'émission a, dans les économies modernes, le monopole de l'émission de monnaie-papier nationale. Elle a aussi pour mission de contrôler l'ensemble de l'activité bancaire. Les autres banques sont qualifiées de **banques de second rang.**

• Les **banques d'affaires et banques de dépôts** : La distinction juridique classique entre banques d'affaires et banques de dépôts (ou de crédit) s'estompe.

Les banques d'affaires : leur activité principale consiste à prendre des participations dans des entreprises ; elles s'engagent à long terme en finançant, grâce à des fonds propres et à des emprunts à long terme, des projets industriels et commerciaux. Participant à de multiples conseils d'administration, détenant le nerf de l'activité économique – l'argent –, elles jouent un rôle de chef d'orchestre dans les opérations de concentration qu'elles tissent.

Suez et Paribas sont deux banques d'affaires françaises, qui, par l'ampleur de leurs actifs industriels, constituent un pôle de pouvoir de l'économie française.

Connue par des noms prestigieux, symboles du pouvoir de la richesse (Rothschild, Mallet, Neuflize, Vernes), véritable aristocratie financière, la **haute banque,** célèbre aux XVIIIe et XIXe siècles. Elle fonctionne avec les capitaux propres des fondateurs et de clients sélectionnés pour leurs liens privilégiés avec le banquier. La haute banque eut d'abord une activité centrée sur les liens avec le prince dont elle fut le créancier privilégiée, elle s'intéressera aussi aux grandes entreprises commerciales, puis sera liée à l'aventure de la révolution industrielle grosse consommatrice de capitaux.

Les banques de dépôts (ou de crédit) font appel à l'épargne des multiples petits déposants ; leurs ressources essentielles sont les dépôts à vue, et leurs activités caractéristiques sont les emplois à court terme. Traditionnellement, elles participent peu à la propriété ou à la gestion des entreprises auxquelles elles prêtent.

Aujourd'hui, ces deux types de banques recherchent les occasions de profit parfois sur le même terrain, elles profitent de l'assouplissement de la législation qui estompe les différences de statut. Les banques de dépôts participent parfois aux affaires qu'elles financent, la haute banque sort du cercle aristocratique de ses relations avec les États et les grands industriels pour travailler avec des groupes plus modestes mais rentables, les banques d'affaires ouvrent des comptoirs et acceptent des dépôts sans les limiter aux entreprises dans lesquelles elles prennent des participations.

Banques nationalisées, privées et mutualistes

Les banques se distinguent aussi par leur statut. Certaines sont **nationalisées** (BNP, Crédit Lyonnais), leur capital est détenu par l'État qui en contrôle la gestion. D'autres sont privées (Société Générale) ou mutualistes. La politique quotidienne des banques nationalisées se distingue peu de celle des banques privées, mais l'État peut intervenir pour leur demander de soutenir tel secteur ou telle entreprise.

Les banques mutualistes, comme leur nom l'indique, ne se situeraient pas – en principe – dans une optique de profit mais dans une optique de solidarité (voir coopérative). Elles ont pour objectif de fournir des crédits à leurs adhérents au meilleur prix.

☞ MONNAIE, SYSTÈME MONÉTAIRE INTERNATIONAL

BESOIN

Il est courant d'utiliser comme quasi synonymes : besoin, désir, envie... Ce qui sépare le besoin du simple désir, c'est, en principe, le critère de la nécessité qui caractériserait le besoin, quel que soit le degré de cette nécessité et quel que soit le degré d'urgence de cette nécessité.

Manger, boire, dormir, se protéger du froid,... sont incontestablement des **besoins physiologiques,** c'est-à-dire que tout organisme doit s'alimenter, de façon à assurer sa survie.

Pourtant, la quantité de calories indispensables pour survivre dépend du climat, de l'individu, du niveau d'activité... Il faut de plus tenir compte dans la ration alimentaire des besoins en protéines, lipides, glucides, vitamines... les besoins physiologiques eux-mêmes ont une composante culturelle et historique.

Le besoin social

Quel que soit son niveau de consommation, un individu, dans notre société, considérera généralement que toutes ses dépenses correspondent à des besoins : « Si le consommateur consomme peu, il estimera que ses besoins ne sont pas satisfaits : il aspirera à consommer davantage ; s'il consomme beaucoup, il affirmera que ses dépenses (toujours insuffisantes) sont requises par des besoins dérivés directement de sa situation sociale ou professionnelle : elles sont toutes nécessaires »[1].

Le besoin devient non plus individuel mais social, quand il est reconnu comme indispensable par les membres du groupe.

Le besoin social est l'ensemble des besoins dont la satisfaction est considérée par les membres d'une collectivité donnée comme indispensable pour assurer un niveau et un style de vie adaptés au niveau de développement et au statut du groupe.

Les besoins sont une création permanente de l'histoire

Les besoins sociaux varient en fonction de multiples données :

– Quand les distances travail/logement s'accroissent, quand on supprime des lignes de train, quand l'urbanisme s'élabore en fonction de l'automobile, il devient souvent nécessaire de posséder un véhicule individuel. L'automobile est alors un besoin social objectif.

(1) Baudelot, Establet, Toisier : *Qui travaille pour qui ?,* Maspéro.

– Quand tout le monde porte des vêtements sans reprises et à la mode, il devient socialement nécessaire de disposer de tels biens.

Les besoins ne sont pas « des invariants de la nature humaine, mais une création permanente de l'histoire et des structures sociales » (H. Brochier).

Quelques classifications des besoins

Pour traduire le caractère plus ou moins impérieux des besoins, plusieurs classifications ont été proposées. Une des plus connues, mais aussi des plus contestées, est la distinction entre besoins primaires, secondaires et tertiaires.

Besoins primaires, secondaires, tertiaires

Les besoins **primaires** sont ceux qui sont indispensables à la vie, tels la nourriture, l'habillement... Relève des besoins **secondaires** ce qui est nécessaire, non indispensable à la survie : lecture, loisirs... Et enfin les besoins **tertiaires** comprennent le superflu : gadgets, futilités...

Cette classification est évidemment sommaire car l'on peut se nourrir avec des produits de luxe, caviar, foie gras frais du Périgord... Ainsi l'on satisfait des besoins primaires avec des biens de luxe... La notion de « superflu » dépend des normes sociales : quand Louis XIV a défini « l'étiquette » de la Cour par des signes de distinction, le nombre de rubans, la perruque poudrée devenaient indispensables pour tenir son rang auprès du roi. De plus l'évolution sociale fait passer les biens d'une catégorie à une autre : la bicyclette à sa création était un jouet de luxe et devint ensuite un moyen de transport modeste de l'ouvrier se rendant à l'usine.

Les coûts de l'homme

Une autre tentative de hiérarchisation des besoins est celle de F. Perroux à travers le concept de coûts de l'homme :

« Les coûts de l'homme recouvrent d'abord chez F. Perroux les "frais fondamentaux du statut humain de la vie pour chacun dans un ensemble déterminé". De tels frais concernent tout être humain en tant que tel. Ils s'analysent en trois éléments : ceux qui empêchent les hommes de mourir prématurément ou de vivre dans des conditions biologiques inférieures aux exigences de l'organisme humain, ceux qui permettent de procurer à tout être humain une santé physique et mentale minima rendue possible par la science, ceux qu'entraînent pour l'homme une alimentation et certains services minima. A ces coûts fondamentaux, F. Perroux joint les coûts qui permettent à tous les êtres humains de vivre une vie spécifiquement humaine, entendons une vie caractérisée par un minimum de connaissances et un minimum de loisirs » (Bartoli).

Les besoins de l'appareil de production

Le terme besoin est utilisé le plus souvent à propos de l'homme, mais l'usage fait que l'on se sert parfois du même terme pour qualifier l'ensemble des moyens nécessaires à une réalisation donnée. C'est en ce sens, par exemple, que l'on parlera des besoins de l'appareil productif. « De quel travailleur l'appareil productif a-t-il besoin pour fonctionner... » (Baudelot, Establet et Toisier). Cette démarche insiste sur la cohérence entre les objectifs et les moyens, qui est nécessaire à la réalisation effective de tout projet. Et de ce point de vue on ne peut effectivement produire qu'en mettant en œuvre des machines, des matières premières, de la main d'œuvre, et ceci dans des proportions et des qualités qui sont largement définies par des considérations techniques.

Mais cette approche ne prend en compte que les seuls besoins qui se traduisent par une demande solvable. Or l'objectif de production ne recoupe pas forcément celui de la satisfaction des besoins sociaux.

L'usage extensif du terme besoin risque de lui retirer une part essentielle de sa précision.

Pauvreté et besoins

La pauvreté absolue (ou grande pauvreté) est définie par une situation dans laquelle les besoins fondamentaux ne sont pas satisfaits (l'individu ne peut se nourrir ou porter des vêtements propres, il n'a pas accès à un logement, etc.). Cette situation de grande précarité plonge l'individu dans le cercle vicieux de la misère.

La pauvreté relative est définie par rapport à des besoins sociaux comparatifs ; ainsi, la CEE considère que sont pauvres les personnes qui disposent de ressources si faibles qu'elle ne peuvent accéder au mode de vie que les gens trouvent normal dans la société où ils vivent.

Les nouveaux pauvres sont des personnes qui pouvaient antérieurement satisfaire leurs besoins fondamentaux mais qui sont brutalement privés de cet accès à un mode de vie jugé socialement acceptable. Le chômage de longue durée, la grave maladie, le surendettement, le veuvage d'une femme sans emploi ou le divorce sont les principales situations qui engendrent la nouvelle pauvreté.

 BIEN, CONSOMMATION

BIEN ÉCONOMIQUE

Qu'est-ce qu'un bien économique?

De façon générale, tout ce qui permet de satisfaire un ou des besoins est **un bien.**

Cependant, tous les biens ne sont pas des biens économiques. Ainsi, l'air que nous respirons n'est pas un bien économique; il le devient quand, par exemple, dans certaines villes polluées du Japon, les consommateurs paient pour une « bouffée d'air pur » fournie par des appareils. La définition d'un bien économique varie suivant les courants d'analyse. Deux définitions pour un terme aussi utilisé, cela peut paraître étrange. Pourtant, ces différences correspondent à une analyse différente de la valeur qui est une des divergences de base entre les courants de pensée libéraux et marxistes.

Terminologie libérale

Un bien économique est tout objet ou service qui procure de l'utilité, existe en quantité limitée et s'échange sur le marché à un certain prix. L'alcool, le tabac, un tableau de Rembrandt sont des biens économiques. Mais une multitude de choses ne sont pas des biens économiques pour les libéraux, soit parce que personne ne les désire (les méduses par exemple), soit parce que personne ne peut se les approprier (telle la pluie non artificielle).

Terminologie marxiste

Un bien économique est le produit du travail humain, il doit être reproductible, posséder une valeur d'usage. Le fait qu'un bien économique soit le fruit du travail humain fait que la beauté d'un coucher de soleil ne peut être classée comme un bien économique. L'exigence d'une reproductibilité du bien signifie que l'oeuvre d'art unique par exemple n'est pas un bien économique.

Biens de production et de consommation

On distingue différentes sortes de biens économiques :

Les biens de production sont des biens permettant de produire d'autres biens (exemple : les machines-outils).

Les biens de consommation (finale) sont destinés à l'usage direct des individus qui en tirent une satisfaction immédiate. Ils se divisent en **biens durables** dont la consommation s'étend sur une période assez longue : frigidaires, voitures, machines à laver, téléviseurs... et les **biens non durables** détruits immédiatement dans l'acte d'utilisation : le vin, le pain...

Les biens semi-durables sont ceux qui se dégradent par une utilisation régulière à une vitesse moyenne (exemple les vêtements).

Les biens ne sont pas toujours par nature « de production » ou « de consommation » : ainsi, une voiture peut être un bien de production quand elle sert à transporter les matières premières d'un artisan, et un bien de consommation finale lorsqu'elle sert de moyen de transport pour des loisirs.

Biens collectifs et biens publics

Certains biens sont difficiles à classer et à analyser. Ainsi les biens collectifs sont des biens dont l'usage par une personne de plus a un coût nul. C'est le cas des émissions de radio ou de télévision. Le coût de ces biens ne varie pas lorsqu'un auditeur ou un téléspectateur de plus ouvre son poste. On considère généralement que l'analyse néo-classique de la formation des prix ne leur est pas applicable. Il est néanmoins possible de crypter les émissions et de vendre le droit de posséder un décodeur approprié.

Les biens publics sont des biens fournis par la collectivité publique (administrations et collectivités locales) suivant une logique de production et de tarification particulière qui n'a pas pour but le profit mais généralement celui de couvrir tout ou partie de leur coût de production. Certains biens publics sont fournis gratuitement (éducation, justice...), leur financement est alors assuré par l'impôt.

Terminologie de l'INSEE

– **Biens de consommation finale :** ce sont l'ensemble des biens directement utilisés pour la satisfaction des besoins humains. Ils comprennent les biens et les services marchands achetés par les ménages, y compris les activités de leurs domestiques, mais à l'exclusion des logements achetés, comptés comme formation brute de capital fixe.

– **Biens intermédiaires :** ce sont l'ensemble des biens autres que le capital fixe et les services marchands consommés au cours du processus de production (par exemple, les briques utilisées par une entreprise de construction).

– **Biens d'équipement :** ce sont l'ensemble des biens utilisés au cours du processus de production et dont la durée de vie est d'au moins un an (machines, camions, bâtiments industriels et commerciaux, cheptel...).

☞ CONSOMMATION

BOURSE

On a souvent dit que la Bourse est le « sanctuaire » du capitalisme : c'est la Bourse de New York qui a annoncé la grande crise de 1929, les cours des Bourses nationales et internationales sont suivis attentivement par tous les responsables économiques ; les biens qui y sont vendus et achetés sont les plus spécifiques du capitalisme : « les obligations » et surtout « les actions », dont le développement a largement contribué à l'extension du capitalisme aux XIXᵉ et XXᵉ siècles. Enfin, le système de détermination des prix en Bourse est fondamentalement lié aux variations de l'offre et de la demande suivant un mécanisme proche de celui décrit par les économistes libéraux les plus classiques.

Les actions

Au fur et à mesure du développement industriel et commercial, les besoins de capitaux sont devenus de plus en plus importants. Un individu seul ou avec quelques amis ne pouvait réunir les sommes d'argent nécessaires à la création d'entreprises de chemins de fer ou de navigation. Pour répondre à ce besoin de capitaux, il s'est constitué des entreprises dont le capital était divisé en actions. Ces entreprises se caractérisent par le fait que leurs propriétaires ne sont pas responsables des dettes de l'entreprise au-delà de la somme qu'ils ont apportée pour obtenir leurs titres de propriété **(Société anonyme...)**. En cas de faillite, ils perdent leur mise initiale mais ne peuvent pas, sauf cas très particuliers, être poursuivis sur leurs autres biens. Cette forme d'entreprise facilite le regroupement de capitaux importants. En effet, il n'est pas nécessaire que les différents propriétaires de la société se connaissent, et seule la rentabilité espérée de l'activité détermine la participation à la société des détenteurs de capitaux.

L'action est un titre de propriété d'une fraction de l'entreprise. L'action donne droit à un certain pourcentage des bénéfices, à la participation aux assemblées générales des actionnaires et, au moins en principe, à une information sur les grandes orientations de l'entreprise. En cas d'arrêt d'activité de l'entreprise, l'actionnaire a droit à une fraction des biens appartenant à l'entreprise après paiement de tous les créanciers.

Le bénéfice effectivement distribué par action est appelé **dividende**.

La Bourse facilite les ventes et achats d'actions en leur fournissant un lieu de vente et d'achat privilégié et contrôlé

Les **certificats d'investissement** sont des titres de propriété sur l'entreprise donnant droit à une part des bénéfices, mais dépourvus de tout droit de vote.

Les obligations

Les obligations sont des titres matérialisant une créance. Les entreprises, les collectivités locales ou l'État désirant emprunter une somme importante, fractionnent le montant de leur emprunt pour le placer auprès d'un large public. **L'obligation** représente une dette de l'émetteur ; elle donne droit à un revenu à taux généralement fixe mais parfois indexé et au remboursement de la somme avancée à une échéance précise ou par tirage au sort.

Les années 1980 ont multiplié les « **hybrides** » qui consistent en un cocktail doté d'une partie des propriétés des actions et des obligations.

Les types de produits financiers se sont multipliés. Ainsi **l'obligation convertible en action** est un titre qui permet à l'acquéreur de reporter dans le temps son choix en faveur d'une obligation ou d'une action. En effet, dans un délai défini lors de l'émission de l'obligation convertible en action, le propriétaire du titre pourra, s'il le souhaite, demander la conversion de ce titre en actions de la société émettrice à des conditions précisées lors de l'émission.

Le bon de souscription est généralement émis à l'occasion de l'émission d'actions ou d'obligations. **Un bon de souscription** n'est rien d'autre qu'une option d'achat d'une valeur mobilière. Il offre à son détenteur la possibilité d'acheter une action à un prix donné (le **prix d'exercice**) et ce jusqu'à une date fixée (durée de vie du bon) et cela dans un rapport précis (la **parité d'échange** : tant de bons à donner pour obtenir une action).

Les **bons du trésor** sont des emprunts à court terme de l'État (moins de trois ans). Ce sont des certificats du Trésor public qui attestent du montant de la dette que détient le porteur du bon, ils précisent le taux d'intérêt servi et la date de remboursement de l'emprunt.

SICAV et fonds de placement

De plus en plus fréquemment, particuliers et entreprises achètent non des titres de telle ou telle société mais des parts dans des fonds de placements ou des SICAV. Le développement de ces nouveaux produits est lié à la fois à la difficulté de gérer un portefeuille de titres mais aussi et surtout aux avantages fiscaux qui ont été accordés à ces placements.

Les sociétés d'investissement à capital variable (SICAV) sont des sociétés spécialisées dans la gestion de portefeuilles de titres. Leur actif est composé d'actions et/ou d'obligations. Un particulier peut acheter une ou plusieurs actions de ces sociétés. La valeur de cette action évolue avec celle des titres possédés par la SICAV. Une part de fonds commun de placement est un droit sur un portefeuille géré par l'organisme financier (banque...) qui a créé ce fonds de placement (F.C.P.).

Bourse des valeurs et Bourse des marchandises

La Bourse (des valeurs) est le lieu où se négocient les principales actions et obligations (marché financier).

Il existe aussi des **Bourses des marchandises** où se négocient différentes matières premières ou produits de base.

La cotation en bourse

Toutes les entreprises ne sont pas cotées en bourse. Les plus connues sont cotées sur le marché à règlement mensuel (les titres sont livrés et payés à la fin du mois boursier) et l'entrée des nouvelles firmes se fait généralement par le second marché (les conditions d'admission y sont plus souples).

La **capitalisation** boursière d'un titre est égale au nombre d'actions émises par l'entreprise concernée, multiplié par le cours en bourse de l'action.

Le MATIF

Le MATIF est le marché à terme international de France. Il comprend le marché à terme des instruments financiers et celui des marchandises. C'est un marché dont la fonction est de permettre aux agents économiques de se couvrir contre les risques de variations brusques des taux d'intérêt. Les opérateurs achètent et vendent à une échéance déterminée et à un prix convenu d'avance des actifs financiers divers (obligations, bons du Trésor, actions, devises, et même indices boursiers).

Les clubs d'investissement

Les clubs d'investissement sont des « écoles de la bourse ». Chaque club regroupe de 5 à 20 membres parrainés par un intermédiaire financier (banque, agent de change). Le club gère un portefeuille de valeurs mobilières qu'il constitue progressivement à l'aide de cotisations mensuelles fixes. Les décisions d'achat de vente se prennent de façon démocratique.

La valeur des actions

Pour estimer la valeur des actions un des critères les plus usuels est le P.E.R. *(price earning ratio)* : si l'action BSN vaut 2 000 F et que le bénéfice estimé par action est de 200 F, le PER est de 10.

$$PER = \frac{\text{valeur de l'action}}{\text{bénéfice par action}}$$

Des agents de change aux sociétés de bourse

Le particulier n'a pas un accès direct au marché boursier, il doit passer par un intermédiaire. Traditionnellement en France, l'agent de change, officier ministériel, chargé de constater le cours des valeurs mobilières était l'intermédiaire obligé de tout achat ou vente en bourse. Aujourd'hui, leur monopole a été supprimé.

Les sociétés de bourse qui exercent des fonctions plus larges que celles attribuées aux agents de change avant 1988 sont des sociétés commerciales privées. Banques et compagnies d'assurance détiennent souvent une part importante de leur capital.

Il ne faut pas confondre ces sociétés de bourse et « la » société des bourses françaises. **La société des bourses françaises (SBF)** est l'organe exécutif du conseil des Bourses de valeur, il assure le bon fonctionnement du marché et le contrôle de ses intervenants (notamment les sociétés de bourse).

La COB est la commission des opérations de bourse. Elle est dirigée par un collège de 5 membres nommés pour 4 ans par le gouvernement et inamovibles durant leur mandat. Elle surveille le bon fonctionnement des marchés, la bonne information du public par les entreprises cotées en bourse, elle veille à éviter les délits d'initié, c'est à dire l'utilisation illégale d'informations confidentielles non encore divulguées (exemple : les dirigeants d'une entreprise ne doivent pas utiliser leurs informations concernant un contrat décroché par leur entreprise et qui va faire flamber le cours de son action).

La fixation des prix en bourse

Ordres « au mieux » ou à « cours limité »

Chaque « ordre » de Bourse, achat ou vente, peut se faire soit « au mieux », c'est-à-dire au cours qui se dégage de la prochaine séance de Bourse, soit « à cours limité », c'est-à-dire à un cours maximum s'il s'agit d'un achat, soit à un cours minimum s'il s'agit d'une vente.

Lorsque l'opération de Bourse est effectuée « à terme », la date à laquelle doit se faire la livraison des titres et le règlement est appelée **liquidation.** On ne confondra pas ce terme avec la liquidation des biens d'une société en état de cessation de paiement.

Le principe général de la cotation à la criée

Examinons la formation des prix à travers un exemple, celui de la cotation à la criée : chaque jour, des personnes désirent acheter des actions, d'autres en vendre, mais elles ne sont pas prêtes à le faire à n'importe quel prix.

Les ordres d'acnat et de vente sont regroupés par « limite de cours ». En considérant que ceux qui achètent à 100 F achètent aussi à moins (ordres d'achat cumulés) et, réciproquement, que ceux qui veulent vendre à 100 F le feront a fortiori à plus de 100 F (ordres de vente cumulés), **le prix d'équilibre** sera celui pour lequel s'échange un maximum de titres. Autrement dit, pour chaque limite de cours, on regarde les nombres d'ordres d'achat cumulés et d'ordres de vente cumulés ; le nombre d'échanges possibles est le plus petit de ces deux nombres. On prend la ligne où il y a un maximum de titres négociés.

DEMANDES		PRIX	OFFRES	
Ordres d'achat	Ordres d'achat cumulés	Limites de cours	Ordres de vente cumulés	Ordres de vente
10	10	(au mieux demandé)		
5	15	103	65	10
15	30	102	55	10
20	50	101	45	20
10	60	100	25	15
		(au mieux offert)	10	10

Au cours de 101 F, il y a un maximum de titres échangés, en l'occurrence 45. Le cours sera de 101 F.

Cet équilibre est imparfait : 5 acheteurs ne peuvent se procurer l'action au prix d'équilibre car il y a 50 demandes pour seulement 45 offres. On dit que les 20 acheteurs disposés à acquérir les titres au cours de 101 F ont « cours touché » ; 5 actions ne seront pas livrées parmi ces 20 demandes à 101 F. L'équilibre du marché est parfait si au cours du jour les offres et les demandes sont égales.

 La cotation à la criée est en voie de disparition avec le développement des systèmes informatisés.

La cotation en continu

Depuis 1987, la bourse de Paris a créé un système de cotation **en continu** qui traite les valeurs les plus connues et faisant l'objet d'un important volume de transactions.

La cotation en continu traite les ordres par paquets successifs, il y a donc plusieurs prix au cours d'une journée, et un ordre non servi à l'ouverture peut très bien trouver une contrepartie si des vendeurs « moins gourmands » apparaissent sur le marché en cours de journée ou, si à l'inverse, des acheteurs « plus généreux » se manifestent avant 17 heures.

La cotation en continu permet des **arbitrages**, c'est-à-dire l'achat simultané d'une valeur ou d'une monnaie pour bénéficier des écarts de cours ou des variations de change sur des titres cotés sur plusieurs places à la fois.

Les indices célèbres

Chaque fièvre boursière voit venir sur le devant de la scène des indices aux noms parfois étranges :

• **Le Dow Jones** est un indice créé en 1884 par Charles Dow et Edward Jones ; son titre exact est le *Dow Jones Industrial Average,* il représente l'évolution de la moyenne des 30 plus grandes valeurs cotées à la bourse de New York, *Wall Street,* ces *Blue chips (IBM, Texaco, Exxon* etc.) ne réalisent qu'environ le quart de la capitalisation boursière du *New York stock exchange (dit Wall Street).*

• **L'indice général CAC** est l'indice officiel de la Bourse de Paris, il représente 245 valeurs du règlement mensuel et du comptant, chaque valeur est prise en compte en fonction de son poids dans la capitalisation boursière.

L'indice CAC (40) est la moyenne instantanée des 40 valeurs les plus importantes de la bourse de Paris.

• **L'indice Nikkeï** est l'indice officiel de la bourse de Tokyo, il est calculé à partir des 225 principales valeurs.

OPA et concentration

La Bourse permet aussi les prises de contrôle de firmes. Un personnage, **le raider**, symbolise ces opérations de prise de contrôle des entreprises par le moyen d'un montage d'opérations boursières.

L'OPA (ou *take over bid*) est une offre publique d'achat d'une firme qui veut acquérir une société cotée en Bourse. Cette technique consiste à proposer aux actionnaires de leur racheter leurs titres à un prix sensiblement supérieur à celui du marché. L'opération est un succès si les opérateurs obtiennent suffisamment de promesses de vente pour prendre le contrôle de la société convoitée. On parle d'**offre publique d'échange (O.P.E.)** quand le règlement se fait non pas en espèces mais sous forme de titres (généralement des actions d'autres sociétés).

LBO *(Leverage Buy Out),* est une façon de financer le rachat des entreprises au moyen d'un endettement massif. C'est un « rachat avec effet de levier » car l'acheteur ne dispose que d'une toute petite partie du capital d'une firme sur laquelle il lance une OPA. Avec 10 ou 15 % du capital, il emprunte aux banques et émet généralement des « **junk bonds** » ou « obligations bric-àbrac » qui désignent des obligations très risquées ; elles fournissent un taux d'intérêt très supérieur à celui du marché

Les golden boys sont l'image dorée de la finance conquérante. Cette expression désigne les personnes qui travaillent dans les établissements financiers ou les agents de change ; ils ont pour fonction de gérer les liquidités en utilisant au mieux les trésoreries, ils doivent maximiser les résultats des placements en limitant les risques.

Spéculation et krach boursier

La fluctuation des cours des titres à la hausse ou à la baisse peut laisser espérer des profits importants. On parle de **spéculation** lorsque l'acquisition de titres est axée sur la recherche du profit maximum (généralement à court terme) plus que sur la sécurité du placement.

Il y a **krach boursier** lorsque le cours de l'ensemble des valeurs boursières s'effondre massivement, brutalement et de façon cumulative. Le krach boursier de 1929 a marqué le début de la grande crise économique des années 30. Mais le krach boursier d'octobre 1987 n'a pas été suivi par une dépression ; il faut donc distinguer krach financier et crise économique.

Le **Big Bang** ou grand « boom financier » désigne la dérégulation du marché boursier qui a marqué la deuxième moitié des années quatre-vingt.

☞ CAPITAL, ÉPARGNE, ACCUMULATION, INVESTISSEMENT, CAPITALISME, MARCHÉ

BUDGET

Le budget familial

Il n'est pas nécessaire d'être un financier, de manipuler des égalités comptables, de tenir un carnet de comptes pour parler budget et même le vivre. Chacun dans sa vie quotidienne subit les contraintes budgétaires. Il faut sans cesse ajuster ses rentrées **(ressources)** et ses sorties **(dépenses).**

Les entrées peuvent être variées : salaire, « argent de poche », revenus d'actions, vente de produits artisanaux, rente, retraite... Les ressources dépendent évidemment de l'activité et supposent un choix : faire des heures supplémentaires, travailler pendant les vacances, louer sa résidence secondaire. Certaines rentrées sont hypothétiques : emprunts, cadeaux, héritages... Les dépenses elles-mêmes engagent des choix, relèvent de priorités.

L'analyse des budgets met en lumière la réalité de la consommation et de l'épargne. La nourriture engloutira-t-elle l'essentiel des dépenses comme dans les pays en voie de développement ou dans nos sociétés pour les catégories les plus démunies? Économisera-t-on sévèrement durant 11 mois pour son mois de vacances?

Le budget de l'État (loi de Finances).

Le budget de l'État est constitué par l'ensemble des ressources et des dépenses autorisées de l'État. Comme le budget familial, il met en action des choix, établit des priorités... Il oblige à ajuster ressources et dépenses. Augmentera-t-on la T.V.A.? L'impôt sur les fortunes? Va-t-on recruter des postiers ou des enseignants en priorité? Tout cela se lit, ligne par ligne, dans le budget, et l'austérité des chiffres se métamorphose en hôpitaux, crèches, ou missiles. Cependant, à la différence des ménages, l'État fixe lui-même ses ressources par l'impôt. De plus, il doit tenir compte de l'effet de ses dépenses sur les autres agents économiques. Ses dépenses ont même un effet sur ses « rentrées » dans la mesure où elles marquent le volume de l'activité économique... Enfin, un déséquilibre entre ressources et dépenses (impasses, déficits budgétaires) est possible.

Le budget comme acte légal

Si le budget individuel résulte des arbitrages personnels, celui de l'État s'engage par des procédures institutionnelles. Dès 1862, la définition du budget comme acte légal prend sa forme moderne :

« Le budget est l'acte par lequel sont prévues et autorisées les dépenses et les recettes annuelles de l'État ».

En France, l'élaboration, l'adoption et l'exécution du budget sont régies par des règles précises :

1. Principe de l'annualité : le gouvernement présente à l'Assemblée Nationale et au Sénat une loi de finances prévoyant pour l'année suivante l'ensemble des dépenses et recettes estimées. Le Parlement a une fonction de discussion et de modification, mais ne peut lui-même construire le budget. Puis, l'année suivante, le gouvernement doit exécuter le budget sous le contrôle de principe du Parlement. Si les prévisions doivent être révisées, pour cause de crise par exemple, le Parlement doit voter des **lois de finances rectificatives** en cours d'exécution du budget.

2. Principe de l'**unité** : recettes et dépenses doivent être l'objet d'un document unique, ce qui interdit de voter les dépenses avant d'avoir accepté les recettes.

3. Principe de l'**universalité** qui se décompose en deux règles :

– Règle de non contraction des recettes. Recettes et dépenses sont détaillées et les chiffres affectés ne peuvent être contractés, le détail des « enveloppes » est fixé.

– Règle de non-affectation des recettes : on ne doit pas établir un lien entre une recette et une dépense.

Le budget comme choix et objectifs

Que fait l'État des sommes qu'il prélève ? L'image du tonneau des Danaïdes où se perd l'effort fiscal est courante chez le contribuable qui n'en demande pas moins chaque jour des services à l'État : il faut des investissements dans les transports en commun, il faut aider les chômeurs et soutenir les entreprises à l'exportation...

On distingue les **fonctions économiques** du budget de l'État (soutien de l'activité économique dans la stabilité des prix...) des **fonctions sociales** (prestations sociales...).

On distingue aussi les **fonctions productives ou marchandes** des fonctions **non marchandes**. L'État détient des entreprises publiques qui vendent des marchandises. Il est lié aux entreprises privées par des subventions, des prêts... L'État a donc une activité directement intégrée au système productif marchand. Il a aussi des fonctions non marchandes. **Les fonctions régaliennes** : les dépenses de police, justice, armée expriment dans le budget l'importance de l'ordre social dans les choix étatiques. **Les fonctions tutélaires :** les biens sous tutelle sont ceux que l'État choisit de fournir hors de l'économie marchande en fonction d'une logique de service public : culture, éducation, transport, santé...

Le budget comme structure

« Le budget est constitué par l'ensemble des comptes qui décrivent, pour une année civile, toutes les ressources et toutes les charges permanentes de l'État ».

Un compte est formé de **lignes.** Les lignes budgétaires expriment clairement la finalité du budget. Chaque ligne comprend : le nom du service auquel la dépense est affectée, la définition de **l'opération** autorisée, qui oblige à dépenser d'une façon précise **la somme allouée.**

Chaque compte doit de plus être équilibré par un **solde,** les lignes de recettes moins les lignes de dépenses du compte définissent un solde positif ou négatif selon les comptes. Le solde permet de comprendre comment le budget a réalisé son équilibre.

Déficit, impasse, excédent

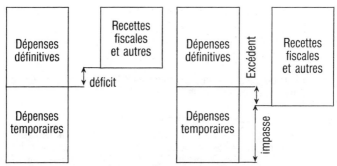

Les dépenses temporaires sont financées par des emprunts.

Le budget fonctionnel

A quoi et à qui servent les dépenses de l'État ? Le budget fonctionnel est un mode de classement des dépenses budgétaires avec des regroupements définissant leur finalité (à quoi sert chaque type de dépense). Éduquer, assurer la sécurité du territoire et des biens, stimuler l'industrie, permettre le fonctionnement des administrations, sont des fonctions auxquelles on affecte des masses budgétaires. La répartition des crédits par fonction révèle l'ordre des priorités. Notons que la masse ne définit pas tout : ainsi, la croissance des dépenses globales d'éducation peut être le fruit de la croissance démographique ou du taux de scolarisation croissant.

Budget économique

Le budget économique établit une **prévision de l'activité des agents économiques** présentée à travers un ensemble de comptes (période la plus courante : l'année).

Budget social et montée du social

Un certain nombre de prestations sociales (allocations familiales, indemnités de chômage, remboursement de médicaments ...) ne passent pas directement par le budget de l'État.

Le budget social de la nation est un ensemble de comptes destiné à faire apparaître la nature et le mode de financement de l'effort social de la Nation.

Il regroupe **en emploi,** la totalité des prestations versées par la Sécurité Sociale et les organismes d'assistance (vieillesse, invalidité, maladie, famille, logement...) ; il regroupe **en ressources,** la totalité des sommes perçues par les organismes et affectées à ces transferts à caractère social (cotisations des salariés, des employeurs, concours de l'État et des collectivités locales).

Certains indicateurs mesurent la montée du social dans les économies de marché :

$$\text{Pourcentage de revenus indirects} = \frac{\text{Allocations diverses perçues par la population}}{\text{Revenu des ménages}} = \frac{\text{Revenu indirect}}{\text{Revenu total}}$$

$$\text{Part du budget social dans le produit national} = \frac{\text{Versement d'allocations à caractère social}}{\text{Produit national}}$$

Ce rapport est un indicateur de la socialisation des revenus. Il exprime la **solidarité sociale,** mais il masque la façon dont se fait ou ne se fait pas la redistribution. Y a-t-il redistribution effective des riches aux pauvres, des bien portants aux malades, des célibataires vers les familles nombreuses... ? D'autres indicateurs sont alors nécessaires.

$$\text{Taux de couverture d'un risque donné} = \frac{\text{Dépenses payées par la collectivité}}{\text{Dépenses occasionnées par le risque}}$$

Ainsi, plus le taux de couverture d'un risque donné est élevé, plus la dépense est socialisée, et moins le risque est supporté individuellement.

☞ ÉTAT, FISCALITÉ, POLITIQUE ÉCONOMIQUE, POLITIQUE SOCIALE

BUREAUCRATIE

Des millions de fonctionnaires chaque jour réglementent, administrent, organisent, manipulent des pyramides de papiers, de circulaires, d'imprimés, de fichiers. Les « *ronds de cuir* » croqués par Courteline font sourire, tandis que ceux de Kafka inquiètent.

La bureaucratie n'est pas uniquement liée au développement de l'intervention de l'État. Il peut y avoir des phénomènes bureaucratiques dans des **entreprises privées,** en particulier dans les grandes entreprises. La grande dimension tend à développer des réglementations impersonnelles auxquelles chaque salarié doit se soumettre et qu'il doit appliquer.

La bureaucratie au sens courant

Au sens courant, le bureaucrate est celui qui travaille dans les bureaux et plus particulièrement dans ceux des administrations. Mais A. Sauvy précise que le suffixe « cratie » de bureaucratie évoque le pouvoir, et il nous invite à utiliser le suffixe « ain » plus neutre pour parler des travailleurs qui peuplent les bureaux. A. Sauvy désigne du nom de « **burelain** » celui qui travaille et donc « habite » les bureaux. Pour désigner l'ensemble des personnes qui peuplent les bureaux, il parlera de « **burelénie** ». Le mot bureaucratie aura alors une signification plus théorique liée à la notion d'organisation et de pouvoir.

Un mot, trois sens...

Pour A. Touraine « Le langage désigne du même mot **bureaucratie,** trois réalités distinctes.

1. Un type d'organisation défini par un système précis et hiérarchisé de fonctions et non d'individus dont les droits et les devoirs sont fixés d'une manière impersonnelle, officielle et en principe rationnelle.

2. Un type de fonctionnement des organisations marqué par un attachement excessif à la lettre des règlements et par une routine qui résiste à la transformation de ces règlements.

3. Le pouvoir exercé par les dirigeants des grandes organisations et surtout des organisations volontaires. » (*Arguments,* rééditions 10/18, T1.)

Le sens de Max Weber

Max Weber, influencé par la forme de l'État prussien, définit « la direction administrative bureaucratique » comme modèle de domination légale. Pour Weber, le type le plus pur de l'organisation bureaucratique est constitué par un pouvoir dominant selon des règles fonctionnelles et rationnelles.

Il y a bureaucratie typique si la direction régit des fonctionnaires :

« 1. personnellement libres, n'obéissant qu'aux devoirs objectifs de la fonction,

2. dans une **hiérarchie** de la fonction solidement établie ;

3. avec des **compétences** de la fonction solidement établies ;

4. en vertu d'un contrat, donc

5. en principe, sur le fondement d'une sélection ouverte selon la **qualification professionnelle** : dans le cas le plus rationnel ils sont nommés (non élus) selon une qualification professionnelle révélée par l'examen, attestée par le diplôme ;

6. sont payés par des appointements fixes (...) gradués suivant le rang hiérarchique en même temps que les responsabilités assumés (...),

8. voient s'ouvrir à eux une carrière (...), leur avancement dépendant de leurs supérieurs ;

9. travaillent (...) sans appropriation de leurs emplois ;

10. sont soumis à une discipline stricte et homogène de leur fonction et à un contrôle . » (M. Weber *Économie et Société* T. 1. Plon).

Cet ensemble de règles caractéristiques de l'administration bureaucratique se retrouve souvent dans les entreprises privées de grande dimension et, pour Weber, le modèle bureaucratique est donc très général dans les sociétés (l'armée, les Églises)..

L'apport de Crozier

Pour Crozier, qui a étudié les organisations administratives françaises, les organisations bureaucratiques, loin d'être toujours rationnelles et efficientes, peuvent bloquer l'initiative, entraîner la routine et alourdir la décision, freiner la productivité...

Plus généralement, « est **bureaucratique** une certaine manière de concevoir le commandement par circulaires et règlements ; elle s'oppose d'une part à la personnalisation de l'autorité, au « face à face » chef-exécutants, d'autre part à la gestion par les délégués et les comités révocables, ou par la démocratie directe (tous les intéressés délibérant avant de prendre la décision). » (J.-J. Marchand).

Autrement dit, la bureaucratie limite l'initiative, l'évaluation immédiate des résultats, la mobilité de statut et de rémunération, ce qui accroît l'inefficacité et les « dysfonctions ». L'individu s'efface devant la fonction ; quand il n'est plus qu'une fonction, toutes les déviations sont possibles. Par ailleurs, toute correction des déviations ne peut se faire que par l'instauration de nouvelles normes. Là où il faudrait de la souplesse, on accroît les rigidités.

Système bureaucratique

A un niveau plus global, on parlera de **système bureaucratique lorsque** :

1. Un groupe dirigeant décide de la majorité des orientations et des choix sans contrôle effectif.

2. Le groupe utilise les moyens de l'organisation pour appliquer sa ligne.

3. Le fonctionnement de l'organisation crée entre ses dirigeants des intérêts collectifs qui sont distincts de ceux de ses membres.

4. Les membres de la direction retirent des avantages personnels de leur activité (théoriquement) de gestion ; ils obtiennent pouvoir, avantages matériels de l'utilisation des biens et des personnels de l'organisation.

5. Le groupe dirigeant crée une unité de comportement, un langage, une idéologie, des relations, des références culturelles implicites qui le distinguent de l'essentiel des dirigés.

6. Des mécanismes d'appropriation du pouvoir permettent de limiter le recrutement, de fermer le groupe dirigeant par une sélection des nouveaux membres conforme à l'intérêt collectif du groupe bureaucratique.

7. Le pouvoir du groupe dirigeant a tendance à exclure les dirigés de l'élaboration des décisions, de l'information permettant d'appréhender les orientations et de les contrôler.

On parle de **société bureaucratique,** ou de **capitalisme bureaucratique d'État** pour désigner un système bureaucratique à l'échelle d'une nation. Les bureaucrates sont alors une véritable classe dirigeante et s'appropriant pouvoir et avantages matériels substantiels. Si l'expression **capitalisme bureaucratique d'État** a été forgée pour qualifier les pays de l'Est, dans les économies de marché l'utilisation des postes-clés de l'État et des grandes entreprises utilisés par « l'élite du pouvoir » (W. Mills) est aussi une forme de système bureaucratique qui s'articule avec la propriété privée.

☞ CAPITALISME MONOPOLISTE D'ÉTAT, ÉTAT

CAPITAL

Le terme « capital » est souvent utilisé comme équivalent du mot « patrimoine ». C'est alors l'ensemble des biens que possède un individu ou un groupe.

Le mot « capital » est utilisé dans des sens souvent très différents de l'usage courant, et le passage non explicite d'une acception du terme à une autre est souvent source de confusion.

Terminologie libérale

Capital technique

Le capital technique est un ensemble de biens matériels permettant de créer de nouveaux biens dotés d'utilité.

Il permet d'opérer un **détour de production :** au lieu d'aller chercher de l'eau au puits, un individu peut décider de construire une canalisation et une pompe lui permettant d'obtenir de l'eau sans effort. Il n'a intérêt à acquérir ce capital que si la somme de travail consacrée à l'élaboration de cette installation est inférieure à celle que constitue le fait d'aller à chaque fois chercher de l'eau. Il doit tenir compte, pour effectuer son calcul, du temps pendant lequel il pense pouvoir utiliser cette canalisation. L'exemple précédent se situe au niveau réel, mais l'entreprise effectue ses calculs de rentabilité en termes financiers.

Le capital fixe est la partie du capital dont la durée de vie s'étend sur plusieurs cycles de production (machines, bâtiments).

Le capital circulant désigne la partie du capital qui disparait dans un seul cycle de production (matières premières...).

Les diverses branches industrielles se distinguent par la quantité de capital nécessaire pour produire un franc de produit. Le « **coefficient de capital** » est le rapport :

$$\frac{\text{valeur du capital utilisé}}{\text{valeur de la production}}$$

Il permet de savoir que pour 1 F de marchandises produites, il a fallu dépenser x F de capital (machines, bâtiments, matières premières...). Lorsque ce rapport est élevé, on dit que l'activité considérée est **capitalistique.**

Capital social

Le capital d'une entreprise, **au sens juridique ou comptable** du terme, est la valeur nominale de l'ensemble des actions ou des apports des propriétaires de l'entreprise. Ce capital peut être différent de la valeur réelle de l'entreprise.

Les capitaux d'une entreprise

La plupart des entreprises fonctionnent partiellement avec des ressources financières apportées par leurs propriétaires et font, pour le reste, largement appel aux multiples formes de crédit bancaire et autres. Si la rentabilité que recherche l'entreprise est celle de ses fonds propres, il n'en reste pas moins que l'« efficacité » de l'entreprise est liée à l'ensemble des capitaux qu'elle utilise (Voir **bilan**).

On distingue les **capitaux propres** qui regroupent l'ensemble des capitaux qui appartiennent à l'entreprise (capital + réserves + bénéfices) des **capitaux étrangers** qui sont constitués par l'ensemble des dettes de l'entreprise.

Les **capitaux permanents** sont ceux qui restent de façon durable à la disposition de l'entreprise, ils comprennent les capitaux propres et les dettes à long terme.

Capital risque (Venture capital)

L'expression « capital risque » est utilisée pour qualifier des sociétés qui effectuent des investissements dans des secteurs novateurs et qui défrichent des marchés nouveaux comportant des possibilités de gains exceptionnellement élevés mais aussi des risques de faillite importants.

Productivité et productivité marginale du capital

Si l'on désigne par Y la valeur de la production lors d'une période donnée, et par K la valeur du capital utilisé durant cette période, Y/K constitue la **productivité du capital.**

Y/K est l'inverse du coefficient de capital, et son interprétation est aisée : Y/K représente pour 1 F investi en capital, le nombre de F obtenus en marchandises produites.

Si l'entreprise augmente son capital de Δ K durant une période et que la valeur de sa production varie de Δ Y, Δ Y/Δ K est la productivité marginale du capital.

Productivité apparente du capital

L'INSEE définie la productivité apparente du capital comme le rapport valeur ajoutée divisée par le capital fixe.

➡ Dans l'analyse libérale le capital est un facteur de production qui, combiné avec le travail, permet d'obtenir une certaine production. Ce qui distingue l'analyse libérale de l'analyse marxiste sur ce point, c'est que, pour les théoriciens libéraux, le capital, au même titre que le travail, engendre de la valeur.

Vocabulaire marxiste

➡ Pour Marx, le capital n'est pas seulement un ensemble de choses ou un flux financier mais aussi un rapport social. Dans le système capitaliste, il faut que ceux qui possèdent les moyens de production trouvent des travailleurs à employer, que la loi définisse le droit de propriété, le droit du travail... Pour Marx, il y a dans le capital deux formes essentielles :

Le capital constant : ce sont les machines, les bâtiments, les matières premières, l'énergie, bref, tout ce qui résulte du travail passé et qui est utilisé pour forger des marchandises. Ce travail passé est détruit dans la production et se trouve incorporé sous une forme nouvelle dans les objets créés ; ainsi, des tôles d'acier vont être utilisées pour fabriquer des portières de voiture. Le capital constant transmet sa valeur au nouveau produit mais ne peut créer de valeur nouvelle.

Le capital variable : la force de travail a la propriété de créer une valeur supérieure à celle qui est nécessaire à sa propre reproduction, d'où la dénomination de variable. En moyenne, le salaire versé est inférieur à la valeur des produits qu'il permet de réaliser, moins la valeur du capital constant qui y est incluse. C'est cette différence qui constitue la plus-value, source de l'accumulation.

➡ Il faut distinguer ces termes des notions de **capital fixe** et de **capital circulant** définies ci-dessus.

La composition organique du capital est le rapport :
$$\frac{C}{Cv} = \frac{\text{Capital constant}}{\text{Capital variable}}$$

Une **industrie lourde** se caractérise par une composition organique du capital très élevée.

☞ CAPITALISME, INVESTISSEMENT

CAPITALISME

Le capitalisme, un système économique

Les sociétés française, nord-américaine, suédoise, malgré leur diversité, ont un certain nombre de points communs fondamentaux : elles appartiennent au même système économique.

Pour comprendre **un système économique,** on peut construire un modèle. Quelques traits généralement admis permettent de définir les éléments fondamentaux du **capitalisme :**

1. La propriété des principaux moyens de production et d'échange est privée.

2. La plupart des objets produits sont des « **marchandises** », c'est-à-dire des biens produits pour être vendus. La finalité de la production est l'échange et non la consommation directe. On produit pour vendre sur un marché.

3. Les individus sont « libres » de vendre, d'acheter, de passer des contrats en suivant la voie la plus favorable à leur propre intérêt, ce qui s'exprime le plus souvent sous la forme de la recherche d'un profit maximum qui est la finalité essentielle de la production.

4. Une fraction importante de la population vend sa force de travail contre une rémunération : ce sont des salariés (80 % de la population active dans la France actuelle). La détention du capital est source de revenus (profits, intérêts, rentes)

L'analyse libérale

Pour les libéraux, la propriété privée et la recherche de l'intérêt personnel assurent, en dehors de toute planification d'ensemble (centralisée), la meilleure allocation possible des ressources.

Le marché est l'élément central du modèle libéral du capitalisme. Il assure à chacun en fonction de sa dotation initiale de biens, une satisfaction maximale. Cette allocation optimale peut résulter soit du seul jeu du marché (libéraux, néo-classiques...) ou nécessiter l'intervention correctrice de l'État (Keynes...).

Les libéraux considèrent que la liberté d'entreprendre fait partie de l'ensemble des libertés et que maintenir cette liberté est la garantie du maintien de toutes les libertés. Le profit est la juste rémunération de l'activité d'entreprise.

Pour Schumpeter, le capitalisme est animé par les entrepreneurs qui découvrent de nouvelles idées, et recherchent les moyens (y compris le capital proprement dit) de les mettre en oeuvre. L'entrepreneur, dans ce sens, ne se confond pas nécessairement avec le capitaliste.

L'approche marxiste

L'approche marxiste se veut critique de l'économie politique « bourgeoise », et la dénonce comme faisant l'apologie du système existant. Pour elle, le capitalisme est un mode de production historique et daté. Il est défini par les rapports de production et les forces productives :

1. **Des rapports de production** comprenant :

A. **Les rapports de propriété :** Le capitalisme est caractérisé par la propriété privée des moyens de production. La possession par un individu de sa voiture, de ses chaussures, ne définit nullement des rapports de propriété capitaliste. Seules la possession par un groupe d'individus des moyens de production et d'échange, et la non-possession corrélative par tous les autres, fondent le capitalisme.
Les rapports de propriété déterminent les rapports de classes.

B. **Les rapports de classes :** ceux qui possèdent les moyens de production constituent la classe des capitalistes : « la **bourgeoisie** ». Ceux qui animent les moyens de production et produisent : « les **prolétaires** ». Ces deux classes sont antagonistes car la « bourgeoisie » exploite le prolétariat en prélevant la « **plus-value** ». Les capitalistes dirigent le processus de production.

2. **Des forces productives :** Le capitalisme révolutionne les forces productives. Sous l'aiguillon de la concurrence, chaque capitaliste doit acheter de nouvelles machines, organiser de façon efficiente de nouvelles productions. « La richesse des sociétés dans lesquelles règne le mode de production capitaliste, s'annonce comme une immense accumulation de marchandises » (Marx, *Le Capital*).

Mais, pour Marx, il existe une contradiction entre les forces productrives qui garnissent la multiplication des richesses et les rapports de production qui conduisent à une limitation de la masse salariale et donc de la consommation des salaires. Cette contradiction est source de crises.

☞ CAPITAL, CAPITALISME BUREAUCRATIQUE D'ÉTAT, CAPITALISME MONOPOLISTE D'ÉTAT, SYSTÈME ÉCONOMIQUE

CAPITALISME MONOPOLISTE D'ÉTAT

De l'intervention de l'État...

Quand vous suivez des études ou parcourez les routes de France, vous utilisez des biens publics. L'État contemporain ne fixe pas seulement des règles d'ordre public, il intervient aussi dans la vie économique, sociale et politique. Ce n'est pas pour autant que disparaît le caractère privé et capitaliste de la vie économique. La propriété privée ne s'évanouit pas avec le développement des interventions publiques.

... au capitalisme monopoliste d'État

La théorie du capitalisme monopoliste d'État, développée par le parti communiste français (Herzog, Boccara...), cherche essentiellement à analyser en quoi les interventions de l'État visent à réguler l'activité économique et à contrecarrer la baisse tendancielle du taux de profit. Ces théoriciens relèvent un ensemble d'éléments qui transforment le capitalisme :

1. De grandes unités économiques, « monopoles » et entreprises multinationales, contrôlent une part croissante de la vie économique.

2. L'État est au service des monopoles. Par exemple, des occasions notables de profit liées à la masse de ses commandes.

3. Les entreprises publiques sont victimes par rapport aux entreprises privées d'une sous-rémunération de leur capital du fait des choix de l'État qui limite souvent les prix payés par les industriels. Ainsi les capitaux publics, étant rémunérés en dessous du taux de profit moyen, les capitaux privés peuvent augmenter leurs propres profits.

Ceci permet de limiter la baisse tendancielle du taux de profit pour les capitaux privés. Loin de supprimer ou d'atténuer la recherche du profit, de modifier le calcul économique privé, le capitalisme monopoliste d'État mettrait donc au service des monopoles l'ensemble des appareils étatiques.

Nouveaux critères de gestion

Les « nouveaux critères de gestion » proposent de maximiser la valeur ajoutée et non le seul bénéfice. L'objectif est de maximiser la rémunération des travailleurs et d'augmenter leur qualification.

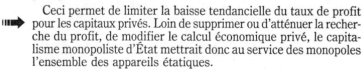

☞ CAPITALISME, CAPITALISME BUREAUCRATIQUE D'ÉTAT, PLANIFICATION

CASTE

L'Inde traditionnelle, ses Brahmanes et ses Intouchables, nous donne l'image la plus saisissante des castes, qui forment ainsi une sorte de repoussoir pour des esprits formés à l'idée de liberté, de compétition ouverte et d'égalité formelle entre les hommes. Certes, l'image d'un cireur de chaussures devenant roi de l'acier fait sourire comme image d'Épinal de la mobilité dans les sociétés occidentales. Mais l'idée d'hommes attachés à vie à une caste, destinés à certains métiers, fréquentant des lieux séparés, ne pouvant manger les aliments préparés par d'autres castes au risque de mêler le « pur et l'impur », semble le comble de l'oppression pour la plupart des occidentaux. Au sein d'une caste, l'avenir est tracé : un Intouchable au bas de la hiérarchie ne saurait même rêver de devenir Brahmane (sommet des castes de l'Inde).

On distingue trois grands critères définissant les castes :

1. La hiérarchisation des groupes : du haut en bas de la société, on peut classer les individus de castes différentes.

2. Spécialisation héréditaire : les professions sont fixées par la naissance, seuls les Intouchables seront éboueurs, « croque-morts »... Tandis que les Brahmanes fourniront les prêtres suprêmes, les dirigeants...

3. Répulsion réciproque : ainsi dans l'Inde traditionnelle, la notion de souillure rend certains contacts entre castes prohibés. Les mariages se réalisent au sein d'une même caste (endogamie) : les repas, l'eau ne peuvent être partagés par des personnes de castes différentes.

Le système des castes tend à persister dans les situations d'acculturation, ainsi avec l'émigration des Hindous vers la Grande-Bretagne, des membres originaires de castes différentes voient les hiérarchies traditionnelles bouleversées ; mais des Brahmanes ayant en Angleterre des revenus moins élevés ou même une situation sociale modeste, maintiennent généralement vis-à-vis des Intouchables leur attitude de rejet. Évidemment les générations successives assimilent de nouvelles valeurs et normes transmises lors de leur passage au sein du système éducatif occidental.

Le système des castes est donc un système de reproduction sociale qui exclut dans son principe toute mobilité, tout bouleversement global de ses valeurs et règle les relations entre les groupes de façon rigide.

☞ CLASSES SOCIALES

CATÉGORIES SOCIO-PROFESSIONNELLES

Après 1945, l'accroissement de l'intervention de l'État en matière économique et sociale s'est traduit par la recherche plus systématique d'une nomenclature permettant de mieux connaître les besoins de main d'œuvre par type de qualification. Cette recherche aboutit d'abord à l'établissement en 1947 d'une nomenclature interministérielle (révisée en 1954) qui distingue 12 000 activités, rassemblées en 1 130 métiers. Puis l'INSEE, en 1951, publie le code des C.S.P., conçu dans une optique un peu différente, puisqu'il s'agissait d'élaborer un outil permettant en particulier d'étudier la consommation de biens et de services des ménages. Construit pour répondre à des problèmes concrets, le code des C.S.P. doit, dans l'esprit de ses créateurs, classer la population en « un nombre restreint de grandes catégories présentant chacune une certaine homogénéité sociale », **l'homogénéité sociale** étant définie par l'existence entre les membres d'un groupe de caractéristiques économiques et culturelles proches, de relations interpersonnelles nombreuses, la convergence des attitudes et des opinions, la conscience d'appartenir à une même catégorie...

L'INSEE a retenu différents critères pour constituer le code des C.S.P. :

– profession individuelle (métier)
– secteur d'activité (agriculture, entreprise minière...)
– statut (salarié, non salarié)
– qualification professionnelle (par exemple : O.S., O.P.)
– position hiérarchique (cadre moyen, cadre supérieur...)
– importance de l'entreprise (nombre de salariés).

Précautions de lecture

Actuellement, le code des C.S.P. est utilisé, au-delà de ce qui était prévu initialement, par la plupart des organismes qui établissent des enquêtes. Les données statistiques disponibles pour l'analyse sociale (étude de la fécondité, des revenus, des patrimoines, des opinions politiques...) sont donc le plus souvent établies en fonction de cette classification ; l'intérêt pratique du code des C.S.P. est donc très important

La lecture de statistiques utilisant le code des C.S.P. ne doit pas se faire sans précautions. Par exemple, il est essentiel de connaître avec précision les critères retenus pour distinguer les différentes catégories et de percevoir le degré d'hétérogénéité sociale des hommes qui forment une catégorie : ainsi, il n'est pas indifférent de savoir que le critère de distinction entre les gros commerçants et les petits commerçants est le nombre de salariés : à partir de dix salariés un commerçant appartient à la catégorie des gros commerçants, en dessous à celle des petits. Les résultats moyens obtenus sur l'ensemble des gros commerçants, risquent de masquer les différences à l'intérieur de cette catégorie.

Les C.S.P. ne sont pas des classes sociales, mais des catégories empiriques. Elles constituent cependant un instrument qui peut, moyennant certaines précautions, être utilisé pour réaliser des analyses concrètes sur la société en termes de classes.

Les professions et catégories socio-professionnelles (P.C.S.)

Depuis 1982, l'INSEE utilise une nouvelle classification, celle des P.C.S. (professions et catégories socio-professionnelles-1982). Elle se décompose en un niveau agrégé (8 postes), un niveau de publication courante (24 postes) et un niveau détaillé (42 postes).

1 Agriculteurs exploitants
10 Agriculteurs exploitants

2 Artisans, commerçants et chefs d'entreprise
21 Artisans
22 Commerçants et assimilés de 10 salariés ou plus

3 Cadres et professions intellectuelles supérieures
31 Professions libérales
32 Cadres de la fonction publique, professions intellectuelles et artistiques
36 Cadres d'entreprise

4 Professions intermédiaires
41 Professions intermédiaires de l'enseignement, de la santé, de la fonction publique et assimilés
46 Professions intermédiaires administratives et commerciales des entreprises
47 Techniciens
48 Contremaîtres, agents de maîtrise

5 Employés
51 Employés de la fonction publique
54 Employés administratifs d'entreprise
55 Employés de commerce
56 Personnes des services directs aux particuliers

6 Ouvriers
61 Ouvriers qualifiés
66 Ouvriers non qualifiés
69 Ouvriers agricoles

7 Retraités
71 Anciens agriculteurs exploitants
72 Anciens artisans, commerçants, chefs d'entreprise
73 Anciens cadres et professions intermédiaires

8 Autres personnes sans activité professionnelle
81 Chômeurs n'ayant jamais travaillé
82 Inactifs divers (autres que retraités)

Les P.C.S. reprennent les critères de classement des C.S.P. mais prennent aussi en compte d'autres distinctions telles que : emplois publics et privés ou l'origine socio-professionnelle des inactifs...

☞ CLASSES SOCIALES

CHANGEMENT SOCIAL

Les sociétés occidentales (mais aussi à divers degrés toutes les sociétés) connaissent en permanence, des changements sociaux : montée ou déclin du travail des femmes, découverte des loisirs populaires avec les congés payés, exode rural qui dépeuple les campagnes et dissout le monde paysan traditionnel...

La sociologie du changement social étudie principalement les transformations des structures sociales dans le temps.

Mais à quelle condition peut-on parler de véritable changement ? Il faut pour cela que les transformations affectent **collectivement** les valeurs, les pratiques d'une société ou d'un groupe social.

Un ouvrier qui devient patron n'induit pas un changement social dans une société capitaliste. Même si toutes les entreprises relèvent les salaires de 10 % , il n'y a pas un changement social, car cela fait partie des résultats usuels de négociation de la force de travail. Une femme ministre ou Président de la République ou quelques femmes à des postes-clés ne changent pas la situation féminine...

Par contre, il y aurait changement social si la probabilité de devenir patron pour un ouvrier était égale à celle d'un cadre supérieur, d'un fils de patron... Si des augmentations de salaire modifiaient radicalement la hiérarchie des revenus, si le nombre de femmes dans l'exécutif ou le législatif était proportionnel à leur part dans la population globale (plus de 50 % ...).

Le changement social est « toute transformation observable dans le temps qui affecte d'une manière qui ne soit pas que provisoire ou éphémère, la structure ou le fonctionnement de l'organisation sociale d'une collectivité donnée et modifie le cours de son histoire » (G. Rocher).

Il y a des sociologies de l'équilibre et des sociologies de la rupture ; pour les premières, un système, aussi déréglé soit-il, retrouve un nouveau niveau d'équilibre : c'est pourquoi l'intérêt de ce courant sociologique s'est détourné des ruptures profondes. Les études sociologiques du changement social se sont souvent détournées de l'étude des révolutions, des mutations historiques, et des grandes théories expliquant le changement selon un principe clé.

☞ CONFLITS SOCIAUX

CIRCUIT ÉCONOMIQUE

Au sens usuel, un circuit désigne un certain ensemble de chemins à parcourir, définissant une circulation entre des pôles définis.

L'image du circuit évoque donc les 24 h du Mans, le Bol d'Or, mais aussi, à l'origine, la circulation sanguine que Quesnay, médecin mais aussi grand économiste du XVIIIe siècle, prendra comme exemple pour définir le premier modèle complet de circuit économique.

Un circuit très général se retrouve dans toute société.

La production est répartie et échangée, puis les biens sont consommés ou conservés pour être utilisés dans une période ultérieure. La nature des liaisons et leur complexité varient suivant les sociétés et le niveau d'analyse que l'on souhaite.

Un circuit comptable très simplifié (deux agents)

Exemple ne comprenant que des ménages et des entreprises reliés par des relations simplifiées :

Les ménages travaillent, et en échange obtiennent 10 000 F de revenus, ils les dépensent entièrement en achetant aux entreprises des biens et des services pour une même valeur (condition d'équilibre du circuit économique).

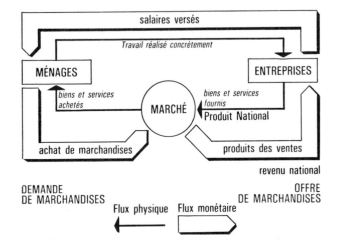

Le circuit selon Quesnay

IIII➡ Le circuit est inséparable des théories qui lui ont donné jour. Ainsi le circuit de Quesnay tente d'expliquer l'ensemble de l'économie de son époque avec une théorie de la production et de la valeur qui correspond à l'école des Physiocrates.

Le premier problème consiste à dégager les **classes** qui participent à l'activité économique et les grandes relations qui les lient lors de la production, la distribution et l'échange.

Pour lui, seule l'agriculture apporte une valeur nouvelle, à l'image des graines que l'on sème et qui se multiplient, permettant à la fois aux agriculteurs de subsister et de réensemencer les champs et même de dégager **un surplus.** Ce surplus va permettre de nourrir les propriétaires et les ouvriers et artisans qui ne travaillent pas la terre. Pour Quesnay, les ouvriers constituent une **classe stérile** car le processus de production artisanal ou industriel se contente de transformer des matières existant déjà : le coton devient fil, le fil devient drap, le drap chemise. Pour les Physiocrates, l'industrie est tributaire de l'adage « rien de nouveau sous le soleil », la troisième classe étant celle des **propriétaires** qui vivent du surplus et consomment les biens produits par **la classe stérile et la classe laborieuse (productive).**

Suivons l'exemple développé par Quesnay :

Au départ, la classe productive détient 2 millions de F sous forme monétaire, elle paie les propriétaires fonciers avec cette somme au titre de la rente qu'elle leur doit, ceux-ci dépensent alors 1 million auprès des artisans pour se procurer des biens artisanaux et le million restant sert à acheter la nourriture aux fermiers. Les fermiers dépensent ce million en achetant 1 million d'outils artisanaux. Les artisans disposent pour leur part de 2 millions résultant de leurs ventes aux propriétaires fonciers et aux paysans, ils les dépensent entièrement auprès de la classe productive en achetant pour moitié (1 M) de matières premières et le reste (1 M) leur sert à subsister.

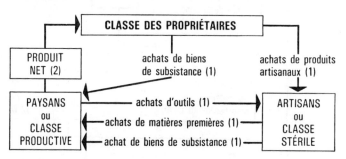

61

Le **surplus** est obtenu par la seule classe productive : c'est l'écart entre la production et ce qui est nécessaire à son obtention.

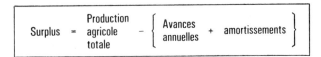

Il appelle aussi le surplus « **produit net** », car c'est ce qui est réellement apparu en plus des avances.

Dans notre exemple, on a 5 M de production agricole – (2 M d'avances annuelles en semence notamment + 1 M d'amortissement achat d'outils) = 2 M.

Le surplus est entièrement approprié par les propriétaires fonciers.

Au circuit monétaire correspond un circuit de biens physique.

Évidemment l'achat d'outils correspond à un flux physique d'outils fournis par les artisans aux paysans...

Le circuit physique permet d'expliciter la théorie de la valeur des Physiocrates :

Le rôle de transformation des artisans ou classe stérile :

L'existence du surplus permet l'existence d'un circuit élargi, si les propriétaires ne le dépensent pas improductivement mais utilisent à l'accumulation une fraction de celui-ci.

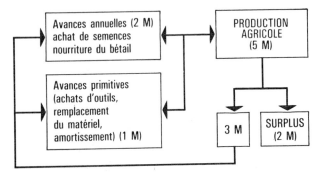

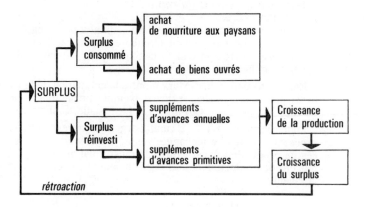

Le circuit selon Marx

Sens général

Un premier sens du circuit d'ensemble de l'économie selon Marx peut se visualiser ainsi :

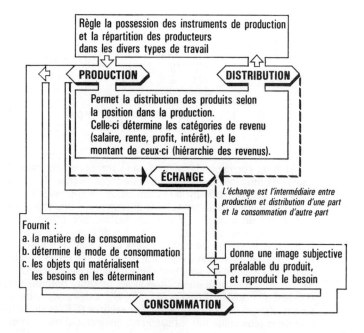

Sens précis : circuit du capital

La première section du livre 2 du Capital a pour chapitre introductif « Le mouvement circulaire du capital » que Marx décompose en trois circuits : capital-argent, capital-productif, capital-marchandise.

En ce sens particulier, Marx montre la circulation de la valeur et ses phases principales. A titre d'exemple, présentons le **circuit du capital-argent** (*Le Capital,* T2, La Pléiade, Gallimard).

Pour Marx, le circuit du capital-argent comprend à la fois le **procès de circulation** (échange, vente, financement...) et **le procès de production,** c'est-à-dire la transformation du capital en moyens de production et leur mise en oeuvre en vue de créer de la valeur.

Le cycle se schématise ainsi :

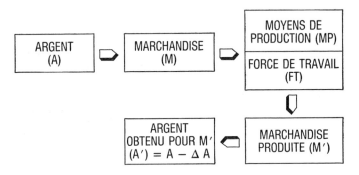

Δ A : variation des quantités d'argent

Ce circuit correspond à un cycle où l'argent devient capital par l'achat de moyens de production et de force de travail ; le processus de production aboutit à la fabrication de nouvelles marchandises (M′), enfin cette production correspond à une valeur exprimée monétairement A′. Il y a valorisation effective si A′ > A, c'est-à-dire si les marchandises produites dégagent une plus-value. L'analyse du circuit économique est alors source d'étude de la reproduction du système économique et de ses crises. A chaque étape il faut analyser les conditions de la phase suivante : ainsi M′ ne se transforme en A′ que si les produits obtenus correspondent aux possibilités d'achat, aux goûts des consommateurs, ce qui dépend de la distribution des salaires (FT) et de l'utilisation de la plus-value (investissement, consommation de biens de luxe...).

Cette analyse du circuit s'articule avec les schémas de reproduction qui étudient, en désagrégeant l'économie en deux secteurs, les conditions de l'accumulation. Le circuit du capital argent permet de passer de A vers A' = A + Δ A

(Δ A = accroissement de A),

Il en résulte un mouvement économique qui intègre la croissance (Δ A > O), ainsi que les possibilités de rupture du système (désacumulation Δ A < O).

Au sens comptable (inspiration keynésienne)

L'utilisation comptable du circuit exprime une approche macro-économique qui met en évidence l'interdépendance des agents (unités institutionnelles) lors des opérations principales qui les relient : production, échange, financement, consommation, fiscalité, prestations sociales... Le circuit comprend ainsi des **aspects monétaires** : achats de biens et services, versements de salaires, dividendes, placements, crédits, emprunts, thésaurisation, formes de la masse monétaire, épargne, impôts et cotisations sociales, prestations-maladie, pensions et bourses d'étude, **des flux de biens et services,** dont la nature plus matérielle correspond au travail, aux marchandises qui circulent, à l'action des agents fonctionnaires et banquiers...

Cette approche recherche les grands équilibres comptables ; si certains sont créanciers, par exemple les ménages, c'est que le besoin de financement des entreprises en fait des débiteurs. Si des salaires sont versés, ils correspondent à la vente du facteur de production travail symétrique ; le circuit permettra de suivre ce qui va être consommé, épargné, payé en impôt... à partir de ces revenus. Puis les revenus distribués correspondront à des achats qui serviront à payer des entreprises, acheter des biens de production, distribuer des salaires... Ainsi, la cascade des conséquences de chaque opération est mise en évidence. On parle de circuit d'inspiration keynésienne car l'équilibre n'est pas automatique, et l'approche est macro-économique.

Une visualisation classique est celle du circuit économique d'ensemble dont une représentation possible est donnée page 66.

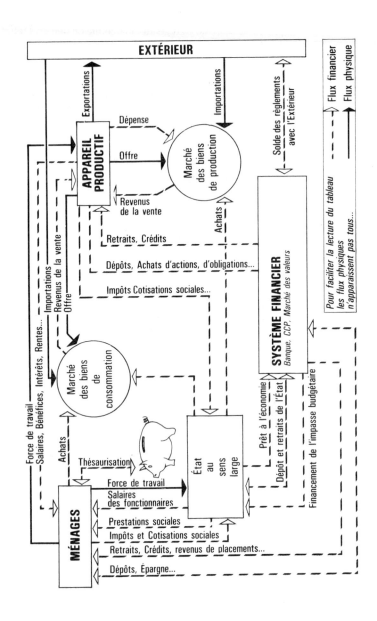

CLASSES SOCIALES

Peu de notions sont d'usage aussi courant et contradictoire que celle de classes sociales; pourtant chacun peut constater une série de faits empiriques qui témoignent d'une réalité reconnue par tous, mais interprétée différemment.

Une réalité visible pour des enfants

Célia Stendler, analysant les enfants de Brasstown en 1949, les a soumis à un « test d'image », à partir de photos découpées dans des journaux et mettant en scène des moments de la vie quotidienne. Les questions, posées à des enfants de six et huit ans, montrent qu'ils répondent très rapidement avec exactitude au jeu de « devinez qui? » si on leur demande :

– Qui a le plus d'argent à dépenser?

– Qui a une bonne pour l'aider à la maison...?

Signes sociaux, perceptions des revenus, des styles de vie, privilèges divers relatifs aux classes sont décelés très tôt. L'enfant perçoit l'existence d'une stratification.

La stratification

La stratification est « l'inégale distribution des droits et des privilèges, devoirs et responsabilités, gratifications et privations, pouvoir social et influence parmi les membres d'une société. » (Sorokin , *Social and cultural mobility*).

La reconnaissance de différences est le fait de tous les sociologues : différences de revenus, de patrimoine, de pouvoir, de prestige, de culture... et de place dans la production.

Il est possible de définir des groupes sociaux présentant une certaine cohérence vis-à-vis de l'organisation sociale.

Groupes sociaux

« **Le groupe** est une unité collective réelle, mais partielle, directement observable et fondée sur des attitudes collectives, continues et actives, ayant une œuvre commune à accomplir, unité d'attitudes, d'œuvres et de conduites, qui constitue un cadre social structurable et tendant vers une cohésion relative des manifestations de la sociabilité » (G. Gurvitch).

> **Groupe de référence et d'appartenance :** « Le groupe d'appartenance est celui auquel l'individu appartient ; le groupe de référence est celui auquel l'individu s'identifie, emprunte ses normes et ses valeurs ».

Terminologie non marxiste

> Les classes sont des groupes d'individus présentant une certaine homogénéité par rapport à certains critères essentiels (profession, revenus, type d'habitation, prestige social, pouvoir...), qui partagent des valeurs et des normes orientant leur pratique et leur conscience sociale.

Si les classes se différencient et s'ordonnent, **elles ne sont pas considérées comme fondamentalement opposées,** même si des rivalités et des conflits peuvent les diviser.

> Certains sociologues utilisent le nom de **strate** plutôt que celui de classe sociale pour ce type de classification. Une strate en général est un sous-ensemble de la population totale présentant pour un critère ou un ensemble de critères une position semblable.

L'approche américaine

De façon générale, la sociologie américaine a plutôt développé les études empiriques, alors que traditionnellement la sociologie européenne a privilégié les analyses théoriques de la notion de classe. A titre d'exemple, on peut citer la démarche de Warner aux États-Unis, étudiant la population de Yankee-City et l'approche de Weber des classes sociales.

Warner étudie la situation des habitants de Yankee-City en définissant un certain nombre de critères quantifiables : niveau de revenus, professions, caractéristiques du logement, quartiers de résidence... Il attribue un score par caractéristique, plus ou moins élevé suivant la situation de l'individu par rapport à cette échelle de stratification. A cette démarche, il en superpose une seconde qui consiste à partir de l'opinion des individus. On demande à un échantillon d'individus (directement ou indirectement) de se classer et de classer les autres, de définir les signes reconnus comme distinctifs. A partir de l'ensemble de ces résultats, on présente un tableau de la stratification en classes de la population de Yankee-City.

L'approche européenne

A ce type de démarche pragmatique s'oppose une autre démarche qui part d'une réflexion sur le concept de classe en vue d'en appréhender la nature, ce qui n'interdit pas ensuite d'en tenter une mesure. Nous illustrerons ici cette démarche traditionnelle en Europe par l'exemple du concept de classe chez Max Weber.

Weber définit les classes à partir de la notion de « situation de classe ».

Une situation de classe dépend des chances (probabilités) qu'a un ensemble de personnes :

1. De se procurer plus ou moins de biens et de services (un patron a plus de chances en moyenne qu'un ouvrier d'avoir un niveau de consommation élevé...).

2. De disposer des différents moyens d'obtenir des biens et des services (la chance – probabilité – d'un prolétaire de recevoir des loyers ou des rentes sera faible, par contre sa probabilité d'avoir un salaire sera élevée) pour un individu donné.

Ces chances doivent être envisagées à partir de 3 critères :

1. Quelle est la marge de manœuvre dont il dispose pour se procurer ces biens et services ?

2. Quelles contraintes extérieures subit-il ?

3. De quelles possibilités personnelles dispose-t-il pour influencer sa situation sociale ?

« Nous entendons par **"classe"** tout groupe d'individus qui se trouve dans la même situation de classe.

a. Une classe sera dite **"classe de possession"** dans la mesure où la situation de classe est essentiellement déterminée par des différences en matière de possession.

b. Une classe sera dite **"classe de production"** lorsque les chances d'exploitation du marché des biens ou des services déterminent essentiellement la situation de classe.

c. On appellera **"classe sociale"**, l'ensemble des situations de classe à l'intérieur desquelles un changement est aisément possible et se produit de manière typique, pour une personne donnée, dans la succession des générations.

Prenant appui sur ces trois catégories de classes, peuvent exister des associations d'individus ayant des intérêts de classe **(groupement de classe).** » (Weber, *Économie et société*)

Terminologie marxiste

« On appelle **"classes"** de vastes groupes d'hommes qui se distinguent par la place qu'ils tiennent dans un système historiquement défini de la production sociale, par leur rapport (la plupart du temps fixé par la loi) aux moyens de production, par leur rôle dans l'organisation sociale du travail et donc par les moyens d'obtention et la grandeur de la part des richesses sociales dont ils disposent. Les classes sont des groupes d'hommes dont l'un peut s'approprier le travail de l'autre par suite de la différence de place qu'ils tiennent dans un régime déterminé de l'économie sociale. » (Lénine : *Œuvres,* T. XXIX, Éditions sociales).

L'ensemble de la vie est conditionné par la position dans les **rapports de production :** ceux qui se situent à une même place dans la production ont des intérêts communs, ainsi les O.S. ressentent collectivement les conséquences du travail à la chaîne, fatigue, chaleur, bruit, insalubrité, risques d'accidents élevés, espérance de vie relativement faible... Cette situation commune donne une base à des intérêts communs, à des luttes et donc à une prise de conscience d'une opposition aux détenteurs des moyens de production : ainsi se constitue un passage de l'état de « masse », caractérisé par une absence de relation entre les travailleurs, à une formation en « **classe vis-à-vis du capital** », c'est-à-dire en groupe organisé en vue d'obtenir certaines satisfactions à ses revendications.

Le stade ultérieur sera celui de « **classe pour elle-même** », c'est-à-dire ayant pour but le changement des rapports de production pour une société où la classe ouvrière aurait un rôle dirigeant aboutissant à **l'abolition de toutes les classes.**

Marx distingue **les classes fondamentales** qui sont, dans un mode de production, les deux pôles opposés et antagonistes essentiels. Ainsi, dans le mode de production féodal, Marx distinguait les paysans et les seigneurs, dans le mode de production esclavagiste les esclaves et les maîtres, dans le mode de production capitaliste les capitalistes et les prolétaires.

A côté de ces classes fondamentales on peut soit distinguer des **classes non fondamentales,** « petite-bourgeoisie » par exemple, soit simplement considérer qu'il n'y a que des couches sociales peu homogènes et contradictoires se rattachant à l'une ou à l'autre des classes fondamentales suivant le jeu des alliances de classe.

☞ **C.S.P., P.C.S., CAPITALISME, CASTE**

COMMUNISME

Au sens large, le communisme est une forme de société où règne la communauté de biens. Dans ce sens, *la République* de Platon défend une certaine forme de communisme. Il en va de même des projets de société idéale développés par les socialistes du XIXᵉ siècle. Dans le contexte contemporain, le sens spécifique attaché à ce terme par Marx a pris une importance politique centrale.

Le communisme au sens marxiste

Le communisme, tel que l'a défini Marx, est une phase future de l'évolution de l'humanité caractérisée par la propriété collective des moyens de production, une société sans classe, où chacun pourrait vivre selon ses besoins, sans être attaché à un travail, à une situation sociale définie, où disparaîtrait la monnaie et l'État. Le communisme est le passage du « gouvernement des hommes à l'administration des choses ». Il suppose que l'on puisse satisfaire tous les besoins, et que les conflits sociaux aient disparu, ne laissant demeurer que des questions solubles techniquement.

Pour Marx, le communisme doit changer radicalement le mode de vie de l'individu, en révolutionnant le cycle travail/loisirs : « Dans la société communiste ... chacun n'a pas une sphère d'activité exclusive, mais peut se perfectionner dans la branche qui lui plaît, la société réglemente la production générale, ce qui crée pour moi la possibilité de faire aujourd'hui telle chose, demain telle autre, de chasser le matin, de pêcher l'après-midi, de pratiquer l'élevage le soir, de faire la critique après le repas, selon mon bon plaisir, sans jamais devenir chasseur, pêcheur, ou critique » (K. Marx, *L'idéologie allemande,* Éditions sociales.)

À la différence d'auteurs tels que Fourier ou Cabet, Marx s'est refusé à détailler ce que serait concrètement le communisme, celui-ci devant être le fruit de l'expérience des individus le construisant.

Les partis communistes

On distingue la définition ci-dessus de Marx de l'expression Parti Communiste. Un parti communiste est un parti politique dont le programme fait référence aux idées marxistes et se fixe pour objectif la réalisation future du communisme. Au sens de Lénine, un parti communiste est un parti de profesionnels visant à instaurer une société dirigée selon les principes de marxisme-léninisme.

☞ BUREAUCRATIE, MARXISME, SOCIALISME

COMPTABILITÉ NATIONALE

Quel est le pays le plus riche du monde? Les Français ont-ils beaucoup dépensé pour leurs loisirs ou épargné pour leur logement? Les prix augmentent-ils plus vite que les salaires? Fait-on plus de profit que l'année passée...? Autant d'interrogations qui nous obligent à mesurer, à faire les comptes de la nation chaque année... Mais comment faire ces comptes? Les chiffres obtenus sont-ils partout les mêmes? En fait aucun chiffre ne va de soi, et la simple mesure de la production nationale montre l'importance des analyses, derrière le **choix des définitions.**

Qu'appelle-t-on production?

Selon qu'ils sont d'accord ou pas avec les énoncés suivants, les économistes se classent en plusieurs écoles :

1. La fabrication des automobiles est une **production.**

2. Un médecin produit des actes médicaux.

3. Un fonctionnaire de la Sécurité Sociale **produit** des services.

4. Un commerçant **produit** un service en vendant des disques.

L'École soviétique

L'école soviétique fonde sur la théorie de la valeur travail sa définition de la production. Elle répondra oui : 1 est une production, mais non pour 2, 3 et 4. Plus généralement la comptabilité soviétique comptabilise comme production **tout ce qui est créé dans un processus matériel par l'ouvrier, le paysan...** Elle définit aussi comme production **ce qui est indispensable à la circulation des biens** donc le fruit du travail des transporteurs routiers, aériens, la manutention...

L'ancienne Comptabilité Nationale française

L'ancienne Comptabilité Nationale française, pour sa part, acceptait les énoncés 1, 2, 4, mais refusait le 3. Sa définition de la production partait d'une **théorie de la valeur fondée sur l'existence d'un prix de marché.** Dans la mesure où l'enseignement public ne donne pas lieu à paiement, elle concluait que cet enseignement n'était pas une production.

Le système élargi de Comptabilité Nationale

La Comptabilité Nationale française actuelle se rapproche désormais de la **comptabilité nationale anglo-saxonne.** Sa définition de la production renvoie à la théorie de la *valeur-utilité*. Pour le Système élargi de Comptabilité Nationale, les énoncés 1, 2, 3, 4 sont exacts.

Production marchande et non marchande

Pour le système de Comptabilité Nationale actuel, rentrent dans la production tous les biens qui ont un prix de marché, la production marchande mais aussi **tous les services des administrations évaluées au coût des facteurs,** production non marchande. Ainsi la valeur de l'enseignement public inclura : les coûts de l'administration de l'éducation nationale, (paiement des salaires des enseignants, du personnel administratif, achats de matériel...).

La nouvelle Comptabilité Nationale française utilise la notion de Produit Intérieur Brut (et non plus celle de production intérieure brute) qui se décompose en **P.I.B.** marchand et **P.I.B.** non marchand.

Comment additionne-t-on des produits de nature différente?

Agrégat

Le calcul d'un agrégat, c'est-à-dire d'une grandeur caractéristique d'une économie donnée, pose différents problèmes.

Comment additionner des voitures, des prestations médicales et des carottes, par exemple? Une Peugeot 604 plus une 2 CV font deux voitures, mais donnent une idée imprécise de la production agrégée de ces deux voitures. Les comptables nationaux prennent **les prix de marché** comme un indicateur représentatif de la valeur de ce qui est produit. On peut ajouter des francs entre eux, aussi disparates que soient les objets dont le prix s'exprime en francs. Mais, ce faisant, on se trouve face à de nouvelles difficultés : par exemple, comment comparer les productions entre deux dates, lorsque les prix changent?

Production en volume

Quand les statisticiens parlent de la **production en volume**, il faut comprendre qu'ils estiment celle-ci en monnaie (et non pas en unités métriques ou cubiques) mais en neutralisant l'effet de l'inflation en utilisant des prix constants ou réels (c'est-à-dire en **divisant les prix nominaux par l'indice des prix**).

Les agrégats relatifs à la production : Une fois explicité ce qu'est une production, un nouveau choix se présente pour mesurer la production nationale :

I.N.I

1er choix : **le Produit National Brut** (le fameux **P.N.B.**) prend pour critère l'appartenance nationale; on estimera ce qui est produit par les entreprises françaises sur le territoire national, mais aussi à l'étranger. En revanche, l'activité des entreprises étrangères sur le sol national ne sera, en principe, pas prise en compte.

P.I.B.

2e choix : **le Produit Intérieur Brut** (P.I.B.) qui prend pour critère le territoire métropolitain. Que les entreprises soient françaises ou étrangères, elles contribuent à former le PIB. Mais l'activité des entreprises françaises et de leurs filiales réalisée à l'étranger ne rentre pas dans le P.I.B...

Valeur ajoutée

Pour obtenir l'agrégat P.I.B. il faut définir une notion comptable clé, la **valeur ajoutée** : elle représente la contribution productive propre d'une entreprise. Ainsi un couturier produira des robes et les vendra à un certain prix, mais il est loin d'être le créateur de toute la valeur intégrée dans cette robe ; le tissu, le fil, la machine à coudre, le local..., sont d'une certaine façon inclus dans sa production, sans qu'il en soit l'auteur. Pour obtenir la valeur ajoutée par le couturier, il faut déduire de la valeur de sa production, au prix du marché, toutes les **consommations intermédiaires.**

$$\begin{array}{c} \text{Valeur} \\ \text{ajoutée} \end{array} = \begin{array}{c} \text{Valeur des biens} \\ \text{et services produits} \end{array} - \begin{array}{c} \text{Valeur des consommations} \\ \text{intermédiaires} \end{array}$$

Les consommations intermédiaires sont les biens nécessaires à la production et qui soit s'incorporent au produit dans le cours du processus productif (ex : tissu dans la robe) soit disparaissent (ex : énergie consommée par les machines). Les consommations intermédiaires comprennent les matières premières, l'énergie, les produits semi-finis, les services marchands achetés par une entreprise à d'autres entreprises mais pas le capital fixe.

On distingue la **valeur ajoutée au prix du marché**, comprenant les taxes, les impôts indirects (T.V.A.. ..), éléments qui ne sont pas une contribution de l'entreprise à la satisfaction du consommateur, et la valeur ajoutée, au coût des facteurs, qui élimine les impôts (valeur ajoutée hors taxe).

$$\boxed{\begin{array}{c} \text{V.A. au coût} \\ \text{des facteurs} \end{array}} = \boxed{\begin{array}{c} \text{V.A. au prix} \\ \text{du marché} \end{array}} - \boxed{\begin{array}{c} \text{taxes} \\ \text{et impôts} \end{array}}$$

Le P.I.B.

Le P.I.B. (produit intérieur brut) est la somme des valeurs ajoutées réalisées par les unités institutionnelles (agents économiques) résidant en France à laquelle on ajoute la T.V.A. grevant les produits et les droits de douane. On comptabilise aussi dans le

P.I.B. la valeur ajoutée par les administrations en estimant au coût des facteurs leur production et en déduisant leurs consommations intermédiaires.

➠ On distingue le **P.I.B. marchand,** somme des valeurs ajoutées au prix du marché, et le **P.I.B. non marchand** évalué au coût des facteurs.

Produit intérieur net

➠ Mais le P.I.B. ne mesure pas vraiment la valeur des biens créés au cours d'une année car il néglige la dépréciation des machines, bâtiments. L'usure du capital fixe, son amortissement, doit donc être déduite du P.I.B. pour obtenir le **Produit Intérieur Net** (P.I.N.).

P.I.N. = P.I.B. - Consommation de capital fixe

Le Produit national Net = P.N.B. — amortissement du capital fixe

---

Le revenu national

Le revenu national est la somme des revenus des agents économiques perçus à la suite des diverses opérations de répartition : salaires, intérêts, dividendes, prestations sociales, subventions, impôts... En tenant compte de l'extérieur, il faut évidemment déduire les revenus versés au reste du monde et ajouter les revenus provenant de l'extérieur.

$$\text{Revenu national} = \text{Produit Intérieur} + \text{Revenus reçus du reste du monde} - \text{Revenus versés au reste du monde}$$

P.I.B. et bien-être

Un usage courant erroné consiste à identifier P.N.B. ou P.I.B. et richesse d'un pays, ou encore satisfaction globale. De nombreuses activités ne sont pas comptabilisées au sein du P.I.B. : le jardinage, le bricolage, le ménage,... lorsqu'ils sont réalisés dans le cadre familial ou hors-marché. De plus, le P.I.B. prend en compte la valeur ajoutée par l'aluminium produit par une entreprise, mais néglige la pollution de la rivière qui peut en résulter, rendant la pêche impossible, réduisant le plaisir des amateurs des bords de rivière... Le P.I.B. peut donc augmenter et la satisfaction diminuer, des biens irremplaçables peuvent être détruits pour une valeur ajoutée créée, apparemment importante.

Une représentation simplifiée et quantifiée de l'économie d'un pays

La Comptabilité Nationale ne se contente pas d'égalités comptables globales, elle se veut **une représentation simplifiée et quantifiée de l'économie d'un pays.** Elle est inséparable de la recherche d'une plus grande maîtrise des politiques économiques, aussi elle se doit d'améliorer la connaissance des principales grandeurs économiques : qui investit, consomme, épargne, réalise des opérations de crédit, reçoit les différents revenus (profits, rentes, salaires, intérêts...)? Pour remplir cette fonction, la Comptabilité Nationale définit **des unités institutionnelles** (traditionnellement appelées agents économiques), **des fonctions économiques** et des types **d'opérations.**

Unités institutionnelles et secteurs institutionnels

L'unité statistique fondamentale est désormais **l'unité institutionnelle,** qui prend la place de l'ancienne notion d'agent économique.

Les unités institutionnelles sont regroupées dans des secteurs institutionnels au nombre de 6 (dans le Système élargi de Comptabilité Nationale ou S.E.C.N. français), plus l'extérieur.

1. **Sociétés et quasi-sociétés non financières,** ayant pour activité principale la production d'objets ou de services marchands non financiers. Elles regroupent des entreprises publiques et des sociétés privées. Sont exclues les entreprises individuelles.

2. **Institutions de crédit,** dont le rôle est de collecter l'épargne et de distribuer des crédits. Essentiellement, il s'agit des banques.

3. **Entreprises d'assurances** qui garantissent contre des risques divers leurs clients, en échange des primes et cotisations volontaires qui leur sont versées.

4. **Administrations publiques.** Pour l'essentiel, ce secteur comprend l'État et les collectivités locales. Elles produisent des services non marchands (tenir l'état-civil, fournir une éducation nationale...).

5. **Administrations privées.** Elles fournissent des services non marchands (par exemple, les syndicats défendent les intérêts professionnels de leurs mandants) ou des services marchands à but non lucratif (les comités d'entreprise font payer une participation aux enfants utilisant les colonies de vacances qu'ils organisent).

6. **Ménages :** Ce secteur « est constitué de toutes les unités institutionnelles résidentes dont la fonction principale est la consommation, éventuellement la production si celle-ci est organisée dans le cadre d'une entreprise individuelle ».

Seront considérés comme ménages aussi bien une famille demeurant sous un même toit qu'une communauté de religieuses. Mais à la différence de l'ancienne Comptabilité Nationale les artisans, les petits commerçants travaillant en entreprise individuelle verront tous les éléments de leur activité de production inclus dans le secteur Ménages. Les entreprises individuelles sont donc totalement séparées des sociétés et quasi-sociétés. La justification de ce choix controversé est que le comportement économique de ces entreprises est marqué par une logique de bien être familial.

7. Le **secteur** « **reste du monde** » permet de mesurer tous les échanges avec l'extérieur.

Un **secteur institutionnel** est un ensemble d'unités institutionnelles ayant un comportement économique considéré comme proche ; le critère retenu pour apprécier cette homogénéité est la fonction économique principale et la nature des ressources de l'unité.

Secteurs et branches

Une décomposition du secteur institutionnel « sociétés et quasi-sociétés non financières » peut se faire à partir de l'activité principale, c'est-à-dire de l'activité pour laquelle l'unité occupe le plus grand nombre de salariés. Un **secteur** regroupe toutes les unités produisant à titre d'activité principale un produit ou un groupe de produits. Par exemple Renault fabrique des robots, mais son activité principale est la production d'automobiles : elle est donc classée dans le secteur automobile.

Une autre division possible est celle de **branche.** Une **branche** est constituée par toutes les unités produisant un produit ou un ensemble de produits donnés. La production d'une entreprise peut relever de plusieurs branches.

Les comptes de la nation

Les comptes de la nation sont le résultat chiffré de l'activité économique du pays au cours d'une année. Ils se présentent sous forme de séries de comptes avec d'un côté les emplois, de l'autre les ressources, et ceci pour chaque secteur institutionnel.

Chaque compte est équilibré par un solde (ressources moins emplois) et le solde d'un compte apparaît comme ressource du compte suivant (voir flèches du tableau).

COMPTES DES SECTEURS INSTITUTIONNELS

Emplois   **Ressources**

COMPTE DE PRODUCTION

Consommations intermédiaires   Production

| Solde = valeur ajoutée brute |

COMPTE D'EXPLOITATION

Rémunération des salariés   Valeur ajoutée brute ◁
Impôts liés à la production   Subventions d'exploitation
                                     (reçues)

| Solde = Excédent brut
d'exploitation |

COMPTE DE REVENU

Subventions d'exploitation   Excédent brut d'exploitation ◁
(versées)   Rémunération des salaires
Revenus de la propriété et   Impôts liés à la production
de l'entreprise (intérêts,   Revenus de la propriété
dividendes versés)   et de l'entreprise...
Autres transferts (impôts   Opérations d'assurances-dommages
sur le revenu,   reçues
cotisations sociales,   Impôts sur le revenu et le
prestations sociales versées)   patrimoine
Opérations d'assurances-   Autres transferts courants
dommages (versées)

| Solde = Revenu disponible brut |

COMPTE D'UTILISATION DU REVENU

Consommation finale   Revenu disponible brut ◁

| Solde = Épargne brute |

COMPTE DE CAPITAL

Formation brute de capital fixe   Éparge brute ◁
Variation des stocks   Transferts en capital, aides à
Acquisitions nettes de   l'investissement, impôts,
terrains et d'actifs incorporels   en capital... reçus
Transferts en capital (versés)

| Solde = capacité de financement | | Solde = besoin de financement |

**Flux nets   COMPTE FINANCIER   Flux nets
de créances**   Moyens de paiement internationaux   **dettes**
              Monnaie et dépôts non monétaires
             Bons négociables, obligations, actions
                           Crédits
              Réserves techniques d'assurance
              Solde des créances et des dettes

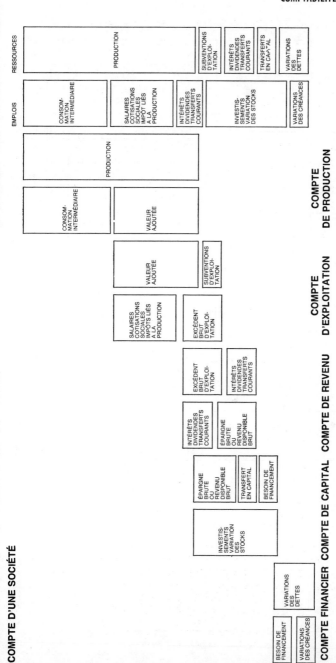

COMPTE D'UNE SOCIÉTÉ

EMPLOIS	RESSOURCES
CONSOMMATION INTERMÉDIAIRE	PRODUCTION
SALAIRES COTISATIONS SOCIALES IMPÔT LIÉS A LA PRODUCTION	SUBVENTIONS D'EXPLOITATION
INTÉRÊTS DIVIDENDES TRANSFERTS COURANTS	INTÉRÊTS DIVIDENDES TRANSFERTS COURANTS
INVESTISSEMENTS VARIATION DES STOCKS	TRANSFERTS EN CAPITAL
VARIATIONS DES CRÉANCES	VARIATIONS DES DETTES

COMPTE DE PRODUCTION

CONSOMMATION INTERMÉDIAIRE — PRODUCTION
VALEUR AJOUTÉE

COMPTE D'EXPLOITATION

VALEUR AJOUTÉE
SUBVENTIONS D'EXPLOITATION
SALAIRES COTISATIONS SOCIALES IMPÔTS LIÉS A LA PRODUCTION
EXCÉDENT BRUT D'EXPLOITATION

COMPTE DE REVENU

EXCÉDENT BRUT D'EXPLOITATION
INTÉRÊTS DIVIDENDES TRANSFERTS COURANTS
INTÉRÊTS DIVIDENDES TRANSFERTS COURANTS
ÉPARGNE BRUTE OU REVENU DISPONIBLE BRUT

COMPTE DE CAPITAL

ÉPARGNE BRUTE OU REVENU DISPONIBLE BRUT
TRANSFERT EN CAPITAL
BESOIN DE FINANCEMENT
INVESTISSEMENTS VARIATION DES STOCKS

COMPTE FINANCIER

BESOIN DE FINANCEMENT
VARIATIONS DES CRÉANCES
VARIATIONS DES DETTES

79

TABLEAU ÉCONOMIQUE D'ENSEMBLE SIMPLIFIÉ (année 1971)

Ressources

Opérations	Sociétés	Ménages	Institutions de crédit	Assurances	Administrations publiques	Administrations privées	Reste du monde	Biens et Services	TOTAL
Opérations sur biens est services									
Valeur ajoutée	439	251	25	4	94	2	—	—	815
Consommation	—	—	—	—	—	—	9	645	654
Formation brute de capital fixe	—	—	—	—	—	—	—	206	206
Variation de stocks	—	—	—	—	—	—	—	13	13
Exportations	—	—	—	—	—	—	—	139	139
Importations	—	—	—	—	—	—	131	—	131
Ajustement pour services bancaires	—	—	—	—	—	—	—	25	25
Opérations de répartition									
Rémunération des salariés	—	432	—	—	—	—	1	—	433
Impôts liés à la production	—	—	—	—	130	—	1	—	131
Subventions d'exploitation	12	2	2	1	—	—	—	—	17
Revenus de la propriété et de l'entreprise	11	38	62	4	9	—	8	—	132
Opérations d'assurance dommage	4	14	—	17	—	—	1	—	36
Impôts sur le revenu et le patrimoine	—	—	—	—	58	—	—	—	58
Cotisations sociales	6	1	—	2	129	—	—	—	138
Prestations sociales	—	155	—	—	—	—	2	—	157
Autres transferts courants	—	6	—	—	29	4	15	—	55
Transferts en capital	3	1	1	—	8	—	1	—	14
Total des opérations non financières	476	900	90	28	457	6	169	1 028	3 154
Capacité (+) ou besoin (−) de financement	—	—	—	—	—	—	5	—	5
Total	476	900	90	28	457	6	174	1 028	3 159

Emplois

Opérations	Sociétés	Ménages	Institutions de crédit	Assurances	Administrations publiques	Administrations privées	Reste du monde	Biens et Services	Total
Opérations sur biens est services									
Valeur ajoutée	—	—	—	—	—	—	—	815	815
Consommation	—	525	—	—	117	2	10	—	654
Formation brute de capital fixe	94	73	7	1	30	1	—	—	206
Variation de stocks	10	1	—	—	2	—	—	—	13
Exportations	—	—	—	—	—	—	139	—	139
Importations	—	—	—	—	—	—	—	131	131
Ajustement pour services bancaires	—	—	25	—	—	—	—	—	25
Opérations de répartition									
Rémunération des salariés	286	45	11	3	85	2	1	—	433
Impôts liés à la production	36	6	2	3	2	—	—	82	131
Subventions d'exploitation	—	—	—	—	13	—	4	—	17
Revenus de la propriété et de l'entreprise	53	15	40	1	9	—	14	—	132
Opérations d'assurance dommage	6	12	—	17	—	—	1	—	36
Impôts sur le revenu et le patrimoine	14	39	4	1	—	—	—	—	58
Cotisations sociales	—	138	—	—	—	—	—	—	138
Prestations sociales	—	—	—	2	147	1	5	—	157
Autres transferts courants	4	12	1	—	33	—	—	—	55
Transferts en capital	2	2	—	—	10	—	—	—	14
Total des opérations non financières	511	869	90	28	448	6	174	1 028	3 154
Capacité (+) ou besoin (−) de financement	−35	+31	—	—	+9	—	—	—	+5
Total	476	900	90	28	457	6	174	1 028	3 159

I.N.S.E.E.

Les opérations

Les agents économiques effectuent trois types d'opérations économiques :

Opérations sur biens et services

Elles sont constituées par la production des biens et services, les consommations intermédiaires, la consommation finale, la formation brute de capital fixe, les exportations, les importations, les acquisitions nettes de terrains et d'actifs incorporels, la consommation de capital fixe...

Opérations de répartition

Elles comprennent la rémunération des salariés, les impôts liés à la production et à l'importation, les subventions d'exploitation, les revenus de la propriété et de l'entreprise, les opérations d'assurance-dommages, les transferts courants sans contrepartie, les transferts en capital...

Opérations financières

Elles comprennent les moyens de paiement internationaux, la monnaie, les dépôts non monétaires, les bons négociables, les obligations, les actions, les crédits, les réserves techniques...

Tableaux entrées-sorties.

Pour avoir une représentation d'ensemble de l'activité économique faisant apparaître les sous-ensembles cohérents ainsi que leurs liaisons, les comptables établissent le tableau entrées-sorties.

Les interdépendances entre branches sont nombreuses ; pour produire des automobiles il faut consommer « productivement » des produits d'autres branches (caoutchouc, plastique, tissu, peinture...), et il faut aussi des produits de la branche automobile : les services commerciaux utilisent des automobiles (auto-consommation productive).

Construisons un exemple fictif simplifié de tableau entrées-sorties (voir p. 82) comprenant trois branches ayant pour activité respectivement les produits agricoles, les produits industriels et les services.

Ce tableau se lit aisément, interprétons par exemple la colonne agriculture et la ligne produits agricoles.

La colonne agriculture permet de suivre comment la branche agriculture utilise les produits des autres branches et auto-consomme les siens :

– 10 : auto-consommation, la branche utilise des produits agricoles, luzerne, engrais animaux, animaux de trait...

– 30 : correspondent aux besoins de produits industriels, les agriculteurs achètent des machines, des engrais, des pesticides...

– 20 : correspondent aux services nécessaires aux agriculteurs : paiement des vétérinaires, services météo, réparations...

Exemple fictif

Branches / Produits	Agriculture (1)	Industrie (2)	Services (3)	Total des consommations intermédiaires 1 + 2 + 3 → (4)	Total des utilisations finales (5)	Total des emplois (6)
Produits agricoles (A)	10	30	5	45	55	**100**
Produits industriels (B)	30	70	50	150	150	**300**
Services (C)	20	40	20	80	70	**150**
Total des consommateurs intermédiaires A + B + C = D	60	140	75	275	275	**550**
Valeur ajoutée (E)	30	120	70	220		
Production totale D + E F	90	260	145	495		
Importations (G)	10	40	5	55		
Total des ressources F + G = H	**100**	**300**	**150**	**550**		

Il est même possible de construire le compte de production de l'agriculture à partir du tableau entrées-sorties.

Compte de production de l'agriculture

Emploi		Ressources	
Consommations intermédiaires	60	Production	90
Valeur ajoutée	30		
	90		90

La ligne produits agricoles permet de suivre les formes d'utilisation des produits agricoles par l'ensemble des branches.

– 10 milliards de produits agricoles sont autoconsommés par la branche agricole ;

– 30 milliards sont utilisés par l'industrie qui transforme les produits agricoles (tanneries, plats cuisinés, conserves...);

–5 milliards de produits agricoles sont utilisés par la branche des services (restaurants qui achètent des produits frais...).

Il est possible de dresser un tableau des utilisations des produits agricoles mettant en évidence l'équilibre entre ce dont on dispose et la façon dont on l'emploie...

Emplois		Ressources	
Consommations intermédiaires	45	Production	90
– de l'agriculture	10	Importations	10
– de l'industrie	39		
– des services	5		
Utilisations finales	55		
TOTAL DES EMPLOIS	100	TOTAL DES RESSOURCES	100

Les coefficients techniques

Le tableau entrées-sorties permet de calculer des coefficients techniques. Ainsi, pour produire une valeur donnée, il faut utiliser une certaine valeur de bien d'une autre branche, par exemple pour produire 140 milliards de produits industriels, il a fallu utiliser pour 40 milliards de services. Le coefficient technique est $40/260 = 15\%$ de la valeur produite.

> Les coefficients techniques de la branche industrielle sont :
>
> $$\frac{\text{C.I. de produits agricoles par l'industrie}}{\text{Valeur de la production de la branche industrie}}$$
>
> $$\frac{\text{C.I. de produits industriels par l'industrie}}{\text{Valeur de la production de la branche industrie}}$$
>
> $$\frac{\text{C.I. de services par l'industrie}}{\text{Valeur de la production de la branche industrie}}$$

L'utilisation de ces coefficients est essentielle pour la prévision. Mais ces coefficients ne se maintiennent pas à long terme; le progrès technique peut aboutir à des économies sur les matières premières et réduire la valeur du coefficient, les prix peuvent varier.

☞ **KEYNÉSIANISME**

COMPTABILITÉ PRIVÉE

La comptabilité rebute. Mais entreprises, syndicalistes, fonctionnaires du fisc, concurrents, État, cherchent à pénétrer ses « astuces ». Des experts sont recrutés à prix d'or pour analyser les bilans, évaluer les coûts... Pourquoi? La comptabilité privée permet une certaine connaissance quantitative des sources de profits et de pertes, des choix stratégiques... Et plus généralement l'avenir de l'entreprise y est mieux inscrit que « dans le marc de café ». Nombreux sont les salariés d'entreprises apparemment prospères qui apprennent brutalement qu'elles déposent leur bilan.

Le plan comptable

Comptabilité générale

La comptabilité générale est la partie de la comptabilité orientée vers l'estimation de la valeur du patrimoine (éléments actifs et passifs) et vers la détermination de la valeur du résultat global de l'activité de l'entreprise (bénéfice ou perte).

Comptabilité analytique

La comptabilité analytique est la partie de la comptabilité privée qui étudie les diverses composantes du prix de revient (coûts d'achat, de production, de distribution...) et de façon plus générale des budgets.

Normalisation

Un besoin de normalisation des comptabilités des entreprises s'est traduit par la définition **d'un plan comptable** normalisé dont certaines règles sont de simples recommandations, alors que d'autres ont un caractère contraignant.

Documents comptables

Parmi les principaux documents comptables, on peut retenir

– **le journal** qui enregistre les données chronologiquement ;

– **le Grand livre** qui enregistre méthodiquement dans des « **comptes** », suivant une classification par nature, ce qui a été enregistré dans le journal ;

– **les Balances** dont l'exemple majeur est le Bilan. Les balances ont essentiellement des fonctions de synthèse.

La comptabilité en partie double

Depuis la plus haute Antiquité les entreprises « tiennent leurs comptes », mais le plus souvent il s'agissait seulement de répertorier des dépenses et des recettes relativement limitées. Avec le développement des préoccupations de gestion, des méthodes affinées de comptabilité se sont développées. En particulier l'usage de la comptabilité en partie double s'est très largement étendu.

Le principe essentiel est d'enregistrer deux fois toute opération : une fois au débit et une fois au crédit d'un ou de plusieurs comptes. Toute opération peut en effet être vue de deux points de vue. Ainsi un achat de matériel se traduit par un accroissement du matériel dont dispose l'entreprise, mais en même temps par une diminution des disponibilités en caisse, si l'achat a été payé comptant.

Si le matériel a coûté 20 000 F, on aura dans le **journal** de l'entreprise.

	Débit	Crédit
Matériel	20 000 F	
Banque		20 000 F

Parallèlement, les comptes « matériel » et « banque » (avoirs de l'entreprise en banque) varieront de la façon suivante :

Matériel		Banque	
Débit	Crédit	Débit	Crédit
20 000 F			20 000 F

Le solde du compte « matériel » augmente de 20 000 F, celui de la banque diminue de 20 000 F.

Dans la comptabilité en partie double classique, le résultat de l'entreprise est calculé de deux façons différentes : d'une part au bilan, d'autre part à travers le compte de résultat.

L'avantage essentiel de la comptabilité en partie double pour l'entreprise est d'accroître **les possibilités de contrôle,** le double enregistrement permettant de mieux cerner les erreurs ou les fraudes.

Les résultats de l'entreprise

Le bénéfice d'une entreprise peut être déterminé de deux façons différentes. La première consiste à inventorier (inventaire) tout ce que possède l'entreprise net de ses dettes et à retrancher ce que possédait l'entreprise au début de la période. C'est la méthode utilisée dans **le Bilan.** On peut aussi calculer le montant des

« **produits** » de l'entreprise (recettes liées aux ventes de la période...) et soustraire l'ensemble des « **charges** » (salaires versés, coût d'achat des marchandises...) ; c'est cette dernière méthode qui est utilisée dans **les comptes de résultat de l'exercice** des entreprises.

Un exemple de compte de résultat

Ainsi une exploitation agricole pourra vendre ses productions (céréales, lait...) pour 40 000 F. Si ses charges, liées à la production (engrais, aliments pour le bétail, carburant, semences...) sont de 12 000 F, les frais d'entretien du matériel de 2 000 F, les frais d'électricité et divers de 3 000 F, son revenu avant amortissement est de 23 000 F. Mais elle doit aussi compter dans ses charges une somme correspondante à la dépréciation de son matériel (dotation aux amortissements) ; supposons que celle-ci soit de 4 000 F.

Compte de résultat

Stock antérieur		Stock en fin d'exercice	
Frais de production	12 000	Ventes de marchandises	40 000
Frais divers	5 000		
Dotation aux amortissements	4 000		
Résultat de l'exercice	19 000		
TOTAL	40 000	TOTAL	40 000

Le profit est donc la différence entre le total des produits d'une entreprise (recettes effectives, mais aussi à encaisser) et l'ensemble de ses charges (le profit est de 19 000 F dans le cas ci-dessus).

Chiffre d'affaires (C.A.)

Le chiffre d'affaires (C.A.) est la somme de toutes les ventes évaluées au prix de cession (prix payé par le client). Ainsi, si un artisan vend dans l'année 1 000 marionnettes à 50 F, il aura un chiffre d'affaires de 50 × 1 000 = 50 000 F. Évidemment, le chiffre d'affaires ne mesure pas la seule contribution de l'artisan, car, dans le prix de vente, il incorpore aussi le résultat de l'activité d'autrui : il a dû acheter le fil, le tissu, l'électricité, payer le loyer de son atelier, ... On utilise souvent le critère du chiffre d'affaires pour classer les firmes selon leur importance économique, et mesurer leur part du marché.

Ressource principale de l'entreprise, le chiffre d'affaires figure comme produit au compte de résultat.

Le bilan

« Faire un bilan » dans le langage courant, c'est d'abord s'arrêter pour faire le point, faire le point sur ce qui s'est passé, pour en déterminer le résultat positif ou négatif.

En termes comptables, le bilan a un sens plus précis. C'est un document comptable que chaque entreprise doit produire au moins une fois par an et qui obéit à des normes de présentation légales. Il s'agit de faire le point sur la situation de l'entreprise à un instant donné, à une date donnée, d'une part du point de vue de ce que possède l'entreprise, d'autre part de ce qui constitue l'origine de ses biens. Ceux-ci ont-ils été financés par les propriétaires de l'entreprise, par des tiers ou résultent-ils d'un profit réalisé au cours de l'activité récente de l'entreprise ?

Actif et passif

Le bilan se présente sous la forme d'un tableau divisé en deux parties :

Actif	Passif
Ensemble des biens que possède l'entreprise	Origine des biens qui se trouvent à l'Actif

Le total de la partie gauche du tableau appelée « **Actif** » est égal au total de la partie droite appelée « **Passif** ». Ceci tient au fait que les biens que possède une entreprise à une date donnée ont été financés soit par les apports des propriétaires (ici actionnaires) soit par des tiers ou par le bénéfice de la période qui s'est écoulée depuis le dernier bilan. Si l'entreprise a fait des pertes, celles-ci apparaissent à l'actif, ce qui maintient l'égalité de l'actif et du passif.

Le mode d'évaluation des différents postes du bilan joue évidemment un rôle essentiel sur le niveau auquel se situe le profit. Des règles précises sont fixées par l'administration des impôts. Certaines de ces règles ont pour but de favoriser les investissements plus que de traduire la valeur réelle des biens. Par ailleurs, l'inflation se traduit souvent par une sous-évaluation de certains postes de l'actif (en particulier les immeubles).

BILAN

ACTIF IMMOBILISÉ	IMMOBILISATIONS INCORPORELLES	Fonds commercial		Capitaux propres : Capital Réserves Report à nouveau Résultats de l'exercice	CAPITAUX PERMANENTS	SITUATION NETTE
	IMMOBILISATIONS CORPORELLES	Terrains Machines Immeubles		Provisions pour risques Provisions pour charges		PROVISIONS
	IMMOBILISATIONS FINANCIÈRES	Participations		Dettes à long terme : (plus d'un an) – banque – prêts à plus d'un an – obligations		DETTES
ACTIF CIRCULANT	STOCKS	Stock de sécurité	EXIGIBLE A COURT TERME	Dettes à court terme : (moins d'un an) – fournisseur – prêts à court terme		
		Stock circulant et produits en cours				
		Créances				
		Valeurs disponibles Banque Caisse				

ACTIF — **PASSIF**

Principaux postes de l'actif

Les immobilisations

Les immobilisations regroupent les biens destinés à être utilisés sur une longue période. Il s'agit de biens durables (qui ne disparaissent pas à la première utilisation). On distingue les immobilisations *corporelles* (terrains, matériel et outillage, mobilier, matériel de transport...), des immobilisations *incorporelles* (brevets, fonds de commerce...); ces dernières bien que n'ayant pas un véritable support matériel, constituent des biens en principe durables.

Les immobilisations financières sont constituées par les actions, obligations, titres de créance, que l'entreprise ne pourra réaliser (convertir en liquidités) que dans une période de temps éloignée (plus d'un an).

Valeurs d'exploitation ou comptes de stock

Les valeurs d'exploitation sont constituées par les stocks (matières premières, marchandises, produits semi-finis, emballages), à condition que ces produits soient destinés à l'activité de l'entreprise.

Valeurs réalisables à court terme

Les valeurs réalisables à court terme sont l'ensemble des créances à moins d'un an.

Valeurs disponibles

Les valeurs disponibles comprennent l'ensemble des liquidités de l'entreprise (avoir en banque, caisse...).

Le fond de roulement

Le fond de roulement brut ou actif circulant correspond à la partie de l'actif relativement peu immobilisé.

Actif circulant	=	Valeurs d'exploitation	+	valeurs réalisables et disponibles.

Principaux postes du passif

Capitaux propres

Les capitaux propres correspondent à l'ensemble des fonds propres appartenant à l'entreprise **Capital social** (voir page 50).

Réserves

Les réserves correspondent à des sommes conservées par l'entreprise, non distribuées, soit volontairement soit pour se conformer à des obligations légales.

Provisions

Supposons que l'entreprise A détienne une créance sur un de ses clients B pour 10 000 F, mais que celui-ci soit en faillite. Il est peu vraisemblable que l'entreprise A recouvre effectivement les 10 000 F, mais elle peut estimer, compte tenu de la situation financière de B, qu'elle recevra 20 % de sa créance. Elle crée une provision de 8 000 F qui a pour fonction de faire apparaître la créance à sa juste valeur. Au compte de résultat on trouvera une dotation aux provisions pour 8 000 F, et au bilan la provision apparaîtra négativement à l'actif (ne pas confondre avec les amortissements) ou positivement au passif.

Report à nouveau

La partie du résultat non distribuée ou de report à nouveau est la perte non comblée et en attente d'affectation.

Le résultat de l'exercice

Le résultat de l'exercice est la perte ou le profit de l'entreprise au cours de l'année considérée.

Bilan consolidé

Lorsqu'un groupe (holding...) possède des participations dans différentes sociétés, chacune de ces sociétés établit son propre bilan ; mais pour étudier la situation de l'ensemble du groupe on peut constituer un bilan consolidé, qui portera sur l'ensemble des actifs et passifs du groupe.

La réévaluation des bilans

Un immeuble ou toute autre immobilisation acquise il y a 20 ou 30 ans a souvent vu sa valeur marchande croître et se multiplier par 2, 3 ou plus par suite de l'inflation. Cette augmentation des valeurs en francs courants n'apparaît pas au bilan, sauf en cas de vente effective des biens concernés ou de réévaluation des bilans.

Un exemple : soit un immeuble acheté 50 000 F l'année x et amorti à raison de 500 F par an depuis cette date. En cas de réévaluation, un coefficient est donné à chacune des années passées par le fisc. La valeur initiale et les amortissements sont réévalués en tenant compte de ces coefficients.

Avant réévaluation	Après réévaluation
Valeur initiale :	Valeur initiale réévaluée :
50 000	$50\,000 \times 3 = 150\,000$
Amortissements :	Amortissements réévalués :
$500 \times 5 = 2\,500$	$500 \times 3 \ \ = 1\,500$
	$500 \times 2,5 = 1\,250$
	$500 \times 2 \ \ = 1\,000$
	$500 \times 1,5 = \ \ \ 750$
	$500 \times 1 \ \ = \ \ \ \underline{500}$
	$5\,000$
Valeur nette :	Valeur nette réévaluée :
$50\,000 - 2\,500 = 47\,500$ F	$150\,000 - 5\,000 = 145\,000$ F

La valeur réévaluée est ainsi supérieure à l'ancienne, et l'actif augmentant, un profit exceptionnel apparaît. Lorsque l'État décide de réévaluer les bilans, il fixe généralement un taux d'imposition sur les plus-values relativement bas qui se substitue à l'impôt sur les bénéfices.

☞ GESTION, ENTREPRISE, COMPTABILITÉ NATIONALE

CONCENTRATION

Qu'est-ce que la concentration

Au début du XXe siècle, une myriade de petites entreprises, d'artisans construisaient des voitures; aujourd'hui deux grands groupes seulement assurent l'essentiel de la production automobile nationale : Renault et Peugeot. Peugeot S.A. a pris le contrôle de Citroën et de Talbot (ex. Simca-Chrysler). Le secteur automobile a connu une concentration très sensible, surtout si l'on précise que les deux « concurrents » (Peugeot/Renault) produisent en commun certains éléments utilisés sur des voitures de marques différentes...

Mais la concentration ne signifie pas simplement qu'un groupe réunit ce qui était séparé, les productions de A et de B donnant C = A + B. Le plus souvent il y a réorganisation, modification, avec tout un cortège de licenciements, de changements de produits et de politique. Ainsi après la fusion de Citroën et Talbot au groupe Peugeot les voitures Peugeot/Citroën/Talbot utiliseront des organes communs, un moteur servant par exemple à plusieurs modèles de marques différentes ... Il y a spécialisation selon des critères d'efficacité. Les dirigeants définissent une politique globale, avec une répartition des activités. Les perspectives de profit de l'ensemble nouveau vont dicter les choix, même s'ils sont défavorables à tel ou tel partenaire désormais subordonné... La concentration ne se résume pas simplement à plus de chiffre d'affaires, d'investissements.

La concentration est le processus de renforcement du contrôle, de l'information, du pouvoir et de la propriété entre quelques mains. Elle rend de plus en plus de personnes subordonnées aux choix, aux décisions d'une minorité. Se pose alors la question du pouvoir et du politique par-delà la simple économie.

Plusieurs niveaux de concentration généralement s'interpénètrent :

Niveau	Forme
Établissement	Concentration technique
Entreprise	Concentration économique
Groupe	Concentration financière

La concentration financière

Pour percevoir l'état réel de la concentration, il faut dépasser le stade de l'entreprise pour analyser la notion de groupe et ses liaisons financières, ainsi que tout un réseau de dépendance qui englobe une multitude de sous-traitants...

Le groupe exprime l'aboutissement d'une multitude de mouvements, fusions et absorptions, interdépendances entre fournisseurs et clients, relations privilégiées entre banques du groupe et groupes industriels...

Dans un **groupe,** un centre (société-mère) détient des participations dans le capital d'autres entreprises contrôlées (filiales). Ces dépendances sont elles-mêmes souvent constituées d'un tissu d'entreprises, se divisant en établissements industriels, magasins, sociétés de service... Le centre délègue les responsabilités quotidiennes, mais centralise les décisions clés, affecte hommes et ressources, selon un objectif : la valorisation maximum du capital. Le capital, matérialisé par le portefeuille d'actions, représente des fractions suffisantes du capital total pour que des hommes proches de la maison-mère soient présents dans les conseils d'administration qui influent sur le sort de chaque **société dépendante.**

Mais les groupes peuvent s'interpénètrer en ensembles financiers. (Suez et Paribas.) **L'ensemble financier** est un système d'alliances entre groupes.

La concentration financière a induit le développement de structures financières particulières. Ainsi le holding financier ou société holding est une société qui détient non pas des actifs industriels ou commerciaux mais un portefeuille d'actions lui permettant de diriger les entreprises qu'elle contrôle.

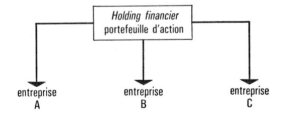

Sous-traitance

La concentration se définit par référence au pouvoir économique ; aussi est-il nécessaire d'y inclure, pour en avoir une appréhension correcte, non seulement les formes de concentration qui se traduisent par un regroupement juridique mais également les entreprises qui bien qu'indépendantes juridiquement dépendent en fait d'un groupe : les entreprises sous-traitantes.

Pour qu'il y ait **sous-traitance**, il faut qu'une entreprise soit de fait dépendante d'une autre, généralement parce que la grande entreprise lui fournit une part essentielle de ses commandes.

Les diverses formes de concentration

Mais quelles sont les diverses modalités de la concentration ? Il faut distinguer plusieurs cas de figure :

Fusion

La fusion de A et B signifie que deux entreprises ou groupes séparés initialement se regroupent pour former un ensemble AoB, où ils seront indistincts : le capital, les dirigeants. les salariés, les productions... auront une direction générale unique.

Mais la fusion cache souvent une absorption déguisée.

L'absorption

L'absorption est caractérisée par le passage d'une entreprise ou d'un groupe B sous contrôle d'une entreprise ou d'un groupe A. Ainsi le groupe Willot a pris le contrôle de Boussac en 1978, à cette occasion les diverses parties du groupe Boussac ont été reliées aux divisions du groupe Willot, formant ainsi un nouvel ensemble dans lequel Willot, dirigeait les unités de production et de vente selon la stratégie des Willot, vendait des actifs fonciers, fermait les unités de production peu rentables, réduisait le personnel afin d'accroître la productivité, intégrait les diverses activités au sein d'un même holding.

Absorption :

CARACTÈRE DES FORMES DE CONCENTRATION	SIGNIFICATION ÉCONOMIQUE

CONCENTRATION HORIZONTALE

Regroupe les entreprises produisant le même type de produits. Exemple : dans le secteur automobile Peugeot/Citroën/Talbot dans PSA	Recherche du contrôle du marché par un % significatif des ventes d'un secteur. Amélioration des réseaux de distribution, contrôle des prix du marché plus aisé.

CONCENTRATION VERTICALE

Regroupe des entreprises qui sont complémentaires et clientes : l'une fournit à l'autre les matières premières ou produits demi-finis dont elle a besoin. Exemple : Une entreprise de confection achète une entreprise textile qui lui fournit les tissus dont elle fait des chemises...	Maîtrise d'un cycle de production, possibilité d'accumuler les profits tout au long de la production, en se vendant à soi-même les biens intermédiaires (prix de cession interne).

Verticale amont

L'entreprise prend le contrôle de ses fournisseurs. Pechiney prend le contrôle de mines de bauxite nécessaires à la production d'aluminium.	Maîtrise des approvisionnements, possibilité de contrôler ses coût de production, ses livraisons, la nature exacte des composants utilisés.

Verticale aval

L'entreprise prend le contrôle d'une entreprise cliente. Exemple : Une entreprise agro-alimentaire achète une chaîne de supermarchés qu'elle approvisionne.	Maîtrise de sa distribution, possibilité d'améliorer la promotion de ses produits, cumul des valeurs ajoutées, élargissement de ses débouchés en contrôlant la distribution des concurrents.

CONCENTRATION CONGLOMÉRALE

Des entreprises sont regroupées sans liens économiques apparents. Par exemple des firmes fabriquant des parfums, des roulements à bille, une compagnie d'assurance, une maison de disques.	La diversification des risques, la recherche d'un ensemble formé d'entreprises, qui répartissent les risques encourus en assurant une rentabilité moyenne élevée. A une époque où la surface financière et la capacité de financement est décisive et surtout les reconversions indispensables, le conglomérat présente des avantages notables (ITT symbolise bien cette stratégie).

Concrètement la concentration aboutit à la multiplication des oligopoles. A l'intérieur d'une même industrie l'essentiel de l'activité est regroupé entre les mains de quelques entreprises. C'est le cas au niveau mondial aujourd'hui dans de très nombreux secteurs (automobiles, informatique, nucléaire, aéronautique...), cela ne signifie pas nécessairement que le nombre des PME (petites et moyennes entreprises) diminue.

Cartel et trust

Dans certains cas les entreprises, sans remettre en cause leur indépendance juridique, s'entendent pour limiter les effets de la concurrence : ententes pouvant porter sur un partage du marché, la limitation de la lutte par les prix... une telle situation est appelée cartel. Les accords du cartel peuvent être officiels mais sont le plus souvent occultes.

Le cartel doit être distingué du trust. Le mot « trust » est un terme anglais : au sens strict, il s'agit d'une structure légale américaine qui permet au « trust » de gérer les biens d'un tiers ; au sens large, il s'agit d'une situation de concentration dans laquelle un groupe (ou plusieurs groupes liés par des accords) détiennent un pouvoir de domination sur un secteur économique. C'est en ce sens particulier que l'on parlera a contrario des lois anti-trust qui ont pour fonction (au moins en principe) de s'opposer à la constitution d'ententes qui aboutissent à réduire le jeu de la concurrence.

La mesure de la concentration

Plus globalement, comment savoir si un pays est formé de petites ou de grandes entreprises, si une année a vu la concentration s'accroître ou diminuer ?

La part de marché

Certains affirment que la France est un pays de petites entreprises, car en utilisant alors le critère suivant :

$$\frac{\text{Nombre de petites entreprises}}{\text{Total des entreprises}}$$

les petites entreprises sont largement majoritaires.

Mais si l'on adopte des critères plus significatifs, par exemple la part des ventes réalisées par les petites entreprises, la part des investissements qu'elles représentent ou encore la part des salariés employés dans les petites entreprises, le poids des petites entreprises se révèle beaucoup plus faible.

Pour mesurer la concentration, il faut dégager les critères significatifs. Si on recherche les parts de marché, il faudra par exemple étudier le chiffre d'affaires des grandes entreprises (plus de 500 salariés) en le rapportant au chiffre d'affaires total des entreprises de la branche ou du pays.

Concentration dynamique

Ceci fournit une image instantanée de la concentration, mais souvent ce que le chercheur veut obtenir, c'est une image dynamique du processus qui évolue dans le temps. La concentration dynamique est le mouvement de disparitions, absorptions, fusions, prises de participations financières, prises de contrôle du capital par achats de paquets d'actions en Bourse...

La concentration dynamique peut être saisie en comparant l'évolution de la part des plus grandes entreprises par rapport à divers critères : valeur ajoutée, profit, chiffre d'affaires, investissements, effectifs employés...

Approche graphique

On peut aussi avoir une approche graphique de la concentration, celle de la **courbe de Lorentz** que nous exposerons à partir d'un exemple :

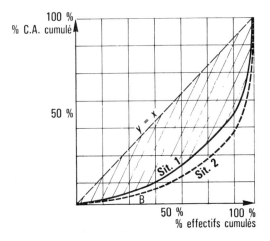

Au niveau instantané, lors de la situation 1, la concentration se lit visuellement sur le graphique en comparant la courbe formée des points d'abscisse (% effectifs d'entreprises cumulés) et d'ordonnée (% C.A. cumulé) et en rejoignant par des lignes brisées ou curvilinéaires les points. Plus la courbe est bombée, donc laisse une surface hachurée importante, plus la concentration est forte. En effet la diagonale principale correspond à tous les points pour lesquels les effectifs cumulés exprimés en pourcentages sont exactement égaux au pourcentage de chiffre d'affaires correspondant, autrement dit c'est *l'équidistribution,* ou la répartition égalitaire du chiffre d'affaires. Le point B n'est pas égalitaire car 30 % des entreprises n'ont que 5 % du chiffre d'affaires (6 fois moins de C.A. que leur nombre).

Le coefficient de Gini

En dynamique, l'évolution de la concentration dans le temps se lit sur le graphique (p. 96) en comparant les courbes 1 et 2, on note qu'en 2 les points sont en dessous de ceux de la situation 1, donc la concentration s'est accentuée. Mais cette méthode de lecture est relativement imprécise car les courbes 1 et 2 peuvent parfois se couper. Pour comparer, prévenir, on utilise le coefficient de concentration de Gini qui associe à la courbe un nombre entre 0 et 1 unique.

$$\text{Coefficent de Gini} = \frac{\text{Surface grisée}}{\text{Surface du triangle inférieur}}$$

Ce nombre varie entre 0 dans le cas d'égalité maximale, la surface étant nulle car la courbe est superposée à la diagonale principale, jusqu'à 1 où la surface grisée se confond avec le triangle, on est dans les cas limite où presque tous ne possèdent rien et un seul possède tout...

Croissance interne, croissance externe

La concentration est l'augmentation du poids relatif des grandes firmes dans l'ensemble du secteur ou l'ensemble de l'économie. Cette concentration ne passe pas nécessairement par des opérations de rachat d'autres firmes ; une entreprise peut privilégier la croissance interne en développant ses propres investissements ou bien elle peut choisir une croissance externe en rachetant d'autres entreprises.

La stratégie d'autonomie financière et de maîtrise du pouvoir à l'intérieur de la firme ont souvent conduit les entreprises familiales à privilégier la croissance interne.

☞ ACCUMULATION, MARCHÉ, CAPITALISME MONOPOLISTE D'ÉTAT, ENTREPRISE

CONJONCTURE

La conjoncture fait aujourd'hui l'objet d'une surveillance permanente, des « observatoires économiques » la scrutent. Malgré d'impressionnants appareils statistiques, des enquêtes, des modèles mathématiques utilisant une multitude de variables et la puissance de calcul d'ordinateurs performants, elle se laisse mal interpréter.

La conjoncture désigne l'ensemble des variations à court terme (non saisonnières) de l'activité économique ainsi que leurs liaisons (évolution de l'indice des prix, taux de chômage, P.I.B., balance commerciale, etc.). La conjoncture se situe dans une période de moins d'un an, généralement quelques mois.

Il faut bien distinguer conjoncture et mouvements saisonniers : si les jouets se vendent bien en décembre, ce n'est pas nécessairement le signe d'une bonne conjoncture mais certainement un fait saisonnier.

Qu'est-ce qu'une bonne conjoncture?

Ce qui est bon pour les uns n'est pas toujours aussi bon pour les autres :

Pour les salariés, une bonne conjoncture sera un moment économique de plein emploi, où les entreprises n'hésitent pas à embaucher, à donner des salaires élevés, où les prix augmentent moins vite que les revenus...

Pour les patrons, une bonne conjoncture est marquée par des occasions de profit, la possibilité de développer ses ventes...

Au niveau macro-économique, une bonne conjoncture est souvent associée au comportement d'une série d'indicateurs comparatifs : croissance de la production ; taux de chômage faible ; équilibre extérieur ou même excédent de la balance des paiements ; stabilité de la monnaie...

Politique conjoncturelle

La politique conjoncturelle désigne l'utilisation d'un certain nombre de moyens économiques (taux d'intérêt, déficit budgétaire, contrôle des prix, encadrement du crédit...), en vue de réaliser les objectifs de la puissance politique. La politique conjoncturelle est donc la forme immédiate que prend la politique économique envisagée dans le court terme.

☞ POLITIQUE ÉCONOMIQUE, BUDGET ÉCONOMIQUE, ÉTAT

CONSOMMATION

« Je consomme un pull, un tableau, un concert, un cours d'économie... », autant d'expressions qui horrifient l'usager respectueux
de la langue française. Consommer un steak au poivre, un soufflé
ou du lait fraise, par contre, correspond à la fois à l'usage courant
et au sens économique.

L'économiste désigne par consommation l'usage d'un bien. Si
vous utilisez une voiture pour votre distraction, dans le simple but
d'en retirer du plaisir ou d'aller utilitairement d'un point à un autre,
vous effectuez alors un acte de **consommation finale.**

La consommation finale

La consommation finale désigne l'usage d'un bien qui n'engendre pas d'autres biens économiques. Boire un verre de Saint-
Émilion, utiliser son réfrigérateur à usage privé, écouter un
concert de rock sont des actes de consommation finale.

La consommation productive

Par contre, si un commerçant utilise une voiture pour transporter des marchandises, il effectue une consommation productive.
La consommation productive est l'usage d'un bien pour produire
d'autres biens. Ainsi, l'acier fait l'objet de consommation productive lorsqu'une entreprise le transforme en casseroles ou en
moteurs de voitures.

La consommation est aussi un **acte social** en tant que tel ; elle
reflète les habitudes, les rites, les coutumes, les systèmes de
valeurs.

Mode de consommation

Le **mode de consommation** exprime la forme que prend la consommation à un moment de l'évolution, compte tenu des ressources disponibles. Mais elle est aussi un reflet de la culture : ainsi
l'ingéniosité déployée dans la gastronomie renvoie à la complexité
des usages sociaux réglant la convivialité.

La consommation aujourd'hui implique le plus souvent un acte
d'achat préalable, donc de **dépense** : une part infime de ce que
consomme le citadin ou même le rural en France aujourd'hui provient de sa propre production.

La consommation est un des usages possibles du revenu. Le
revenu peut être consommé ou épargné.

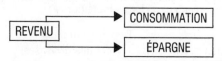

La propension à consommer

La propension à consommer mesure la fraction du revenu consacrée à la consommation. Si un individu gagne 5 000 F et dépense 4 000 F, sa propension moyenne à consommer est :

$$\frac{\text{Dépenses} \times 100}{\text{revenu}} \text{ soit } \frac{4\,000\text{ F}}{5\,000\text{ F}} \times 100 = 80\ \%$$

Mais lorsque le revenu change, la fraction dépensée peut varier. On définit la propension marginale à consommer par :

$$\text{Propension marginale à consommer} = \frac{\text{Variation des dépenses}}{\text{Variation du revenu}}$$

Mesurons la propension marginale à consommer dans le cas suivant :

	Hypothèse I	Hypothèse II	VARIATIONS
REVENU	5 000 F	6 000 F	+ 1 000 F
DÉPENSES	4 000 F	4 500 F	2 500 F

Le titulaire des revenus ci-dessus a une propension à consommer qui passe de 80 % à 75 % lorsque ses revenus augmentent de 1 000 francs. Sa propension marginale à consommer est de 500/1 000 soit 50 %.

Mais la variation de revenu n'a pas pour seule conséquence de modifier la propension à consommer, elle transforme souvent les habitudes de consommation, bouleversant la structure des dépenses.

Les coefficients budgétaires

Les coefficients budgétaires permettent d'appréhender statistiquement le passage à de nouveaux comportements de consommation : de façon générale le coefficient budgétaire mesure la part d'un type de dépense d'un individu ou d'une catégorie de personnes dans l'ensemble de leur revenu. Ainsi, le coefficient budgétaire des dépenses alimentaires mesure la part des dépenses consacrées aux achats alimentaires :

$$\frac{\text{Dépenses alimentaires}}{\text{Total des dépenses}}$$

Ainsi, une famille gagnant 5 000 Francs par mois pourra avoir la structure de consommation suivante :

	Somme consacrée		Coefficient budgétaire	
Alimentation	2 000	⎫	40 %	⎫
Logement	1 000	⎪	20 %	⎪
Vêtement	500	⎬ 5 000	10 %	⎬ 100 %
Transport	500	⎪	10 %	⎪
Divers	1 000	⎭	20 %	⎭

La « loi de Engel » exprime une liaison classique entre la composition de la consommation et le niveau de revenu ; elle s'énonce ainsi : plus le revenu augmente, plus la part consacrée aux dépenses alimentaires diminue. Un individu gagnant 3 000 F et dépensant 1 500 F pour s'alimenter a un coefficient budgétaire pour l'alimentation plus élevé qu'un consommateur gagnant 5 000 F et dépensant 2 000 F pour se nourrir (coefficient budgétaire alimentaire 50 % et 40 %). Pourtant l'élévation des revenus s'est traduite par une augmentation des dépenses alimentaires de 1 500 F à 2 000 F, seule la part relative diminue de 50 % à 40 %.

Le niveau de vie est l'ensemble des biens et des services dont peut disposer une personne. Le revenu est un indicateur grossier de ce niveau de vie. Pour un même revenu disponible le niveau de vie peut être très différent. Une personne qui bénéficie d'un patrimoine immobilier important a un niveau de vie bien supérieur à ce que laisse percevoir ses revenus.

Le mode de vie est l'ensemble des façons concrètes de se comporter, d'utiliser son temps, de prendre des loisirs, d'organiser sa vie, compte tenu de ressources matérielles données et des contraintes sociales existantes.

L'élasticité consommation/revenu

Les statisticiens ont défini l'élasticité de la consommation par rapport au revenu.

$$\text{Élasticité de la consommation par rapport au revenu} = \frac{\dfrac{\text{Variation de consommation}}{\text{Variation de revenu}}}{\dfrac{\text{Consommation de départ}}{\text{Revenu de départ}}}$$

Ainsi, si un individu gagne 5 000 F et dépense 500 F pour les loisirs, puis voit son revenu passer à 10 000 F et dépense alors 2 000 F en loisirs, l'élasticité de la consommation de loisirs par rapport au revenu est égale à 3.

Consommation privée

La **consommation** **privée** relève de l'individu qui utilise un bien ou un service pour son usage. **La consommation de biens publics** est la part de la consommation composée par les services des administrations et collectivités publiques : école publique, éclairage public, routes...

Société de consommation

L'expression **société de consommation** a symbolisé le caractère essentiel et omniprésent de la consommation. La notion de société de consommation peut désigner le moment où une société a diffusé largement les biens d'équipement durables (% de gens possédant télévision, voiture, réfrigérateur...) mais aussi une société qui multiplie les incitations à consommer. Les signes et symboles de réussite se mesurent à la longueur de la voiture, au nombre de jours passés aux sports d'hiver... La consommation devient le but ultime de la vie et de l'activité du système économique. Tous les éléments de la vie quotidienne sont des occasions de consommation : les enfants, la sexualité, l'amitié deviennent dans les images publicitaires de simples accessoires des marchandises.

Notons que la société de consommation ne signifie pas que tous consomment de façon importante, mais que le domaine des marchandises s'accroît et que leur circulation se généralise. Des clubs de rencontre vendent l'amitié, des organismes font du mariage le produit de leur entreprise... Tous les actes individuels, tous les sentiments deviennent marchandises. La société de consommation n'est ouverte qu'à ceux qui peuvent payer pour accéder à ses délices.

Consumérisme

Dénoncer la mauvaise qualité des sièges automobiles pour enfants, les dangers des plages polluées, l'insuffisante protection des consommateurs vis-à-vis des contrats de location..., constituent des actions consuméristes typiques.

Le consumérisme désigne l'organisation des consommateurs, la formation d'associations et le développement de leurs moyens d'information et d'action afin de faire reconnaître leurs droits. Par-delà les actions de défenses ponctuelles, le consumérisme est un mouvement qui cherche à faire des consommateurs moins dépendants, plus rationnels, et capables de faire face à la puissance de groupes industriels et commerciaux recherchant d'abord leur profit.

☞ SOCIÉTÉ DE CONSOMMATION DE MASSE, ÉPARGNE

COOPÉRATIVE

En France, la révolution de 1848, puis celle de 1871, largement animées par les socialistes et les anarchistes, diffusent et appliquent l'idée coopérative. Dans l'*Atelier*, journal ouvrier, Anthime Corbon écrit : «... Un jour viendra où la plupart des travailleurs auront passé de l'état de salariés à celui d'associés volontaires, comme autrefois ils ont passé de l'état d'esclaves à celui de serfs, et comme serfs ils sont devenus salariés libres » (n° 30, avril 1848). Il y aura effectivement des centaines de coopératives créées mais aussi de nombreuses disparitions. Les coopérateurs (influencés par Proudhon) pensent que ce que prend le capitaliste à l'ouvrier est le résultat de l'activité collective et correspond à la différence entre ce qu'ils produisent dans un atelier en se divisant le travail et ce qu'ils auraient produit isolément. La coopérative de production permet donc de se partager le fruit du travail collectif.

Les principes coopératifs

Les coopératives se distinguent des entreprises capitalistes à la fois au niveau de l'organisation des décisions et au niveau des modalités de répartition des fruits de l'activité.

Le pouvoir de décision

Le pouvoir de décision revient aux associés, mais le principe de vote n'est pas comme dans une société capitaliste, 1 action = 1 voix, mais 1 homme = 1 voix. Pour donner plus de poids à ceux qui sont à l'origine du mouvement et lui restent fidèles, les statuts de la coopérative prévoient souvent que chaque période de cinq ans d'ancienneté donne une voix supplémentaire au sociétaire.

Les modalités de répartition

Les résultats de l'activité ne sont pas distribués proportionnellement à l'apport en capital, mais en fonction d'autres critères (quantité de travail effectué par chacun, montant des achats effectués par chacun dans les coopératives de consommation...)

Les différentes formes de coopératives

On distingue les coopératives de consommation et de production :

Les coopératives de production

Les coopératives de production regroupent des travailleurs dans le but de produire en commun dans le cadre des principes coopératifs. En moyenne, seulement 1/3 des travailleurs des coopératives sont sociétaires, les 2/3 du personnel salarié ne votent pas et ne prennent pas part aux bénéfices ni à la propriété collective, ni aux décisions.

Les coopératives de consommation

L'idée d'association s'étend à la consommation. Pour bénéficier de l'avantage d'achats groupés et du choix de produit le plus favorable au consommateur en évitant les marges de distribution jugées abusives, des coopératives de consommation ont été créées.

La répartition des bénéfices entre les sociétaires est souvent proportionnelle aux achats. Elle n'est pas faite principalement en fonction de l'apport en capital (à la différence des formes capitalistes).

Un phénomène mondial

L'idée de coopérative appartient au départ au courant socialiste et vise à l'émancipation des travailleurs et des consommateurs, aujourd'hui, il y a des coopératives aussi bien dans les pays capitalistes que dans les pays socialistes.

• L'exemple du **secteur agricole** montre bien que les coopératives agricoles coexistent dans la propriété privée. Les exploitants agricoles, souvent propriétaires de leur entreprise, se regroupent pour former des coopératives viticoles, laitières... Le regroupement vise alors simplement l'obtention de meilleures conditions de crédit, d'achat ou de commercialisation.

• L'exemple **suédois** montre qu'un régime capitaliste peut très bien coexister avec un secteur coopératif important aussi bien dans la production que dans la distribution. En Israël, le secteur coopératif dépendant du syndicat, l'Histadrouth est le principal groupe industriel et financier du pays, l'économie demeurant capitaliste.

• En pays socialiste de type soviétique, les **kolkhozes** sont des coopératives agricoles, la répartition du produit obtenu se fait en fonction du temps de travail effectué par chaque kolkhozien sur la terre commune. Le kolkhoze doit être distingué du sovkhoze qui est une entreprise publique.

De nouveaux mots se sont forgés en référence à des projets de changement, en particulier celui d'autogestion qui vise la transformation d'ensemble du système économique dans un sens donnant plus d'autonomie réelle et de droit à une participation effective à la gestion.

☞ AUTOGESTION, SOCIALISME

COÛT
ÉCONOMIQUE ET SOCIAL

La notion de coût est essentielle dans la vie des entreprises ; elle détermine largement l'avenir de la firme, et exprime à la fois ses conditions de production propres et sa situation par rapport à ses fournisseurs et clients, ainsi que sa position à l'égard de ses concurrents. Un exemple fourni par M. Cliquet dans *Connaissance de l'entreprise* en témoigne :

« Jean Mantelet fabriquait des pompes à main, à Belleville quand, en 1932, il présente à la foire de Lyon son premier modèle de moulin à légumes au prix de 30 F ; c'est un échec. Il calcule alors qu'avec une production journalière de 5 000 pièces, il pourrait le vendre 20 F. Malgré des moyens très limités, il prend des risques et trois mois plus tard, il remporte un succès à la foire de Paris... » (Les Éditions Ouvrières, 1976).

Coût total et coût unitaire

Pour le client c'est le prix de vente unitaire qui compte, celui-ci est conditionné par le coût unitaire, qui lui-même dépend du coût total et des quantités produites.

Coût total d'un produit	=	somme des dépenses nécessaires à sa production et/ou à sa distribution

Coût unitaire ou coût moyen	=	$\dfrac{\text{Coût total d'un produit}}{\text{quantités produites}}$

Cette approche masque la difficulté réelle à calculer les prix de revient unitaires. En effet dans une grande entreprise, il y a non pas un produit mais un ensemble de produits et il est difficile de distinguer les charges qui doivent être imputées à tel ou tel produit. Ainsi l'électricité a fait fonctionner toutes les machines, comment répartir le montant de la facture EDF entre les différents produits réalisés par l'entreprise ?

La détermination précise des coûts pose des problèmes pratiques. Quelles sont les charges qui doivent être affectées à tel ou tel produit ? Quels sont les éléments véritablement fixes, véritablement variables ?... En même temps il est majeur, comme nous l'avons vu plus haut, pour l'entreprise de connaître ses prix de revient. En conséquence une partie de la comptabilité dans les grandes entreprises s'attache à connaître de façon détaillée la structure des prix de revient.

C'est l'objet de la **comptabilité analytique.** Celle-ci décompose le prix de revient global. Par exemple en coût d'achat, coût de production, coût de commercialisation...

La connaissance de ces différents niveaux de coût permettra une gestion plus fine. Par exemple, le prix de revient peut être stable, donc a priori ne pas inquiéter, mais en fait la stabilité apparente peut résulter d'une augmentation anormale des coûts de production jointe à une baisse du coût d'achat des matières premières qui doit entraîner une vigilance particulière au niveau de la production (recherche des causes).

Coûts variables et coûts fixes

Ce coût total (ou prix de revient total) a deux composantes : **le coût variable et le coût fixe.**

Le coût fixe est la partie du coût qui ne dépend pas des quantités produites mais est lié à la structure de l'entreprise. Il faut en effet payer les machines, les bâtiments... et ce quel que soit le niveau de la production. On raisonne en courte période où l'équipement est donné et les charges structurelles aussi.

Le coût variable est la composante du coût total qui augmente ou diminue suivant les niveaux de production. C'est donc la partie du coût de production qui est fonction des quantités produites $[Cv = f(q)]$.

Ainsi les matières premières dépendent des quantités produites : il faut par exemple environ deux fois plus de tissu pour produire deux fois plus de chemises d'un modèle donné. Mais coût variable ne signifie pas coût proportionnel. Ainsi en augmentant les quantités achetées, les entreprises peuvent obtenir une baisse des prix de leurs fournitures. Des économies peuvent être obtenues par une meilleure distribution, une plus grande rotation des stocks....

Pour analyser plus précisément le coût des produits, il est intéressant de rapporter les chiffres globaux aux quantités produites.

Le coût fixe unitaire est la moyenne des coûts fixes soit :

$$\frac{\text{Coût fixe total}}{\text{Quantités produites}}$$

Le coût variable unitaire est le coût variable moyen, donc :

$$\frac{\text{Coût variable total}}{\text{Quantités produites}}$$

La distribution entre coût fixe et coût variable peut se traduire par des techniques particulières de détermination des prix. Dans un certain nombre de cas, les entreprises peuvent estimer qu'elles ont intérêt à vendre dès que le prix de vente est supérieur au coût variable (**méthode du direct costing** qui s'oppose au **full cost** ou prix de vente complet).

Coût marginal

L'analyse libérale insiste sur un aspect particulier du coût : le coût marginal.

Le coût marginal est le coût supplémentaire nécessaire pour produire une unité en plus.

Ainsi, si une entreprise produit 100 voitures pour un coût total de 1 000 000 F et que 101 voitures lui coûtent 1 009 500 F le coût marginal de la cent-unième voiture est de 1 009 500 F – 1 000 000 F = 9 500 F, alors que le coût moyen d'une production de 101 voitures est de 1 009 500 F/ 101 = 9 995 F (voir marginalisme).

Coût d'opportunité

Le coût d'opportunité d'une ressource correspond à ce qu'elle rapporterait dans l'utilisation la plus rémunératrice parmi toutes les alternatives réalisables.

Ainsi, s'il faut renoncer à dix canons pour produire 1 000 tonnes de beurre, le coût d'opportunité d'un canon calculé en tonnes de beurre est de 100 tonnes.

Coût social

Le coût social comprend l'ensemble des charges que supporte la collectivité du fait d'une activité donnée.

Ainsi, pour l'entreprise, le coût du travail d'un ouvrier donné considéré est essentiellement mesuré par son salaire et les charges sociales qu'elle paie, mais socialement il faut tenir compte aussi de son coût d'opportunité. L'homme ne serait-il pas, étant donnée sa qualification, mieux utilisé dans un usage alternatif?

Au-delà de ce coût d'opportunité qui peut révéler que l'ouvrier considéré est effectivement employé là où il rapporte le plus, il faudra tenir compte des charges supportées par la collectivité du fait de ses conditions de travail (maladies, risques d'invalidité, réduction de son espérance de vie, coût de la destruction de sa vie familiale du fait de son travail nocturne...).

☞ COMPTABILITÉ PRIVÉE, MARGINALISME, VALEUR.

CRISES ÉCONOMIQUES ET SOCIALES

Peu de mots renvoient à autant d'images négatives que celui de crise. Le café brésilien brûlant dans les locomotives, les masses d'Américains hébétés faisant la queue devant une « soupe populaire », la montée des bandes fascistes dans l'Allemagne de Weimar, symbolisent la crise de 1929, encore présente dans les mémoires. Des mots moins chargés de connotations angoissantes, stagnation, récession, turbulences..., désignent des réalités économiques moins brutales que les crises *stricto sensu*... ou sont utilisés pour masquer la gravité des difficultés.

Crises d'Ancien Régime et crises modernes

Un homme du Moyen âge aurait sans doute eu toutes les peines du monde à concevoir que l'agriculture américaine de 1929 ruinât et même affamât des paysans capables de créer les récoltes les plus formidables que l'on n'ait jamais connues jusqu'alors.

Les crises d'Ancien Régime (ou pré-industrielles)

Elles ne sont sans doute pas les premières dans l'histoire économique : les pêcheurs-chasseurs-collecteurs, aux prises avec des catastrophes naturelles..., ont dû connaître des crises de toute première importance.

Les crises pré-industrielles se sont étendues sur une bonne partie de l'histoire moderne.

Ce sont typiquement des crises de **sous-production** agricole. Dans une société où la production agricole occupe la plus grande partie de la population, une mauvaise récolte engendre la disette dans les campagnes, provoque la montée du prix du pain. Les familles consacrent toutes leurs forces à se nourrir, la demande des biens artisanaux chute (l'essentiel de la demande solvable se consacrant au pain), leur prix décline, le chômage urbain monte, les famines frappent la population (plus de la moitié de la population n'atteint pas l'âge de 20 ans...).

Ces crises marquent certes la dépendance de l'homme vis-à-vis de la nature, mais il serait faux de les définir comme « naturelles ». Le climat, les parasites des cultures en sont la cause visible, mais plus profondément, c'est l'insuffisance du développement des forces productives liées à un certain développement économique et social qui explique la dépendance par rapport au climat.

Les crises modernes

Les crises modernes dans les pays capitalistes ne sont plus des crises où l'offre ne suffit pas à satisfaire la demande, mais au contraire des crises où l'appareil productif produit une masse croissante de marchandises qui ne trouvent pas d'acheteurs. Ce sont des crises de **surproduction.**

La surproduction désigne une situation économique où les marchandises offertes ne trouvent pas d'acheteurs solvables. Les périodes de surproduction s'accompagnent de difficultés sociales très graves, en particulier en matière d'emploi.

Des fluctuations aux cycles économiques

« Sept années de vaches grasses succèderont à sept années de vaches maigres », ainsi la Bible exprime la conscience lointaine des fluctuations économiques, alors agricoles et liées aux crues du Nil.

La notion de fluctuation désigne l'ensemble des mouvements de hausse ou de baisse de l'activité économique mesurés par la variation de quelques indicateurs (production, prix, emploi...), sans précision sur le rythme et l'intensité des différents mouvements ascendants ou descendants. Nombre d'économistes ont insisté, en particulier à la fin du XIXe siècle, sur la régularité que semblait marquer les fluctuations économiques, régularité qui a conduit à introduire l'idée des cycles dans les mouvements économiques.

Cycles saisonniers

Chaque saison correspond pour certaines branches (ventes de jouets, habillement, parapluies, ...) à des modifications sensibles du volume de leur vente et de leur activité, sans que l'on parle de crise : les ventes de jouets augmentent à l'approche des fêtes de fin d'année, puis diminuent. La durée de ce cycle est d'un an.

Les cycles agricoles : un exemple, le cycle du porc

Le cycle du porc est le plus connu des cycles agricoles. L'évolution du prix du porc connaît, traditionnellement, alternativement une hausse sensible puis une baisse.

Phase 1 : la demande de porc est élevée, par rapport à une offre qui dépend des investissements en cheptel, en installations, donc les prix s'élèvent.

Phase 2 : les prix élevés améliorent les profits et permettent d'en espérer d'autres encore plus élevés. L'offre augmente et rejoint petit à petit la demande (délai lié au temps nécessaire pour élever un porc).

Phase 3 : l'anticipation de profits élevés a stimulé très largement la production, et le porc devient surabondant. Les prix s'écroulent, les investissements diminuent, ralentissant l'offre de porc pour les périodes ultérieures : d'où à nouveau un processus du type de celui de la phase 1.

Souvent, il n'y a pas retour à la situation antérieure, l'échelle de production étant chaque fois plus élevée (croissance). De nombreux produits agricoles ne connaissent pas la périodicité très caractéristique du porc.

Le cycle Kitchin

Ce cycle court ou mineur affecte l'ensemble de l'économie à la différence du cycle du porc qui n'a qu'un effet sectoriel. Il ne se manifeste pas par une véritable crise, mais par une décélération de l'expansion ou une accélération de la baisse en période de dépression. D'une périodicité qui semble être d'environ 40 mois, il a souvent été perceptible aux États-Unis et semble lié à certaines pratiques de gestion des stocks.

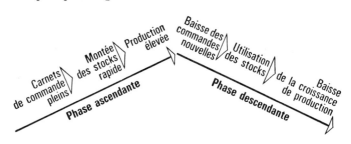

Il y aurait, en fonction des rapports entre carnets de commande et stocks, des phénomènes d'accélération puis de décélération qui donneraient un aspect cyclique au volume de l'activité.

Le cycle Juglar

Le cycle Juglar est un cycle majeur par son importance économique et sociale. Il présenterait trois caractéristiques essentielles (au moins jusqu'à la Deuxième Guerre mondiale).

– Il est régulier : sa périodicité étant de 6 à 10 ans environ,

– Il est général : la crise touche le plus souvent en même temps l'essentiel des branches, mais aussi la quasi-totalité des pays capitalistes,

– Son ampleur est importante (écart élevé entre le niveau d'activité le plus fort et le plus faible).

Les phases du cycle

Phase 1 : Elle correspond à l'essor, ou **expansion**. L'expansion est une phase pendant laquelle production, emploi, profit, salaire évoluent à la hausse, mais ce mouvement ascendant est suivi d'un mouvement contraire. Le **point de retournement** de la conjoncture entre ces deux phrases est parfois qualifié de crise (au sens étroit).

Phase 2 : Une **dépression** succède à l'expansion. Elle est caractérisée par une contraction brutale de l'activité (diminution du PNB, des investissements...). On parle de **récession** si la baisse d'activité est faible, ou lorsqu'il y a un simple ralentissement de la croissance qui atteint alors un niveau à peine supérieur à zéro pour cent.

Phase 3 : Reprise. L'activité économique reprend sur de nouvelles bases, après une phase où des concentrations, la restauration des profits et de la productivité permettent d'atteindre un point généralement encore plus haut que le point culminant de l'expansion précédente.

Les cycles Kondratieff

Il s'agit encore de cycles généraux (toutes les branches et la quasi-totalité des pays sont concernés), mais le mouvement porte sur une très longue période, de l'ordre du demi-siècle (50 à 60 ans). Les cycles Kondratieff sont très discutés.

Les cycles Juglar seraient plus brutaux, et les crises plus fortes dans les périodes de baisse du Kondratieff ; au contraire, l'expansion des cycles Juglar serait vigoureuse lors des périodes de hausse Kondratieff.

Les causes des crises économiques

Les économistes s'opposent sur l'interprétation des crises. Trois courants majeurs (néo-classique, keynésien et marxiste) présentent des analyses qui s'opposent.

L'analyse néo-classique

Le courant néo-classique considère qu'en situation de concurrence pure et parfaite il y aurait retour automatique à l'équilibre. Pour lutter contre la crise, il faut donc réduire l'intervention inappropriée de l'État et favoriser le libre jeu de la concurrence.

Le modèle de la **toile d'araignée** (cobweb) est un exemple de la logique néo-classique de retour automatique à l'équilibre.

Géométriquement, on voit l'enroulement de la toile d'araignée :

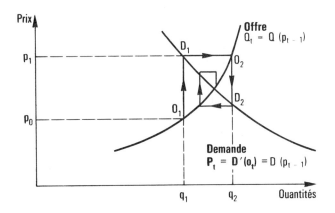

Le mécanisme est le suivant : l'offre durant une période dépend des conditions de production et des stocks. Si elle est insuffisante, situation des prix p_0, les prix s'ajustent en p_1 car pour le prix p_1 l'offre $0 (p_0) = D(p_1)$ mais les prix p_1 encouragent les entreprises à produire plus et à offrir la quantité q_1 ; à ce moment, c'est l'offre qui dépasse la demande, et le prix s'établit à p_2 et on passe au point D_2... Vu la forme des courbes d'offre et de demande, prix et quantités se rapprochent pas à pas d'un point d'équilibre où l'offre et demande sont stables. On note ainsi que le prix ajuste offre et demande et converge vers un équilibre : si des clauses exogènes font sortir de ce point d'équilibre, le système tend à y revenir. Ceci revient à évacuer les causes de déséquilibre de l'analyse, en insistant seulement sur le processus qui ramène au point stable de convergence.

L'analyse keynésienne

Le courant keynésien pense démontrer que le libre jeu du marché n'induit pas de retour automatique à l'équilibre mais peut au contraire conduire à des situations de sous-emploi durable. Si pour une raison quelconque, la demande globale attendue par les entreprises est inférieure au niveau de production qui correspondrait au plein emploi de la main-d'œuvre, les entreprises devront licencier car elles n'emploient du personnel que dans la mesure où elles en ont besoin pour produire. L'emploi diminuant, la demande de la période suivante a toutes les chances de baisser entraînant de nouvelles réductions de production, donc d'emplois. Si un équilibre finit par se fixer, il risque de se situer à un niveau qui n'assure pas le plein emploi. Le chômage sera alors élevé.

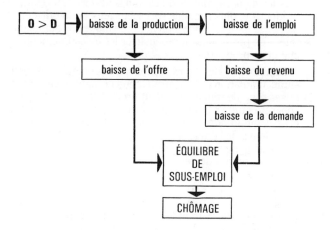

Il faut donc lutter contre le chômage durable qui risque de s'instaurer spontanément. L'intervention de l'État pour soutenir l'activité économique et assurer le plein emploi est donc nécessaire, l'État peut en particulier soutenir la demande (demande de biens d'équipement ou de biens de consommation).

L'approche marxiste

Pour Marx, la crise n'est pas un simple désajustement, ni le fruit d'une mauvaise action régulatrice de l'État, mais le reflet des contradictions du mode de production capitaliste.

La crise peut se manifester concrètement avec un taux de profit positif mais faible, lorsque celui-ci ne rémunère pas suffisamment les capitaux de plus en plus importants et à haut niveau de risque.

La suraccumulation désigne une situation économique où les capitaux ne sont pas rémunérés à un taux de profit suffisant pour assurer le maintien du rythme de croissance passé. La suraccumulation est la manifestation de la baisse tendancielle du taux de profit à un moment donné. Les gains de productivité, l'intervention de l'État, les recherches d'économies de capital fixe, la montée de la productivité, ... ne permettent pas, en période de suraccumulation, de contrecarrer la baisse tendancielle du taux de profit. La suraccumulation conduit donc à la crise, car le principal aiguillon du capitalisme, le profit, tend à s'émousser.

La **dévalorisation du capital** est la conséquence des faillites et des restructurations, absorptions, entraînées par la crise. Les formes les moins avancées du capital sont mises au rebut, le capital productif le plus rentable sort victorieux de la crise et peut permettre la mise en place d'un nouveau mode d'accumulation, générateur de profit, faisant redémarrer les investissements, l'embauche et la production.

Cependant, pour Marx, l'explication générale des crises par la suraccumulation et la surproduction ne signifie pas que toutes les crises sont identiques. Au contraire, il faut, dans chaque situation concrète étudier la place des divers éléments en oeuvre dans la crise. Comprendre le déroulement de la crise de 1929 ou celle de 1974 demande l'étude spécifique des caractéristiques de ces périodes. Chaque crise a ses rythmes, ses déclencheurs, son processus, ses formes de résolution, il faut l'intégrer au mouvement historique.

De plus, la crise est un élément essentiel au capitalisme qui puise dans la dévalorisation du capital les conditions d'une **accumulation élargie.** Restaurant le taux de profit, restructurant l'appareil productif, modifiant les rapports de force entre capitalistes et salariés, les crises « mettent en place les bases d'un nouveau régime d'accumulation et d'une nouvelle croissance ».

Crises sociales

Mais la crise prend aussi la forme de crises sociales, liées souvent aux crises économiques ; elles ne s'y réduisent pas comme le montre l'exemple de la crise de 1929, la montée du chômage n'a pas entraîné ipso facto la révolution... et réciproquement, en mai 1968, il n'y avait pas de crise économique, et la crise sociale n'a pas engendré de crise économique ; au contraire, elle a stimulé l'expansion. Une crise sociale est un moment privilégié du changement social.

Il y a **crise sociale** quand les groupes, les individus, les institutions, mettent en question les normes, les règles et les valeurs, et que des groupes s'organisent pour bouleverser l'ordre ancien.

☞ DÉVELOPPEMENT, CROISSANCE, CONFLITS SOCIAUX, MULTIPLICATEUR, ANOMIE

CROISSANCE

Des voitures toujours plus nombreuses, des autoroutes... des produits naissent et bouleversent les habitudes. Des villes champignons surgissent et gonflent en mégalopolis, des gratte-ciel s'élèvent... La croissance économique modifie espaces, habitudes, façons de vivre et de produire.

La croissance des organismes humains se mesure sous la toise, mais biologiquement la taille ou le poids peuvent être ceux de la maturité pour un individu et ceux de l'adolescence pour un autre. La **croissance biologique** est un processus complexe de multiplication cellulaire, d'apprentissage permanent...

Qu'est-ce que la croissance économique?

Si l'équivalent de la taille pour l'être humain semble généralement être le P.N.B. ou le P.I.B., la Comptabilité Nationale étant la toise, cet indicateur ne suffit pas à définir la croissance.

Une remarquable récolte de café en Colombie, augmentant brusquement la valeur du P.N.B. ou du P.I.B., n'est pas croissance véritable de cette économie. Une augmentation sensible du PNB ne sera un témoignage de croissance que si elle résulte d'un changement des conditions de production. On ne peut parler de croissance si le climat favorable fait une année monter le PNB qu'un hasard climatique effacera le lendemain. En revanche, il y aura croissance économique si ce doublement est le fruit de nouvelles techniques, de progrès dans l'efficacité du travail.

Pour qu'il y ait croissance, il faut non seulement que la production augmente, mais aussi que le mouvement ascendant soit durable et non aléatoire.

La croissance au sens strict (F. Perroux)

Pour F. Perroux, la croissance « c'est l'augmentation soutenue pendant une ou plusieurs périodes longues (chacune de ces périodes comprenant plusieurs cycles quasi-décennaux) d'un indicateur de dimension : pour une nation, le produit global net en termes réels. Ce n'est pas – il est nécessaire d'y insister au rebours d'une attitude qui se répand – l'augmentation du produit réel par habitant ».

Cette approche distingue donc nettement croissance et développement : sur le plan de l'analyse cela se comprend aisément ; pourtant, sur le plan concret, la croissance modifie les structures, les attitudes, inclut le progrès technique... Aussi, F. Perroux insiste sur cette dynamique globale de la croissance : « Sans épithète, la croissance est définie par l'accroissement durable d'une unité économique simple ou complexe, réalisé dans les changements de structure et éventuellement des systèmes, et accompagné de progrès économiques variables ».

La croissance au sens large

Au sens large, la croissance inclut les changements de structure, englobe les mutations sectorielles et les changements qui rendent celle-ci auto-entretenue.

La distinction classique de F. Perroux entre croissance et développement est, selon Celso Furtado, inobservable dans la réalité : « L'hypothèse d'une croissance sans développement appliquée à un ensemble économique qui enfante sa propre demande est un exercice de manuel d'économie qui n'a pas de correspondance dans la réalité. » (*Théorie du développement économique* PUF). F. Perroux le reconnaît lui-même dans ses observations concrètes : « Aucune croissance n'est homothétique : la croissance s'opère dans et par les changements de structure. (...) Le développement englobe et soutient la croissance. »

La croissance est :

1. Un **mouvement ascendant de certaines grandeurs économiques** (hausse du PIB, du revenu...) qui se caractérise par la durée. Phénomène de **longue période.**

2. **La croissance est un phénomène largement irréversible.** Son caractère **auto-entretenu** se traduit par des modifications cumulatives des conditions de la production : investissement net en hausse, modification de la qualification de la main-d'œuvre, incorporation du progrès technique par les machines nouvelles, nouvelles habitudes de consommation, modification des anticipations des entrepreneurs...

3. La croissance est un **mouvement de transformation structurel;** il est repérable, non seulement par des indicateurs simples de hausse de la production et du revenu, mais par des mutations sectorielles. Ainsi, la croissance modifie la part relative des différents secteurs. Des industries nouvelles apparaissent, la valeur ajoutée par salarié s'accroît...

La croissance s'accompagne de **mutations sociales** qui rendent possible l'accroissement durable des flux de production : nouveaux rapports de propriété, technologies nouvelles, accroissement des biens de production...

La baisse temporaire de la production ne signifie pas arrêt de la croissance, les récessions en particulier sont donc partie intégrante de la croissance.

Il y a différents types de croissance : On ne peut parler de croissance sans spécifier les agents qui ont un rôle moteur, les choix qui président à l'accumulation des ressources... Une société qui décide de produire de plus en plus d'armes peut connaître un taux de croissance élevé, mais celui-ci n'a pas la même signification que celui d'une société orientée vers la consommation...

Expansion et croissance

Dans un sens restreint, on parle parfois de croissance économique pour qualifier le mouvement d'augmentation de la production à court terme (et donc réversible). Dans ce cas, il faut employer le terme **d'expansion** (on parle aussi de boom si la hausse est très rapide).

Croissance extensive

Si, pour augmenter la production, il a fallu principalement employer plus de travailleurs, plus de machines, de matières premières, on parle de croissance extensive. **La croissance extensive** est donc une croissance obtenue principalement par l'augmentation des facteurs mis en œuvre.

Croissance intensive

La **croissance intensive** désigne la croissance obtenue principalement par une utilisation plus efficace des forces productives, augmentation de la valeur ajoutée par salarié, progrès dans l'efficacité des machines incorporant du progrès technique...

Croissance potentielle

La **croissance potentielle** désigne le taux d'augmentation maximum de la production nationale étant donné les moyens disponibles. Cette croissance potentielle correspond à l'utilisation maximale de tous les équipements, et de toute la main-d'oeuvre...

Croissance équilibrée

La **croissance équilibrée** désigne une croissance obtenue dans les équilibres macro-économiques classiques, équilibre du budget de l'État, de la balance des paiements, sans tensions inflationnistes et avec le plein emploi...

Croissance zéro

C'est une notion créée par le M.I.T. et vulgarisée par **le club de Rome.** Pour ces auteurs, la croissance zéro devrait permettre de respecter l'équilibre écologique et en particulier de ne pas détruire les ressources naturelles d'un « monde fini ».

La croissance zéro n'implique pas l'absence de mutations, les secteurs polluants connaissant une croissance négative et les secteurs non polluants étant en expansion.

Croissance exponentielle

La **croissance exponentielle** désigne la croissance à taux constant ; l'indicateur choisi (PIB.. .) augmente de façon multiplicative.

Par exemple la croissance des nénuphars doublant toutes les 24 h dans une mare est un exemple de croissance exponentielle. Le pouvoir multiplicateur de ce type de fonction à croissance ultra rapide se comprend aisément par l'exemple des nénuphars. S'il a fallu 1 milliard d'années pour couvrir la moitié de la mare, il ne faut plus qu'un jour pour que les nénuphars finissent de l'obscurcir.

La mesure de la croissance

Taux de croissance

Si l'on ne produisait qu'un seul bien aux caractéristiques stables, le blé, tel type de voiture, le calcul du taux de croissance serait simple : Soit 1 000 000 de voitures produites en 1970, et 1 200 000 voitures produites en 1971 , le taux de croissance en % est alors de :

$$\frac{1\,200\,000 - 1\,000\,000}{1\,000\,000} \times 100 \text{ soit 20 \%}$$

le taux de croissance est égal à :

$$\frac{\left[\begin{array}{c}\text{Valeur}\\\text{de la variable la 2}^\text{e}\text{ année}\end{array}\right] - \left[\begin{array}{c}\text{Valeur}\\\text{de la variable la 1}^\text{re}\text{ année}\end{array}\right]}{\text{Valeur de la variable la 1}^\text{re}\text{ année}}$$

Mais pour mesurer le taux de croissance de la production d'une économie nationale, il faut non seulement additionner des biens divers (des tonnes de fraises, des camions, des concerts...), mais aussi **comparer deux périodes où apparaissent des biens nouveaux** (magnétoscope, ordinateur...) et disparaissent certains modèles (la Dauphine n'est plus produite par Renault)... Les statisticiens rendent homogènes les données en supposant que les prix reflètent exactement la valeur de la production. Mais un problème supplémentaire apparaît : **les prix se modifient, les caractéristiques des produits changent** (par exemple, d'une année à l'autre, un modèle de balais d'essuie-glace à une vitesse sera remplacé par un modèle à deux vitesses...), on consommera moins de produits alimentaires et plus de services...

La production en « francs constants »

L'utilisation des prix d'une année de base pour évaluer la production permet de neutraliser d'une certaine façon l'effet des mouvements de prix, l'expression de « produit en volume » est alors souvent utilisé mais l'expression « en francs constants » est plus juste, puisque l'on utilise en effet les prix d'une année donnée pour les deux périodes.

Pour calculer l'indice de la production en francs constants, on divise l'indice de la production en valeur nominale par l'indice des prix :

$$\text{Indice de la production en francs constants} = \frac{\text{Indice de la production en francs courants}}{\text{Indice des prix}} \times 100$$

Une approximation courante du taux de croissance réel consiste à soustraire le taux d'inflation du taux de croissance nominal (en valeur à prix courants). Ainsi un taux de croissance nominal de 10 % avec hausse des prix de 5 % correspondrait à un taux de croissance en francs constants de 10 % – 5 % = 5 % , on obtient alors un ordre de grandeur mais on connaît une erreur. En effet, le calcul exact est :

Indice en francs constants $= \dfrac{(110/105)}{100}$ soit 104,76...

Autrement dit, on estime à 5 % le taux de croissance réel alors qu'il est en fait de 4,76 % .

P.N.B. ou P.I.B. par habitant

Pour éliminer les distorsions apportées par les variations de la population, on utilise souvent comme indicateur le P.N.B. ou le P.I.B. par habitant. Il permet de comparer des pays très dissemblables par la dimension tels la Chine, les États-Unis, la Grande Bretagne et la Suisse. Ainsi, le P.N.B./hab. de la Suisse dépasse celui des États-Unis, faisant du Suisse « moyen » un des habitants de la planète qui peut consacrer le plus de richesses à la consommation, l'investissement, l'épargne. Cet indicateur ne prend pas en compte l'inégale répartition des revenus.

Mais le niveau absolu de la croissance du PIB exprime un aspect essentiel de la croissance qui est gommé lorsque l'on prend le PIB/hab. La Chine, qui a un PIB/hab. des plus faibles, a cependant pu, en les concentrant, consacrer des ressources sur des projets technologiques précis difficilement accessibles à la très opulente Suisse. L'économiste américain Kuznets, le Français F. Perroux, par exemple, préfèrent tenir compte du PNB global niveau de production, indicateur de la multitude de biens et services créés par le processus de croissance.

Prise en compte des variations de prix relatifs et de la composition de la production

Que faire pour calculer l'évolution lorsque des biens de la production se diffusent largement et que leurs prix relatif ou absolu se modifient (réfrigérateur, télévision-couleur, magnétoscope, calculatrice de poche...)? Supposons que l'on produise 100 fois plus de calculatrices de poche mais que leur prix moyen soit divisé par 10 : en valeur nominale il n'y a multiplication que par 100/10 = 10 alors qu'à prix constants (par exemple ceux de départ) il y a multiplication par 100. Inversement, le prix relatif d'autres produits peut augmenter...

Deux grandes méthodes d'évaluation sont utilisées pour calculer l'évolution de la production entre deux dates.

Indice de Laspeyres

Pour simplifier, envisageons une économie produisant trois biens seulement :

	Calculatrice	Baguette de pain	Ticket de métro	Total
Quantités 1970	2 000	1 000 000	10 000 000	
Prix en 1970	100 F	1,50 F	1 F	
Valeur de la production au prix 1970 Quantité 1970	200 000 F	1 500 000 F	10 000 000 F	11 700 000 F
Quantité 1980	200 000	900 000	11 000 000	
Prix 1980	100 F	1,50 F	1 F	
Valeur de la production en 1980 au prix 1970	20 000 000 F	1 350 000 F	11 000 000 F	32 350 000 F

On pose indice 100 en 1970 donc 11 700 000 est identifié à 100 et 32 350 000 est identifié à :

$$\frac{32\ 350\ 000 \times 100}{11\ 700\ 000} = 276.\ \text{Soit l'indice 276.}$$

Indice de Paasche

Mais cette méthode est une estimation forte du taux de croissance, car elle utilise les prix de 1970, alors que la division par 10 du prix des calculatrices électroniques incorpore le progrès technique, aussi Paasche a proposé de modifier la méthode de Laspeyres en prenant les prix de la période d'arrivée et non ceux de départ :

	Calculatrice	Baguette de pain	Ticket de métro	Total
Quantités 1970	2 000	1 000 000	10 000 000	
Prix en 1980	10 F	2 F	1,50 F	
Valeur de la production au prix 1970 Quantité 1980	20 000 F	2 000 000 F	15 000 000 F	17 020 000 F
Quantité 1980	200 000	900 000	11 000 000	
Prix 1980	10 F	2 F	1,50 F	
Valeur de la production en 1980 au prix 1980	2 000 000 F	1 800 000 F	16 500 000 F	32 350 000 F

Indice de Paasche :

Année de base 1970, on pose : 17 020 000 = 100

$$20\,300\,000 = \frac{20\,300\,000 \times 100}{17\,020\,000} = 119$$

Soit l'indice 119.

Cet exemple symbolise le caractère essentiel des définitions. Pour Laspeyres, la croissance est très sensible, l'indice passe de 100 à 276, soit un taux de croissance de :

$$\frac{276 - 100}{100} = 176\ \%$$

tandis que l'indice de Paasche n'enregistre qu'un taux de croissance modeste de :

$$\frac{119 - 100}{100} = 19\ \%$$

Généralement, l'indice de Paasche donne un taux de croissance un peu plus faible.

Indice de Fisher

Certains auteurs adoptant un point de vue moyen, proposent tout simplement « de couper la poire en deux » et adoptent l'indice de Fisher, moyenne géométrique des deux précédents :

Indice de Fisher = $\sqrt{\text{indice de Laspeyres} \times \text{indice de Paasche}}$

Indice de Fisher = $\sqrt{276 \times 119}$ soit 181

Les externalités

Pour leur part, les écologistes insistent sur la faiblesse d'une définition de la croissance peu respectueuse du bilan écologique. En langage économique, il faudrait compter **les externalités** dans le processus de croissance. Supposons qu'une usine engendre une valeur ajoutée substantielle, disons de 100 milliards, mais détruise la possibilité de pêcher et dégrade l'écosystème (pollution des rivières, modification du lait des vaches), la croissance réelle différera des 100 milliards de valeur ajoutée. Il faut retrancher 100 milliards, le coût des externalités.

Le problème des comparaisons

Le choix de l'indicateur pose problème, et ce d'autant plus qu'il est un témoignage imparfait des capacités productives des pays. Ainsi de nombreux pays en voie de développement sont caractérisés par une large production hors marché : auto-consommation paysanne, troc, difficiles à intégrer dans le PNB ou PIB. De plus, les comparaisons internationales sont fortement influencées par les oscillations monétaires.

Modèle de croissance

Un modèle de croissance est composé d'un ensemble de variables explicatives (les facteurs de croissance) et de relations économiques représentant les mécanismes fondamentaux (effet multiplicateur, effet accélérateur, etc.). Un modèle usuel permet de comprendre comment on atteint un taux de croissance donné connaissant, par exemple, l'évolution de la demande, l'investissement, etc.

On distingue des modèles d'inspiration keynésienne, marxiste, néo-classique, etc. Les hypothèses retenues dans chacun de ces modèles varient selon les théories sur lesquelles le module s'appuie.

☞ DÉVELOPPEMENT, ACCUMULATION.

CULTURE

La culture, au sens le plus global, est ce qui est acquis par opposition à ce qui est inné, naturel chez l'homme

Pour Tylor : « La **culture** est ce tout complexe qui inclut les connaissances, les croyances religieuses, l'art, la morale, le droit, les coutumes et toutes les capacités et habitudes que l'homme acquiert en tant que membre de la société. »

Pour G. Rocher : La **culture** « est un ensemble de manières de penser, de sentir et d'agir, plus ou moins formalisées, qui, étant apprises et partagées par une pluralité de personnes, servent d'une manière à la fois subjective et symbolique, à constituer certaines personnes en collectivité particulière distincte. »

En ces sens ethnologique et sociologique à la fois, la culture ne se réduit pas à l'individu **cultivé au sens restreint,** c'est-à-dire qui a beaucoup lu, connaît les oeuvres d'art, possède un savoir livresque important... Les façons de voir, de boire, de manger, de se réunir en société... font donc partie de la culture au sens sociologique.

Modèles culturels et ethnocentrisme

Les traits culturels apparaissent sous des formes très variées : ainsi un touriste français voyageant hors des sentiers battus, en Turquie, sera dérangé dans ses habitudes culturelles. Par exemple, la simple notion de réservation est difficile à assimiler par une société qui pendant des siècles a considéré que le futur n'était pas maîtrisable ni planifiable. La croyance en une sorte de fatalité qui oriente les événements humains suivant un plan divin inaccessible à l'homme marque encore le système culturel oriental. La langue arabe qui ignore la distinction occidentale nette entre le présent et le futur marque cette approche de la réalité.

Aussi, le voyageur occidental traitant l'hôtelier turc d'escroc pour avoir cédé la chambre qu'il croyait réservée fait preuve d'**ethnocentrisme,** c'est-à-dire qu'il juge selon ses propres modèles culturels.

Un **modèle culturel** est l'ensemble des règles qui régissent les comportements mutuels et servent à orienter les relations entre les individus.

Dans une équipe, le modèle culturel régissant le comportement peut être celui de la coopération en vue de l'intérêt collectif. Ainsi, dans le Tour de France cycliste, il y a dans chaque équipe plusieurs leaders et des coéquipiers, tout leader « doit » remporter un maximum de succès, réciproquement les coéquipiers « doivent » tout faire pour aider « leur champion » en donnant par exemple leur vélo lors d'une crevaison, ou en l'attendant lorsqu'il a une défaillance passagère...

Valeurs, normes, statuts, rôle, contrôle, socialisation

Le modèle culturel régissant des situations et des relations données varie selon les sociétés.

Chaque pôle du modèle définit un statut. Le **statut** comporte un ensemble d'attentes, de droits et de devoirs organisant les relations réciproques au sein d'un modèle culturel.

Dans le cas du tour de France cité ci-dessus, il y a un statut de leader et un statut d'équipier ; dans la vie courante on peut distinguer le statut de frère aîné et de cadet, d'enseignant et d'enseigné... Un individu anime le plus souvent différents statuts. Chaque individu remplit plus ou moins bien le rôle que lui assigne son statut.

Le **rôle** est la manière suivant laquelle un individu vit et met en oeuvre les règles qui régissent son statut. Tout groupe social tend à contrôler le comportement de ses membres pour qu'il remplisse son rôle conformément à son statut.

Le **contrôle social** comprend l'ensemble des récompenses, punitions, jugements portés par le groupe afin d'orienter les actions conformément au rôle attendu de chacun.

Pour orienter le comportement des individus, la société établit des normes.

Les **normes** sont des règles le plus souvent non écrites, qui définissent les façons socialement acceptées d'agir.

Les normes peuvent être plus ou moins contraignantes. Dans nos sociétés la pression exercée sur le comportement vestimentaire peut être très lâche dans de très nombreux lieux (simple pression collective diffuse), par contre l'institution militaire impose une tenue très stricte.

Un des éléments qui guide le comportement et définit pour chacun le jugement social est le système de valeurs.

Un **système de valeurs** est une façon de classer les situations, les personnes, les actes et les idées, des plus désirables socialement aux plus dépréciés.

La **socialisation** désigne le processus de formation de la personnalité conformément aux modèles culturels, aux valeurs, aux normes de la société et du ou des groupes auxquels appartient l'individu.

☞ IDÉOLOGIE, ACCULTURATION

DISTRIBUTION

La distribution et le commerce

La distribution correspond à un stade de l'activité économique situé entre la production et la consommation. La distribution comprend toutes les activités qui vont permettre au producteur de commercialiser son produit. La distribution physique d'un produit suppose de la manutention, du transport, du stockage, une mise en place en magasin. Mais au sens économique, la distribution suppose aussi des flux financiers, des actions commerciales (publicité, force de vente, ...) et des transferts de propriété lors des ventes de biens.

• **Un canal de distribution** comprend toutes les activités qui permettent de mener une marchandise du producteur au consommateur.

– Il existe des **canaux ultra-courts** qui permettent au producteur de toucher directement le consommateur (vente par correspondance à la suite de l'envoi par la poste d'un dépliant commercial, prospection par téléphone).

– Les canaux courts se contentent de trois niveaux :

PRODUCTEUR ⇨ COMMERÇANT ⇨ CONSOMMATEUR

– Les canaux dits « **circuit long** » comprennent au moins quatre types d'acteurs :

PRODUCTEUR ⇨ GROSSISTE ⇨ COMMERÇANT ⇨ CONSOMMATEUR

Le **grossiste** est l'agent économique qui permet la liaison entre producteur et **détaillant** (ce dernier est seul en contact direct avec le client final).

• **Un circuit de distribution** est formé d'un ensemble de canaux de distribution adoptés pour vendre un produit donné. Ainsi, une pêche peut être vendue directement par le producteur mais aussi passer par Rungis puis des grossistes et enfin des détaillants en fruits et légumes...

• **Le commerce** est une activité inséparable de la distribution. L'acte commercial consiste à vendre des produits que l'on a soi-même acheté en vue de dégager un revenu.

La marge commerciale est la partie du prix de vente qui rémunère le commerçant.

L'INSEE définit la **marge brute du commerce** : Chiffre d'affaires + variation des stocks – achats + ristournes, rabais et remises obtenus.

Les commerçants participent donc à la distribution des produits qu'ils mettent en vente. Mais une partie de l'activité de certains commerçants n'est pas de la distribution, ex. : le charcutier a une activité de production car il transforme les quartiers de viande qu'il détaille ou vend des volailles de sa rôtisserie. A l'inverse, certaines activités de distribution ne sont pas faites par des commerçants (vente directe du producteur au consommateur).

Diversité des formes de la distribution

Du petit commerçant à l'hypermarché, de la vente à l'étalage à la forme moderne du *merchandising,* le commerce distribue de façon diversifiée les marchandises. On distingue trois types de commerce :

1. **le commerce intégré ou concentré** suppose de puissants groupes financiers capables d'assurer l'ensemble des fonctions de distribution de la centrale d'achat à la vente au détail.

– En 1852, Aristide Boucicaut a inventé avec le *Bon marché* la formule des **grands magasins** que Zola va immortaliser dans *Au bonheur des dames.* Généralement au centre des villes, ce système regroupe en un même temple des marchandises 200 000 à 300 000 produits référencés, pratiqua l'entrée libre et mit les produits sous les yeux du public un large assortiment dont il afficha clairement le prix. Zola a su montrer pour ce type de commerce l'importance des promotions, des rabais, de la mise en scène des marchandises et des grandes opérations commerciales.

– **Les magasins populaires** sont lancés en France par Prisunic (en 1928), ils existaient depuis 1879 aux États-Unis où Woolworth avait proposé des articles d'usage courant, en nombre moyen (5 à 8 000 environ) sélectionnés dans une gamme moyenne et basse. La formule s'est diversifiée par la suite.

2. **Le commerce associé** est l'association d'entreprises commerciales indépendantes mais qui désirent harmoniser leur politique commerciale, s'approvisionner en commun et disposer d'outils de gestion qu'ils partagent.

– Tel est le cas des **coopératives de consommation,** leur objectif consiste à vendre le moins cher possible à des adhérents en utilisant une centrale d'achat, une gestion centralisée et une redistribution des bénéfices aux adhérents.

– **Les succursalistes** sont des groupes à vocation commerciale dont la *maison-mère* possède une centrale d'achat et dirige la politique du groupe, les succursalistes sont des filiales qui possèdent des magasins.

3. **Le commerce indépendant** comprend des magasins traditionnels mais aussi des petits libre-service ou même des libre-service de plus de 100 m² et jusqu'à 400 m² environ.

• **Les supérettes** ou mini libre-service disposent de 400 m², ce sont des petites surfaces généralement de centre ville qui soit appartiennent à des indépendants soit à des succursalistes alimentaires ou des coopérateurs.

• **Les supermarchés** sont aussi des libre-service mais disposent d'une surface de vente comprise entre 400 m² et 2 500 m².

• **Les hypermarchés** sont des magasins de grande taille en libre-service, souvent situés hors des centres des villes et offrant une large gamme de produits. Le cadre est moins soigné que dans les grands magasins et la gamme offerte est moins complète (recherche d'une forte rotation des stocks). Ils disposent d'une surface de vente supérieure à 2500 m² et offrent un parking gratuit à leur clientèle, c'est le système du « paie et emporte » *(cash and carry).* On parle parfois des cargos pour désigner les hypermarchés géants de plus de 4 000 m².

• **Les centres commerciaux** regroupent dans un espace commun allant de quelques dizaines de m² à plus d'une centaine de milliers à la fois des petits commerces indépendants, des grands magasins et des surfaces plus ou moins importantes. Par leurs décors, leur agencement en galeries attractif qui allient vente, animation et des équipements de loisir, ils permettent d'étendre la *zone de chalandise* c'est-à-dire la zone géographique des consommateurs potentiels qui viennent au centre pour faire leurs achats.

• **La franchise** est une formule qui permet à un *franchiseur* de développer ses activités sans mobiliser beaucoup de capitaux. Le *franchiseur* dispose d'une marque ou d'une enseigne connue et d'une formule commerciale reproductible et aisément identifiable. Un franchisé accepte de verser un droit d'entrée dans le groupe de franchisés et un pourcentage sur ses ventes *(royalties).* Il accepte aussi parfois de se fournir et de suivre une certaine politique commerciale en échange de quoi il dispose d'une enseigne connue, d'un assortiment de produits distinctifs, d'une publicité de groupe et d'une assistance à la gestion.

☞ COOPÉRATIVES, CONSOMMATION, GESTION

ÉCHANGES INTERNATIONAUX

La balance des paiements

La notion de balance

Quand nous consommons des bananes, prenons des vacances en Espagne, achetons un téléviseur japonais..., nous faisons des actes économiques qui s'inscrivent dans les échanges internationaux.

Les échanges internationaux se traduisent d'abord par une circulation de marchandises, entre d'un côté le pays considéré, par exemple la France et le reste du monde.

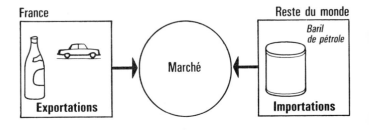

La diversité des biens vendus et des biens achetés conduit à exprimer leur valeur de façon monétaire, soit en une unité de compte internationale (dollar), soit en monnaie nationale.

Ainsi on représente les deux côtés de l'échange :

Exportations	
Importations	Solde positif

Excédent de la balance commerciale
ou
Exportations > Importations
Exportations − Importations > 0

Exportations
Importations

Solde nul de la balance commerciale
ou
Équilibre
ou Importations = Exportations

Solde négatif	Exportations
Importations	

Solde négatif
de la balance commerciale
ou Déficit ou
Exportations − Importations < 0

Les principaux postes de la balance des paiements

A partir d'une série d'opérations caractéristiques des échanges internationaux nous allons mettre en évidence les principales composantes de la balance des paiements.

Balance des marchandises

Un Marocain achète d'occasion une Renault 25 qui lui revient à 50 000 F, dans le même temps un grossiste des Halles commande pour 20 000 F de clémentines marocaines.

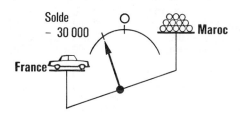

Ceci en estimant toutes les marchandises en francs et en comparant les prix FOB, c'est-à-dire rendues à bord du bateau transporteur du pays d'origine *(Free on Board)*.

Balance des services

Si dans cet exemple les services de transport et d'assurance réalisés par la France, s'élèvent à 5 000 F alors que nous avons payé 2 000 F sur les mêmes opérations réalisées par des entreprises établies à l'extérieur, nous aurons un solde positif sur ces services de 3 000 F.

Mais il y a bien d'autres services que ceux liés aux circulations de marchandises :

Ainsi un touriste français laissera 5 000 F en hôtels, restaurants, et dépenses diverses au cours de sa visite des villes impériales ; un Marocain visitant sa famille laissera 1 500 F en achats divers à Paris, ces chiffres vont s'inscrire dans les dépenses touristiques. Une entreprise française va recevoir pour ses placements dans l'hôtellerie marocaine un revenu du capital de 3 000 F tandis qu'un Marocain recevra 5 000 F pour son appartement parisien loué, ceci s'inscrivant dans les revenus du capital.

Mais le travail lui aussi apporte des ressources : un orchestre marocain va transférer pour 10 000 F de revenus du travail (cachet d'artiste), tandis qu'un avocat français va rapatrier pour 7 000 F d'honoraires. Sont comptabilisés comme services les rémunérations du travail des professions libérales, les revenus du travail payés directement par les entreprises, les prestations familiales, sociales, et les recettes. Par contre, les transferts des travailleurs immigrés sont comptabilisés dans la balance des dons et apparaissent comme un « don » privé de la France au Maroc...

Synthétisons sous forme de tableau regroupant les principaux postes de la balance des services entre la France et le Maroc pour cette série très limitée d'opérations.

	Crédit	Débit	Solde
Transports, assurances	5 000	2 000	3 000
Dépenses des touristes	1 500	5 00	−3 500
Revenus du capital	30 000	5 000	25 000
Revenus du travail	7 000	10 000	−3 000
Revenus de la propriété intellectuelle	2 000	0	2 000
Dépenses gouvernementales	3 000	1 200	1 800
Total services	48 500	23 200	25 300

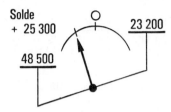

Balance des prestations gratuites ou des dons

Toutes les balances précédentes retracent les relations commerciales donnant lieu effectivement à des paiements. Il y a aussi entre États des relations qui sont régies par le « don » et liées aux politiques de coopération.

Nous supposerons par exemple que la France fournit au titre de la coopération pour 30 000 F de dons.

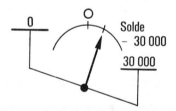

Balance des capitaux et balance monétaire

Ces relations incluent des opérations qui mettent en jeu la circulation du capital. On distingue les **opérations en capital à court terme et à long terme.**

Les avoirs financiers se déplacent fréquemment. Ainsi, une banque marocaine peut placer un emprunt à long terme, ici entendu en un sens précis de plus de dix mois, par exemple un emprunt de 100 000 F souscrit par des banques françaises. Réciproquement, des banques ou des particuliers marocains acquièrent pour 80 000 F d'actions d'entreprises françaises afin de constituer un portefeuille de valeurs. Mais il y a aussi des mouvements à court terme, une entreprise française peut détenir des avoirs dans un compte courant afin de faciliter ses transactions tandis qu'une banque marocaine peut réciproquement placer au jour le jour ses excédents financiers afin de valoriser ses liquidités, attirée par un taux d'intérêt rémunérateur...

131

Ces opérations donnent lieu à des paiements :

Placements à long terme

Crédit	Débit	Solde
80 000	100 000	− 20 000

Placements à court terme ou à vue

Crédit	Débit	Solde
10 000	20 000	− 10 000

Définition synthétique

La balance des paiements est un compte qui enregistre toutes les transactions donnant lieu à des règlements monétaires entre les unités résidentes et le reste du monde, ceci pendant une période donnée.

La Comptabilité Nationale définit les **unités résidentes** comme les unités économiques ayant un centre d'intérêt sur le territoire français. Elles y effectuent des opérations pendant un an ou plus. Encore faut-il définir ce qu'est le territoire français.

Le territoire économique français, au sens statistique, comprend :

Le territoire géographique métropolitain (à l'exclusion donc des départements et territoires d'outre-mer).

Moins :
Les enclaves extra-territoriales (ambassades étrangères...).

Plus :
Les enclaves extra-territoriales françaises à l'étranger, y compris les gisements situés en eau internationale exploités par la France.

Mais comment cette multitude de mouvements aboutissent-ils finalement à un équilibre comptable?

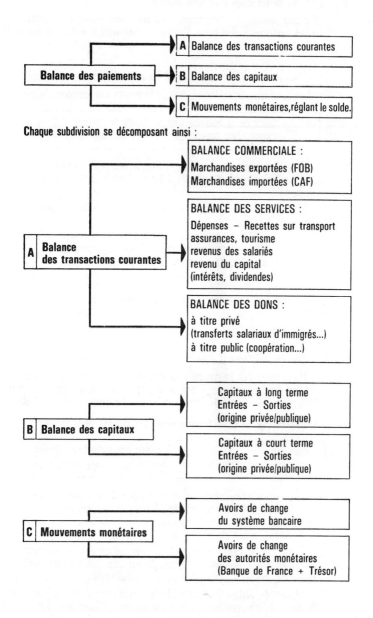

Chaque subdivision se décomposant ainsi :

L'équilibre de la balance des paiements

Étant donné sa définition, la balance des paiements est **au sens strict toujours équilibrée.** Parler de déséquilibre de la balance des paiements, est donc au sens strict un abus de langage.

Un déséquilibre cependant bien réel le plus souvent...

On dira que la balance des paiements est **excédentaire** si :

$$\text{Solde de la balance des transactions courantes} + \text{Solde la balance des capitaux} > 0$$

Et qu'en conséquence le pays augmente ses créances sur l'étranger, les mouvements monétaires réglant le solde favorablement au pays.

A l'inverse, on dira qu'il y a **déficit** de la balance des paiements si :

$$\text{Solde de la balance des transactions courantes} + \text{Solde de la balance des capitaux} < 0$$

Il y a **équilibre** dans le cas où la variation des créances est nulle et qu'il n'est pas nécessaire de régler par des mouvements monétaires les échanges.

Un indicateur d'équilibre : le taux de couverture.

Pour mesurer le degré d'équilibre des échanges, on calcule le « taux de couverture », qui peut concerner, soit l'ensemble de la balance commerciale, soit un type de produit (automobile...).

L'indicateur le plus fréquemment utilisé est le suivant :

$$\text{Taux de couverture (FOB/CAF)} = \frac{\text{Valeur des exportations FOB}}{\text{Valeur des importations CAF}} \times 100$$

Les exportations françaises calculées FOB, donc livrées à bord (Free on board) seront sous-évaluées par rapport aux importations calculées CAF (coût, assurance, fret). Le taux de couverture d'équilibre n'est donc pas de 100, mais d'environ 95.

L'intérêt de cette présentation en indice est de permettre des comparaisons sur longue période en éliminant l'effet des variations de volume et de valeur des échanges.

Mais l'équilibre global de la balance commerciale mesuré par le taux de couverture ne reflète qu'imparfaitement les rapports commerciaux entre les pays.

La structure de la balance commerciale

Le structure de la balance commerciale par produits est une décomposition des flux d'achat et de vente de marchandises regroupés par types de produits représentatifs de la production.

Les décompositions de la balance commerciale peuvent mettre en évidence :

1. La nature des produits échangés : Le pays exporte-t-il surtout des matières premières, des produits agricoles, de l'énergie ou des biens de production...?

2. Le degré de technologie incorporé aux produits : Le pays exporte-t-il des biens à fort coefficient de recherche, de main-d'œuvre qualifiée... ou l'inverse?

Le vocabulaire de l'analyse

Indicateur de spécialisation internationale

Mais l'étude de la structure de la balance commerciale ne prend son sens que de façon relative, d'où la notion de spécialisation internationale.

On définit un **indicateur de spécialisation internationale** en calculant pour une zone donnée, servant de référence, la spécialisation relative d'un pays :

$$\frac{\dfrac{\text{Valeur des exportations du secteurs S d'un pays P}}{\text{Valeur totale des exportations du Pays P}}}{\dfrac{\text{Valeur des exportations du secteur S de toute la zone}}{\text{Valeur totale des exportations de la zone Z}}} \times 100$$

Cet indicateur révèle ainsi la compétitivité de l'appareil productif : il n'est en effet pas indifférent de savoir si l'équilibre de la balance des paiements résulte des exportations de vins fins et spiritueux ou de machines-outils, et pour préciser les sources de l'équilibre et l'intérêt de telle ou telle forme de spécialisation, il est indispensable de définir la notion de termes de l'échange.

Les termes de l'échange

Considérons l'échange entre deux pays, l'un exportant du cacao, l'autre des voitures. L'équilibre de la balance des paiements dépendra des termes de l'échange au sens simplifié suivant : combien faut-il de kg de cacao pour se procurer tel modèle de voiture?

x tonnes de cacao pour une voiture constitue le **rapport d'échange,** l'année 1.

y tonnes de cacao s'échangent contre le même modèle de voiture l'année suivante (année 2).

3 cas possibles :

• Si $y > x$, on dira que pour le pays exportateur de cacao il y a détérioration des termes de l'échange, il faut plus de cacao pour se procurer le même bien.

• Si $y = x$, il y a stabilité des termes de l'échange.

• $y < x$, il y a une amélioration des termes de l'échange pour le pays exportateur de cacao qui doit fournir moins de cacao pour obtenir le même produit.

Cette représentation est simplifiée car elle ne tient compte que de deux produits et de deux pays : il est facile de passer à une estimation plus générale en utilisant l'évolution de l'indice des prix des biens exportés dans leur ensemble (P_E) pour un pays A vers B, et réciproquement de calculer l'indice des prix des biens importés par le pays A en provenance du pays B (P_I).

L'indice des termes de l'échange nets entre produits calculés entre le pays A et le pays B est égal à :

$$\frac{\text{Indice du prix des exportations}}{\text{Indice du prix des importations}} \times 100$$

Cet indice est en **termes nets** car il ne prend en compte que les variations de prix et néglige les volumes d'exportations (il peut y avoir en particulier un pays qui exporte beaucoup et importe peu de denrées en provenance de son partenaire commercial).

Mais l'estimation en termes monétaires, si elle met en évidence les variations relatives de prix, ne permet pas de percevoir la notion d'échange inégal de façon intrinsèque.

Termes d'échange factoriels

D'où l'idée de définir les **termes d'échange factoriels.**

On appelle **rapport factoriel simple du facteur travail** entre le pays A et le pays B, le nombre d'heures de travail que A doit fournir pour se procurer 1 heure de travail de B.

Par exemple si un pays exporte du tissu contre des téléviseurs selon les rapports d'échange suivants :

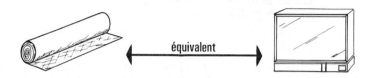

100 m de tissu = 1 TV noir et blanc
1 m de tissu représente 10 h de travail
1 téléviseur représente 500 h de travail

$$100 \times 10\ h = 1\,000\ h \xrightleftharpoons{\text{échange}} 1 \times 500 = 500\ h$$
(équivalence de travail)

Échange inégal

Dans ce cas les termes de l'échange sont évidemment inégaux : 1 000 h de travail du pays A s'exportent contre 500 h soit 2 h contre 1 h (on a un rapport inégal de 2 contre 1).

On dit qu'il y a **échange inégal** entre A et B s'il faut plus d'heures de travail du pays A incorporées à ses exportations pour se procurer des importations dont la valeur nominale est la même.

La loi de l'avantage absolu

Pour expliquer l'existence même d'échanges internationaux diverses analyses ont été développées.

La loi de l'avantage absolu développée par A. Smith exprime l'idée qu'un pays gagne à se spécialiser dans les produits pour lesquels il détient un avantage absolu, c'est à dire des conditions de production meilleures que les autres pays.

Si un pays A met moins de temps pour produire un bien x qu'un pays B, alors A a intérêt à produire le bien x et à l'exporter vers le pays B contre d'autres produits.

La théorie de l'avantage absolu ne peut expliquer qu'une partie du commerce international ; en effet, si un pays avait dans tous les domaines une productivité inférieure à celle des autres pays, il ne pourrait strictement rien se procurer par l'échange international...

La loi des avantages comparatifs (Ricardo)

L'analyse des avantages comparatifs de Ricardo tend à montrer que l'échange est souhaitable même dans le cas où un pays n'a pas d'avantage absolu.

	France	E.-U.
Quintaux de blé en 1 h de travail	1	4
Nombre de mètres de tissu en 1 h de travail	1	2

Dans le cas ci-dessus, la France n'a pas d'avantage absolu. Mais **en France,** il faut autant de temps pour produire 1 q de blé et 1 m de tissus ; le rapport d'échange est donc de 1 contre 1.

1 m de tissu = 1 q de blé

alors qu'**aux E.-U.** :

4 q de blé = 2 m de tissu   Donc   2 q de blé = 1 m de tissu

Autrement dit, aux États-Unis il faut fournir plus de blé qu'en France pour obtenir la même quantité de tissu, cela tient selon Ricardo à ce que la France a un avantage comparatif dans la production de tissu.

Pour Ricardo, la France aura intérêt à se spécialiser dans la production de tissus et les E.-U. dans celle de blé, car si un échange international s'établit, les deux pays y trouveront avantage :

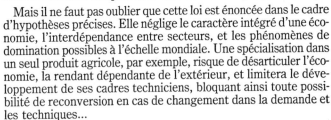

La loi de l'avantage comparatif affirme que si deux pays 1 et 2 produisent des biens A et B qui s'échangent en 1 dans un rapport qA/qB et en 2 dans un rapport QA/QB′ et si ces rapports sont différents, ils ont intérêt à se spécialiser dans la production qui leur est relativement la plus favorable, et le rapport d'échange entre A et B sera compris entre les deux bornes qA/qB et QA/QB.

➠ Mais il ne faut pas oublier que cette loi est énoncée dans le cadre d'hypothèses précises. Elle néglige le caractère intégré d'une économie, l'interdépendance entre secteurs, et les phénomènes de domination possibles à l'échelle mondiale. Une spécialisation dans un seul produit agricole, par exemple, risque de désarticuler l'économie, la rendant dépendante de l'extérieur, et limitera le développement de ses cadres techniciens, bloquant ainsi toute possibilité de reconversion en cas de changement dans la demande et les techniques...

☞ AUTARCIE, AUTOCENTRÉ, LIBRE ÉCHANGE, PROTECTIONNISME, SYSTÈME MONÉTAIRE INTERNATIONAL

Le pétrole est appelé à disparaître un jour, la Méditerranée risque de devenir une mer morte si d'énormes quantités de produits chimiques et de détritus continuent à y être déversées. Le choix de certaines techniques, une certaine exploitation des richesses naturelles modifient largement l'environnement. Il est de plus en plus difficile d'étudier séparément nature, économie, social et politique, de prendre des décisions économiques sans calculer leur effet sur l'habitat, le climat, les eaux, les sols...

Un exemple de régulation naturelle

On a souvent montré combien l'équilibre naturel est fragile. Dans un espace donné, l'évolution des végétaux, des animaux herbivores et des carnivores a tendance à trouver un certain équilibre. Supposons que pour accroître son poids d'un kilo un loup consomme 10 kg de cerf qui lui-même consomme 100 kg d'herbe pour gagner ces 10 kg. Si les loups étaient en trop grand nombre ils ne pourraient trouver suffisamment de cerfs pour subsister tous, la faim aboutirait à en faire disparaître un certain nombre, rétablissant l'équilibre avec les cerfs...

L'effet écologique des actions humaines

Les sociétés humaines ont considérablement accru leur capacité d'action sur le milieu naturel ; cela ne les libère pas de la nécessité de prendre en compte l'effet écologique de leurs actions.

Pour permettre l'usage systématique de machines automatiques, tracteurs ou autres, il peut sembler rationnel d'accroître les dimensions labourables en détruisant des arbres, des haies ou des clôtures, on peut même y voir un bon moyen d'améliorer la productivité du travail humain. Mais généralisé, ce système peut, dans certains cas, entraîner une modification du micro-climat, en laissant au vent des espaces dénudés, la pluie ne trouvant plus de résistance ruisselle alors plus facilement et en définitive ce processus aboutit à un moindre rendement, sinon parfois à une désertification...

Ainsi l'écologie doit étudier les relations entre le choix des techniques, l'organisation des hommes dans l'espace, les interférences entre les divers systèmes vivants et naturels. L'écologie a tendance à dépasser ses origines géographiques et physiques pour devenir une écologie sociale et humaine.

☞ CROISSANCE ZÉRO

ÉCONOMIE

Qu'est-ce que l'économie ? Chacun s'accorde à reconnaître que si les prix montent, l'investissement piétine, le chômage augmente, les richesses produites se multiplient, les salaires progressent moins vite que les prix, il s'agit de faits économiques.

Pourtant, si on peut s'entendre sur une multitude de faits qui incontestablement se classent comme économiques, les débats sur la définition de l'économie sont multiples. Ces débats s'expliquent par des différences d'analyse sous-jacentes et par la nature même de l'économie : certaines activités sont **spécifiquement économiques** et par ailleurs tout fait social peut avoir un aspect économique.

Dans le langage courant, le mot économie s'emploie au sens de « faire des économies », c'est-à-dire limiter ses dépenses pour constituer un pécule. Cette définition très restreinte diffère largement de celle que les économistes donnent au mot économie.

Le labyrinthe des définitions

On peut regrouper les définitions de l'économie en trois grandes catégories :

L'économie comme science des richesses

A. Smith symbolise par le titre de son ouvrage « *La richesse des nations* » l'optique de ce courant d'analyse. Il ne faut pas voir dans ce courant une conception restreinte à l'étude des biens matériels, mais plutôt l'étude de tout ce qui concourt à la production, l'échange et à la répartition des richesses.

L'économie comme science de l'échange et des choix

A l'intérieur de la conception de l'économie comme science de l'échange et des choix, on peut effectuer des classifications.

Un premier type de définition insiste sur quelques notions clés : rareté des moyens, existence de désirs illimités dans un monde limité qui oblige à des choix. Ce type de définition est caractéristique des économistes néo-classiques.

O. Lange se situe dans cette optique lorsqu'il écrit : « L'économie est la science de l'administration des **ressources rares** dans la société humaine, elle étudie les formes que prend le comportement humain dans l'aménagement onéreux du monde extérieur en raison de la tension qui existe entre les désirs illimités et les moyens limités des sujets économiques ».

Couramment les tenants stricts de l'économie comme science des choix se limitent même à la définition de Robbins :

L'économie est « la science qui étudie le comportement humain en tant que relation entre les fins et les moyens rares à usage alternatif ».

Ainsi posée, la définition de l'économie ne permet pas de distinguer économie et science militaire, fait remarquer Godelier. De multiples activités humaines sont couvertes par ce type de définition, aussi bien la science de la cuisine que la pratique de la séduction. Au demeurant les économistes ultra-libéraux (école de Chicago notamment) n'hésitent pas à étudier « l'économie » de la répression des délits, des relations extra-conjugales...

P. Samuelson préfère retenir une conception moins extensive tout en insistant sur les mêmes notions centrales, notamment les concepts de rareté et de choix :

« L'économie recherche comment les hommes et la société décident, en faisant ou non usage de la monnaie, d'affecter des ressources productives rares à la production, à travers le temps, de marchandises et de services variés, et de répartir ceux-ci, à des fins de consommation présente et future, entre les différents individus et collectivités constituant la société » *(L'économique).*

L'économie indissociable de ses relations avec l'ensemble de la société

Pour Marx, l'économie politique étudie les formes selon lesquelles les hommes produisent, consomment, échangent et règlent la répartition au sein de rapports de production caractéristiques d'une société. Marx se présente comme **critique** de l'économie politique bourgeoise et conteste les catégories et la nature des analyses qui négligent la prise en compte des rapports sociaux et considèrent comme donné et donc éternel le capitalisme.

Économie pure, positive, normative

L'économie pure tente de construire des visions cohérentes et souvent formalisées des grandes relations économiques. On parle **d'économie fondamentale** pour désigner cette branche de l'économie essentiellement théorique construisant des modèles abstraits.

• **L'économie empirique** a pour but de décrire la réalité, de la classer, de la mesurer afin de prévoir et d'orienter l'action des décideurs.

• **L'économie normative** a pour objectif de décrire le monde tel qu'il doit être alors que **l'économie positive** se contente de décrire ce qui est.

 ÉCONOMÉTRIE

ÉCONOMIES D'ÉCHELLE

Économies et déséconomies d'échelle

Il y a économies d'échelle lorsque à une augmentation des quantités produites correspond une diminution du coût unitaire de production.

Lorsqu'il y a économie d'échelle le rapport :

$$\frac{\text{production}}{\text{coût de production}}$$

s'accroît quand on augmente le niveau de la production. La productivité des facteurs s'accroît.

Si on utilise deux fois plus de travail et deux fois plus de capital, trois cas peuvent se produire :

– la production est deux fois plus grande : situation neutre

– la production est plus de deux fois plus grande, il y a économies d'échelle

– la production est moins de deux fois plus grande, il y a déséconomies d'échelle.

Il ne faut pas voir dans les économies d'échelle le contraire du raisonnement marginaliste sur les facteurs de production. En effet, dans le raisonnement marginal, on conserve un facteur fixe (par exemple le capital) et on augmente la quantité de l'autre facteur. On affirme alors que pour chaque unité de travail supplémentaire la dernière augmentation de production obtenue est, au-delà d'un certain seuil, inférieure à la précédente variation. Dans le cas des économies d'échelle, on fait varier en même temps les différents facteurs utilisés dans la production.

Déséconomies internes ou coût de la dimension

De nombreux exemples montrent que l'augmentation de la taille crée des déséconomies internes, car l'augmentation de la taille augmente alors certains éléments du coût unitaire. Ces déséconomies sont généralement associées aux gaspillages résultant de grandes organisations : difficulté de gérer de façon rationnelle les ressources, augmentation du coût du contrôle, manque de motivation dû à l'anonymat, coûts de coordination, gaspillage de ressources, montée de tensions sociales...

☞ CONCENTRATION, COÛT ÉCONOMIQUE ET SOCIAL, INVESTISSEMENT, FONCTION DE PRODUCTION

ÉCONOMIE SOCIALE, ÉCONOMIE INFORMELLE

Les gourmands connaissent bien le millefeuille constitué de couches successives de pâte feuilletée et de crème, le tout étant surmonté d'un glaçage...

L'économie, elle aussi, est forgée de niveaux stratifiés plus ou moins visibles : **l'économie marchande** est bien évidemment la partie la plus connue et la plus quotidienne ; **le secteur non marchand** n'a cessé de prendre de l'importance avec le développement du rôle de l'Etat. Mais il y a aussi une autre économie moins visible mais néanmoins importante.

Tiers secteur et économie sociale

L'économie sociale ou **tiers secteur** se situe « entre l'étatisation et le capitalisme ».

• *De façon descriptive* l'économie sociale comprend la vie associative, le monde des coopératives et celui des mutuelles.

• *De façon théorique :* l'économie sociale combine :

– un état d'esprit qui est bien résumé dans la Charte de l'économie sociale (1980) : « Les entreprises de l'économie sociale fonctionnent de manière démocratique, elles sont constituées de sociétaires solidaires et égaux en devoirs et en droits. »

– Un ensemble de formes juridiques particulières : statut de mutuelle, de coopérative ou d'association.

Économie informelle, économie souterraine

Travail au noir, travail clandestin

• « **L'économie souterraine** est l'ensemble des activités et/ou des revenus qui ne donnent pas lieu à des déclarations fiscales. »

– « Le travail noir ou "au noir" qualifie généralement le coup de main, le bricolage rémunéré, le travail artisanal non déclaré.

– Le travail clandestin est défini comme étant une activité professionnelle unique ou secondaire exercée en marge de toute réglementation sociale, fiscale et commerciale, à titre lucratif et d'une manière non occasionnelle. » (J.O. n° 4011.)

L'économie domestique

L'économie domestique représente en volume de travail presque autant d'heures de travail que l'ensemble de l'économie formelle.

L'économie domestique est une forme de production (lavage, repassage, repas, éducation des enfants, soutien au mari, etc.) dont il existe des équivalents marchands est caractérisé par un rapport social particulier situé au sein de la famille (au sens large) et ce sont les sentiments, etc., qui jouent le rôle de valeurs immatérielles contre lesquelles s'échangent des biens et services...

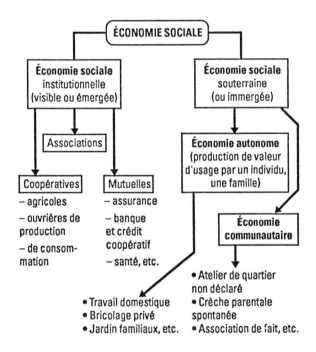

☞ MUTUELLE, COOPÉRATIVE

EMPLOI

Le marché du travail

Les informations statistiques sur l'emploi et sur le chômage répondent à deux types de préoccupations essentielles : la première est celle de l'appareil productif, la seconde est celle des travailleurs.

L'appareil productif a besoin de main-d'oeuvre, dont le niveau quantitatif et qualitatif est fonction de multiples variables, conjoncture, technologie utilisée, durée du travail, organisation du travail... Face à ces demandes, les « ressources » de main-d'œuvre varient de façon sensible, selon la structure par âge de la population, sa formation, l'âge de fin de scolarité, l'âge de la retraite... et même selon l'importance de la demande des entreprises, puisque l'on constate que des propositions d'emploi nombreuses suscitent un accroissement du nombre de personnes recherchant un emploi.

L'ensemble des offres d'emploi des entreprises et des demandes d'emploi des travailleurs constitue **le marché du travail.**

Il n'y a pas un marché du travail, mais plusieurs. Chacun de ces marchés est cloisonné. Ainsi, à l'intérieur du marché du travail des ingénieurs, il y a le marché du travail des informaticiens et à l'intérieur de ce marché des entreprises demandent des informaticiens ayant déjà travaillé sur tel type de machine et pour tel type de problème. L'ancienneté peut aussi structurer le marché : le marché des ingénieurs débutants n'est pas celui des ingénieurs expérimentés.

La population active

La population totale comprend la population inactive et la population active.

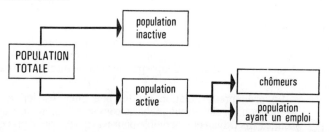

La population active au sens du B.I.T. comprend les actifs ayant un emploi rémunéré et les chômeurs.

A contrario, la **population inactive** comprend les personnes dépourvues d'emploi et qui n'en recherchent pas. Il s'agit essentiellement des enfants d'âge pré-scolaire, des élèves et étudiants, des militaires du contingent, des retraités, des mères de famille qui n'exercent pas de profession rémunérée.

Rapport actifs-inactifs, taux d'activité

On définit le **taux d'activité** dans une population donnée comme le rapport :

Personnes actives de la population considérée
Population totale de la catégorie considérée

Le rapport :

Population des actifs ayant un emploi
Population totale

exprime la charge qui pèse sur ceux qui sont insérés dans l'activité économique productive.

Le chômage

Toute personne qui n'a pas d'emploi ne cherche pas obligatoirement du travail et n'est donc pas nécessairement chômeur. A la question : qui est chômeur? les réponses sont multiples. Examinons celles du B.I.T., de l'INSEE et de l'A.N.P.E.

La définition du B.I.T.

La définition du B.I.T. (Bureau international du travail) est la plus classique. **Est chômeur** toute personne qui :

1. Est dépourvue d'emploi
2. Est à même de travailler
3. Cherche un travail rémunéré
4. Est effectivement en quête de ce travail.

Les évaluations de l'INSEE

L'INSEE effectue deux évaluations du nombre de chômeurs. Elle calcule d'une part la population sans emploi à la recherche d'un emploi (PSERE), d'autre part le nombre de chômeurs au sens du B.I.T.

La première évaluation est un peu plus restrictive que la seconde; ainsi elle ne comptabilise pas comme chômeur « une personne sans travail et disponible pour travailler » qui a pris des dispositions pour occuper un emploi dans un délai relativement court.

Dans son évaluation du chômage au sens du B.I.T., l'INSEE retient évidemment la définition de cet organisme, mais pour pouvoir effectivement dénombrer les chômeurs, elle est conduite à préciser les critères permettant de séparer concrètement un chômeur d'un non-chômeur. Ainsi, par exemple, la période de référence est la semaine qui précède l'enquête et si un individu a travaillé une heure ou plus pendant la semaine de référence, il n'est pas comptabilisé comme chômeur.

Certains économistes estiment qu'il faudrait établir des *indicateurs de sous-emploi* qui prennent en compte des situations intermédiaires entre vie active et chômage.

Définition de l'A.N.P.E. (Agence nationale pour l'emploi).

Chaque mois, le ministère du Travail diffuse le nombre des **demandes d'emploi en fin de mois** (DEFM), c'est-à-dire le nombre des demandes d'emploi déposées dans les services de l'ANPE qui n'ont pas été satisfaite en fin de mois.

La notion symétrique de celle de DEFM est celle d'offres d'emploi en fin de mois (OEFM).

Les OEFM (offres d'emploi en fin de mois) sont constituées de toutes les offres d'emploi émanant des employeurs et recensées par l'ANPE, qui n'ont pas trouvé preneur à la fin du mois.

Il faut évidemment noter que si la différence entre DEFM et OEFM exprime l'inadéquation de l'offre et de la demande, elle ne reflète pas le véritable besoin d'emploi.

On a constaté que lorsqu'un emploi était créé, plusieurs personnes se déclaraient demandeurs d'emploi dans l'espoir de trouver du travail, espoir qu'elles ne manifestaient nullement précédemment. L'offre d'emploi révèle la demande d'emploi latente.

La notion de chômage doit être complétée par des statistiques précises sur les stocks et les flux. Ainsi le chômage est de nature différente selon qu'il dure moins de trois mois ou se prolonge au-delà d'un an. Pour avoir une idée précise du chômage il faut le représenter selon des critères d'âge, de sexe, de qualification... et selon la durée du chômage.

Le vocabulaire de l'analyse

Équilibre et déséquilibre

Le marché du travail peut être en **équilibre** si, pour un niveau de salaires donné, quantités de travail offertes et quantités demandées s'ajustent.

Le marché est déséquilibré si offres et demandes ne s'équilibrent pas.

Le marché est en situation de **sous-emploi** si la demande d'emploi excède l'offre.

Le marché est en situation de **sur-emploi** si l'offre excède la demande.

L'équilibre de **sous-emploi** désigne pour Keynes une situation dans laquelle l'offre de travail excède la demande de main-d'oeuvre des entreprises, alors même que l'offre et la demande de biens peuvent être équilibrées.

Le sous-emploi

Le mot sous-emploi signifie souvent au niveau de l'entreprise que la main-d'oeuvre est sous-employée par rapport à ses possibilités productives. Ce sens est évidemment différent du précédent.

L'expression « sous-emploi » est aussi synonyme de « mal emploi », c'est-à-dire de situation intermédiaire entre l'emploi et le chômage : T.U.C. (travaux d'utilité collective) et autres formes d'emploi précaire.

L'armée de réserve industrielle

Pour Marx, le sous-emploi ne résulte pas de simples désajustements, il reflète les contradictions du capitalisme.

L'armée de réserve industrielle désigne l'ensemble des travailleurs périodiquement touchés par le chômage du fait de l'insuffisance du taux de profit (loi de la baisse tendancielle) et de l'absence de demande solvable qui limite les possibilités d'investissement (valorisation insuffisante du capital). L'armée de réserve est un moyen permanent de maintenir ou de faire remonter le taux de plus-value. Cette armée de réserve contient toutes les catégories les plus menacées par la conjoncture (minorités raciales et ethniques, jeunes, femmes, manoeuvres, travailleurs de santé fragile...)

Chômage keynésien, chômage classique

E. Malinvaud distingue le chômage classique, lié à l'impossibilité de produire davantage de façon rentable, du chômage keynésien, qui provient d'une insuffisance de la demande.

Chômage frictionnel, conjoncturel et structurel

Si le chômage est un arrêt involontaire du travail dû à l'impossibilité de trouver un emploi, celui-ci peut avoir des causes différentes. Traditionnellement, on distingue :

Le chômage frictionnel qui est dû à des insuffisances de mobilité de la main d'œuvre ou à des décalages entre les qualifications disponibles et demandées.

Le chômage conjoncturel désigne un chômage lié aux mouvements courts de l'activité économique, et donc réversibles. Une réduction de l'activité économique par exemple en période où les entreprises liquident leurs stocks avant de passer de nouvelles commandes, va freiner l'embauche et créer une montée du chômage conjoncturel.

Le chômage structurel désigne une situation où on ne peut durablement créer des emplois à la mesure de l'offre de travail. Les pays sous-développés connaissent un chômage structurel car leur appareil productif ne peut créer suffisamment d'emplois.

La notion de bilan emploi

Il faut, dit Sauvy, considérer l'emploi comme un passif, et le résultat de la production comme un actif. Une société a intérêt à tenir compte du coût d'opportunité de l'emploi, le travail est disponible en quantité et en qualité limitées, il faut donc affecter les individus là où leur production a la valeur la plus grande. Ainsi un ingénieur affecté comme manœuvre constitue un gaspillage de ressources. Il faut même tenir compte du coût social, le chômage étant à la fois facteur de morbidité, de gaspillage de talents.

Le véritable plein emploi

Le véritable plein emploi est le volume d'emploi qui permet d'obtenir au moyen des facteurs de production le volume de richesses produites le plus important selon une évaluation tenant compte des besoins de la collectivité. Ainsi, le plein emploi ne signifie pas simplement que chacun a un emploi, mais que les emplois rendent maximale la différence entre le passif (le travail étant supporté comme une charge) et l'actif (tous les biens et services mis à la disposition de la collectivité).

Travail à temps partiel et travail temporaire

Lorsqu'un travailleur ne travaille que pendant une fraction de la durée du travail correspondant à un emploi à plein temps, il effectue un travail à temps partiel. Cette situation est différente de celle qui caractérise le travail temporaire (ou intérimaire). Dans ce dernier cas, l'emploi (qui peut être à plein temps ou à temps partiel) est prévu pour ne durer qu'un temps limité.

Bassin d'emploi

La notion de bassin d'emploi a été forgée pour prendre en compte l'existence de différents marchés du travail géographique au sein d'un pays. Un bassin d'emploi est une zone géographique au sein de laquelle les travailleurs estiment pouvoir exercer une activité professionnelle sans changer de lieu d'habitation.

☞ TRAVAIL, C.S.P.

ENDETTEMENT

Qu'est-ce que l'endettement?

L'endettement est la valeur de ce qui est dû par un particulier, une entreprise ou un État. On parlera ainsi de l'endettement trop élevé d'un particulier pour signifier que ses engagements financiers dépassent sa capacité normale de remboursement. On pourra aussi évoquer l'endettement élevé d'un pays du Tiers-Monde ou d'un pays industrialisé. Une des mesures possibles de cet endettement consiste à comparer le service de la dette aux recettes liées aux exportations.

Si des agents sont endettés, c'est que d'autres sont créanciers, ce qui signifie qu'ils détiennent des créances leur donnant droit, à l'échéance, à un règlement.

La Dette Publique est l'ensemble des sommes dues par l'État par suite de sa politique d'emprunt.

Le service de la Dette est le montant des intérêts dûs par l'État au titre de la Dette Publique.

La Dette extérieure d'un pays est l'ensemble des dettes contractées par les nationaux avec le reste du monde. Pour obtenir la dette nette on déduit de nos emprunts, nos prêts à l'étranger.

L'économie d'endettement

Au sens étroit, l'économie d'endettement désigne une société où les entreprises se financent principalement en recourant au crédit bancaire et non à des augmentations de capital ou à des emprunts sur le marché financier et où les banques elles-mêmes se refinancent massivement auprès de la Banque de France (et non sur le marché monétaire). Dans ce sens, l'économie d'endettement s'oppose à l'économie de marché des capitaux.

L'effet de levier de l'endettement se produit lorsque le taux d'intérêt est inférieur au taux de rentabilité de l'entreprise, le recours à l'endettement accroît le taux de rentabilité de l'entreprise : on dit que l'endettement exerce un effet de levier positif.

On parlera aussi d'économie d'endettement pour signifier que nos économies ont tendance ou ont eu tendance à appuyer leur croissance sur un endettement de plus en plus important.

☞ BANQUE, MONNAIE, INVESTISSEMENT

ENQUÊTE

Si les sondages reflètent l'opinion des gens et que la plupart d'entre nous n'ont jamais ou très rarement répondu à des enquêteurs, comment peuvent-ils refléter l'opinion du plus grand nombre ? N'y a-t-il pas escroquerie ou prestidigitation ? Eh bien, nullement, car la théorie des sondages montre mathématiquement le résultat paradoxal suivant :

➠ Pour connaître l'opinion de 10 000 ou de plusieurs dizaines de millions de personnes, il suffit, dans les deux cas, d'interroger 1 000 à 2 000 personnes ; on a alors 95 chances sur 100 pour que la variable estimée se trouve dans une petite fourchette de valeurs.

Échantillons

Le taux de sondage

$$\text{Taux de sondage} = \frac{\text{Nombre de personnes enquêtées}}{\text{Population étudiée}}$$

La précision des résultats d'un sondage est très peu liée au taux de sondage. Ce qui importe essentiellement est le numérateur (nombre de personnes enquêtées) et la façon de procéder (tirage au hasard dans le cas de la démonstration mathématique).

Population statistique

L'enquête cherche à connaître une **population. Une population statistique** est un ensemble d'éléments, personnes, groupes, objets d'étude, événements, défini en extension ou exhaustivement. L'ensemble des médecins, tous les accidents de voiture durant une année sur le territoire métropolitain... constituent une population définie en extension. [F. Mitterrand, G. Bush, M. Gorbatchev...] constituent exhaustivement y compris les pointillés la population des chefs d'État en exercice en 1990 par exemple.

Échantillons représentatifs

Un échantillon représentatif est un sous-ensemble de la population étudiée, prélevé de façon à conserver les caractéristiques principales de celle-ci. Ainsi, si la population étudiée comprend 510 000 femmes et 490 000 hommes, l'échantillon représentatif comprendra par exemple environ 510 femmes et 490 hommes (Total 1 000) (taux de sondage au 1 millième).

Plus généralement, il s'agit d'un **modèle réduit** de la population étudiée, même pourcentage de citadins et de ruraux, de cadres et d'ouvriers..., de jeunes et de vieux, d'immigrés et de nationaux... que dans la population réelle.

Échantillons aléatoires et stratifiés

La théorie des sondages développe deux grands types **d'échantillons représentatifs :**

1. **aléatoires,** c'est-à-dire tirés totalement au hasard. Seule procédure scientifique au sens du calcul des probabilités.

2. **stratifiés,** on divise la population selon certains critères, dont on connaît précisément la distribution dans la population totale, C.S.P., âge, sexe, niveaux d'éducation..., et l'on suppose théoriquement que les variables recherchées ou non contrôlées seront réparties comme dans la population totale à l'image des variables contrôlées. Dans chaque strate, il y a tirage au hasard.

L'intérêt de la méthode aléatoire est que théoriquement les intervalles de confiance sont connus selon les lois des probabilités. Les instituts de sondage n'utilisent guère cette méthode. L'INSEE pratique des sondages aléatoires. Mais le sondage aléatoire suppose une liste complète, expose aux non-réponses et coûte beaucoup plus cher que les sondages sur échantillons stratifiés.

Il faut noter que l'enquête ne se réduit pas à l'utilisation d'échantillons représentatifs. On procède parfois en recherchant l'avis de personnes hors de la norme, ou au contraire parfaitement intégrées ou encore en pratiquant l'observation participante (tels Linhard devenant O.S., ou Whyte participant à une bande délinquante...).

Panel, simulation

Le panel est un échantillon représentatif de personnes que l'on soumet régulièrement à l'enquête. Il est utilisé pour les études de marché.

Les instituts spécialisés en sondage pratiquent des simulations bien connues dans le cadre des élections. À partir d'un nombre restreint de résultats, il est possible d'estimer, dans le cadre d'une « fourchette », le résultat final en appliquant des coefficients de redressement. La simulation suppose que l'on dispose d'un modèle permettant de représenter le fonctionnement réel de l'économie.

☞ ÉCONOMÉTRIE, MARKETING, MODÈLE

ENTREPRISE

Qu'est-ce qu'une entreprise?

Une réalité qui tisse notre vie quotidienne

Quotidiennement notre vie est marquée par l'entreprise, « cellule de base » de l'économie de marché. L'entreprise est un lieu où s'élaborent les produits que nous consommons, où sont réalisés les investissements, répartis les revenus, exportés les produits qui conditionnent l'équilibre commercial, créés des emplois nouveaux. Plans de carrière, conditions de travail, relations hiérarchiques, rapports sociaux prennent forme au sein de l'entreprise. Élément-clé de l'appareil de distribution et de production, elle est un « laboratoire social » où se négocient congés, durée et rythme du travail. Lieu de formation du profit elle est l'élément essentiel du capitalisme fondé sur la propriété privée. Elle agit sur l'environnement et modèle les paysages.

Une inconnue pour le droit français

La législation française n'a pas de véritable définition de l'entreprise, au contraire du droit allemand pour lequel « l'entreprise est le lieu où travaillent en commun l'entrepreneur comme chef d'entreprise, les employés et les ouvriers comme personnel, en vue d'atteindre les buts de l'entreprise et pour le bien commun du peuple et de l'État ». (Loi du 20/01/1934.)

Traditionnellement le système allemand des relations sociales envisage les relations de travail sous l'angle de la communauté de travail, au contraire du droit français qui privilégie la notion de contrat et les relations contractuelles. Cependant, la jurisprudence (ensemble des décisions des tribunaux) prend pour partie en compte l'entreprise en tant que groupe social.

Les « lois Auroux » (1981) en développant les droits à l'expression des salariés ont renforcé la notion de groupe de travail au sein des firmes.

Entreprise et entrepreneur

Entreprendre, au sens courant, est lié à l'idée de créer, d'innover. Souvent, les libéraux associent l'entreprise à la création de l'entrepreneur, un peu à l'image de ce jeune producteur de disques décrit comme un « Robinson du *show business* » : « Il est une maison de disques à lui tout seul... Il produit deux, trois disques par an, au gré de ses coups de cœur... Il est fou d'un opéra... il a racheté les droits, en a tiré un coffret de quatre disques... Il est tout seul...». Cette vision quelque peu romantique de l'entreprise place l'individu au centre de l'innovation et celle-ci au cœur de l'entreprise.

Définition de Schumpeter

A un niveau plus théorique, Schumpeter valorise dans sa définition de l'entreprise la fonction d'innovation de l'entrepreneur :

« **Les entrepreneurs** sont les agents dont la fonction est d'exécuter de nouvelles combinaisons. Nous appellerons entreprise, l'exécution de nouvelles combinaisons et également ses résultats dans les exploitations. » *(Capitalisme, socialisme et démocratie)*. L'entrepreneur n'est pas celui qui découvre des procédés techniques nouveaux ni le détenteur du capital, mais celui qui organise économiquement hommes, capitaux, innovations techniques en vue de réaliser de nouveaux profits.

Définition de Perroux

Pour F. Perroux, « L'**entreprise** combine les facteurs de la production en vue d'obtenir un produit qu'elle écoule sur le marché. Elle ne tend pas immédiatement et principalement à satisfaire les besoins de ses membres. Elle s'oppose sous ce rapport à diverses unités de l'économie agricole où des économies fermées de villa et de domaine avaient pour objet principal d'assurer la subsistance de leurs membres. Pourvu qu'elle puisse vendre son produit au coût ou au-dessus du coût l'entreprise est satisfaite. Elle répond à l'appel des besoins solvables sur le marché ; elle se conforme à la hiérarchie de leur solvabilité et non à celle de leur urgence appréciée en termes de laboratoire ou par référence à la morale d'un groupe. »

L'entreprise combine techniquement et économiquement des facteurs de production qui lui sont apportés par des agents distincts de l'entrepreneur : les travailleurs salariés et les apporteurs de capitaux. Tandis que l'exploitation artisanale sous ses formes originaires implique la combinaison de facteurs qui, pour la plupart, sont fournis par l'artisan lui-même, l'entreprise n'apparaît que lorsque le marché des facteurs de production lui fournit une partie substantielle ou la plus large part du travail et du capital qu'elle emploie.

La firme

Nombre de libéraux préfèrent réserver le mot de firme pour désigner l'entreprise considérée comme unité de production technique et économique. La firme est alors une unité économique qui combine des facteurs de production pour obtenir des biens et des services destinés au marché.

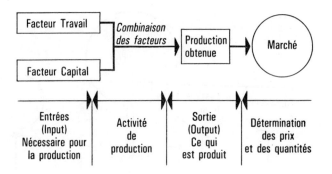

Définition de l'INSEE

« **Les entreprises...** comprennent les agents économiques dont la fonction principale est de produire des biens ou des services destinés à la vente ». P. Brunhes (INSEE).

L'entreprise comme ensemble hiérarchisé de fonctions

L'entreprise se caractérise par tout un réseau à la fois hiérarchique et technique qui règle son fonctionnement. Au départ se trouve une fonction qui dirige toutes les autres, c'est **la fonction de direction,** expression des détenteurs de capitaux, elle comprend les activités de gouvernement de l'entreprise. Orienter selon les critères du profit, de la croissance et de la survie de la firme, mettre sous tension l'ensemble des fonctions qui donnent vie à l'entreprise, telle est la fonction déterminante de la direction.

L'ensemble hiérarchisé de fonctions peut être synthétisé selon une multitude de classifications. L'école des relations humaines, et en particulier Fayol, sont à l'origine de cette classification (une représentation en est donnée page suivante sous une forme actualisée).

L'entreprise comme système

L'entreprise ne se résume pas aux fonctions qui règlent son activité, elle est aussi le lieu de conflits, d'oppositions dans un ensem-

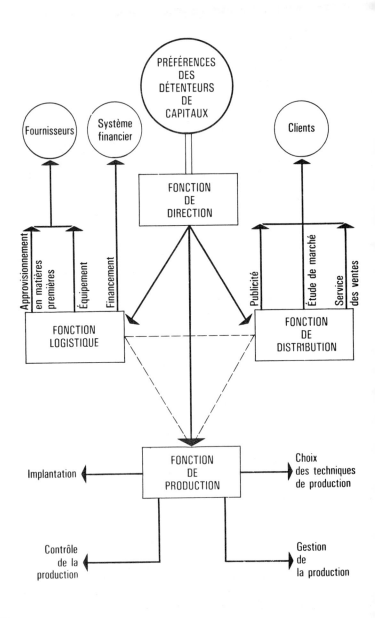

ble de rapports sociaux, c'est en son sens que se forment les grandes catégories de revenus, que s'effectue la division du travail... en même temps que se créent les marchandises.

L'entreprise est un système, c'est-à-dire une réalité complexe, en échange constant avec l'extérieur et dotée d'une multitude de processus de décision, de recherche et de transmission des informations. Elle est inséparable du système économique et social dans lequel elle s'insère.

L'entreprise, une organisation, une culture

L'entreprise est considérée par certains auteurs (J.G. March, H.A. Simon, Crozier...) comme un cas particulier d'un ensemble plus vaste : les organisations. L'organisation est une notion plus large que celle d'entreprise dans la mesure où elle englobe aussi les institutions publiques, les syndicats, les partis...

• Une **organisation** désigne un ensemble de personnes regroupées en vue d'atteindre certains buts. Toute organisation a des règles, des normes, des valeurs. Elle met en place un ensemble de sanctions et de récompenses pour amener ses membres à se conformer à ce qu'attend l'organisation de ses participants.

• Toute firme possède une **culture d'entreprise** qui, de façon implicite, assure la cohésion de ses membres. Un code de comportement fixe les normes partiellement inconscientes qui imprègnent les employés et les dirigeants.

La compétitivité

Si le profit est le résultat recherché par l'entreprise, il trouve son origine dans l'aptitude de la firme à dégager des bénéfices. Celle-ci s'appuie largement sur la compétitivité de l'entreprise, c'est-à-dire sur sa capacité à faire face à la concurrence. Cette aptitude ne se mesure pas par un critère unique mais résulte de la conjonction d'un ensemble d'éléments pour lesquels l'entreprise se trouve en situation favorable face à ses concurrents : prix, qualité des produits, qualité du service après-vente, mais aussi capacité d'adaptation aux mutations de la demande des consommateurs ou aux innovations des autres entreprises.

Une multitude de formes d'entreprise

La forme la plus connue de l'entreprise est celle qui peuple la ville : multitudes de boutiques, le crémier issu de son terroir, l'artisan qui arbore son diplôme et répare votre montre... Ces exemples symbolisent l'entreprise individuelle.

L'entreprise individuelle

L'entreprise individuelle a pour propriétaire une personne physique, un particulier qui, avec des moyens financiers personnels et donc limités, exerce son activité. Le patron est alors totalement responsable sur ses biens en cas de faillite.

L'entreprise sociétaire

La société est une personne morale, réunissant par contrat un ensemble de personnes qui apportent des biens et forment ainsi une entité collective existant selon des règles communes, indépendamment des personnes physiques qui y participent.

On distingue plusieurs formes de sociétés permettant une plus ou moins grande souplesse dans la réunion du capital.

La société de personnes

La société de personnes regroupe un petit nombre d'individus qui doivent se connaître suffisamment pour se faire confiance. Elle ne permet généralement que de réunir des capitaux relativement restreints. On distingue **les sociétés en nom collectif et les sociétés en commandite simple :**

Dans la société en nom collectif, les associés sont tous responsables de la gestion, y compris sur leurs biens personnels, en cas de faillite.

Dans les sociétés en commandite simple, il y a distinction entre les sociétaires non seulement en fonction du nombre de parts, mais aussi des statuts. On distingue les commanditaires et le commandité :

• **Le commanditaire** apporte tout ou partie du capital. Il reçoit une part sur les résultats en fonction de son apport. En cas de faillite, il n'est responsable que dans la limite de ce qu'il a apporté. Sa responsabilité est donc limitée. Il ne gère pas l'entreprise, mais il exerce un contrôle financier.

• **Le commandité** gère l'entreprise, il est responsable de façon illimitée sur l'ensemble de ses biens.

Les sociétés de capitaux

La société anonyme, société de capital par excellence, permet de réunir des masses considérables de capitaux, et, à ce titre, fournit au capitalisme les moyens d'accumuler sans limite les moyens de production.

La structure de la Société Anonyme a favorisé la forme actuelle de développement du capitalisme, caractérisé par la constitution de groupes aux tentacules multiples. Le capital d'une société anonyme est divisé en titres de propriété appelées **actions.** Chaque action peut être librement achetée et vendue sans accord préalable des autres actionnaires et représente un droit de propriété sur une fraction de l'entreprise.

Les actionnaires ne sont responsables des dettes de l'entreprise que dans la limite de leurs apports. Chaque actionnaire participe en principe à la gestion de l'entreprise à travers les Assemblées Générales d'actionnaires et participe aux distributions de bénéfices (dividendes). Dans de très nombreuses Sociétés Anonymes la gestion est le fait du ou des détenteurs de la majorité de capital ou de la majorité de blocage qui peut être très inférieure à 50 %. Dans certaines sociétés la dispersion des actions est telle que 10 % du capital suffisent pour contrôler de fait l'entreprise.

Sociétés à responsabilité limitée : Les S.A.R.L. constituent une forme intermédiaire entre les sociétés de personnes et les sociétés de capitaux. La S.A.R.L. a souvent été une entreprise familiale profitant de la législation permettant en particulier de ne pas devoir prélever dans ses biens personnels en cas de faillite. Il est en effet possible d'avoir pour associé son conjoint ou même un enfant mineur ; ce qui, joint à la modicité du capital minimum nécessaire, rend accessible le statut de S.A.R.L. à quasiment toute entreprise même très petite... Par contre les associés ne peuvent pas vendre leurs parts sans l'accord des autres associés.

L'entreprise unipersonnelle à responsabilité limitée (EURL) est une SARL qui ne compte qu'un seul associé (le propriétaire de la firme).

D'autres entreprises, d'autres logiques

Mais l'organisation de la production et de la distribution ne prend pas toujours la forme d'entreprises capitalistes, il existe aussi des entreprises coopératives, des entreprises nationalisées, étatisées pour s'en tenir à l'essentiel...

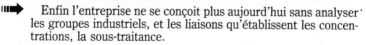 Enfin l'entreprise ne se conçoit plus aujourd'hui sans analyser les groupes industriels, et les liaisons qu'établissent les concentrations, la sous-traitance.

☞ CONCENTRATION, ENTREPRISES PUBLIQUES, COOPÉRATIVES

ENTREPRISES PUBLIQUES

« Quand Renault tousse, la France éternue ». Si les entreprises publiques fermaient leurs portes, la cuisine au gaz de ville serait impossible, nous n'aurions plus d'électricité, le téléphone cesserait de fonctionner, les trains s'immobiliseraient...

Entreprises publiques

Définition INSEE

Les entreprises publiques sont des sociétés contrôlées par l'État ou les collectivités publiques, disposant d'une comptabilité complète et jouissant de la personnalité juridique. Ces sociétés publiques ont une activité orientée vers la production de biens destinés à la vente.

« Le critère de définition des entreprises publiques repose sur une notion de contrôle par les pouvoirs publics. Dans le cas d'unités disposant d'un capital social, le contrôle est défini comme un taux minimum de participation financière permettant de dégager une majorité de gestion ou une minorité de blocage[1]. Dans le cas d'une unité ne disposant pas de capital social, le critère retenu est l'existence d'un droit de veto sur les décisions et/ou d'un mode de désignation discrétionnaire des responsables. » (SECN)

Définition OCDE

L'OCDE précise la notion d'entreprise publique en distinguant l'entreprise publique du reste de l'administration qui ne vend pas ses biens et services sur le marché, et par un critère de gestion classique chez les libéraux hostiles au déficit de l'État : le critère de gestion au prix de revient (à la différence de l'entreprise capitaliste qui cherche à dégager un profit).

« **Les entreprises publiques** sont des entreprises qui, comme les entreprises commerciales, produisent des biens et services en vue de la vente à un prix qui doit couvrir approximativement leur prix de revient, mais qui sont propriété de l'État ou placées sous son contrôle ».

---

1. Le plus souvent l'INSEE retient comme critère la possession de 51 % du capital.

Diversité des entreprises publiques

L'INSEE distingue plusieurs formes d'entreprises publiques :

• **Établissement public**

Regroupe le plus souvent des sociétés à caractère industriel et commercial dont la collectivité assure la gestion (ex. : RATP, EDF). L'État détient la totalité du capital social.

• **Sociétés d'économie mixte.**

Capitaux privés et publics sont associés dans les sociétés d'économie mixte. Quelques sociétés publiques ont un statut particulier. Ce fut le cas de la Régie Nationale des Usines Renault jusqu'à sa transformation en 1990 en Société Anonyme.

• L'INSEE définit aussi les « **quasi-sociétés publiques** ». « Les quasi-sociétés publiques sont des organismes publics producteurs de biens et services marchands non financiers disposant d'une comptabilité complète, mais ne jouissant pas de la personnalité juridique ». L'INSEE distingue comme quasi-sociétés publiques : la Régie commerciale des alcools, l'Imprimerie nationale, la Direction technique des armements terrestres.

Nationalisation et étatisation, privatisation

Les entreprises publiques sont souvent assimilées aux entreprises nationalisées. Cependant la notion de nationalisation est beaucoup plus globale.

La **nationalisation** désigne la mise au service de l'ensemble de la nation (producteurs et consommateurs) de l'outil de production en la soustrayant à la loi du profit et en remplaçant la propriété privée des moyens de production par la propriété collective de ceux-ci.

L'**étatisation** désigne simplement le remplacement de la propriété du capitaliste privé par celle de l'État, sans précision sur la nature des objectifs ou sur le mode de gestion.

La **dénationalisation** est le transfert au secteur privé d'une entreprise qui était précédemment contrôlée par l'État.

La **privatisation** suppose de rendre au marché libre une firme se comportant de façon autonome par rapport aux pouvoirs publics.

Économie mixte

Nous vivons dans des économies mixtes dans lesquelles l'intervention de l'État se combine avec la régulation par le marché.

☞ ENTREPRISE, AUTOGESTION, COOPÉRATIVE, ÉTAT, CAPITALISME MONOPOLISTE D'ÉTAT

ÉPARGNE

L'enfant qui glisse une pièce dans sa tirelire, l'entreprise qui conserve une part de ses bénéfices pour s'autofinancer, le ménage qui dépose une fraction de son revenu sur un livret de caisse d'épargne, les futurs propriétaires qui ouvrent un plan d'épargne-logement, effectuent, chacun à sa façon, une opération d'épargne.

L'épargne des ménages

Le ménage ressent généralement l'épargne comme la fraction de son revenu restant disponible (après impôts directs,...), une fois déduites ses dépenses de consommation. L'INSEE cependant classera comme épargne la somme consacrée à l'achat d'un logement, bien que le salarié la perçoive souvent d'abord comme une façon de se loger, donc une consommation.

Épargne brute et épargne nette

L'épargne brute est un solde entre le revenu disponible et la consommation.

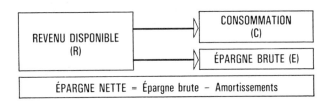

Propension à épargner

Soit un salarié dont le revenu disponible est de 5 000 F et qui dépense 4 500 F, il aura épargné 500 F (5 000 F – 4 500 F).

On dira que sa **propension à épargner** est de :

$$\frac{500 \text{ F}}{5\,000 \text{ F}} = \frac{\text{Épargne}}{\text{Revenu}} \text{ soit } 10\,\%$$

L'INSEE définit au niveau de l'ensemble des ménages un indicateur de la propension à épargner : le taux d'épargne des ménages.

$$\textbf{Taux d'épargne} = \frac{\text{Épargne brute}}{\text{Revenu disponible}}$$

Les diverses formes de formation de l'épargne

L'épargne ne prend pas seulement sa source au sein des ménages. On distingue l'épargne des ménages, l'épargne d'origine étatique et l'épargne des entreprises.

AGENTS	ORIGINE DE L'ÉPARGNE
Ménages	Revenu du ménage qui n'est pas affecté à la consommation.
État : administrations, collectivités locales	Prélèvements fiscaux et parafiscaux sur les ménages et les entreprises fournissant l'essentiel des ressources de l'État.
Entreprises, Institutions financières	*Salariés :* leur travail crée une valeur supérieure aux revenus distribués. *Consommateurs :* plus les prix de vente dépassent les prix de revient, plus l'autofinancement des entreprises est aisé. *Actionnaires, prêteurs :* plus ils « renoncent » à toucher des intérêts et des bénéfices élevés, plus l'entreprise peut financer des investissements. *L'État :* lorsqu'il accorde des aides aux investissements.

Épargne forcée

L'**épargne forcée** est l'ensemble de l'épargne réalisée par un agent du fait de la décision d'autres agents économiques. Les impôts, certaines cotisations sociales, mais aussi pour partie l'autofinancement des entreprises, constituent une façon de réaliser une épargne forcée.

L'épargne de précaution

L'épargne de précaution désigne la fraction de l'épargne consacrée à faire face aux risques. Pour se protéger de la maladie, de la perte d'emploi, ..., les ménages constituent une épargne dite de précaution. Aujourd'hui ce sont des institutions qui, par des prélèvements de plus en plus importants sur les revenus, constituent une large part de cette épargne de précaution (assurance-vieillesse, Sécurité sociale, prélèvements de cotisations pour le chômage...).

L'épargne spéculative

L'épargne spéculative est l'ensemble des revenus épargnés dans le but de tirer partie des occasions de plus-value en capital (achats de diamants, d'actions, de logements... dans l'espoir de voir leurs prix grimper).

Affectation de l'épargne

Il est essentiel de distinguer les différentes affectations possibles de l'épargne car selon sa destination, les effets économiques de l'épargne diffèrent radicalement.

Il est courant d'associer l'épargne à l'image familière du bas de laine, mais épargner n'est pas nécessairement thésauriser.

Thésaurisation

Un agent économique thésaurise s'il conserve des valeurs (argent, Napoléons, lingots...) de façon inactive.

Le placement

Un agent économique constitue un placement lorsqu'il affecte son épargne à un prêt qui met celle-ci à la disposition d'un ou de plusieurs autres agents économiques. Le placement est généralement lié à la recherche d'un rendement financier et donne souvent lieu à une rémunération dont le taux d'intérêt est la forme courante. L'achat d'obligations, de rentes sur l'État sont des placements.

L'investissement

L'investissement désigne la part de l'épargne consacrée à l'achat de biens de productions et de biens immobiliers. Une entreprise qui achète une machine, un particulier qui acquiert un appartement affectent leur épargne à un investissement.

Notons que la frontière consommation/épargne est loin d'être évidente, ainsi l'achat de bijoux, de tableaux peut être considéré comme une forme d'épargne, bien qu'il s'agisse de biens de consommation. Si, dans un but spéculatif, le diamant reste dans un coffre, le placement en vue de réaliser une plus-value lors de la cession ne fait pas de doute. Mais le plus souvent l'achat de tapis d'Orient ou de tableaux fait partie de la consommation qui s'intègre à un patrimoine dont la fonction d'épargne de précaution est souvent seconde par rapport à l'utilisation principale.

La profitabilité mesure la différence entre le profit réalisé à l'occasion d'investissements en biens réels et le taux d'intérêt que l'on obtiendrait en plaçant les capitaux utilisés pour financer ces investissements. C'est un indicateur-clé pour comprendre la propension à investir et la décision qui fait arbitrer les détenteurs de capitaux entre l'aventure industrielle et le placement financier.

Épargne et investissement

La situation des agents économiques à l'égard de l'épargne et de l'investissement peut se traduire par une capacité de financement ou un besoin de financement.

Si l'épargne est supérieure à l'investissement, il se dégage une capacité de financement. Ce type de situation est caractéristique des ménages.

Épargne	
Investissement	CAPACITÉ DE FINANCEMENT

Si l'épargne est inférieure à l'investissement, il existe un besoin de financement. Ce type de situation est caractéristique des entreprises.

Épargne	BESOIN DE FINANCEMENT
Investissement	

Le mécanisme de transformation

L'analyse en terme de circuit met alors en évidence la nécessité d'agents intermédiaires (institutions financières) qui opèrent la mise en relation des agents en situation financière complémentaire, c'est-à-dire transfèrent la capacité de financement des ménages vers les entreprises qui ont un besoin de financement (voir schéma p. 166).

La transformation désigne souvent le processus qui adapte la capacité de financement et le besoin de financement dont généralement la structure dans le temps ne coïncide pas.

Ainsi, les épargnants ont tendance à vouloir une épargne relativement liquide et prêtent plus à court terme qu'à long terme ; inversement les emprunteurs veulent surtout des capitaux à long terme, d'où la nécessité d'une transformation par les intermédiaires financiers.

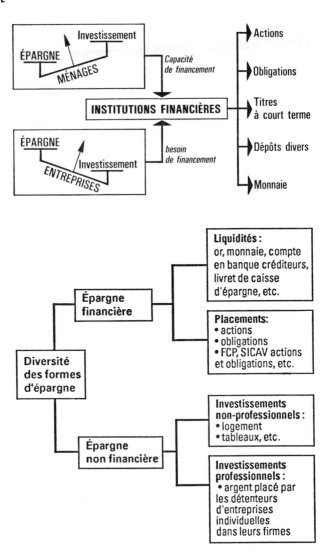

☞ INVESTISSEMENT, CAPITAL

ÉTAT

L'État est chargé visiblement de symboles : sceptre monarchique, déesse Raison de la Révolution française, sigle impérial, avions présidentiels, garde républicaine, allocutions radio-télévisées... Plus modestement, l'État existe aussi par une foule d'actes, de décisions et de personnes : préfets, gardiens de square, compagnie de CRS canalisant les manifestations, subventions à l'Opéra de Paris, monnaie de la Banque de France...

Le détenteur du monopole de la contrainte physique légitime.

La définition la plus généralement acceptée de l'État est celle de Max Weber :

« Nous entendons par l'État, une entreprise politique de caractère institutionnel lorsque et tant que sa direction administrative revendique avec succès, dans l'application des règlements, le **monopole de la contrainte physique légitime.** »

(Max Weber, *Économie et société*)

La conception libérale

Pour les libéraux, l'État est l'agent chargé de faire respecter les règles de la concurrence, la stabilité monétaire, l'équilibre budgétaire, la diffusion des informations utiles aux agents du corps social, d'assurer des relations sociales paisibles et de représenter les intérêts de la nation vis-à-vis de l'extérieur, d'assurer le respect de l'intégrité du territoire (armée), de protéger les biens et les personnes conformément au droit. C'est un agent qui **arbitre.**

De la conception réformiste à l'État-providence

Pour les libéraux réformistes, l'État doit intervenir en matière sociale et économique. L'État doit jouer un rôle régulateur en favorisant le plein emploi, en limitant les inégalités par la redistribution... On parle d'État-providence pour désigner ce comportement de l'État qui recherche à la fois le plein emploi, la croissance et la justice sociale.

La conception marxiste

Pour les marxistes, l'État est essentiellement un agent de **reproduction des rapports de production** au service de la classe dirigeante, même s'il doit contredire l'intérêt de certains capitalistes au nom de l'intérêt global de ceux-ci. L'ensemble des fonctions décrites précédemment ne sont mises en œuvre qu'en fonction de rapports de forces que l'État interprète en faveur des capitalistes. L'État est un agent de régulation sociale, tendant à maintenir le pouvoir d'une classe sociale sur une autre.

Définitions de l'INSEE

Au sens strict, l'**État** comprend l'ensemble des services administratifs centraux retracés par : Le budget général, (tels les services centraux des ministères) ; les budgets annexes, tels ceux de l'Imprimerie nationale, des services de la Légion d'honneur ; les comptes spéciaux du Trésor (schéma p. 169).

Au sens large, l'**État** inclut les administrations publiques centrales, les administrations publiques locales (collectivités locales...) ainsi que les administrations de la Sécurité sociale.

• **Le secteur institutionnel « Administrations publiques »** comprend l'ensemble des unités institutionnelles dont :

– **la fonction économique principale** consiste à produire des services non marchands destinés à toutes les unités ou à effectuer des opérations de répartition du revenu ou du patrimoine national ;

– **les ressources principales** proviennent des prélèvements obligatoires (impôts, cotisations sociales...).

• L'INSEE définit des **administrations privées** : elles regroupent l'ensemble des unités institutionnelles résidents qui produisent des services non marchands destinés aux ménages ou des services marchands à but non lucratif. Leurs ressources proviennent généralement des cotisations, dons, legs, vente de services marchands, ou subventions. Ce sont par exemple des comités d'entreprise, des syndicats, des organismes d'entraide ...

Les fonctions de l'État

A des fins comptables l'INSEE définit l'État par ses fonctions. Ainsi par exemple on distinguera :

– **la consommation publique** : L'État achète aux entreprises, passe des marchés : des bâtiments, des routes, des ordinateurs...

– **la production étatique** : L'État dispose d'entreprises publiques (Renault), des P et T, de la SNCF...

– **la redistribution** : L'État prélève des impôts, des cotisations sociales, et verse en contrepartie des prestations sociales, des retraites, des pensions aux handicapés... Les allocations familiales sont un transfert des personnes sans enfants aux familles, les retraites un transfert de la population active à la population âgée...

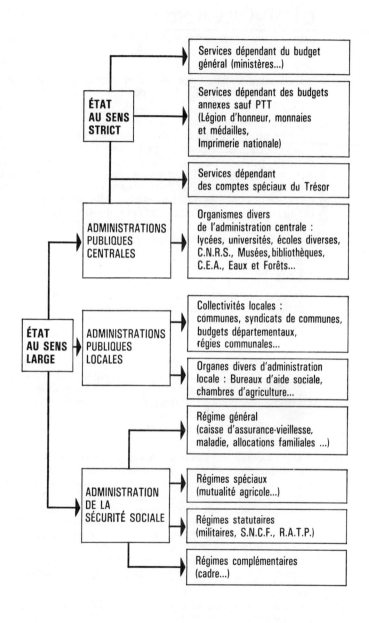

ÉTAT AU SENS STRICT
- Services dépendant du budget général (ministères...)
- Services dépendant des budgets annexes sauf PTT (Légion d'honneur, monnaies et médailles, Imprimerie nationale)
- Services dépendant des comptes spéciaux du Trésor

ADMINISTRATIONS PUBLIQUES CENTRALES
- Organismes divers de l'administration centrale : lycées, universités, écoles diverses, C.N.R.S., Musées, bibliothèques, C.E.A., Eaux et Forêts...

ÉTAT AU SENS LARGE

ADMINISTRATIONS PUBLIQUES LOCALES
- Collectivités locales : communes, syndicats de communes, budgets départementaux, régies communales...
- Organes divers d'administration locale : Bureaux d'aide sociale, chambres d'agriculture...

ADMINISTRATION DE LA SÉCURITÉ SOCIALE
- Régime général (caisse d'assurance-vieillesse, maladie, allocations familiales ...)
- Régimes spéciaux (mutualité agricole...)
- Régimes statutaires (militaires, S.N.C.F., R.A.T.P.)
- Régimes complémentaires (cadre...)

ETHNOLOGIE

L'ethnologie, dans une première conception, est, comme l'exprime R. Cresswell, « la sociologie des autres cultures ».

Lévi-Strauss qui utilise le mot anglo-saxon anthropologie (pour ethnologie) la définit par sa problématique :

« Elle procède d'une certaine conception du monde ou d'une manière originale de poser les problèmes, l'une et l'autre découvertes à l'occasion de l'étude de phénomènes sociaux, pas nécessairement plus simples (comme on a souvent tendance à le croire) que ceux dont la société de l'observateur est le théâtre, mais qui, en raison des grandes différences qu'ils offrent par rapport à ces derniers, rendent manifestes certaines propriétés générales de la vie sociale dont l'anthropologue fait son objet ».

(Lévi-Strauss, *Anthropologie structurale,* Plon, 1971.)

L'ethnologie ou **anthropologie** est souvent divisée en branches : anthropologie culturelle, sociale, économique et même politique. Le champ d'étude de l'ethnologie comprend la structure sociale, les règles de comportements, l'utilisation des techniques, la circulation des biens, famille et parenté, institutions, tabous, coutumes et mythes, façon de produire et de répartir les richesses, structure du pouvoir... Aujourd'hui on insiste plus sur la méthode de l'ethnologie que sur son domaine.

Le génocide est la mort physique d'un peuple. L'extermination des juifs par les nazis est un exemple récent de tentative de génocide. Au cours des siècles de l'expansion coloniale, plusieurs sociétés ont partiellement ou totalement disparu : Les Tasmaniens (Australie), les Indiens Caraïbes aux Antilles... D'autres peuples n'ont survécu qu'en petit nombre : Bochimans d'Afrique du Sud, Indiens d'Amérique du Nord.

L'ethnocide n'est pas le génocide. L'ethnocide est la destruction de la culture d'un peuple. Ainsi, actuellement, alors qu'il n'y a plus de volonté de destruction physique des Indiens d'Amérique du Nord, il y a destruction de leur culture. Les supports matériels de la culture ont disparu (plus de chasses et de lieux de culture suffisants), pour faire place à un environnement occidental. La langue anglaise leur a été imposé par l'école obligatoire et la nouvelle génération parle l'anglais ; la langue de leurs ancêtres est devenue pour beaucoup une langue étrangère. Pour survivre ils doivent s'intégrer à la vie américaine (travail en usine...).

☞ ACCULTURATION, CULTURE

FACTEURS DE PRODUCTION

Qu'est-ce qu'un facteur de production?

Pour réaliser un gâteau quatre-quarts il faut en proportions égales du sucre, de la farine, du beurre et enfin des œufs. Il faut aussi le travail de celui qui bat en neige les œufs, achète les ingrédients, les prépare, il faut un lieu où l'on travaille, un four pour la cuisson, des plats...

En un sens très général :

Les facteurs de production sont toutes les ressources économiques qui entrent dans la fabrication d'un produit. On parle de ressources économiques car l'on néglige, par exemple, l'air indispensable à la combustion, mais disponible gratuitement.

Les classiques distinguaient trois principaux facteurs de production : la terre (ou plus généralement la nature dans sa fonction productive), le capital et le travail.

Les néo-classiques privilégient deux facteurs de production : le capital et le travail (la terre n'étant qu'une forme du capital) et considèrent que leur combinaison est productive.

Propriétés généralement retenues dans les modèles classiques

Lorsque l'on étudie les propriétés des facteurs de production un certain nombre de qualificatifs peuvent être utilisés.

La divisibilité

Elle exprime la possibilité de diviser les facteurs de production à volonté (indéfiniment). Par exemple la farine dans la confection des gâteaux est divisible, mais pas les casseroles ou un œuf.

La substituabilité

Deux biens sont dits **substituables** lorsqu'ils peuvent être combinés dans des proportions différentes pour obtenir le même résultat. Si trois personnes avec une poêle et des ingrédients produiront autant de crêpes qu'une seule avec une machine à faire des crêpes. Il y a possibilité de substitution du capital au travail.

Taux de Substitution Marginale Technique

Le taux de substitution marginale technique (TSMT) est le rapport :

$$\text{TSMT} = \frac{\text{Variation du facteur de production } y, \text{ nécessaire au maintien du niveau de production initial}}{\text{Variation du facteur de production } x}$$

Courbe d'isoproduits ou isoquants

On appellera **courbe d'isoproduits ou isoquants,** l'ensemble des combinaison de facteurs de production (L, K) associés à un même niveau de production exprimé monétairement Y_0. (L valeur du travail, K valeur du capital).

La complémentarité

Deux biens sont complémentaires si l'on ne peut pas séparer leur utilisation. Plus d'utilisation du bien A oblige à utiliser plus de bien B. Par exemple, dans la fabrication d'un quatre-quarts, le beurre et la farine sont complémentaires, car la recette les suppose en quantités égales dans la fabrication du gâteau.

Facteurs de production et forces productives

Des biens qui ne sont pas complémentaires sont dits indépendants.

Il ne faut pas confondre les facteurs de production, notion néo-classique, et les forces productives notion marxiste. Si les facteurs de production sont un aspect des forces productives, les marxistes refusent l'idée d'identifier le capital sous sa forme financière aux machines et d'attribuer à la machine le pouvoir de créer de la valeur. De plus les forces productives sont, selon Marx, inséparables du mode de production. Les forces productives sont à la fois matérielles et humaines ; le travail dans ses aspects qualitatifs et quantitatifs est au cœur des forces productives.

FONCTIONS DE PRODUCTION, FORCES PRODUCTIVES, MODE DE PRODUCTION

FAMILLE

Qu'est-ce que la famille?

Se méfier des évidences

➡ Chacun de nous connaît la famille empiriquement, mais en nous référant à notre propre expérience nous risquons de généraliser ce qui n'est qu'une des formes possibles de la famille.

Si le mot famille renvoie d'abord aux liens du sang, ceux-ci ne sont pas suffisants pour comprendre ce qu'est la famille, parce que la famille au sens large peut comprendre des personnes qui n'ont aucun lien de consanguinité; les enfants adoptés font partie de la famille. Les domestiques dans une certaine mesure, les amis de longue date, dans certaines structures familiales, étaient considérés comme faisant partie de la famille; sans oublier les exemples qui nous paraissent étranges de sociétés dans lesquelles le statut de père est attribué à une personne n'ayant aucun lien consanguin avec l'enfant...

Définition de Lévi-Strauss

Lévi-Strauss propose une définition de la famille :

« **La famille** est un groupe social régi par trois caractéristiques les plus fréquemment observées :

1. Il a son origine dans le mariage.

2. Il comprend mari, femme et enfants nés de leur union, bien que l'on puisse concevoir la présence d'autres parents agglutinés à ce noyau.

3. Les membres de la famille sont unis :
– par des liens légaux.
– par des droits et des obligations de nature économique, religieuse ou autre.
– par un réseau précis de droits et d'interdits sexuels, et un ensemble variable de sentiments psychologiques tels que l'amour, l'affection, le respect, la crainte, ... » (Lévi-Strauss : *livre collectif consacré à Claude Lévi-Strauss,* Gallimard/Idées, 1979).

➡ Cette définition pourtant très large n'englobe pas la totalité des situations. Ainsi, dans notre propre société, un couple non marié avec des enfants ou une femme divorcée vivant avec ses enfants constituent une vraie famille pour nombre de Français; par contre cette définition dépasse le cadre de la famille conjugale ou

173

nucléaire telle que nous la connaissons, qui comprend le père, la mère, et les enfants vivant dans un même foyer et qui est la forme de famille dominante aujourd'hui.

Famille étendue, souche, élargie

La famille étendue regroupe des gens liés par le sang ou le mariage, qui vivent ensemble et éventuellement avec le groupe domestique.

La famille souche regroupe plusieurs générations dans un même foyer avec un seul couple à chaque génération. La famille élargie le plus souvent ne renvoie pas au lieu d'habitation mais à un ensemble de solidarités entre un groupe de personnes plus ou moins liées par des relations de parenté, d'affection... En ce sens, on constate la persistance de la famille élargie qui existe encore dans le Tiers-Monde mais aussi dans la France actuelle en tant que lieu de solidarité.

La famille comme système

La famille est un sous-système de l'organisation sociale ouvert sur la société par les rôles qu'y jouent les membres de la famille (travail, participation à des associations, vie sociale...) et aussi distinct des autres organisations sociales par des rôles, des solidarités, des fonctions spécifiques. Définir un type donné de famille suppose la mise en évidence d'un ensemble de modèles culturels de comportement qui règlent les relations mari(s)/femme(s), père/enfant, mère/enfant, couple/enfant, frère/soeur, qui définit les rôles masculins et féminins, les types de comportement à l'égard du travail, des loisirs, de la sexualité, des tâches au sein du foyer...

Le système familial est donc variable selon les modèles culturels, le type d'économie...

Famille et ménage

Un « feu » égale une famille ; les organismes statistiques ont repris ce critère pour définir le ménage même si les flammes ont disparu de la plupart des foyers.

Pour l'INSEE le ménage est « l'ensemble des personnes habitant un même logement qu'elles aient ou non des liens de parenté. Un ménage au sens statistique peut ne comprendre qu'une seule personne ».

Si le lieu d'habitation est le critère retenu, c'est que le groupe ainsi défini est caractérisé le plus souvent par une communauté de comportement à la fois sur les plans culturel et économique.

La plupart des ressources sont regroupées partiellement ou totalement ; nombre de dépenses sont communes (loyer, électricité, téléphone...). Le ménage constitue une unité économique, culturelle, sociale, même si la famille actuelle n'a plus que très rarement d'activité de production commune.

➡ Les démographes, en définissant le **ménage**, ont choisi une notion opérationnelle, mais elle ne coïncide pas avec celle de famille : un groupe de séminaristes, un collège d'étudiants, ou un célibataire n'ont que des rapports lointains avec l'idée de famille au sens sociologique alors qu'ils peuvent constituer des ménages.

Parallèlement, les statisticiens utilisent parfois le terme de famille, dans un sens très restrictif. Ainsi, depuis 1962, l'INSEE appelle **famille complète,** celle où l'épouse mariée avant 35 ans a atteint 45 ans sans que ce mariage soit rompu.

La filiation

Systèmes patrilinéaire et matrilinéaire

Le système familial est **patrilinéaire** si c'est le père qui est à la source de la parenté, transmet son nom, son héritage, les rites de son clan, et l'ensemble des éléments culturels associés à son clan.

Le système **matrilinéaire** voit la mère transmettre son nom, ses rites, et l'ensemble des éléments culturels associés à son clan ; elle est aussi à l'origine de l'héritage. Dans les sociétés matrilinéaires, on voit souvent le ou les frères de la mère assumer une bonne partie des fonctions du père dans le système patrilinéaire. Ainsi l'oncle
➡ maternel nourrira sa soeur et ses enfants... La symétrie n'est donc pas totale entre système matrilinéaire et système patrilinéaire.

Dans nos sociétés, les sociologues ont défini toute une série de critères pour analyser les influences non symétriques du père et de la mère dans la configuration familiale.

Le mariage

Dans nos sociétés, le mariage prend des formes très précises. Selon les sociétés et les époques, les modalités du mariage ont varié. Mais deux critères permettent de caractériser le mariage de façon générale :

1. le mariage est une relation socialement reconnue ;

2. c'est un fondement stable pour la création du groupe conjugal (en partie du fait de sa reconnaissance sociale).

Monogamie, polygamie, polygynie, polyandrie

Suivant les sociétés, le nombre de partenaires mariés varie : certaines sociétés sont monogames, d'autres sont polygames.

La monogamie

La monogamie désigne une forme familiale où les conjoints constituent un couple formé d'un homme (époux) et d'une femme (épouse).

Les sociétés occidentales connaissent cette forme de famille monogame.

La polygamie

La polygamie à l'inverse de la monogamie permet à une personne d'épouser plusieurs conjoints. La polygamie se décompose en polygynie et polyandrie.

La polygynie

La polygynie désigne une forme d'organisation familiale où un homme peut épouser plusieurs femmes.

Reconnue par l'Islam, la polygynie est très répandue, en particulier sur le continent africain.

La polyandrie

Le polyandrie est le cas symétrique de la polygynie. C'est une forme familiale où une femme peut épouser plusieurs hommes. Si la monogamie s'observe plus fréquemment que la polygynie, la polyandrie est encore beaucoup plus rare. Un exemple classique de polyandrie est celle des Tibétains où une femme épouse à la fois un homme et tous ses frères de façon indivisible.

Exogamie et endogamie

Mais par delà les règles qui fixent le nombre des conjoints, il est essentiel de distinguer les groupes au sein desquels il est possible de choisir son conjoint.

L'exogamie

Dans le cas le plus simple, **la règle d'exogamie** s'applique à deux clans pratiquant un échange matrimonial, chaque clan est alors appelé moitié. La règle d'exogamie est double :

1. Elle interdit de choisir un époux (ou une épouse) dans son clan.

2. Elle oblige à choisir son époux (ou épouse) dans un autre clan.

Plus généralement la règle d'exogamie oblige à choisir ailleurs que dans son groupe de parenté son ou ses conjoints.

Si l'exogamie est la forme la plus courante des organisations familiales, l'endogamie, forme symétrique, existe aussi.

L'endogamie

L'endogamie désigne l'obligation de choisir son époux à l'intérieur de son propre clan.

Par extension, on parle d'endogamie lorsque les membres d'un groupe se marient souvent entre eux. Ce fut le cas, par exemple, de l'aristocratie.

Un **indicateur d'endogamie** mesure la fermeture sociale d'une société, les sociologues calculent souvent l'indicateur suivant :

> Époux d'une catégorie épousant une femme
> dont le père est dans la même CSP
> ―――――――――――――――――――――――
> Total des hommes mariés de la catégorie

Ainsi, lorsque plus de 9 sur 10 des exploitants agricoles épousent une fille d'exploitant agricole, cela indique une endogamie très forte de cette catégorie sociale.

Cet indicateur doit être utilisé avec précaution. En effet si, par exemple, dans la population il y a 80 % de salariés et si les hommes salariés épousent dans 80 % des cas des femmes salariées, il peut sembler qu'il y ait une forte endogamie dans ce groupe. En fait il n'en est rien car les mariages entre les salariés sont proportionnels à leur importance dans la population.

Un indicateur d'endogamie, plus précis, est :

> Part des mariages au sein de la CSP des hommes
> de la CSP
> ―――――――――――――――――――――――
> Part des épouses de la CSP parmi toutes les épouses

Plus cet indicateur est éloigné de 1 , plus il y a endogamie ; plus il est voisin de 1 , plus il y a indépendance entre mariage et catégorie sociale.

Un mot plus précis qu'endogamie a d'ailleurs été réservé à l'analyse de la première de ces situations : l'homogamie.

Homogamie et hétérogamie

L'homogamie désigne une situation où les conjoints se choisissent au sein des mêmes milieux sociaux.

A l'inverse de l'homogamie, il est possible de définir l'hétérogamie.

L'hétérogamie désigne les situations familiales où les conjoints sont d'origine sociale différente.

Un P.-D.G. qui épouse une femme de ménage, un universitaire qui épouse une illettrée correspondent à des cas d'hétérogamie. Ceci est une forme d'exogamie par rapport au milieu social (on choisit son époux au sein d'un groupe social différent du sien).

Des indicateurs de nuptialité aujourd'hui

Nuptialité

La nuptialité désigne le passage légal à l'état de personne mariée.

Le **taux brut de nuptialité** est un indicateur du nombre de mariages au cours d'une période rapportée à l'ensemble de la population mesurée en milieu de période.

$$\frac{\text{taux brut}}{\text{de nuptialité}} = \frac{\text{Mariages en cours de période}}{\text{Population totale en milieu de période}}$$

Mais cet indicateur est très insuffisant, car il concerne à la fois les bébés et les personnes déjà mariées qui ne sont donc pas susceptibles de participer au phénomène de nuptialité. De plus, le taux de nuptialité d'un groupe dépend de multiples variables : calculé sur la population d'une maison de retraite, il n'a pas le même sens que calculé sur un groupe d'étudiants...

Le **quotient de nuptialité** mesure la probabilité totale de se marier à un âge donné pour un célibataire.

$$\frac{\text{quotient}}{\text{de nuptialité}} = \frac{\text{Nombre des nouveaux mariés (hommes ou femmes) durant la période}}{\text{Population célibataire (H ou F) en début de période}}$$

Divorce

Comment préciser la forme et la fréquence des ruptures d'union matrimoniale ? Le taux de divorce peut être mesuré par le nombre de jugements en une année pour 1 000 personnes mariées. C'est un indicateur de rupture d'union légalement prononcée, il est souvent sociologiquement essentiel de le définir pour des groupes précis, par âges, pour les femmes et les hommes... Le classement des divorces selon le sexe du demandeur principal, l'âge de la rupture d'union, la CSP, la taille de la commune de résidence permettent d'aborder un aspect central du mariage : sa longévité différentielle selon des critères sociaux.

Les fonctions de la famille

Une analyse de type fonctionnaliste envisage la famille en tant que fonction.

La **fonction de reproduction** exprime l'importance de la famille dans la procréation, mais cette fonction n'est pas exclusivement celle de la famille, comme l'atteste le nombre des conceptions prénuptiales ou encore le nombre croissant de mères célibataires.

La **fonction de socialisation** indique la place centrale de la famille dans l'apprentissage du langage, du comportement, de l'intégration des modèles culturels et des rôles. Cependant, cette fonction de socialisation est de plus en plus relayée par des institutions telles que l'école, les crèches, les *media* (TV, films, disques...). Le groupe de pairs (enfants du même âge...) joue aussi un rôle central dans la socialisation.

La **fonction de production** caractéristique de la famille regroupée autour d'une exploitation agricole, d'une activité artisanale ou d'un commerce, voit son rôle décroître dans une société en majeure partie composée de salariés.

La **fonction de consommation** exprime l'importance du cadre familial pour les dépenses, comme l'illustre la promenade du samedi en famille dans les centres commerciaux... La plupart des dépenses importantes : électro-ménager, voiture, maison, sont en fait des décisions qui impliquent toute la famille.

La **fonction de refuge et protection** : La famille est un lieu de solidarité où l'affectivité, le partage des ressources disponibles, l'entraide s'expriment généralement, même si dans notre société la concurrence règne. Ceci n'empêche nullement les notions de conflit, d'ajustements et de rupture de se développer, car cette fonction de protection implique généralement une série de contraintes.

La **fonction de transmission du patrimoine** indique la place centrale de la famille dans la transmission des biens et de la propriété. Donations, cadeaux, héritages sont largement retransmis dans le cadre familial, sans compter les services non monétaires (garde des enfants, conseils...).

La famille contribue à la reproduction sociale, c'est-à-dire à la transmission du statut d'une génération à une autre.

Les dysfonctions familiales

Le cri de Gide « Familles je vous hais », ... les célèbres prédictions de Cooper sur la mort de la famille, attestent de l'importance de la famille comme lieu de conflit.

La famille par sa fonction de contrôle social et de transmission de modèles de comportements des générations antérieures, ainsi que de codification de la sexualité engendre des conflits. Certains parlent de fonction **répressive** en ce sens que la famille dispose d'un pouvoir sur les mineurs : le pouvoir de tutelle des parents, le droit d'interdire certaines sorties, certaines rencontres ou certains comportements au profit des modèles parentaux.

Politique familiale

La politique familiale est l'ensemble des mesures gouvernementales qui visent à réguler la croissance démographique et aussi à forger une certaine idée de la famille, conforme au modèle de société souhaité.

Les incitations matérielles. L'ordonnance du 4 Novembre 1945 systématise le code de la famille et contient les principaux instruments actuels de la politique familiale : prestations familiales, aides financières telles que les bourses, les crèches... , limitation de la charge fiscale en fonction du nombre d'enfants, mesures en faveur du logement des familles.

Les prestations familiales comprennent principalement :

– les allocations de naissance (prénatales et postnatales)

– les allocations familiales

– le complément familial

– l'allocation-logement

– les allocations spécifiques (rentrée scolaire, parent isolé, orphelin, handicapé...)

Mais la politique familiale, entendue au sens large, englobe bien d'autres mesures : droit à l'éducation, à l'emploi, horizon socio-économique favorable, véritable place faite aux jeunes au niveau des loisirs et de l'accès au travail.

FISCALITÉ

Le casse-tête de la déclaration d'impôts, la douloureuse ponction du tiers provisionnel, ainsi apparaît souvent aux Français le système fiscal. Mais l'I.R.P.P. (impôt sur le revenu des personnes physiques) n'est pas et de loin l'essentiel de la machine fiscale. « La pompe à finance du fisc » possède toute une panoplie de moyens, et rares sont ceux qui échappent à ses prélèvements.

L'enfant qui achète ses bonbons, est soumis à l'impôt : il paie la TVA et verse déjà son obole à l'État tout comme un salarié qui paie l'impôt sur les salaires. Un « smicard » qui hérite d'une vieille tante paiera des droits de succession ; une société faisant des profits devra acquitter l'impôt sur les bénéfices industriels et commerciaux ; l'actionnaire paiera l'impôt sur les revenus des capitaux mobiliers ; l'amateur de cigarettes, d'alcool ou l'automobiliste sait bien que l'État compte sur eux pour boucler des budgets difficiles. Les amateurs de jeu : roulette, tiercé, loto, versent à l'État des sommes considérables en se livrant à leur jeu sans maugréer à l'encontre du percepteur...

Qu'est-ce que l'impôt?

L'impôt est un prélèvement obligatoire réalisé au profit des administrations publiques, il ne donne pas droit à une contrepartie directe mais à des services fournis gratuitement par la collectivité. Un **contribuable** est une personne assujettie à un impôt direct.

La taxe était jadis calculée en fonction du coût d'un service rendu par la collectivité qui les percevait ; c'était le cas de la taxe d'enlèvement des ordures ménagères par les municipalités. Mais ce sens restrictif s'est peu à peu perdu et impôt et taxe sont devenus des synonymes dans le langage usuel.

La fiscalité

La **fiscalité** est l'ensemble des lois et règles qui conditionnent l'impôt.

Tout **système fiscal** pose trois questions essentielles :

1. Quelles quantités d'argent seront mieux affectées par le biais de l'État que par l'utilisation individuelle. Quelle pression fiscale est souhaitable?

2. A qui prendre les ressources fiscales et par quels types de moyens : impôts directs ou indirects, sur la fortune ou sur les salaires...?

3. Comment affecter de façon rationnelle les ressources prélevées?

Les phases de l'imposition

| Détermination de « matière imposable » | Fixation de l'assiette | Liquidation de l'impôt | Recouvrement |

Soit un cadre qui perçoit un salaire de 70 000 francs, reçoit d'un locataire un loyer de 2 000 francs et a 3 000 francs de dividendes. Cet ensemble de revenus constitue sa « **matière imposable** ».

Pour fixer « **l'assiette** », il faut déterminer ce que l'on considère comme imposable : par exemple, un certain montant peut être déduit pour frais professionnels... Il faudra également tenir compte de la situation familiale... Enfin, l'assiette déterminée, l'impôt sera calculé en appliquant un **barème d'imposition** qui généralement s'élève avec le revenu.

La somme due au titre de l'impôt une fois fixée, on procède au « **recouvrement** » (encaissement de l'impôt) selon des procédures dont la feuille d'avertissement du percepteur matérialise le caractère impératif.

Les principaux impôts

LES RECETTES DU PROJET DE LOI DE FINANCES POUR 1992

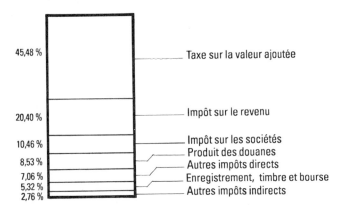

- 45,48 % — Taxe sur la valeur ajoutée
- 20,40 % — Impôt sur le revenu
- 10,46 % — Impôt sur les sociétés
- 8,53 % — Produit des douanes / Autres impôts directs
- 7,06 % — Enregistrement, timbre et bourse
- 5,32 %
- 2,76 % — Autres impôts indirects

Les impôts directs

Sur le plan administratif **un impôt direct** est défini par deux critères :

1. Il est perçu par l'administration des contributions directes.

2. Il est recouvré par voie de rôle nominatif.

Le rôle nominatif est le document administratif qui permet l'établissement de l'impôt. C'est la liste nominative, classée alphabétiquement, de tous les habitants de la commune comprenant à la fois la matière imposable et les sommes à payer au titre de l'impôt correspondant. Le rôle ne se contente pas de fixer les sommes à payer par les contribuables, il crée aussi l'obligation de verser l'impôt aux caissiers du Trésor public.

Taux proportionnel et progressif

La détermination du taux d'imposition est essentielle dans le choix d'une stratégie de justice fiscale, ou au contraire de neutralité.

L'impôt est **proportionnel** si lorsque l'assiette de l'impôt augmente, plus l'impôt s'élève si lorsque dans les mêmes proportions. Autrement dit, le taux t est constant t, et l'impôt perçu pour un revenu R est égal à $t \times R$.

Exemple : taux de 25 % . L'impôt pour un revenu de 2 000 F est de 2 000 F × 25 % = 500 F, le revenu final est de 2 000 F – 500 F = 1 500 F (on ne tient pas compte de ce que l'État reverse comme consommations collectives ou aides). Si le revenu est le double, 4 000 F, l'impôt payé sera aussi le double de celui payé par le revenu précédent soit 4 000 F × 25 % = 1 000 F, le revenu final est alors de 3 000 F. Autrement dit, l'impôt ne modifie pas la situation relative des contribuables, le revenu après impôt du deuxième contribuable demeure le double de celui premier.

Impôt progressif. Souvent présenté comme un facteur de redistribution, l'impôt progressif est caractérisé par un taux d'impôsition qui augmente en même temps que le revenu. Il diminue les écarts entre les revenus avant et après impôt.

EXEMPLE SIMPLIFIÉ DE BARÈME PROGRESSIF FICTIF
Revenus mensuels de moins de   2 000 F .0 %
           Tranche de revenus   2 000 à 3 000 F . . . . .10 %
           Tranche de revenus   3 000 à 4 000 F . . . . .30 %

Un revenu de 2 500 F paiera
Tranche de moins de 2 000 F :   0 F
       entre 2 000 et 3 000 F :   10 % de 500 F soit 50 F
Au total donc : 50 F mensuels

Par contre un revenu de 3 500 F paiera
  Tranche de 0 à 2 000 :0 F
         de 2 000 à 3 000 F :   10 % de 1 000 soit 100 F
         de 3 000 à 3 500 F :   30 % de 500 soit 150 F

Au total il paiera 5 fois plus que le salarié précédent alors qu'il ne gagne que 1,4 fois plus.

L'impôt sur le revenu

L'impôt sur le revenu est un impôt annuel qui frappe le revenu net (c'est-à-dire déduction faite des dépenses légalement considérées comme nécessaires à l'obtention du revenu, tels les frais professionnels).

L'avoir fiscal est une créance sur le Trésor d'un actionnaire qui dispose ainsi d'un avoir en fonction des dividendes distribués par les sociétés françaises ; cette somme revient à réclamer au fisc une partie de l'impôt déjà payé par celles-ci au Trésor public. Le mécanisme de l'avoir fiscal consiste à ajouter cet avoir au revenu imposable puis à déduire cet avoir de l'impôt brut à payer.

L'impôt sur les bénéfices des sociétés

L'impôt est calculé sur la base du bénéfice net (assiette). Celui-ci, pour de nombreuses entreprises petites et moyennes, est négocié sur un bénéfice théorique (forfait). L'entreprise peut toujours opter pour l'imposition sur le bénéfice réel. Le taux d'imposition des bénéfices s'applique à des résultats déclarés par le contribuable lui-même, à la différence des revenus salariaux déclarés par l'employeur.

L'impôt sur la fortune

L'impôt de solidarité sur la fortune taxe le patrimoine selon des taux progressifs et au-delà d'un seuil fixe annuellement (plus de 4 millions de francs). Certains biens (dont les biens professionnels) sont exonérés.

L'évasion fiscale

Pour beaucoup, le principe d'équité qui devrait présider à la fiscalité directe (progressivité en fonction des revenus) est contredit par la distorsion dans la connaissance des divers types de revenus. Ainsi, le Conseil des impôts constate que près d'une société sur deux se déclare sans bénéfice. Il en résulte des possibilités d'**évasion fiscale.**

L'évasion fiscale est souvent le résultat de la fraude fiscale. En fonction de non-déclarations ou de fausses déclarations, la matière imposable échappe à la fiscalité et ne donne pas lieu à imposition : ainsi échappent à l'impôt des sommes considérables. Mais il y a aussi une évasion fiscale sans fraude.

Il faut distinguer l'évasion fiscale légale de celle qui résulte de non déclarations (fraude fiscale). Ainsi, l'État accorde des dégrèvements fiscaux qui réduisent l'assiette de l'impôt... L'imposition au forfait, et non au bénéfice réel, permet aussi de limiter l'imposition des non salariés.

Le Conseil des impôts a fourni un **catalogue des moyens d'évasion fiscale :** – Frais de personnel incluant les salaires élevés des chefs d'entreprise ; – Amortissements supérieurs aux dépréciations réelles ; – Provisions trop importantes ; – Frais généraux supérieurs à la réalité ; – Paradis fiscaux tels Bahamas, Bermudes, Liechtenstein où une simple boîte aux lettres permet de verser des redevances sur licence, pour une marque,... et qui font baisser d'autant les bénéfices de la véritable implantation nationale.

Les impôts indirects

Les impôts indirects (au sens large) sont définis par deux critères principaux :

1. *Administrativement,* ils sont perçus par l'administration des contributions indirectes, de l'enregistrement ou des douanes.

2. *Sur le plan juridique,* ils sont liés à des événements à l'occasion desquels l'État prélève des impôts (ventes de biens et services soumis à la TVA, passage de la frontière permettant de prélever des droits de douane...).

Qu'est-ce que la TVA (Taxe à la valeur ajoutée)?

La TVA est l'élément essentiel de la fiscalité française, car elle procure la masse fiscale la plus considérable.

La TVA est **un impôt sur la dépense.** Elle est collectée par les entreprises qui facturent à leurs clients le montant de la TVA : elle s'incorpore ainsi au prix des produits. Avec la TVA, l'entreprise se fait l'intermédiaire du percepteur : la TVA est l'héritière de la taxe sur le chiffre d'affaires.

Prenons un exemple : un artisan fabrique 30 abat-jour qu'il vend pour une valeur de 3 000 F (hors taxes). Il achète à un grossiste pour 1 000 F (hors taxes) de fournitures, soie, peinture, armatures... Sa valeur ajoutée est alors de 3 000 F – 1 000 F = 2 000 F.

Si le taux de TVA est de 25 %, il va devoir facturer à ses clients 500 F de TVA sur sa valeur ajoutée (2 000 F x 25 %) plus 250 F de TVA répercutée. Autrement dit, son chiffre d'affaires avec taxes sera de 3 750 F, soit son chiffre d'affaires hors taxes plus la TVA (3 000 F + 750 F).

Plus généralement, le processus se schématise ainsi :

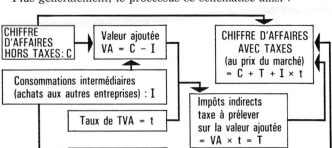

La TVA est **neutre** par rapport au circuit de distribution et de production car, quelle que soit la longueur de celui-ci pour une valeur ajoutée donnée, on obtient toujours la même taxe.

Mais il est impropre de parler du taux de TVA car, en réalité, il y en a plusieurs selon les types de dépenses.

La classification de la Comptabilité Nationale

A la différence de la classification administrative séparant impôts directs et indirects, l'INSEE utilise une classification à signification plus économique :

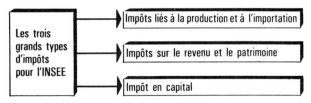

Les **impôts liés à la production et à l'importation** sont des prélèvements obligatoires des administrations publiques ou des institutions communautaires européennes sur les unités productrices et qui frappent l'importation et la production de oiens et services ou l'utilisation de facteurs de production. Ces impôts sont dus indépendamment de la réalisation de bénéfices. Ce sont essentiellement la TVA et les droits de douane, mais aussi la taxe professionnelle, les droits de mutation, de jouissance, la taxe locale d'équipement...

Impôts sur le revenu et le patrimoine : l'impôt sur le revenu est un impôt annuel qui frappe le revenu net global des personnes physiques. Il est prélevé par l'État. L'impôt courant (perçu annuellement) sur le patrimoine et le revenu est perçu à la fois par l'État et les collectivités locales et comprend en particulier les impôts locaux : contribution foncière, mobilière (ou taxe d'habitation)...

Impôts en capital : Les impôts en capital sont des prélèvements obligatoires perçus par les administrations publiques de manière **irrégulière** dans le temps sur le capital ou le patrimoine. Cet impôt comprend en particulier les donations entre vifs, les droits de succession...

Les économistes définissent la **pression fiscale :**

$$\frac{\text{Recettes fiscales (État et collectivités locales)}}{\text{Produit Intérieur Brut}}$$

Cet indicateur mesure le poids de l'impôt par rapport à la masse des richesses produites et permet ainsi de repérer la charge fiscale. Certains auteurs préfèrent utiliser le nom de **coefficient fiscal** afin d'éviter les connotations négatives du mot pression : celui-ci traduit cependant bien l'idée d'obligation inséparable de l'impôt.

Il faut distinguer cet indicateur d'un indicateur plus global incluant les cotisations sociales :

$$\textbf{Part du revenu socialisé} = \frac{\text{Impôts} + \text{Cotisations sociales}}{\text{PIB}}$$

Cet indicateur mesure le pourcentage de prélèvements obligatoires au sens large, donc l'importance de la couverture collective des besoins. Cet indicateur en 1990 s'élève à 44,2 %, comprenant 24,9 % de pression fiscale et 19,3 % de cotisations sociales.

L'impôt négatif

L'impôt négatif consiste en un versement d'argent aux familles ayant un faible revenu afin de leur garantir :

1. un revenu minimum,

2. une allocation qui varie suivant le revenu, afin de les inciter au travail, cette allocation devenant nulle lorsque les revenus atteignent un seuil donné, où l'aide sociale n'est plus jugée indispensable.

L'impôt négatif vise à remplacer dans l'esprit de ses défenseurs les diverses formes d'aide sociale.

Le RMI (revenu mensuel d'insertion) peut être considéré comme une forme d'application de l'impôt négatif. Toutefois, l'idée que le bénéficiaire du RMI doit s'engager dans un processus de réinsertion professionnelle est étrangère à la logique de l'impôt négatif.

☞ ÉTAT, POLITIQUE ÉCONOMIQUE, RÉPARTITION

FLEXIBILITÉ

La flexibilité est la caractéristique de ce qui est souple, de ce qui cède aisément à la « pression ». Dans le cas opposé, on parlera de rigidité. Les termes de flexibilité et de rigidité sont très utilisés en économie. Encore faut-il préciser de quelle flexibilité ou de quelle rigidité il s'agit.

Flexibilité des prix et des salaires

Les prix sont dits flexibles, lorsque en cas de déséquilibre entre l'offre et la demande, la variation des prix à la hausse ou à la baisse contribue à l'ajustement. Dans le cas contraire, ils sont rigides.

Dans le monde actuel, la flexibilité des prix est souvent asymétrique. La flexibilité est souvent plus importante à la hausse qu'à la baisse.

La flexibilité des salaires peut être envisagée sous plusieurs aspects. D'un premier point de vue, il y aura flexibilité si les salaires baissent lorsque le plein emploi n'est pas réalisé, c'est-à-dire en situation de chômage important. La flexibilité des salaires peut aussi être envisagée par rapport à d'autres critères, par exemple les résultats de l'entreprise. Les salaires seront alors flexibles s'ils s'accroissent parallèlement au profit de la firme.

Flexibilité de travail

La flexibilité du travail peut correspondre à la liberté pour l'entreprise d'embaucher et de licencier sans contrainte. Elle s'intègre alors dans une logique de réduction ou de suppression de toute protection sociale.

La flexibilité du travail peut désigner aussi la capacité des travailleurs à passer d'un type d'activité professionnelle à un autre.

La flexibilité du temps de travail est une autre forme de flexibilité. En principe, la durée hebdomadaire du travail en France est de 39 heures. L'aménagement du temps de travail peut se faire selon des modalités très différentes les unes des autres : travail à temps partiel, horaires variables selon les jours de la semaine... ; le temps de travail sera plus flexible s'il varie en fonction des besoins des entreprises ou des souhaits des travailleurs.

L'impact économique et social de la flexibilité de la durée du travail est très différent suivant le type de flexibilité considéré.

Flexibilité de la production

La flexibilité de la production peut être envisagée de deux points de vue. Tout d'abord, l'appareil productif peut être ou non capable de répondre rapidement à une augmentation de la demande par un accroissement important de la production. Dans le premier cas, la production est flexible, dans le second elle est rigide.

La flexibilité de la production peut aussi concerner la capacité à passer rapidement d'un type de production à un autre (adaptabilité). Ainsi les « ateliers flexibles » permettent de modifier rapidement les caractéristiques des modèles de voiture produits pour suivre la demande, alors que les « chaînes de production » traditionnelles ne permettent pas cette adaptation.

Taux de change flexibles

Les taux de change flexibles s'opposent aux taux de change fixes. Quand les taux de change sont flexibles, le cours de la monnaie nationale varie en fonction de l'offre et de la demande.

Quand les taux de change sont fixes, ils sont fixés par les autorités monétaires nationales.

SYSTÈME MONÉTAIRE INTERNATIONAL, TRAVAIL

FONCTION DE PRODUCTION

Les fonctions de production sont des modèles simplifiés de l'activité de production qui ont été développés par les économistes néo-classiques. Les fonctions de production tiennent une place importante dans l'analyse de la firme, en termes néo-classiques.

Le modèle des fonctions de production consiste à relier :

1. Ce qui entre dans la production, baptisé facteurs de production (« input », c'est-à-dire entrées). On retient généralement le facteur capital et le facteur travail. Des analyses plus fines décomposent les facteurs et introduisent un résidu (progrès technique, qualité, etc.).

2. Le résultat de l'activité de production, aussi appelé résultat de la combinaison des facteurs travail et capital (« output », c'est-à-dire sorties), est ce qui est produit.

Les fonctions de production cherchent à exprimer les relations existant entre la quantité de produit obtenue et les quantités de facteurs nécessaires. Le passage des quantités aux valeurs est nécessaire à l'analyse économique mais pose le problème de l'estimation. Cette évaluation pose des problèmes théoriques importants, en pratique on retient les prix du marché.

Cas d'une fonction de production à deux entrées et une sortie

Une entreprise dispose de facteurs de production K, L, elle peut en les combinant obtenir un niveau de production f (K, L) dont le maximum sera Q.

La fonction de production, est une fonction qui associe à toute combinaison C (K, L) le nombre Q = f (K, L), output ou production maximum pour la combinaison C (K, L) – (Pour une unité de temps donnée).

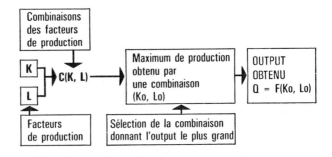

Exemple : soit un salon de coiffure dans lequel travaillent deux personnes (facteur travail). Elles reçoivent chacune un salaire mensuel de 2 500 francs. On estime à 3 000 francs les dépenses en capital (loyer, amortissement du matériel, électricité, shampooing...).

La fonction de production associe :

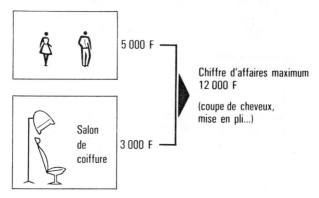

5 000 F

Salon de coiffure
3 000 F

Chiffre d'affaires maximum
12 000 F

(coupe de cheveux, mise en pli...)

Évidemment, ce salon de coiffure pourrait obtenir toute une série de chiffres d'affaires s'il ne travaillait pas au niveau maximum de ses possibilités de production.

Fonction de production généralisée (*n* input, 1 output)

On décompose les facteurs de production en n facteurs : x_1... x_n' on associe à ces n facteurs une combinaison donnée pour un ensemble de quantités particulières de $x_1...x_n'$ soit C $(x_1...x_n)$; pour cette combinaison il existe une production maximum q, la fonction de production à n facteurs est alors la fonction à n variables qui associe à toutes les combinaisons C $(x_1...x_n) f(x_1...x_n) = q$, résultat maximum obtenu pour la combinaison.

Mais si en utilisant comme dans l'exemple du salon de coiffure les prix de revient constatés, il est toujours possible de construire certains points réels de la fonction de production, il est beaucoup plus difficile de construire tous les points possibles.

La possibilité de définir comme facteurs séparés capital et travail a été contestée : la machine est le fruit d'un travail passé et ne peut fonctionner sans l'activité humaine.

☞ ÉCONOMIES D'ÉCHELLE, MARGINALISME, FACTEURS DE PRODUCTION, GESTION

GESTION

Gouverner une entreprise, c'est d'une part définir ses orientations à long terme et d'autre part chaque jour prendre les décisions qui permettront à l'entreprise de vivre. C'est pourquoi on distingue la *gestion stratégique* et la *gestion courante*.

Objectif, Stratégie et Politique

Explicitement ou non l'entreprise a un ou des **objectifs**, c'est-à-dire des buts qu'elle se propose d'atteindre.

L'objectif fondamental est la réalisation d'un profit maximum. Mais s'agit-il du profit à court terme ou à long terme? Les deux ne coïncident pas nécessairement et la politique qui résultera de l'option choisie ne sera pas la même dans une entreprise qui produit des marchandises lui donnant un taux élevé de profit et dans un secteur dont l'horizon économique est bouché (espérance d'accroissement de la demande faible). Elle peut choisir ou non de se reconvertir partiellement, ce qui à court terme ne lui procure généralement pas de profit maximum.

D'autre part, de quel profit s'agit-il? De la masse des profits ou du profit par unité de capital propre? Doit-on donner priorité au maintien du caractère familial de la propriété de l'entreprise? Plusieurs réponses sont possibles qui définissent des objectifs différents. Par ailleurs, l'objectif étant défini, il n'y a pas une seule façon d'essayer de le réaliser, il n'y a pas une seule **politique** qui peut être envisagée, mais plusieurs.

En pratique l'entreprise ne connait que très partiellement l'environnement extérieur : comment varieront les prix des matières premières, comment évoluera la demande des consommateurs, quel sera le comportement des concurrents? Autant d'éléments parmi beaucoup d'autres que l'entreprise ne connaît que de façon incertaine. Aussi **les choix stratégiques** de l'entreprise, c'est-à-dire les choix fondamentaux qui engagent profondément l'avenir, sont-ils très largement des paris sur l'avenir, paris dont on cherche à limiter l'incertitude.

Les choix stratégiques orientant à long terme l'entreprise relèvent de la direction générale par opposition aux décisions de **gestion courante** qui peuvent être facilement décentralisées.

De façon plus générale la gestion sera alors l'ensemble des décisions interdépendantes effectuées en vue de maximiser une fonction objectif.

De la notion de fonction à celle d'organigramme

On distingue diverses fonctions ou séries d'opérations relativement homogènes dans l'entreprise. Par exemple l'activité d'achat de production, de vente, de financement, de direction générale. Fayol qui le premier a insisté sur cette notion distingue quant à lui six fonctions fondamentales : – la fonction technique (produire) ; – la fonction commerciale (acheter et vendre) ; – la fonction comptable (compter et contrôler) ; – la fonction financière (financer et contrôler la rentabilité) ; – la fonction sécurité ; – la fonction administrative (coordonner et décider).

Organigramme

L'organisation de l'entreprise est souvent présentée sous la forme d'un organigramme.

L'organigramme est soit une représentation très schématique de la structure d'une entreprise, soit une description détaillée de tous les organes de l'entreprise et de leurs liaisons.

L'organigramme peut ne mettre en évidence que les différentes fonctions et leur organisation dans l'entreprise ou bien préciser le nom des personnes qui accomplissent ces fonctions.

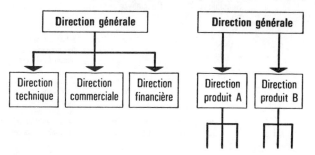

On distingue classiquement deux types purs de liaisons dans l'entreprise ; les liaisons hiérarchiques et les liaisons fonctionnelles.

Structure hiérarchique

La structure hiérarchique est semblable à celle de l'armée, chaque subordonné ne reçoit d'ordre que d'un seul chef auquel il doit rendre compte de son activité. L'information et les décisions doivent suivre la voie hiérarchique. Ainsi, dans l'exemple ci-dessous, les relations entre C_1 et C_4 doivent passer par A.

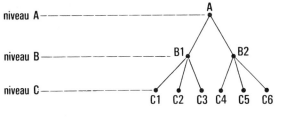

B1 est le chef de C1 C2 C3   A est le chef de B1 et B2

Structure fonctionnelle

Ce type d'organigramme fut critiqué en particulier par Taylor. Taylor insiste sur la multiplicité des d'interventions des responsables dans les structures hiérarchiques et sur l'impossibilité qui en résulte d'avoir des responsables compétents. Il préconise une **division fonctionnelle de l'autorité.**

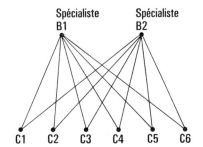

B1 et B2 sont les chefs hiérarchiques du niveau C. B1 est le chef hiérarchique des 8 personnes situées en C mais uniquement pour le domaine qui le concerne (par exemple responsable de la sécurité, du budget...).

Staff and line

La structure de type **Staff and line** est un compromis entre les structures hiérarchique et fonctionnelle. Il existe alors à l'intérieur d'une même entreprise deux types de liaisons : l'une hiérarchique, l'autre fonctionnelle.

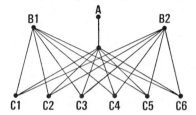

*B1 et B2
sont en position
fonctionnelle
A est le supérieur
hiérarchique
des personnes occupant
les postes C1 à C6*

Le contrôle

Dans une petite entreprise individuelle, le patron peut surveiller lui-même ses employés, vérifier lui-même ses comptes ; par contre au fur et à mesure que l'entreprise grandit, le contrôle devient plus difficile. L'optimum aux yeux des employés ne correspond pas spontanément avec celui des propriétaires de l'entreprise. Le premier objectif du contrôle va être d'orienter l'activité des travailleurs en fonction des objectifs de la direction et ce d'autant plus que l'accroissement des dimensions des entreprises impose souvent une décentralisation des décisions de gestion courante. Le deuxième objectif sera d'améliorer la connaissance des sources de profit ou de non profit de façon à adapter rapidement la politique de l'entreprise.

Un exemple de contrôle budgétaire

Le contrôle prendra des formes très diverses : une des plus connues est le contrôle budgétaire.

Gélinier distingue trois éléments de **contrôle :**
– la définition des objectifs qui indique la direction à suivre ;
– le dispositif de mesure qui permet de connaître les réalisations ;
– des actions correctrices en cours de route.

Le contrôle budgétaire peut prendre des formes diverses suivant le type de dispositif de mesure mis en place. Le plus souvent, néanmoins, le contrôle budgétaire se traduit par un développement de la **comptabilité analytique.**

La comptabilité traditionnelle ne donne pas d'indication sur les prix de revient par produit. Or, si on veut juger de l'activité d'un responsable, il faut effectuer des regroupements comptables de coût et de résultat par type de responsabilité.

La comptabilité analytique

C'est ainsi que la **comptabilité analytique** pourra décomposer les coûts et les résultats financiers sur chacun des produits vendus par l'entreprise, mais aussi, pour chaque produit, on peut distinguer le coût d'achat, le coût de production, le coût de distribution... qui en général correspondent à des responsabilités différentes (responsable de produit...).

En pratique on aura le plus souvent un **budget prévisionnel** par responsable, celui-ci pouvant d'ailleurs être flexible c'est-à-dire modulable en fonction de variables indépendantes de l'activité du responsable. On comparera ensuite les résultats réels avec le budget prévisionnel, l'analyse des **écarts** permettant à la fois de situer les responsabilités et de prendre des mesures correctrices le plus rapidement possible.

Le tableau de bord

L'expression « tableau de bord » fait penser au pilotage de l'avion; la direction de l'entreprise devant assurer le pilotage vers l'objectif de profit maximum, elle doit pouvoir disposer des informations essentielles qui lui permettent de prendre au mieux ses décisions avec l'optimum d'information. L'optimum et non le maximum (coût de l'information). Sans doute sur un problème délicat la direction demande-t-elle des données détaillées, mais pour avoir une vision d'ensemble régulière de l'activité de l'entreprise elle peut établir un tableau de bord.

Le tableau de bord est composé d'indicateurs en nombre limité mais considérés comme fondamentaux, portant sur l'ensemble de l'activité de l'entreprise.

Concrètement, ces indicateurs prennent la forme de valeurs absolues (CA du mois), d'écarts significatifs (croissance mensuelle ou annuelle des ventes par produits, par régions, ratios, taux d'absentéisme, évolution de la production par travailleur...), de graphiques...

Le tableau de bord peut également comporter des données externes à l'entreprise :

$$\frac{\text{CA de l'entreprise}}{\text{CA du secteur}} , \frac{\text{prix de la concurrence}}{\text{prix de l'entreprise}} \ldots$$

☞ COMPTABILITÉ PRIVÉE, MARKETING, ENTREPRISE

IDÉOLOGIE

Le mot est forgé à l'aube du 19e siècle : Destutt de Tracy en 1801 l'utilise alors au sens de science des idées, dans son livre « *Projet d'éléments d'idéologie* ».

Au sens large, l'idéologie est un système de représentation et de valeurs relativement cohérent. L'idéologie est un ensemble de croyances et de doctrines propres à une société, un groupe, et l'idéologie est un sous-ensemble du système culturel.

L'idéologie tient une place importante dans l'analyse marxiste.

L'idéologie dans l'analyse marxiste

L'idéologie comme produit de la réalité

L'idéologie dépend de la situation concrète et matérielle : « La production des idées, des représentations et de la conscience est intimement liée à l'activité matérielle et au commerce matériel des hommes. » (Marx, *Idéologie allemande*)

L'idéologie comme expression de groupes et de classes

L'idéologie est liée à une société et, au sein de cette société, à une classe. L'idéologie n'est pas l'émanation du peuple entier car les intérêts sont trop divergents entre les classes sociales.

L'idéologie dominante est celle diffusée par la classe dominante et correspond aux intérêts de cette classe. Mais cette idéologie est dominante parce que la grande majorité des individus d'une société, quelle que soit leur classe, ont cette idéologie, même si les intérêts que celle-ci véhicule ne correspondent pas à leurs intérêts réels.

L'idéologie contribue à la régulation d'une société en favorisant le consensus, mais elle peut aussi servir d'arme pour renverser les pouvoirs (idéologie révolutionnaire).

L'idéologie comme illusion

« Sur les différentes formes de propriété, sur les conditions d'existence sociale, s'élève toute une superstructure d'impressions, d'illusions, de façons de penser et des conceptions philosophiques particulières. »

L'idéologie comme obstacle à la science

Galilée, au XVIIe siècle, a été poursuivi pour avoir affirmé que la Terre tournait autour du Soleil. Pourquoi l'affirmation de cette simple connaissance scientifique vous rendait-elle passible du bûcher ? Elle heurtait l'idéologie de l'Eglise qui faisait de l'homme et donc de la Terre le centre du Monde. Ainsi, l'idéologie s'oppose à toute connaissance qui ne rentre pas dans son système d'explication. L'idéologie est un obstacle à la connaissance scientifique, car elle structure les idées autour de principes posés a priori par cette idéologie (l'homme est le centre du monde, la race aryenne est faite pour dominer les autres, le parti a toujours raison).

Plus généralement l'idéologie chez Marx est :

• Une certaine façon de travestir la réalité (déformation de la vérité).

• Un ensemble de représentations qui exprime une réalité économique et sociale, tout en organisant les idées selon une relative cohérence interne en partie indépendante de l'origine réelle.

• L'idéologie exprime la réalité sociale des groupes et des classes, systématisant leurs pratiques et leurs intérêts sous forme d'idées et de comportements, de représentations culturelles, de systèmes politiques et religieux...

• L'idéologie constitue une **superstructure,** elle organise les idées, les représentations en leur conférant une autonomie relative.

• L'idéologie intervient dans le réel, au sein des luttes et dans l'organisation des individus ; l'idéologie constitue un moyen de s'organiser, de penser la pratique et de combattre l'adversaire. Il y a des affrontements sur le terrain idéologique.

• Les idéologies expriment les contradictions d'un mode de production et dépendent des rapports sociaux, la classe dominante a intérêt à mystifier ses adversaires. Au contraire, la classe dominée a un intérêt objectif à rétablir une certaine vérité pour montrer le sens de l'évolution qui détermine sa place nouvelle.

☞ ANOMIE, CULTURE, ALIÉNATION

INDICE DES PRIX

Un indice, lors d'une enquête policière, est un élément permettant d'avancer vers la solution du problème. Traces de pas, empreintes digitales... autant de signes qui permettent d'interpréter les faits et d'échafauder une théorie concernant l'affaire.

➡ L'indice des prix n'est lui aussi qu'un signe témoignant de l'évolution des prix. Trop souvent, l'indice des prix est identifié à une réalité objective alors qu'il n'est qu'un instrument de mesure, une construction statistique.

Il n'existe pas un, mais plusieurs indices des prix. L'INSEE, qui dépend du ministère des Finances, calcule l'indice mensuel des prix à la consommation qui est l'indicateur officiel de la hausse des prix à la consommation. L'INSEE calcule également d'autres indices de prix : indice des prix par produits, indice des prix de gros... Les organisations syndicales, elles aussi, élaborent des indices de prix, le plus connu est celui de la C.G.T.

Si les salaires ont augmenté de 10 %, l'indice des prix de l'INSEE de 8 % et celui de la CGT de 12 %, on peut affirmer (en ordre de grandeur) que le pouvoir d'achat a augmenté d'environ 2 % si l'on fait confiance à l'INSEE, ou qu'il a diminué d'autant si l'on prend pour référence l'indice calculé par la CGT.

Un préalable : qu'est-ce qu'un indice?

Indices simples ou élémentaires

On appelle indice simple (ou élémentaire) d'une grandeur G prise dans deux situations distinctes (dates différentes, lieux différents...) le rapport :

$$\frac{\text{Grandeur dans la situation 2}}{\text{Grandeur dans la situation 1}} \times 100$$

La situation 2 désigne la période pour laquelle on calcule l'indice. La situation 1 représente la période de base.

	Année 1	Année 2
Valeur de G	G_1	G_2
Valeur de l'indice	100	$I_{2/1} = \dfrac{G_2}{G_1} \times 100$

Sens statistique général

De façon plus générale, un indice statistique est un nombre sans unité, parfois appelé nombre pur ou sans dimension. Il est construit à partir d'un ensemble de nombres qu'il synthétise.

Ce sens doit être distingué du sens mathématique. L'indice est souvent utilisé en mathématique pour distinguer une famille de variables, ainsi la lettre x_i est indiquée par l'indice $_i$ qui, généralement, prend ses valeurs dans un ensemble numérique.

Indice synthétique

Souvent il faut considérer plusieurs produits dont les prix évoluent de façons diverses. Ainsi trois biens : beurre, œufs, fromage, ont les prix suivants à deux dates différentes,

		date 1 (base)	date 2 (référence)
bien 1	250 g de beurre	5 F	6 F
bien 2	1 œuf	0 F 40	0 F 60
bien 3	fromage	3 F 60	5 F 60
Coût total		9 F = 5 F + 0 F 40 + 3 F 60	12 F = 6 F + 0 F 60 + 5 F 40
Moyenne		9 F / 3 F = 3 F	12 F / 3 = 4 F
Indice		100	$4/3 \times 100 = 133,3$

Un **indice synthétique simple,** sera, par exemple, la moyenne simple des prix :

$$\frac{\text{Moyenne date 2}}{\text{Moyenne date 1}} \times 100 = \frac{4\ \text{F}}{3\ \text{F}} \times 100 = 133,3...$$

Ce type d'indice est très insuffisant, car il ne tient pas compte du poids réel de chaque dépense dans le panier de la ménagère.

Indice synthétique pondéré (ou composite)

La quantité implicite utilisée dans le cas précédent est **une** unité de beurre, **un** œuf, **un** fromage. C'est une pondération possible, mais pas nécessairement la meilleure. On cherche généralement à ce que chaque produit soit pris en compte de façon proportionnelle au poids réel qu'il représente dans les dépenses effectives de la population étudiée.

Supposons que le panier de la ménagère retenu comprenne les différents produits dans les rapports suivants, les quantités restant inchangées :

Produits Quantités	beurre 2	oeufs 12	fromage 1

on pourra calculer un indice pondéré simple, l'année 1 étant supposée être l'année de référence (indice 100), en calculant la valeur du panier de marchandises ainsi défini pour l'année 1 et 2 et en faisant correspondre l'indice 100 à la première valeur et l'indice de la deuxième année à la deuxième valeur. On aura ainsi :

Produits	Quantités Q	P_1 Prix année 1	P_2 Prix année 2	P_1Q	P_2Q
beurre	2	5	6	10	12
œufs	12	0,4	0,6	4,8	7,2
fromage	1	3,6	5,4	3,6	3,6
				= 18,4	= 22,8

Si 18,4 correspond à l'indice 100,

$$22,8 \text{ correspond à l'indice} : \frac{22,8 \times 100}{18,4} = 123$$

De façon plus générale, l'indice de l'année n est égal à

$$I_n = \frac{\Sigma \, Q_n \times P_n}{\Sigma \, Q_1 \times P_1} \times 100$$

Si on modifie la pondération, le résultat se trouve modifié. Nous avons supposé, ici, que les quantités de chaque produit étaient stables dans le temps, c'est-à-dire que la ménagère achète toujours les produits dans les mêmes proportions. En pratique, les quantités achetées varient dans le temps.

Une enquête sur les prix

Mais comment mesurer le mouvement de cette foule de marchandises innombrables, de la baguette de pain au camion-remorque, sans oublier la multitude des points de vente qui pratiquent des prix disparates, et enfin les oscillations brutales du prix des fraises en cours d'année?

Relever tous les prix, partout et à tout moment, mobiliserait l'énergie d'une population innombrable et coûterait une fortune. L'indice des prix ne peut donc provenir que d'une enquête sur les prix. Par exemple l'éclair au café pourra symboliser la pâtisserie, le faux filet les articles de boucherie, la R5, les automobiles, le ticket de métro à Paris les transports en commun, la coupe de cheveux les services...

Comme dans toute enquête fondée sur la loi des grands nombres, on espère que l'écart possible entre le prix de l'éclair au café et celui de l'ensemble de la pâtisserie sera compensé par celui moins important de la coupe de cheveux par rapport aux services... La réalisation de l'indice des prix met en oeuvre 250 enquêteurs spécialisés qui font 160 000 relevés de prix dans 30 000 points de vente répartis sur plus de 100 localités choisies sur tout le territoire français ; il y a 295 postes regroupés en 60 sous-groupes (habillement, charcuterie, électro-ménager...). Il est usuel de regrouper les variations de l'indice selon 3 secteurs : alimentation, produits manufacturés, services.

Le caractère aléatoire du relevé est évidemment faussé si les commerçants ou le gouvernement connaissent les articles sujets aux relevés et biaisent leur hausse par rapport à la gamme de produits qu'ils sont censés représenter...

Un panier de biens représentatifs

Une des tâches premières consiste donc à définir un panier de biens représentatifs. Un panier de biens représentatifs est une liste d'articles, auxquels on affecte des coefficients de pondération reflétant l'importance de ces articles dans le budget des consommateurs.

Structure de dépenses d'aujourd'hui ou d'hier

Supposons que le panier comprenne du pain, de la viande et des tickets de métro, comment mesurer le mouvement de prix d'ensemble ?

Une première idée consisterait à faire la moyenne arithmétique des augmentations, mais si la viande représente la moitié de ces trois dépenses durant la semaine, il n'est pas juste de ne pas tenir compte de façon plus sensible de son poids dans le budget des ménages.

D'où l'idée de déterminer une **pondération** dont le principe est simple : en fonction de la part du budget consacrée à chaque type de produit, la hausse des prix des articles va être rapportée à son effet sur les dépenses. Le choix de la structure de la consommation variant d'une période à l'autre, deux grandes solutions donnent deux indices classiques : celui de **Laspeyres** en valeur (qui pondère selon les quantités consommées à l'origine), celui de **Paasche** qui part du principe symétrique (pondération suivant la structure de la consommation d'arrivée).

Indice de Laspeyres : exemple de calcul

	Prix 1979	Q 1979	Valeur en 1979	Prix 1980	Q 1979	Valeur en 1980 avec quantités 1979
Pain baguette	1,50 F	200	300 F	2 F	200	400 F
Viande kg bavette	40 F	70	2 800 F	50 F	70	3 500 F
Ticket de métro	1,30 F	250	325 F	1,50 F	250	375 F
TOTAL			= 3 425 F			= 4 275 F

$I_2 = \dfrac{4\,275}{3\,425} \times 100 = 124,8$, soit une hausse de prix de 24,8 %.

> **Indice de Laspeyres 1980 (base 100 en 1979) :**
>
> $\dfrac{\text{Valeur du panier aux prix 1980 avec les quantités achetées en 1979}}{\text{Valeur du panier aux prix 1979 avec les quantités achetées en 1979}} \times 100$
>
> On utilise les quantités de l'année de base pour pondérer.

Indice de Paasche : exemple de calcul

	Prix 1979	Q 1979	Valeur en 1979 avec quant. 1980	Prix 1980	Q 1979	Valeur en 1980 prix et quantités 1979
Pain baguette	1,50 F	180	270 F	2 F	180	360 F
Viande kg bavette	40 F	85	3 400 F	50 F	85	4 250 F
Ticket de métro	1,30 F	300	390 F	1,50 F	300	450 F
Total			= 4 060 F			= 5 060 F

$\dfrac{5\,060}{4\,060} \times 100 = 124,6$, soit une hausse de prix de 24,6 %.

> **Indice de Paasche en 1980 (base 100 en 1979) soit :**
>
> $\dfrac{\text{Valeur du panier aux prix 1980 avec les quantités achetées en 1980}}{\text{Valeur du panier aux prix 1979 avec les quantités achetées en 1980}} \times 100$
>
> On utilise les quantités de l'année finale pour pondérer.

Indice de Fisher

L'indice de Fisher essaie de concilier les deux points de vue, c'est la racine carrée du produit de l'indice de Laspeyres par celui de Paasche.

Quelques points contestés

Mais, plus encore que le débat Laspeyres/Paasche, la construction de l'indice soulève des problèmes, sujets à controverse entre l'INSEE et les syndicats ; la fonction de négociateur salarial les a rendus utilisateurs critiques, puis producteurs d'indices différents...

Français moyen ou catégories sociales bien définies ?

Le choix des coefficients de pondération, correspond à une moyenne nationale, les organisations préfèrent prendre une catégorie sociale précise qu'elles choisissent de défendre. Ainsi les cadres voudront insister sur la structure de la consommation de cette catégorie, la CGT sur l'ouvrier métallurgiste de la Région parisienne ayant deux enfants... Ces choix amènent à tenir compte par exemple du coût de la fiscalité, du poids des loyers en Région parisienne, du coût des voitures d'occasion..., éliminés par l'indice officiel ou pondérés de façon différente.

Produits nouveaux, effet qualité

Un problème méthodologique central est celui des changements de prix lorsque des produits changent ou disparaissent. Voici un exemple fourni par le syndicat CFDT de l'INSEE :

En décembre 1976 dans la gamme des frigidaires de 100 litres on trouve un réfrigérateur « Frigimou », type « Igloo » de prix 1 000 F. En janvier 1977 ce type Igloo n'est plus disponible, le modèle « Val d'Isère » (100 litres) fait son apparition. Il vaut 1 200 F. Peut-on compter 20 % de hausse des prix ?

L'INSEE répond qu'il ne s'agit pas du même produit, « Val d'Isère » a le dégivrage automatique, qui constitue un progrès justifiant une augmentation de prix sans que l'on puisse parler d'inflation.

Mais la section syndicale (CFDT) de l'INSEE précise : « Val d'Isère use plus d'énergie, a une tôle plus mince, et dure moins longtemps... »

Le décalage entre les deux types d'évaluation n'est pas négligeable surtout si l'on considère le rythme rapide de renouvellement des modèles...

« N'oublions pas que les consommateurs n'ont plus d'autre choix que d'acheter le modèle Val d'Isère car il n'existe pas d'autre modèle de 100 l » précisent les syndicats. « N'oublions pas que le niveau de vie augmente et que les consommateurs choisissent en majorité le dégivrage automatique », réplique l'INSEE.

Les produits saisonniers

Définir un thermomètre des prix pour un panier de biens devient une gageure quand les fruits et les légumes au rythme des saisons disparaissent des points de vente. Comment mensuellement tenir compte des produits saisonniers? L'INSEE répond : par une convention. L'INSEE relèvera le prix des produits frais, selon leur présence sur les marchés, ainsi les abricots en juin et juillet, les cerises et fraises de mai à juillet...

L'INSEE élimine ainsi les primeurs et donc un des aspects spéculatifs des prix.

De plus, la comparaison des prix de ces produits se fera de saison à saison : 6 F le kg de fraises en juillet 1978, 8 F en 79, la hausse est chiffrée à 2 F. Mais l'INSEE veut aussi éliminer les mouvements violents sur l'indice mensuel de ces produits, il pratique alors **un lissage en moyenne mobile**. Ainsi il constitue suivant l'approvisionnement en produits frais, 12 paniers mensuels contenant les fruits de saison et intègre tout au long des 12 mois la hausse d'un mois **(lissage)**. Autrement dit la montée du prix des fraises en mai comptera pour 1/12 en mai plus 1/12 en juin, et ainsi de suite jusqu'en avril. Le consommateur a dû payer immédiatement cette montée des prix, alors que la hausse n'est incluse dans l'indice des prix qu'avec retard, disent les syndicats.

La technique du relevé

L'implantation nationale des lieux de relevés correspond aux grandes masses de consommateurs, nombreux à Paris, plus rares dans le Berry... Mais lors des grands mouvements saisonniers, par exemple en août ou les trois mois d'été, lors des vacances d'hiver, quand les prix flambent sur les lieux de vacances, près des campings..., la plupart des lieux de relevés sont fermés et les prix, par convention, sont laissés identiques à ceux des précédents relevés.

 INFLATION

INFLATION

Parler d'inflation c'est souvent mener une enquête et instruire un procès. La question « qu'est-ce que l'inflation ? » devient rapidement « d'où vient-elle ? » et finit par un doigt accusateur pointé vers les « fauteurs d'inflation »...

Pour les uns les salariés sont coupables, pour d'autres la monnaie augmente trop vite ou circule trop aisément... La société permissive qui pousse à vouloir toujours plus sans tenir compte des ressources disponibles engendre la « société d'inflation » (Maurus)... L'inégalité qui favorise la consommation ostentatoire, manipulée par le snobisme et la publicité, se soucie peu des prix et favorise la valse des étiquettes, et nous avons « l'inflation au cœur » (Maurus-Rocard)... L'État qui prélève des richesses sans produire la contrepartie et recourt au déficit budgétaire, l'étranger qui induit la baisse des prix en augmentant le pétrole et oblige à répercuter le coût de matières énergétiques sur les prix des produits... autant d'accusés, autant de types d'inflation...

Nul doute qu'à recenser quelques-unes des démarches on ne se prenne à constater une inflation du vocabulaire et des théories relatives à l'inflation. Mais avant d'examiner ces définitions particulières, recherchons ce qui unifie le vocabulaire de l'inflation.

Qu'est-ce que l'inflation ?

Nous retiendrons comme **définition synthétique de l'inflation,** celle de **G. Olive** qui refuse d'associer la définition de l'inflation à un mécanisme inflationniste particulier :

L'inflation est :

1. La hausse du niveau général des prix (et non la hausse du prix de quelques produits).

2. Un phénomène **auto-entretenu** de hausse des prix (une hausse en entraîne d'autres) et non un phénomène isolé et accidentel.

3. Une hausse des prix fondée sur des **mécanismes macro-économiques** (mettant en jeu l'interdépendance entre toutes les parties et tous les mécanismes de l'économie : répartition, formation des prix, systèmes de distribution,...).

Comment mesurer l'inflation?

L'indice des prix à la consommation

L'inflation étant un phénomène global de hausse, il est usuel de la mesurer par l'indice général des prix; celui-ci tient compte en principe de l'ensemble des prix et du poids des articles dans le budget d'un « ménage moyen ».

Mais la hausse de l'indice n'est que l'indicateur qui permet de déceler l'existence de l'inflation. Si une cause fortuite ou isolée produit sa hausse sur un ou deux mois, il n'y a pas inflation, mais une simple **tension** sur les prix. Une sécheresse, l'augmentation de tarifs publics ou de taxes, peuvent occasionner une flambée des prix sans lendemain, le phénomène n'étant pas auto-entretenu on ne peut parler d'inflation.

Les indices par CSP

De plus, l'indice général des prix ne reflète pas nécessairement la hausse des prix ressentie par les individus ou même les groupes sociaux. L'amateur de café ressentira la hausse du prix du café comme profondément inflationniste alors qu'elle ne pèsera que peu sur le budget de l'amateur de thé...

S'il n'est pas possible de définir un indice des prix par individu, il est souvent utile de distinguer *les indices des prix par CSP*. En tenant compte de la structure de consommation des ouvriers, des cadres, des paysans, la notion d'inflation prend un sens sociologique concret, la hausse du ticket de 2e classe n'ayant pas le même sens socio-économique que le doublement d'une place d'avion sur Concorde à Paris à New York...

Les indices sectoriels

L'envolée des prix des services peut s'accompagner d'une baisse des prix agricoles, aussi a-t-on cherché à mesurer l'évolution des prix par secteurs significatifs.

Les indices relatifs

Le prix relatif du bien b par rapport au bien a est égal au rapport entre le prix de b et le prix de a, soit Pb/Pa.

Ainsi, si un disque vaut 40 F et une place de cinéma 20 F, le prix relatif du disque en termes de place de cinéma est 2 contre 1 (40 F/20 F = 2).

Plus généralement, pour mesurer le comportement différentiel des marchandises à l'égard de l'inflation, il est possible de définir un indice relatif des prix d'un produit.

Les formes d'inflation

L'inflation par la demande

L'approche monétariste traditionnelle

Dans l'optique monétariste traditionnelle, lorsque la monnaie créée dans des conditions trop libérales (croissance plus rapide de la masse monétaire que celle du PNB en volume), est trop abondante par rapport aux richesses produites, les variations de prix rétablissent l'équilibre sur le marché.

Dans cette optique, une expression souvent utilisée est celle d'inflation par la demande.

L'inflation par la demande est un phénomène de hausse de prix engendré par une situation de déséquilibre entre une demande solvable trop forte par rapport à l'offre à un prix donné. Pour que les quantités demandées soient égales à celles offertes, les prix augmentent.

Inflation par la demande globale (keynésiens)

Les keynésiens utilisent l'expression d'« inflation par la demande » dans une approche un peu différente : Ils parlent d'inflation par la demande globale si des accroissements de dépenses se heurtent à une offre rigide.

A la différence de l'inflation par la demande néoclassique, celle des keynésiens n'est pas automatiquement liée à un déficit des dépenses publiques ou à une montée des salaires... Pour les key-nésiens la hausse des prix liée à la demande globale ne se développe que lorsque le système ne peut plus réagir aux variations des quantités de monnaie par un accroissement de production.

Inflation par les coûts

Les keynésiens insistent souvent sur le rôle des coûts dans les phénomènes inflationnistes.

On parle d'**inflation par les coûts** pour désigner la hausse des prix occasionnée par la diffusion des hausses des éléments entrant dans les prix (matières premières, salaires, marges,...).

La hausse des coûts est inflationniste quand elle est autoentretenue, ce qui est souvent le cas vu l'interdépendance des éléments composant le prix de production.

La spirale inflationiste

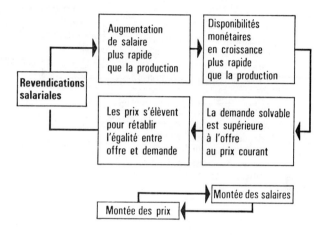

Ce type de démarche peut être perçu à travers un exemple :
Le modèle « P – P – P » de Courbis.

En adoptant les relations de comportement ci-dessous...

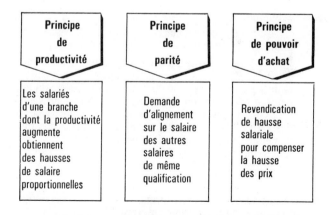

... on peut mettre en évidence le schéma inflationniste suivant :

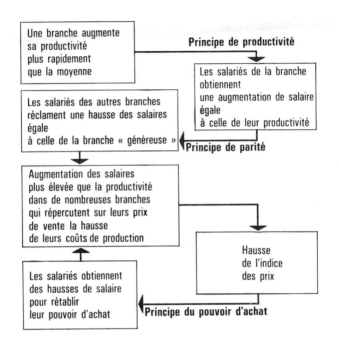

Deux inséparables

Il est faux au niveau macro-économique de séparer radicalement inflation par les coûts et inflation par la demande.

En économie fermée, toute hausse d'une composante d'un coût se traduit de fait par une augmentation des revenus distribués; pour les salaires c'est évident, mais dans le cas où le prix d'une matière première tend à augmenter, les entreprises qui produisent vont disposer de plus d'argent à dépenser... Aussi la hausse des coûts coïncide souvent avec une hausse des disponibilités monétaires et de la demande. Réciproquement, une inflation résultant d'une demande trop forte va entraîner une montée des salaires et des prix, donc des coûts...

Un moyen de résoudre à court terme les contradictions du capitalisme (marxisme)

Un type d'analyse a pour particularité d'introduire les rapports sociaux. Issu de Marx ce courant s'est précisé à la lueur de l'inflation du XXe siècle.

Conflit pour le partage des richesses

Supposons que les salariés obtiennent une augmentation de salaire : si le capitaliste ne modifie pas son prix, il va voir son taux de profit baisser :

$$\frac{\text{plus value}}{\text{Capital fixe + capital variable}}$$

est d'autant plus petit que le capital variable (éventuellement les salaires) est grand (à productivité constante).

S'il augmente son prix, il pourra obtenir un rétablissement du partage entre capitalistes et salariés. Cette modification du prix est d'autant plus facile que l'ensemble des autres entreprises font face aux mêmes revendications salariales. Chacune augmentant ses prix, il n'y aura pas ou peu de modification de la situation des prix relatifs.

L'inflation est alors une façon de régler le problème de la répartition et apparaît comme un élément du conflit entre les groupes pour obtenir une part plus importante des richesses produites.

La lutte contre la baisse tendancielle des taux de profit

La hausse des prix peut être aussi une façon de répercuter sur le consommateur le besoin accru d'investissements pour faire face aux nouvelles techniques de production de plus en plus coûteuses. La montée des investissements (capital fixe en hausse) va diminuer le taux de profit si pour une main-d'oeuvre donnée le taux d'exploitation (plus value divisée par capitaux variables) ne peut être augmenté. En modifiant le prix, il est possible de répercuter sur le consommateur la hausse de la composition organique du capital[1] en réduisant de fait la valeur réelle de la force de travail, car les salariés, au moyen de leurs revenus, ne pourront se procurer autant de biens qu'avant le mouvement de hausse des prix...

Un élément de régulation

Ainsi, l'inflation apparait comme une façon de lutter contre la baisse tendancielle du taux de profit, elle est donc un moyen de régulation du système économique.

La déflation

La déflation est un ensemble de mesures visant, dans un cadre libéral, à restreindre la demande pour réduire les tensions sur les prix (politique déflationniste) :

1. Capital fixe sur capital variable.

– réduction des dépenses publiques,

– augmentation de la pression fiscale pour limiter les revenus disponibles des ménages,

– encadrement du crédit, montée du taux d'intérêt afin de limiter la croissance de la masse monétaire,

– limitation des salaires, des marges bénéficiaires,

– blocage des prix...

Le terme de déflation peut aussi être utilisé pour caractériser une période marquée par une baisse durable du niveau des prix.

La stagflation

Les années 70 ont été marquées à la fois par un ralentissement du taux de croissance économique, par une forte inflation et par la montée du chômage.

La stagflation désigne une période où coexistent inflation, baisse de l'activité économique et chômage élevé. Mot forgé en contractant stagflation et inflation, la stagflation est un phénomène reflétant les structures du capitalisme contemporain (grandes firmes et rigidité des prix à la baisse) et les difficultés d'une régulation par des politiques traditionnelles.

La désinflation

La désinflation se manifeste par le ralentissement durable et auto-entretenu du rythme de hausse du niveau général des prix. Ainsi lorsque le taux de hausse des prix passe de 15 % à 3 % par an, il y a désinflation.

La désinflation compétitive désigne une approche de l'économie telle que celle menée en France par P. Bérégovoy selon laquelle il faut avoir une monnaie solide et une inflation plus faible que celle des pays concurrents pour avoir une compétitivité fondée sur une forte valeur ajoutée et non sur des prix faibles qui bradent le travail français à l'exportation.

☞ INDICE DES PRIX, MONNAIE

INNOVATIONS ÉCONOMIQUES

L'innovation économique diffère de l'innovation technique

A la suite de J. Schumpeter, on qualifie d'innovation économique une idée nouvelle qui se concrétise par des applications commercialisées. Le premier *supermarché* a été une innovation au sens économique du terme. Cette innovation économique ne s'appuyait pas sur une innovation technique.

Recherche et innovation

Si innovation technique et économique ne sont pas synonymes, le progrès technique est à l'origine de multiples innovations économiques.

Il y a innovation technique lorsque :

1. Une nouvelle façon de produire augmente la productivité. Ainsi un métier à tisser mécanique remplace une multitude de bras (innovation de processus).

2. Ou bien, on réalise de nouveaux produits inconnus jusqu'alors, par exemple le magnétoscope, qui permet d'enregistrer les images et le son, complète le téléviseur (innovation de produit).

• Il est usuel de distinguer la recherche fondamentale qui tente d'élargir le stock des connaissances de l'humanité, de la recherche appliquée orientée vers la réalisation d'innovations concrètes.

• Une politique de recherche est l'action de l'État pour favoriser des découvertes et leurs applications (laboratoires publics, subventions, incitations fiscales, commandes publiques aux firmes qui innovent, etc.).

Productique, bureautique, robotique

L'innovation technique en matière de production est à l'origine de pratiques nouvelles et de terminologies nouvelles.

La période actuelle est marquée par le développement de la productique, ou intégration de l'informatique aux outils et techniques de production. Ainsi, la bureautique intègre l'informatique au travail de bureau tandis que la robotique associe l'informatique aux processus de fabrication permettant ainsi une certaine automatisation de la production.

☞ INNOVATIONS FINANCIÈRES

INNOVATIONS FINANCIÈRES

Posséder des valeurs mobilières, même modestes, c'est avoir un **portefeuille** qui n'est rien d'autre qu'un ensemble d'actions, d'obligations et de valeurs diverses possédées par un agent économique.

Les innovations financières ont pour objectif de mieux gérer les portefeuilles en fonction d'objectifs définis : par exemple obtenir un rendement régulier ou, au contraire, viser des gains en capital rapides.

Les marchés à terme

Les marchés à terme sont de plus en plus utilisés par des opérateurs soucieux soit de couvrir un risque, soit de bénéficier d'un gain.

Un contrat à terme est un engagement qui lie deux parties, l'une s'engage à acheter, l'autre à vendre en quantité déterminée un titre financier dont le prix est fixé à la date de signature du contrat mais dont la livraison se fera plus tard, lors de l'échéance du dit contrat.

Le principe des marchés est dérivé des opérations courantes dans les bourses des marchandises. Les cours des matières premières varient au gré de facteurs souvent très volatils (découverte de mines ou mise en vente de stocks, aléas du climat et des récoltes). Le principe des **futures** (contrats à terme) est le suivant : si vous décidez de vendre à la **bourse des marchandises** pour 10 tonnes de café à 2 000 F la tonne livrée dans trois mois au port du Havre, votre acheteur vous devra 20 000 F à l'échéance du contrat. Bien entendu, dans trois mois le café livré au Havre vaudra un prix différent, s'il est de 1 000 F seulement la tonne vous l'achèterez au comptant et vous aurez gagné 10 000 F, à l'inverse, si le café vaut 2 500 F vous perdrez la différence de 5 000 F.

En sens inverse, une opération de couverture permet à un opérateur de transférer au marché un risque en prenant une position à terme.

Les *financial futures* jouent sur les taux. Il est possible de passer des contrats à terme sur les indices des actions ou sur les monnaies (contrats à terme sur les devises). L'opérateur qui a placé de l'épargne en bons du trésor et qui veut se couvrir contre les risques de hausse du cours s'engage à vendre 100 000 F en bons du trésor dans 90 jours (avant la hausse des taux qu'il redoute), il sera ainsi assuré d'une certaine rémunération de son épargne ;

symétriquement, un spéculateur a pris le risque inverse et compte sur une baisse des taux qui lui permettra de recevoir un gain.

L'arbitrage consiste à tirer partie des micro-variations instantanée du marché. Si l'opérateur vise juste, il profite d'écarts de cours momentanés sur les valeurs de même nature (mais à des échéances diverses ou sur des marchés voisins). Cette pratique est favorisée par l'existence d'ordinateurs connectés à des bases de données qui permettent de connaître au même moment les variations de taux sur des marchés voisins (marché monétaire, marché hypothécaire, marché obligataire).

La désintermédiation

La période récente a été marquée par un processus dit de **désintermédiation.** Les entreprises ne passent plus nécessairement par des intermédiaires financiers pour accéder à l'épargne des ménages.

• Plus généralement, les années récentes se caractérisent par le développement de la **titrisation** où divers titres émis par les entreprises se négocient de plus en plus largement en fonction de la notoriété des émetteurs.

• **Les billets de trésorerie** sont des reconnaissances de dettes émises par des entreprises d'envergure nationale et internationale, elles peuvent émettre des billets au porteur qui leur permettent de faire directement appel à l'épargne publique.

☞ BOURSE, INNOVATION ÉCONOMIQUE, MARCHÉ

INTÉGRATION

Un chalet s'intègre dans un paysage alpin mais provoquerait place de la Concorde un effet tout à fait étrange.

L'intégration, au sens courant, traduit une certaine adéquation à un ensemble.

Sens psycho-social

Au sens psycho-social, **l'intégration** désigne le processus d'intériorisation qui permet à un individu de réagir conformément aux normes, valeurs qui régissent le groupe. Un joueur de football participant à un club devra se conformer à certaines règles du jeu, mais aussi se plier à ce que le groupe attend de lui ; considéré comme leader il devra susciter des occasions de but, orienter ses camarades... Un individu parfaitement intégré à un groupe, par exemple un club de football, peut se trouver marginalisé au sein d'un autre groupe (d'expression corporelle).

Sens politique

Au sens politique, **l'intégration** désigne les processus qui visent à faire accepter à des groupes ou à des États, des institutions, un pouvoir, une façon d'agir, de sentir et de voir d'un groupe plus vaste ou d'une société dominante.

Lors des conquêtes coloniales, ou pour un État-nation voulant établir une cohérence de ses diverses composantes ethniques, sociales ou économiques, l'intégration est indispensable pour éviter révolte et conflits. Ainsi l'État français cherchera l'intégration des minorités régionales en interdisant l'usage des langues nationales à l'école, en effaçant des livres d'histoire ce qui concerne Bretons ou Occitans, en tant que cultures spécifiques.

Consensus

Le consensus est, le plus souvent, le fait d'un groupe qui se comprend de façon implicite et adhère inconsciemment à une idéologie, une façon de voir et d'agir. Un groupe oeuvrant pour les Droits de l'homme verra régner un large consensus pour s'opposer à la torture, mais chacun aura des opinions différentes sur l'art de planter des rosiers ; le consensus est donc lié à certaines questions précises et à des ensembles de personnes définis partageant, sans nécessairement se concerter, des façons de voir et d'agir qui les distinguent ou les regroupent. La notion de consensus exprime la convergence des points de vue concernant une question. A l'opposé du consensus il y a évidemment la notion de conflit et de lutte des classes.

Sens ethnologique

Au sens ethnologique, l'**intégration** exprime la façon dont une culture unifie et organise les comportements selon une logique.

Ainsi les Zuñis, étudiés par R. Benedict, sont unifiés par un mode de résolution non-violent des conflits, par des techniques de formation de la personnalité déjouant l'agressivité. Cet élément général intégrateur assure un principe culturel directeur, qui distingue une culture des autres et la structure de façon cohérente.

L'intégration sociale est aussi ajustement par rapport à une structure, qui règle les positions des éléments les uns par rapport aux autres.

Sens économique

Au sens économique l'**intégration** désigne soit un processus soit un résultat.

En tant que processus, l'intégration est un ensemble de mesures destinées à supprimer les discriminations entre unités économiques de différents pays (suppression des barrières douanières... des différences de fiscalité...).

En statique, l'intégration se caractérise par l'existence d'un espace économique unifié. On peut distinguer différents degrés dans l'intégration économique. La mise en place d'une union douanière contribue à l'intégration économique en tant que processus, elle établit un certain degré d'intégration économique qui sera réalisé entre les pays membres.

Concentration et intégration

Le terme **intégration** est utilisé à propos de la concentration dans un sens sensiblement différent de celui qui précède. La concentration peut, en effet, se réaliser suivant un processus horizontal ou vertical. Dans ce dernier cas l'entreprise tend à contrôler le processus de production en amont et en aval. Plus ce contrôle sera important, plus l'intégration sera forte. Un cas particulier est l'intégration agricole. Dans ce secteur les propriétaires restent juridiquement indépendants mais sont souvent liés par contrat aux firmes agro-alimentaires qui leur imposent standard de qualité et techniques de production.

 ALIÉNATION, ORGANISATION SOCIALE, IDÉOLOGIE, CULTURE, CONCENTRATION, MARCHÉ COMMUN

INVESTISSEMENT

Capital et investissement

« Un campagnard a besoin d'eau potable et en désire. La source jaillit à une certaine distance de sa maison. Pour se procurer l'eau dont il a besoin, il peut employer différents moyens. Ou bien il ira lui-même chaque fois à la source et il boira dans le creux de sa main. C'est le moyen le plus direct. La satisfaction est obtenue immédiatement après la dépense de la peine. Mais il est incommode, car notre homme doit journellement faire le chemin jusqu'à la source, autant de fois qu'il aura soif ; il est en outre insuffisant, car de cette façon on ne peut jamais recueillir et conserver la quantité d'eau assez grande dont on a besoin pour toutes sortes d'usages. Ou bien – et c'est le second moyen – le laboureur creuse dans un bloc de bois un seau dans lequel il portera en une fois de la source à la maison l'eau nécessaire pour la journée. L'avantage est évident ; mais, pour l'obtenir, il a fallu se servir d'un moyen détourné qui a son importance. L'homme a peut-être dû passer toute une journée pour tailler le seau, et pour pouvoir le tailler, il a dû auparavant abattre un arbre dans la forêt ; pour pouvoir faire cela, il lui a fallu d'abord fabriquer une cognée, et ainsi de suite. »

A travers cet exemple célèbre, Böhm-Bawerk montre l'importance des **détours de production**. Le seau peut être considéré comme du **capital technique**. Pour détenir ce capital technique il faut investir. Investir c'est ici, après avoir épargné en renonçant à une consommation immédiate, puis utiliser cette épargne de façon directement productive.

L'investissement est un flux, qui s'ajoute chaque année sous forme d'**équipements neufs** au capital productif. Si on inclut les équipements de remplacement, on parlera d'**investissement brut.**

L'**investissement net** d'une période correspond à la variation du stock de capital au cours de la période :
Capital en fin de période moins Capital en début de période.

C'est l'investissement brut moins les amortissements.

Au sens courant

Le mot investissement est entré dans le langage courant, et différents sens s'entremêlent. « Investissez dans la laine » suggère une publicité, « investissez dans la pierre » proposent les promoteurs... L'**investissement** désigne alors un achat qui se révélera utile à long terme.

Le vocabulaire de l'INSEE

Ce sens courant ne correspond pas à la terminologie de l'INSEE. Si vous achetez un pull en laine, l'INSEE inscrira votre achat comme consommation finale ; si au contraire, vous achetez un logement même destiné à votre habitation, cela s'inscrira comme « formation brute de capital fixe ». Cette expression est peu usitée par le profane, mais synonyme d'investissement brut pour l'INSEE.

Formation de capital fixe

Formation brute de capital fixe

« **La formation brute de capital fixe** (F.B.C.F.) représente la valeur des biens durables (à l'exception des biens de faible valeur) acquis par les unités productrices résidentes afin d'être utilisées pendant **au moins 1 an** dans leur **processus de production,** ainsi que la valeur des biens et services incorporés aux biens de capital fixe acquis, aux terrains et aux actifs incorporels » (S.E.C.N.).

Notons que l'INSEE ne tient compte que des biens durables neufs **achetés sur le marché,** ou que les unités de production vendant sur le marché ont réalisés pour leur activité au titre de l'auto-consommation productive. Si vous réalisez un aménagement de vieilles ruines sans passer par des entreprises qui facturent leurs travaux, cette réalisation ne sera pas comptée comme F.B.C.F. Si un programme immobilier reste en partie invendu, tous les logements vendus seront portés comme F.B.C.F., les invendus constituant une variation de stock de l'entreprise propriétaire du programme, au même titre que les biens d'équipement détenus par l'entreprise de biens de production en attente d'acheteurs.

On considère souvent comme un investissement les dépenses en éducation et en recherche, mais l'INSEE ne comptabilise pas comme investissement l'activité des services de recherche scientifique, d'étude de marché et de publicité. Ces activités sont considérées comme des **consommations intermédiaires.**

Formation nette de capital fixe (Investissement net)

Tous les achats de biens de production ne renforcent pas effectivement le potentiel productif existant, l'INSEE déduit de la F.B.C.F. les amortissements pour obtenir la formation nette de capital fixe qui exprime l'accroissement de biens d'équipement

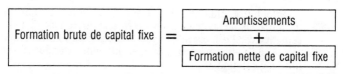

Formation brute de capital fixe	=	Amortissements
		+
		Formation nette de capital fixe

autres que ceux de remplacement des équipements productifs usés ou dépassés techniquement (amortissements).

Taux d'investissement de l'économie

Une notion essentielle pour mesurer l'effort national d'investissement est de rapporter l'investissement aux richesses produites, aussi l'INSEE définit : le taux d'investissement de l'économie.

Le taux d'investissement de l'économie est égal à :

$$\frac{\text{Formation brute de capital fixe}}{\text{Produit intérieur brut}}$$

Il est souvent utile de préciser l'évolution de l'effort d'investissement en calculant le **taux d'investissement marginal.**

Le taux d'investissement marginal est égal à :

$$\frac{\text{Variation de la F.B.C.F.}}{\text{Variation du P.I.B.}}$$

Efficacité marginale de l'investissement

L'efficacité marginale de l'investissement est l'inverse du taux d'investissement marginal, c'est-à-dire :

$$\frac{1}{\text{taux d'investissement marginal}}$$

soit :

$$\frac{\text{Variation de la P.I.B.}}{\text{Variation de la F.B.C.F.}}$$

Par exemple, si l'efficacité de l'investissement est de 0,5, cela signifie qu'un effort d'investissement de 1 % supplémentaire engendre une production accrue de 0,5 x 1 % soit 0,5 % .

➠ Un point de plus de F.B.C.F. donnera alors 1/2 point de plus de P.I.B. On ne confondra pas l'efficacité marginale de l'investissement avec l'efficacité marginale du capital, expression keynésienne qui désigne l'espérance de rentabilité attendue d'un investissement donné.

Différents types d'investissement

L'analyse économique de l'investissement dans ses effets sur la croissance, l'emploi et la rentabilité conduit à distinguer plusieurs types d'investissements :

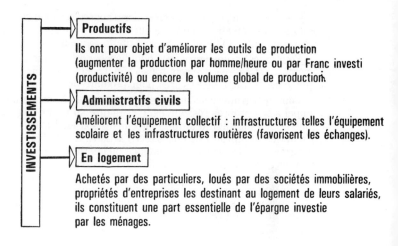

INVESTISSEMENTS

Productifs

Ils ont pour objet d'améliorer les outils de production (augmenter la production par homme/heure ou par Franc investi (productivité) ou encore le volume global de production.

Administratifs civils

Améliorent l'équipement collectif : infrastructures telles l'équipement scolaire et les infrastructures routières (favorisent les échanges).

En logement

Achetés par des particuliers, loués par des sociétés immobilières, propriétés d'entreprises les destinant au logement de leurs salariés, ils constituent une part essentielle de l'épargne investie par les ménages.

• **L'investissement de productivité** désigne la fraction de l'investissement productif consacrée à l'abaissement des coûts unitaires, élevant la production par homme/heure, par matière première utilisée, par franc investi, par unité énergétique dépensée...

• **L'investissement de remplacement** désigne la fraction de l'investissement consacrée au remplacement des biens de production anciens.

• **L'investissement incorporel** (ou immatériel) désigne la fraction des investissements consacrée à l'achat de brevets et de licences à la recherche à la formation mais aussi certaines dépenses de marketing ou de publicité.

Dans tous les cas, il s'agit de dépenses devant avoir un effet positif durable sur la production mais qui ne se concrétise pas pour l'accroissement des biens matériels dont dispose l'entreprise.

L'investissement en capital humain désigne l'ensemble des dépenses consacrées à l'amélioration des connaissances et de la formation des hommes qui accroissent la productivité. C'est une forme d'investissement incorporel.

Les marxistes critiquent la confusion de vocabulaire consistant à assimiler un aspect essentiel de la force de travail au capital.

Auto-financement

L'investissement a pris un sens élargi auprès des financiers, qui exprime assimilation classique chez les libéraux entre la forme matérielle du capital et la possession de l'argent.

Pour investir, une entreprise doit disposer de ressources financières, c'est-à-dire « d'argent frais » afin d'acheter machines, équipements, terrains nécessaires pour produire ou vendre.

Comment trouver les moyens de financement ? Soit en faisant appel à ses propres ressources, c'est-à-dire au profit non distribué et alors il s'agit d'**auto-financement,** soit en faisant appel à l'extérieur, emprunts ou émissions d'actions. L'auto-financement exprime ainsi la capacité d'accumulation interne d'une entreprise, qui après avoir payé ses fournisseurs, ses propres producteurs (salariés), et versé des impôts , dégage un profit qui va à la fois servir de rémunération aux capitaux engagés, et permettre des investissements qui contribuent à maintenir ou accroître la compétitivité de l'entreprise.

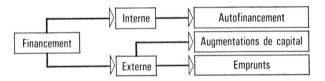

Investissement financier et société d'investissement

L'investissement, au sens financier, désigne l'acquisition de valeurs (le plus souvent mobilières) afin d'obtenir un revenu.

Les sociétés d'investissement désignent les institutions financières qui se consacrent à la gestion de l'épargne placée en valeurs mobilières (essentiellement actions et obligations), ou encore dans l'immobilier et les valeurs donnant lieu à l'espoir de plus-values, telles les tableaux, les diamants...

La notion d'**Investisseurs institutionnels** caractérise les organismes financiers qui placent en valeurs mobilières une fraction notable de leurs ressources (Caisses de retraites, assurances, sociétés d'investissements, Caisse des Dépôts et Consignations).

☞ ACCUMULATION, ÉPARGNE, PROFIT

KEYNÉSIANISME

Le keynésianisme est, sur le plan théorique, l'**ensemble des œuvres** faisant référence ou s'appuyant de fait sur Keynes. Sur le plan pratique le keynésianisme est un des fondements des politiques économiques que les États ont mises en œuvre depuis la dernière Guerre mondiale.

Pas d'équilibre de plein emploi automatique

Keynes, à la différence des libéraux classiques, pense que les mécanismes spontanés du marché ne suffisent pas à atteindre les objectifs essentiels que sont le plein emploi, l'absence de crises, la croissance économique maximale compatible avec les ressources existantes.

L'État régulateur

Pour Keynes, l'État doit jouer un rôle correcteur, en utilisant ces moyens à sa disposition (budget de l'État, rôle dans la création monétaire, action sur les taux d'intérêt...). L'essentiel de la théorie de Keynes est exprimée dans son ouvrage : « *La théorie générale de l'emploi, de l'intérêt et de la monnaie* », publié en 1936.

Une approche macro-économique

L'approche de Keynes est caractérisée par sa prise en compte **des mécanismes macro-économiques.** Un raisonnement macro-économique cherche à mettre en lumière toutes les conséquences au niveau d'un pays d'une décision. La représentation en termes de circuit est caractéristique de cette approche. L'œuvre de Keynes a contribué à l'émergence de la Comptabilité Nationale.

Un concept clé : la demande effective

La demande effective est un des concepts clés de l'analyse de Keynes. La demande effective est la demande attendue par les entreprises, demande qui détermine le niveau de production et de l'emploi. La demande effective prend en compte les anticipations, c'est-à-dire les hypothèses que retiennent les agents quand à l'évolution future de demande (biens de consommation et biens de production).

LA DEMANDE D'INVESTISSEMENT SELON KEYNES

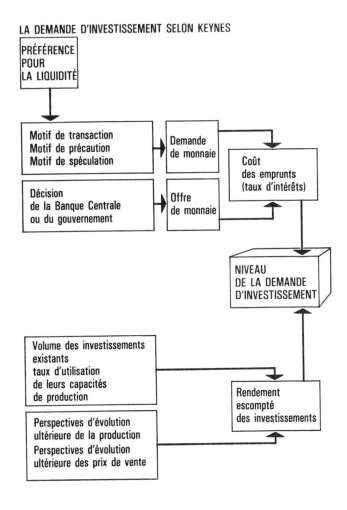

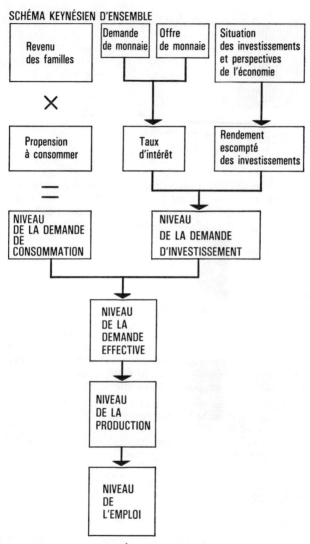

SCHÉMA KEYNÉSIEN D'ENSEMBLE

D'après Michael Stewart : Keynes, Éd. du Seuil, collection Points.

☞ COMPTABILITÉ NATIONALE, CIRCUIT ÉCONOMIQUE

LIBÉRALISME

Le libéralisme est un courant de pensée théorique et pratique qui concerne les domaines politique, économique et social. Le libéralisme défend l'idée suivant laquelle le meilleur état social possible est obtenu en laissant chaque individu rechercher son intérêt personnel dans un cadre qui soit le plus proche possible de la situation de concurrence.

Libéralisme et politique

En politique, le **libéralisme** se caractérise par l'acceptation d'une multitude de pouvoirs organisés. Il est inséparable de la pluralité des partis et des opinions. Pour qu'il y ait régime libéral, il faut une règle du jeu (la Constitution), une compétition pacifique dans la conquête du pouvoir, c'est-à-dire la diversité des partis et des opinions, le mécanisme de choix étant généralement l'élection. Le libéralisme ne suppose pas l'égalité de tous.

La variante **libérale et démocrate** juge insuffisante le simple libéralisme et recherche l'égalité des chances, au départ tout au moins. Elle défend l'idée du suffrage universel, l'éducation pour tous... et attribue à l'État un rôle correcteur. L'État peut être au-dessus des intérêts particuliers et des partis.

Libéralisme économique

De la logique libérale au laissez-faire

A la base du **libéralisme économique** il y a le droit de propriété privée des moyens de production. Chaque individu doit être libre de fonder une entreprise et de vendre des produits, chaque travailleur doit pouvoir vendre sa force de travail en échange d'un salaire déterminé suivant la loi de l'offre et de la demande, tous les contractants étant supposés égaux. L'économie de marché orientée par la concurrence (voir marché, prix, concurrence) aboutit, pour les économistes les plus libéraux, à la satisfaction des consommateurs au prix le plus bas possible, le profit récompensant les entrepreneurs les plus efficaces. L'intervention de l'État doit se limiter à la mise en place et au maintien des conditions permettant à la concurrence de se développer (voir État) : instaurer et faire appliquer une législation favorable à la propriété et à la concurrence...

Parce qu'elle a pour base le droit de propriété individuelle sur les biens de production et l'orientation de la production par les détenteurs des moyens de production, cette situation de libéralisme économique n'est pas « naturelle ». Elle n'a pu se réaliser historiquement qu'à travers des bouleversements sociaux importants : abolition de l'ordre féodal, des coutumes... Certains estiment même que les conditions d'un véritable capitalisme libéral ne sont pas encore réalisées par suite de l'intervention de l'État et de l'insuffisante définition des droits de chacun.

La concurrence et le marché sont censés faire parvenir l'économie à l'état social le meilleur. Chaque individu reçoit la contrepartie exacte de ce qu'il apporte à la communauté (différence entre ce qui est produit lorsqu'il travaille et ce qui serait produit sans lui).

Le libéralisme réformiste

Nombre de libéraux pensent que les mécanismes du marché et de la concurrence doivent être tempérés, harmonisés et que l'État peut intervenir pour « dégripper le mécanisme », corriger les imperfections du libéralisme pur, en aidant les plus faibles, en mettant délibérément en place une politique de croissance par des moyens qui ne mettent pas en cause le fonctionnement des mécanismes fondamentaux du marché (intervention sur le taux d'intérêt, action sur la masse monétaire...).

Pour un courant libéral qui a parfois été qualifié de **démocrate ou social,** le libéralisme pur aboutit à l'écrasement des plus faibles (vieux, handicapés, travailleurs peu qualifiés). Il s'agit alors de rétablir l'équilibre en aidant les plus défavorisés, en fournissant une éducation plus égale.

Si le libéralisme n'implique pas nécessairement la suppression de toute intervention en matière sociale, nombre de libéraux étant favorables à l'existence d'aides aux plus défavorisés, un courant ultra-libéral tend actuellement à attribuer les difficultés économiques présentes à une intervention économique et sociale très importante de l'État et préconise donc la suppression ou du moins la réduction de ces interventions (moins de règlements, moins d'impôts, moins de déficits des dépenses publiques).

☞ CAPITALISME, CONCURRENCE, MARGINALISME, MARCHÉ, POLITIQUE, LIBRE-ÉCHANGE

MARCHÉ

Qu'est-ce qu'un marché?

La place du marché où s'amoncellent les fruits et les légumes, où régnaient autrefois les bateleurs des foires, où un bonimenteur cherche encore à capter l'attention de badauds, ainsi apparaît le marché dans l'imagination.

Au sens courant, le marché est un lieu défini, où se tient à intervalles plus ou moins réguliers une réunion d'acheteurs et de vendeurs échangeant des marchandises.

Salons, foires, expositions, halles de marchandises... correspondent bien à cette notion de marché caractérisée par une unité de **lieu,** de **temps** et **d'objet.** Mais ce sens ne recouvre pas la totalité des marchés aujourd'hui, et les économistes parlent du marché du cuivre, de l'argent, bien que les vendeurs (offreurs) ne rencontrent pas physiquement les acheteurs (demandeurs); les marchandises peuvent même être vendues alors qu'elles ne sont pas encore produites (le café de la prochaine récolte se vend à terme). L'unité physique de temps et de lieu n'est pas nécessaire pour qu'il y ait marché au sens économique.

Le marché est le lieu de rencontre (éventuellement abstrait) où les offres des vendeurs rencontrent les demandes des acheteurs qui s'ajustent à un certain prix.

Le marché est donc une façon de confronter **offre et demande** afin de réaliser un échange de services, de produits, ou de capitaux.

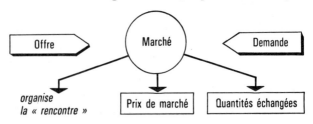

L'offre et la demande

L'**offre** désigne la quantité de biens et services que les vendeurs sont prêts à vendre pour un prix donné.

➠ Ainsi l'ensemble de la production de pêches n'est pas l'offre réelle des producteurs, car ils peuvent très bien décider de détruire une partie de leur récolte s'ils n'estiment pas les cours rémunérateurs. Donc l'offre n'existe dans une économie de marché que par rapport à une demande solvable prête à payer un prix donné.

La **demande** désigne la quantité de biens et services ou capitaux que les acheteurs sont prêts à acquérir à un prix donné, étant donné leurs revenus et leurs préférences.

➠ Les besoins les plus élémentaires des hommes les plus pauvres du Tiers-Monde ne constituent pas une demande dans les pays capitalistes car ils ne détiennent pas les moyens financiers leur permettant de se porter demandeurs sur le marché (demande solvable).

Économie et marché

On parle d'**économie de marché** pour désigner les systèmes économiques où les prix et les quantités produites dépendent pour l'essentiel de la confrontation des offres et des demandes et non d'une planification.

Les économies centralement planifiées peuvent laisser un certain rôle au marché, mais celui-ci ne joue pas un rôle majeur dans l'orientation de la production et la détermination des prix.

Structure du marché

Les marchés des différents produits ne se ressemblent pas. Sur certains, le nombre d'acheteurs et de vendeurs est très important, sur d'autres, il n'y a que quelques vendeurs... Ces différences dans la **structure du marché** induisent des comportements économiques extrêmement différents. Les prix, par exemple, ne se fixent pas au même niveau sur un marché relativement concurrentiel et sur un marché oligopolistique.

On a défini différents **types de marchés** suivant le nombre de vendeurs et d'acheteurs :

Offre / Demande	un vendeur	quelques vendeurs	de nombreux vendeurs
un acheteur	monopole bilatéral	monopsone contrarié	monopsone
quelques acheteurs	monopole contrarié	oligopole bilatéral	oligopsone
nombreux acheteurs	**monopole**	**oligopole**	**concurrence**

Si le **monopole** (caractérisé par la présence d'un seul vendeur) est une situation relativement exceptionnelle, l'oligopole (marché où il n'existe que quelques vendeurs) est une situation très caractéristique du monde actuel : automobile, produits d'entretien, énergie...

Concurrence

Le mot « concurrence » pose un problème délicat de terminologie, car il est utilisé dans deux sens très différents l'un de l'autre, et on risque de transposer les analyses valables dans le cadre d'une définition à une deuxième situation dans laquelle elles ne s'appliquent absolument pas.

La concurrence comme compétition

Au sens le plus général, il y a **concurrence** s'il y a compétition. Dans ce sens, deux entreprises oligopolistiques qui tacitement acceptent de ne pas se faire concurrence sur les prix, mais luttent pour détenir la première place par la publicité, la politique commerciale... sont en situation de concurrence.

➡ Au sens large, il peut y avoir concurrence sur un marché oligopolistique.

La concurrence pure et parfaite

C'est dans un sens très différent que les économistes ont défini la concurrence pure et parfaite qui a servi de fondement à un ensemble théorique très important.

Cinq conditions définissent la **concurrence pure et parfaite :**

• **L'atomicité du marché :** les vendeurs et les acheteurs doivent être suffisamment nombreux pour qu'aucun ne dispose d'une puissance qui pourrait lui permettre d'exercer une action sur le prix du produit. Chacun doit pouvoir fixer librement le niveau de son offre ou de sa demande.

• **L'entrée libre** suppose que chacun peut librement entrer ou sortir du marché. Le marché doit être fluide.

• **L'homogénéité des produits** signifie que les entreprises livrent des produits, que les acheteurs jugent identiques. L'acheteur n'a aucune raison de préférer le produit d'un vendeur à celui d'un autre vendeur. Cette condition n'est pas remplie lorsque la publicité, la politique de marque... distinguent artificiellement les produits.

• **La transparence des marchés** exprime le fait que chaque participant doit avoir connaissance de tout ce qui peut influencer son choix. L'information doit être parfaite et gratuite.

• **La mobilité des facteurs,** implique qu'à tout moment les facteurs de production puissent se déplacer du marché d'un produit à celui d'un autre produit.

Lorsque les trois premières conditions sont remplies mais pas les deux dernières il y a simplement **concurrence pure.**

La concurrence imparfaite

Peu de marchés réels respectent les règles de la concurrence pure et parfaite, toute violation d'une des cinq règles : atomicité, homogénéité des produits, libre entrée, transparence du marché, mobilité des facteurs, implique des degrés d'imperfection. Il y a concurrence imparfaite si une au moins de ces cinq règles est non vérifiée. La concentration, la formation d'oligopoles et d'ententes tacites limitent la concurrence.

Marchés des changes, monétaire et financier

Certains marchés ont une organisation particulière et des marchandises spécifiques définissent leur objet.

Marché des changes

Le marché des changes est celui où se rencontrent offre et demande de monnaie nationale et de devises étrangères.

Marché monétaire

Au sens restreint, le marché monétaire est essentiellement un lieu où se confrontent les offres et les demandes de la **monnaie-banque centrale.**

Au sens large, c'est le marché où s'échangent les capitaux à court terme ; il englobe tous les échanges de moyens de paiement acceptés par les intermédiaires financiers pour régler à court terme leurs déficits de trésorerie (argent-banque centrale, devises, or...).

Marché financier

Sens restreint et sens large

Au sens restreint, le marché financier désigne le marché boursier où s'échangent actions et obligations principalement.

Au sens large, c'est un marché qui comprend l'ensemble des échanges de capitaux à long terme. Épargnants et investisseurs par le biais des intermédiaires financiers sont mis en relation par ce marché.

En utilisant le critère du temps on peut aussi distinguer différents types de marchés financiers.

Marché au comptant

Le marché au comptant concerne les titres boursiers qui s'échangent immédiatement : l'acheteur reçoit les titres et les paie au moment où s'effectue la cotation de la valeur mobilière.

Marché à terme ferme (ou petit terme)

Sur le marché à terme ferme, les titres sont achetés de façon définitive en fixant à la fois la date d'échange des titres (liquidation de fin de mois ou à un autre terme), le prix et les quantités étant déterminés à l'avance par contrat mais le règlement ne se fait qu'à l'échéance. C'est un marché spéculatif par excellence.

Marché à terme conditionnel (ou grand terme)

Pour le terme conditionnel comme pour le terme ferme, la date de passation du contrat fixe la date du terme à laquelle prix et quantités sont déterminés d'avance, mais le terme est conditionnel. Le terme conditionnel signifie que l'acheteur n'est pas obligé d'acheter effectivement le jour du terme, il peut renoncer à son achat en versant une **prime** fixée dans le contrat.

Le marché à terme est évidemment un outil spéculatif important ; il permet de passer un contrat sans posséder effectivement l'argent nécessaire pour en payer le prix ; si les prévisions sont déjouées l'acheteur perd simplement le montant de la prime, coût de son renoncement à l'achat et sanction de son erreur. Une provision représentant un pourcentage donné de la valeur du contrat permet de couvrir (partiellement) le risque d'insolvabilité de l'acheteur.

Marché des futurs

Sur un marché des futurs, ce ne sont pas les biens réels qui s'échangent mais la transaction porte sur des anticipations. Les contractants échangent des paris : les uns cherchent de la sécurité, les autres acceptent le risque moyennant un prix.

Bien entendu, il existe des biens réels ou **sous-jacents** qui servent de référence aux contrats. Le MATIF est le marché des futurs par excellence et « le notionnel » est le contrat vedette de ce monde des futurs. Le support du notionnel est un emprunt d'État fictif dont la durée est de sept à dix ans et le taux d'intérêt est constant et égal à 10 %.

☞ CONCURRENCE, CONCENTRATION, MARCHÉ COMMUN, MARKETING

MARCHÉ UNIQUE EUROPÉEN (C.E.E.)

Vers le grand marché et l'Union européenne

Le 25 mars 1957 est signé le traité de Rome qui donne naissance au « Marché Commun », appelé aussi C.E.E. (**Communauté Économique Européenne**). La C.E.E. est une union économique regroupant d'abord six pays : R.F.A., Belgique, France, Pays-Bas, Italie, Luxembourg.

L'année 1975 verra l'élargissement de la C.E.E. avec trois nouveaux venus s'adjoignant aux membres fondateurs : le Danemark, la Grande-Bretagne et l'Irlande.

Le 1er janvier 1981 , la C.E.E. est devenue l'Europe des dix, par suite de l'adhésion de la Grèce. Le 1er janvier 1986 la C.E.E. devient l'Europe des douze avec l'entrée de l'Espagne et du Portugal.

L'acte unique européen prévoit la réalisation d'un marché unique entre les douze pays de la C.E.E. au 1er janvier 1993. Le « grand marché de 1993 » doit faire disparaître les barrières limitant encore la libre circulation au sein de la C.E.E. (suppression de la préférence aux firmes nationales en matière de marché public, abolition des contrôles des capitaux...).

L'idée de base du Marché Commun est qu'un vaste marché va stimuler la concurrence, offrir aux entreprises les possibilités de réaliser des économies d'échelle ; ainsi, dans une optique libérale, la compétition favorisera les meilleurs, réorganisant l'appareil productif dans l'intérêt de chacun. La C.E.E. sera un stimulant de la concentration. Idéalement, il s'agit de forger une zone où les marchandises, les capitaux et les hommes circuleront sans entraves.

Le 11 décembre 1991 à Maastricht (Pays-Bas) les Douze ont décidé de s'engager vers **l'union économique et monétaire (UEM)** et aussi vers une union politique. Le processus doit s'achever avant la fin de l'année 1999 (sous réserve de la ratification de l'accord par les États). L'Angleterre a signé l'accord mais avec une clause d'exemption lui permettant de ne pas adhérer à la monnaie unique

L'Union politique doit se matérialiser le 1er janvier 1993 avec le droit de vote aux élections municipales et européennes attribué aux citoyens européens résidant dans l'un des pays de l'Union européenne. Puis en juin 1994 les élections européennes devraient se réaliser selon des modalités uniques.

Différentes formes d'intégration

L'idée de Marché Commun est une des formes possibles de l'intégration économique : on distingue traditionnellement **cinq degrés d'intégration** :

La zone de libre échange

Les pays membres d'une **zone de libre échange** suppriment les droits de douane et les restrictions quantitatives à la libre circulation des marchandises entre les pays de la zone, mais chaque pays reste libre de sa politique douanière à l'égard des pays tiers.

L'union douanière

Les différents pays qui participent à l'union douanière suppriment les droits de douane et les restrictions quantitatives, mais instaurent un tarif extérieur commun.

Le Marché Commun

C'est une union douanière à laquelle s'ajouterait la libre circulation des capitaux et des personnes.

L'union économique

C'est un Marché Commun complété par des politiques économiques nationales harmonisées.

L'intégration économique totale

L'intégration économique totale implique l'unification des politiques monétaires, fiscales, sociales.

Le tarif douanier commun

L'Europe des marchandises, c'est d'abord un tarif douanier commun qui remplace les protections particulières par rapport à l'extérieur et la suppression des protections entre les pays de la C.E.E.

Situation 1 avant le Tarif douanier commun

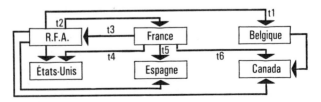

A chaque flèche particulière, et pour une multitude de produits correspondaient des tarifs douaniers multiples, exprimant des liaisons complexes et limitant la libre circulation des marchandises :

Situation 2 après le Tarif douanier commun

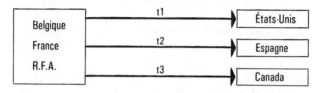

La situation s'est donc simplifiée, entre les pays de la C.E.E. : plus de droits de douane vis-à-vis de chacun des autres pays ; le droit d'entrée d'une marchandise est unique pour tout pays de la C.E.E., et pour un pays P donné, les droits de douane sont égaux à un certain taux t (qui peut varier suivant les produits évidemment).

Au départ, le tarif extérieur commun de l'ensemble des pays de la C.E.E. vis-à-vis d'un pays donné devait être la moyenne arithmétique des tarifs de chacun des 6 à l'égard de ce partenaire commercial.

L'harmonisation des situations de concurrence

Mais la concurrence peut être contrecarrée par d'autres formes de protectionnisme plus détournées que les droits de douane ou les contingentements ; aussi la C.E.E. a mis en place des procédures d'harmonisation des conditions de la concurrence.

L'homogénéisation de la fiscalité (en particulier la généralisation de la T.V.A.), la convergence des législations sociales, la surveillance des aides des États favorisant leurs entreprises nationales, l'élaboration de normes européennes pour les produits,... expriment de façon générale la volonté d'unification des conditions de la concurrence par-delà la question douanière.

L'Europe verte

La préférence communautaire est un principe de base de l'Europe agricole qui s'exprime par des incitations à acheter les produits de la C.E.E. Ce principe est mis en oeuvre en recourant au principe de *solidarité financière*. La solidarité financière implique la participation de tous les pays à la politique agricole commune : soutien des cours, aide aux régions européennes les plus déshéritées.

Les prix agricoles

Prix d'intervention (ou prix communs de base)

Il y a trois types de produits agricoles :

1. Ceux pour lesquels l'intervention est obligatoire (céréales, bœuf...).

2. Ceux pour lesquels l'intervention est facultative (porcs...).

3. Ceux pour lesquels il n'y a pas d'intervention (ovins...).

Les prix d'intervention sont des prix minimum auxquels les agriculteurs peuvent vendre à l'organisme d'intervention leurs excédents, si le prix du marché est jugé par eux insuffisant, ou s'ils craignent qu'en vendant toute leur production ils fassent par trop baisser les cours. Ces prix d'intervention prennent en compte la nécessité de garantir les revenus agricoles.

Le prix de seuil

Afin de protéger l'agriculture européenne, la C.E.E. a mis au point un système de protection par rapport au reste du monde dont les cours mondiaux fluctuent et le plus souvent sont plus bas que ceux de la Communauté...

Le prix de seuil est un prix minimum pour l'entrée des produits étrangers sur le territoire de la C.E.E. Ce prix de seuil sert à remplacer les droits de douane classiques de deux façons :

1. Il sert de base au **système de prélèvements.**

Le système de prélèvements est une forme particulière de droit de douane variant selon le prix de seuil. Si un produit agricole entre dans la Communauté et que son prix est inférieur au prix de seuil, la Communauté prélève la différence entre le prix minimum auquel l'importation est admise (prix de seuil) et le prix effectif de la marchandise importée.

Ce système de prélèvement permet d'alimenter une caisse du FEOGA (Fonds Européen d'Orientation et de Garantie Agricole). Le FEOGA ainsi doté de ressources va pouvoir opérer des **restitutions.**

2. **Le système de restitution** est une forme particulière d'incitation à l'exportation des agriculteurs de la Communauté. Si un agriculteur exporte des produits aux prix mondiaux et que ceux-ci sont inférieurs au prix intérieur de la C.E.E., le FEOGA lui verse la différence **(restitution).**

Ainsi on restitue aux agriculteurs, non ce qu'ils ont versé eux-mêmes, mais ce que les consommateurs vont payer en plus des cours mondiaux pour assurer le prix de seuil... Le mot restitution est donc un abus de langage.

Le système des montants compensatoires

La C.E.E. pour compenser les variations des taux de change a mise en place le mécanisme des **montants compensatoires monétaires** (m.c.m.).

Prenons un exemple fictif : supposons que la prix commun de base du blé est de 4 unités de compte pour 1 quintal de blé

• Situation initiale :   1 Ecu = 5 F

1 Ecu = 2,5 DM

L'agriculteur français exportant en R.F.A. touche pour 1 quintal de blé 4 unités de compte européennes (Ecus), soit :

$$4 \times 5 \text{ F} = 20 \text{ F}$$

Si l'agriculteur allemand exporte 1 quintal de blé, il touche

$$4 \times 2,5 \text{ DM} = 10 \text{ DM}$$

• Si les taux de change sont modifiés la nouvelle parité étant :

1 Ecu = 6 F

1 Ecu = 2 DM,

alors l'agriculteur français toucherait en exportant aux anciens prix sans montants compensatoires monétaires :

Pour une quantité de 1 quintal de blé : $4 \times 6 \text{ F} = 24 \text{ F}$, autrement dit il gagnerait 24 F − 20 F = 4 F par rapport à la situation précédente.

A l'inverse, le DM étant réévalué l'agriculteur allemand toucherait avec la nouvelle parité pour 1 quintal de blé exporté $4 \times 2 \text{ DM} = 8 \text{ DM}$. Autrement dit il perdrait 2 DM.

Le principe des montants compensatoires monétaires revient à compenser les variations de taux de change en rétablissant la situation par le système de taxe suivant ·

1. Pays dont la monnaie est dévaluée.

Le pays ayant dévalué verse une somme d'argent appelée montant compensatoire et ce proportionnellement aux quantités exportées, les agriculteurs exportant verseront la différence qu'ils vont gagner quand, exprimé dans leur monnaie nationale, le prix commun de base sera devenu plus avantageux.

Ainsi dans notre exemple, l'agriculteur français peut verser 4 F au FEOGA par quintal de blé exporté.

2. Pays dont la monnaie est réévaluée.

Pour le pays ayant réévalué, les prix communs de base exprimés en Écu donnent une rémunération moindre exprimée en monnaie nationale, aussi des montants compensatoires monétaires vont compenser cette perte de façon équivalente.

Dans notre exemple, l'agriculteur allemand va toucher 2 DM versés par le FEOGA qui lui restitue les versements faits en sens inverse par les pays dont la monnaie s'est dévaluée.

Le système monétaire européen (S.M.E.)

➧ **L'idée de base du S.M.E.,** entré en vigueur le 1ᵉʳ janvier 1979 consiste à limiter les fluctuations entre les monnaies européennes afin d'éviter les aléas dans le commerce intra-communautaire. En effet, il faut éviter qu'un commerçant d'un pays à monnaie forte vendant une marchandise dont le prix est libellé en monnaie faible reçoive 10 % à 20 % de moins que prévu dans sa monnaie nationale du fait d'une réévaluation de sa monnaie.

➧ Le S.M.E. s'organise à partir de la création d'une unité monétaire : l'Écu.

L'Écu *(European Currency Unit)*

L'Écu est le fruit d'un calcul : il est composé d'un panier des monnaies de la C.E.E., pondéré selon le poids économique et monétaire de chaque membre.

Régulièrement, le comité monétaire de la C.E.E. calcule les nouveaux taux pivots des monnaies du système monétaire européen par rapport à l'Écu (unité de compte européenne).

Composition de l'Écu (janvier 1992)

Franc		Mark allemand	30,10 %
Belgo-luxembourgeois	7,90 %	Drachme grecque	0,80 %
Florin hollandais	9,40 %	Escudo portugais	0,80 %
Lire italienne	10,15 %	Livre irlandaise	1,10 %
Livre britannique	13,00 %	Couronne danoise	2,45 %
Franc français	19,00 %	Peseta espagnole	5,30 %

L'escudo et le drachme ne font toujours pas partie du système de stabilisation des changes du SME, mais ils sont inclus dans le panier de monnaies qui permet de calculer l'unité de compte du SME : l'Écu.

Taux-pivot

Un taux-pivot est un taux de change définissant combien l'unité monétaire d'un pays vaut d'Écus (c'est une valeur théorique centrale pour la variation de son taux de change).

Par exemple 1 Franc = 0, 17 195 Écu permet de définir une position du Franc par rapport au panier de toutes les monnaies de la CEE avec les coefficients de pondération précédents.

Si le taux-pivot reste identique, cela ne signifie pas que rien n'a bougé, mais que le Franc s'est maintenu par rapport au reste des monnaies. Chacune a pu bouger, mais l'ensemble de ces changements s'est compensé...

Pour constituer un système viable les Européens ont donné une certaine souplesse au rapport entre les devises, c'est **la marge de fluctuation.** La plupart des pays autorisent une variation de $\pm$ 2,25 % par rapport au taux-pivot, soit une variation de 4,5 % au maximum (l'Espagne peut avoir des fluctuations plus importantes).

Ainsi, le S.M.E. crée une solidarité entre les monnaies à partir d'une **grille des parités,** complétée par des marges de fluctuation autour des taux-pivots. Mais pour que cette devise européenne puisse fonctionner, il a fallu créer un organisme disposant de ressources propres afin de stabiliser l'Écu, en particulier pour éviter les flottements trop accentués des devises les plus faibles.

Le FECOM

Le FECOM (Fonds Européen de Coopération Monétaire) est autorisé à recevoir des réserves monétaires et à reverser aux États des Écus qui serviront en tant que moyens de crédit. **Ainsi le FECOM a comme ressources** le versement par l'ensemble des banques centrales de 20 % de leurs réserves en or et en dollars, comptabilisées en Écu.

Du SME à l'union monétaire

Dès sa création en 1979, l'Écu sert d'unité de compte. L'Écu permet de calculer les parités et de définir une grille mesurant les liens et les divergences entre les monnaies européennes, et surtout le FECOM est chargé d'une action régulatrice.

A plus long terme, l'Écu devrait être l'élément central d'une politique monétaire commune. Le plan Delors (1989) prévoit la réalisation en trois étapes de l'unité monétaire européenne. Ce plan comporte la création d'une banque centrale européenne, commune à l'ensemble des pays de la C.E.E.

L'union économique et monétaire (UEM) suppose que le 1er janvier 1994 naisse l'Institut monétaire européen qui doit préparer concrètement l'avènement de la monnaie unique. L'UEM doit être précédée par une convergence économique des pays concernés par l'adoption d'une monnaie unique. **Les critères de convergence** retenus sont les suivants :

1) L'inflation des trois pays les plus sages donne un taux moyen d'inflation qui ne doit pas dépasser de plus de 1,5 point les autres pays.

2) Les budgets devront être maîtrisés (aucun déficit budgétaire ne doit dépasser 3% du PIB et la dette publique doit représenter moins de 60% du PIB.

3) Les taux d'intérêts des trois pays les moins chers pour le loyer de l'argent donneront un taux de référence qui ne devra pas être dépassé de plus de 2 points par les autres pays de l'UEM.

4) Les pays dans la phase finale de l'UEM devront maintenir leur monnaie au sein des fluctuations permises du SME et cela sans avoir dévalué pendant deux ans. Cette phase s'achève le 1er juillet 1988, date à laquelle les pays respectant les règles de l'UEM créeront une banque centrale européenne conduisant à la monnaie unique effective.

Le 1er janvier 1999 constitue la date butoir de la création de la monnaie unique, les pays ayant des économies saines adopteront une monnaie unique gérée de façon collective.

L'Europe politique

L'acte unique européen n'a pas seulement une composante économique mais il revêt aussi un aspect politique; il a accru le pouvoir de décision des instances communautaires.

Le Conseil de la Communauté est composé de représentants des États. Les membres du Conseil sont toujours l'émanation des États nationaux.

Siégeant à Bruxelles, haut lieu de l'Eurocratie, la **Commission** réunit des membres, théoriquement indépendants, et chargés d'élaborer au nom de l'ensemble de la Communauté un certain nombre de projets et de veiller à leur bonne exécution. Mais la Commission est composée de membres nommés par les gouvernements. Ainsi les États-nations contrôlent, de fait, la composition de la Commission. La Commission combine un pouvoir de contrôle et de sanction, gère et exécute le budget.

Le Parlement européen a deux rôles essentiels :

• **Un droit de contrôle, concrétisé par la censure.** Le parlement a un pouvoir restreint, pour l'essentiel elle doit contrôler la Commission, son pouvoir de contrôle se manifeste institutionnellement par son droit de censure. Mais la censure requiert une majorité des deux-tiers des suffrages exprimés et au moins la moitié des 518 députés.

• **Une activité de proposition.** Le Parlement élu par le suffrage universel peut influencer la Commission et même le Conseil en votant des résolutions. Elle pose des questions écrites ou orales aux véritables organes de pouvoir que sont le Conseil et la Commission. Elle peut aussi contrôler le budget, généralement par une procédure de concertation avec le Conseil, mais il lui faut la majorité des deux-tiers pour repousser le budget.

☞ ÉCHANGES INTERNATIONAUX, MARCHÉ, INTÉGRATION

MARGINALISME

Le marginalisme est un courant essentiel de l'analyse libérale de l'économie. La deuxième moitié du 19e siècle voit plusieurs chercheurs différents élaborer de façon indépendante les bases de l'analyse marginaliste, le Français Walras, l'Autrichien Menger, l'Anglais Jevons...

La notion de marge

Si les choses sont d'autant plus chères qu'elles sont utiles, et apportent des satisfactions à leurs utilisateurs, comment comprendre qu'une pierre précieuse ait un prix plus élevé que l'eau, élément dont la privation totale vous mène droit à la mort? Cet étrange mystère, dit Jevons, tient à ce que l'utilité n'intervient dans le prix qu'à la marge (cf. *The Theory of political economy*, 1871). Ainsi explique Stanley Jevons, une petite quantité d'eau est indispensable pour boire et vivre; on peut dire que l'utilité en est infinie ou tout au moins immense. Les quantités suivantes sont nécessaires pour se laver, faire la cuisine, d'autres permettent d'arroser les plantes, laver sa voiture... Ce qui importe est de distinguer l'utilité marginale de l'utilité totale.

L'utilité marginale

L'utilité marginale d'un bien est l'utilité que procure l'utilisation de la dernière unité considérée.

Graphiquement, on peut porter en abscisse les unités de biens consommés, en ordonnée l'utilité. Des rectangles représentent alors visuellement l'utilité des différentes unités consommées.

L'utilité totale retirée est donc représentée par la somme des surfaces de toutes les unités consommées.

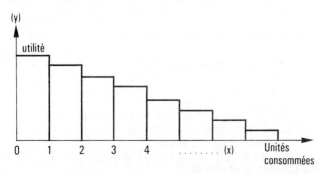

Coût marginal, productivité marginale, recette marginale

L'analyse à la marge peut s'appliquer à de nombreuses situations économiques. Ainsi en ce qui concerne les coûts, il est usuel de distinguer le coût total, le coût moyen et le coût marginal, ce dernier étant l'accroissement de coût lié à la dernière unité produite.

Concrétisons ce propos par un exemple : une entreprise dispose d'équipements dont l'utilisation horaire lui revient à 2 000 francs ; en une heure d'utilisation de ces équipements elle peut produire jusqu'à trois pièces. Si les autres coûts s'élèvent à 1 000 francs par pièce produite, le tableau des divers coûts sera :

	Une unité produite	Deux unités produites	Trois unités produites
Coût total	3 000	4 000	5 000
Coût moyen	3 000	2 000	1 667
Coût marginal	3 000	1 000	1 000

Quand la production est de trois :
le coût marginal =
le coût total pour fabriquer 3 unités
moins le coût total
pour en fabriquer deux
(5 000 − 4 000)

$$\frac{5\,000}{3} = \frac{\text{Coût total}}{\text{Nombre d'unités produites}}$$

Suivant la même démarche, on peut calculer la **production marginale** (production obtenue par le dernier travailleur embauché ou la dernière machine mise en service) et la **recette marginale** (supplément de recette obtenu par la dernière unité vendue)...

La rente foncière et l'analyse à la marge

L'analyse à la marge peut s'appliquer à de nombreux phénomènes économiques, depuis le prix du kwh de la centrale EDF à la **rente foncière.** L'analyse de la rente différentielle de Ricardo est un exemple classique de raisonnement à la marge. Ricardo explique ainsi le phénomène : les meilleures terres sont d'abord mises en culture. Puis, pour nourrir une population supplémentaire, il faut mettre en culture des terres moins fertiles. **La rente** relative à une terre donnée est alors la différence entre le rendement qu'elle procure et le rendement de la plus mauvaise terre agricole mise en culture.

La productivité marginale dans l'analyse néo-classique

Les néo-classiques ont mis l'analyse marginale au centre de leur analyse.

Supposons que, sur une terre donnée et dont la qualité ne varie pas, on fasse travailler une personne de plus, ou deux ou trois... Chaque salarié est censé présenter la même ardeur au travail et les mêmes capacités (homogénéité du facteur travail). Supposons également que la production totale et la productivité marginale évoluent comme il est indiqué ci-dessous.

Quantité de terre	Facteur travail	Production totale	Production moyenne par travailleur	Production marginale par travailleur
1	0	0	0	0
1	1	10 q	10 q	10 q
1	2	14 q	7 q	4 q
1	3	16 q	5,33 q	2 q
1	4	17 q	4,25 q	1 q
1	5	16 q	3,2 q	1 q

Ligne 4, par exemple, on lit terre = 1, indiquant que l'on cultive 1 ha de terre précis avec 3 travailleurs. On obtient alors 16 quintaux, donc une production moyenne par travailleur de 16 q / 3 = 5,33 q (production totale/nombre total de travailleurs) : la production marginale exprime qu'en passant de 2 à 3 travailleurs, la production totale est passée de 14 q à 16 q ; on dit que la « contribution marginale » du 3e travailleur est alors de :

16 quintaux-14 quintaux = 2 quintaux supplémentaires.

Pour les économistes néo-classiques en situation de concurrence pure et parfaite, tout facteur de production, que ce soit le travail, le capital, la terre, est rémunéré à sa productivité marginale. Cette conclusion donne une justification à l'inégalité des revenus : le capitaliste touche un revenu égal à la productivité marginale du capital, le salarié un salaire égal à la productivité marginale du travail. Si le chômeur n'est pas employé, c'est que sa productivité marginale est inférieure au revenu qu'il juge nécessaire pour cesser son inactivité... De plus, chaque facteur va s'employer justement là où sa productivité marginale est la plus élevée ; ainsi, l'ensemble de la société obtiendra la production la plus forte et la plus efficace.

VALEUR, LIBÉRALISME

MARKETING

Si mes prix augmentent de 10 %, comment se comporteront mes ventes? Les détaillants favoriseront-ils effectivement mes produits si j'accrois de x % les marges que je leur accorde? La fabrication d'un présentoir mettant en évidence mes produits est-elle une opération rentable?... De façon presque continue, les services commerciaux de l'entreprise donnent une réponse à une multitude de problèmes de ce genre, et l'ensemble de ces réponses constitue la **pratique commerciale** de la firme.

Mais les **décisions commerciales,** c'est-à-dire celles qui agissent sur les ventes, ne se situent pas uniquement au niveau du service commercial. Par exemple un directeur technique peut souhaiter modifier un produit pour réduire ses coûts de fabrication, mais la modification introduite (léger changement de forme par exemple) peut ne pas plaire au consommateur et se traduire par un ralentissement des ventes; dans ce cas, bien que d'apparence technique, la décision aura un aspect commercial.

Les décisions commerciales portent principalement :

– sur le produit lui-même : que produire, à quel prix?

– sur la distribution : quels canaux de distribution, quels agents de distribution?...

– sur la politique publicitaire.

Toute entreprise prend des décisions commerciales et pourtant toute entreprise n'a pas de politique de marketing.

Qu'est-ce-que le marketing?

Un état d'esprit

Symbole des techniques nouvelles de gestion, le « marketing » est d'abord un état d'esprit qui privilégie la fonction commerciale par rapport à l'aspect production. Il s'agit de « produire ce qui doit être acheté, plutôt que de chercher à vendre ce que l'on a produit ».

Une manière de préparer les décisions

Le « **marketing research** » ou recherche commerciale serait aussi l'introduction de techniques scientifiques de décision au niveau commercial. Ainsi, le marketing se caractériserait non seulement par son état d'esprit mais par la manière dont les décisions sont préparées. Dans une optique marketing, l'étude des décisions serait systématique et non ponctuelle, l'entreprise ne subissant plus aussi fortement les événements mais essayant d'agir sur eux.

Par ailleurs l'optique marketing est globale dans la mesure où l'on cherche à prendre les décisions en tenant compte de l'ensemble des informations dont on peut disposer et de l'ensemble de leurs répercussions.

Le « **marketing mix** » désigne une approche qui tend à prendre en compte tous les éléments stratégiques d'une politique client (prix, publicité, promotion des ventes, positionnement du produit...) et à être attentif à leur dosage et à la cohérence des paramètres.

Les techniques utilisées

Un certain nombre de techniques sont utilisées dans une optique de « marketing research » mais aucune ne suffit, en elle-même, à définir le marketing.

Certaines de ces techniques sont désignées par des expressions comportant le mot marketing utilisé dans un sens très restrictif. Ainsi le **marketing direct** est l'ensemble des techniques de vente marquées par une relation directe et immédiate entre la firme et le client (vente par téléphone, par correspondance...).

Améliorer l'information pour réduire l'incertitude

Les décisions commerciales ont besoin de s'appuyer sur une information aussi fiable que possible. Cette information porte aussi bien sur les clients, les fournisseurs, les distributeurs que les concurrents. Comment les clients réagiront-ils à une modification de l'emballage? Quels seront les prix des concurrents...? Certaines informations relèvent simplement d'une bonne utilisation des informations internes (comptabilité...) mais l'entreprise peut aussi entreprendre ou faire entreprendre des études plus larges.

Les études de marché

Ainsi les **études de marché,** souvent confiées à des organismes spécialisés, ont pour objectif d'améliorer la connaissance du marché de l'entreprise.

Elles s'appuient sur une étude systématique de la documentation économique existante sur le secteur considéré et sur des enquêtes ou sondages auprès d'un échantillon de consommateurs.

Les opérations-témoins

Ce sont des opérations réelles mais dont le champ est limité, ce qui permet à la fois de réduire le coût de l'expérimentation et d'en contrôler les effets avant d'en envisager la généralisation. Ainsi, si l'on veut connaître le comportement des acheteurs face à une offre de vente à prix réduit ou à l'octroi de primes, on pourra concrétiser cette offre uniquement dans une ville donnée que l'on considère comme relativement représentative.

Une des difficultés de ce type d'action tient à l'interférence possible d'autres variables que celles que l'on souhaite tester.

Ces techniques intègrent des moyens d'analyses psychosociologiques dont le caractère scientifique est loin d'être évident ; elles relèvent le plus souvent largement de l'empirisme ; néanmoins à condition de tenir compte de leurs limites elles peuvent, dans une certaine mesure, améliorer la connaissance du marché.

L'action directe sur les ventes

L'action directe sur les ventes peut se faire à deux niveaux différents : la promotion des ventes et la publicité.

La promotion des ventes

La promotion des ventes est l'ensemble des actions qui poussent les produits vers le consommateur.

A la différence de la publicité qui, elle, pousse le consommateur vers le produit. Ainsi une action sur le distributeur (détaillant) pour obtenir que les produits soient en bonne place dans le magasin relève de la promotion des ventes.

La publicité

Attirer l'attention du client potentiel, donner le désir d'acheter, obtenir la réalisation effective de l'achat, tel est le processus que la publicité cherche à provoquer.

La publicité d'intérêt général concerne les messages intéressant généralement la collectivité : « Gardez votre ville propre », « Produisons français »... Parfois cette publicité correspond à des buts humanitaires : « Donnez pour les enfants de l'Ouganda », « Sauvez les prisonniers chiliens »...

Malgré sa diversité, la publicité est essentiellement une publicité de marque visant à faire vendre des produits quotidiens qu'elle charge de rêve. « Persil lave plus blanc »... demeure le prototype du message publicitaire actuel.

La publicité est l'ensemble des messages visant à orienter les consommateurs ou à influencer leurs opinions dans le sens favorable à une personne ou à un groupe.

Le plus souvent la **publicité est commerciale,** c'est-à-dire qu'elle cherche à faire acheter un produit ou un groupe de produits.

La publicité de marque vise à faire vendre le produit d'une entreprise : « Achetez Coca-cola », « *Guiness is good for you* »...

La **publicité de produit** regroupe généralement les intérêts des producteurs et des distributeurs pour inciter à « manger du fromage », à « boire du lait ».

Pour cela il faut un des **supports** c'est-à-dire des moyens matériels qui véhiculent le « message » publicitaire. Ainsi la presse en général est un média, mais le journal « Le Monde » du 30 décembre 1990 est un support. Les principaux médias utilisés sont la presse écrite, la télévision, la radio, l'affiche et le cinéma.

Lorsqu'une entreprise prépare une **campagne** publicitaire c'est-à-dire « un ensemble d'actions concertées et limitées dans le temps autour d'un objectif précis » elle doit définir avec précision sa **cible** c'est-à-dire la catégorie du public qu'elle veut toucher (âge, niveau d'éducation, revenu des personnes concernées). En effet, l'**accroche**, c'est-à-dire la façon dont va être attirée l'attention, les supports retenus, l'axe de la campagne, les motivations implicites sur lesquelles on s'appuiera, varieront suivant la cible visée.

Le marketing en question

Une meilleure connaissance par l'entreprise du comportement des consommateurs peut avoir des conséquences positives au niveau de l'adaptation du produit à la demande réelle.

Mais les organisations de consommateurs et les analyses de Vance Packard ont largement dénoncé la « **persuasion clandestine** », qui fait que les études de produit et les messages touchant à l'achat sont de façon disproportionnée entre les mains des chefs d'entreprise et de leurs services de marketing. Etudié dans ses motivations les plus profondes, baigné dans un flux continu de messages publicitaires, tenté sur des lieux d'achat où la marchandise est disposée de façon étudiée dans un environnement poussant à l'achat irraisonné, le consommateur est souvent manipulé. Les renseignements essentiels pour lui : durée de vie de son aspirateur, puissance, efficacité, consommation d'électricité, décibels de l'appareil en fonctionnement, coût réel du crédit éventuel, sont souvent masqués ; les services de marketing ne recherchent pas prioritairement à concevoir des produits réellement adaptés à ses besoins rationnels (durée de vie élevée, réparation rapide, simplicité de fonctionnement...), mais à vendre le plus possible.

Toutefois, le marketing moderne tend à prendre en compte certaines attentes des consommateurs. Ainsi, dans un contexte où on se préoccupe des valeurs écologiques, le respect de l'environnement peut faire vendre.

☞ ENTREPRISE, GESTION, MASS MEDIA

MARXISME

Le marxisme est l'ensemble des écrits et des mouvements sociaux prenant appui sur l'oeuvre de Marx.

Ce n'est pas un simple ensemble de textes mais aussi une pratique inséparable de l'histoire contemporaine du mouvement ouvrier. Marx a constitué une analyse d'ensemble du système capitaliste en élaborant une méthode, et en recherchant une explication globale du capitalisme sous ses aspects économique, social et politique.

Le matérialisme dialectique

Matérialisme

« Pour un matérialiste , ce n'est pas la conscience qui détermine la vie, c'est la vie qui détermine la conscience ». Marx et Engels considèrent que la réalité ne peut être comprise qu'en partant du réel. Les concepts qui en permettent l'intelligibilité doivent être constamment confrontés au réel et à son devenir historique. Ils estiment se distinguer du « matérialisme vulgaire » en proclamant la nécessité de définir des hypothèses abstraites d'où l'on doit tirer des déductions de plus en plus concrètes, en confrontant ces résultats tirés de la pensée pour voir s'ils sont bien vérifiés dans les faits. Par exemple, de l'analyse de la répartition on tire certaines conclusions sur l'opposition entre salaire et plus-value, sur la lutte des classes... puis on doit ensuite vérifier concrètement la validité de ces analyses en observant les conflits, les grèves, l'évolution des salaires et des profits pour décider de la justesse des hypothèses de départ.

Dialectique

• **Le principe d'opposition** pose que dans la réalité les objets ne sont pas définis isolément. C'est dans leur opposition les uns aux autres qu'ils trouvent leur réalisation et leur définition. Cette opposition est contradiction.

Ainsi les capitalistes et les prolétaires n'existent que les uns par rapport aux autres : sans prolétaires pas de plus-value et donc pas de capitaliste. Cependant les deux termes de la contradiction ne sont pas identiques. Il y a un des termes qui est principal, à un moment donné du devenir historique. C'est celui qui est appelé à provoquer la transformation de l'état existant et donner le jour à la synthèse dialectique (dans l'exemple précédent, passage du capitalisme au communisme, c'est le prolétariat qui est l'élément principal du changement, selon Marx).

• **Le principe de totalité** : pour Marx, un terme se pose toujours dans une totalité. En effet on ne peut comprendre par exemple l'inflation ou une crise économique sans la situer dans le système capitaliste, c'est-à-dire sans voir l'opposition entre classes...

Chaque élément ne prend donc une signification qu'en relation avec les autres.

• **Le principe d'identité** lié au principe d'opposition et de totalité énonce qu'il y a unité entre les termes contradictoires. Ainsi, quand le prolétaire produit de la valeur, il est simple élément du capital qu'il contribue à accroître, il est donc pour un temps son autre dont il produit le développement même. Il est A et non A à la fois.

Dans la logique d'Aristote, les deux termes A et « non A » s'excluent radicalement et définitivement : c'est une logique analytique où le faux ne peut jamais devenir le vrai. Ici, les deux termes sans cesse de s'exclure sont dans un rapport tel que A peut **devenir** « non A » : il s'agit d'une **logique dialectique.**

Le matérialisme historique

Le matérialisme dialectique ne prend son sens que relié à l'approche des sociétés historiquement situées. Le concept de **mode de production** permet de relier logiquement des systèmes divers selon un certain ordre de succession.

Exprimée de façon polémique contre l'idéalisme de Proudhon, Marx écrit à P. Annekov, le 18 décembre 1846, une lettre qui éclaire de façon **schématique** son idée centrale du matérialisme historique : « Qu'est-ce que la société quelle que soit sa forme ? Le produit de l'action réciproque des hommes. Les hommes sont-ils libres de choisir telle ou telle forme sociale ? Pas du tout. Posez un certain état de développement des facultés productives des hommes et vous aurez telle forme de commerce et de consommation. Posez certains degrés de développement de la production, du commerce, de la consommation, et vous aurez telle forme de constitution sociale, telle organisation de la famille, des ordres ou des classes, en un mot telle société civile. Posez telle société civile et vous aurez tel état politique qui n'est que l'expression officielle de la société civile. (Marx, Bruxelles, le 18 décembre 1846) »

Ainsi les forces productives et les rapports de production conditionnent l'existence sociale, et les formes historiques sont donc déterminées matériellement. Le matérialisme historique n'est rien, précisera Engels (effrayé d'interprétations mécanistes d'idées pseudo-marxistes) si l'on n'étudie pas concrètement les sociétés particulières et la façon dont s'opèrent les transformations. « Le facteur déterminant dans l'histoire est en dernière instance la production... si, ensuite, quelqu'un torture cette phrase pour lui faire dire que le facteur économique est le **seul** déterminant, il la transforme en une phrase vide, abstraite, absurde (F. Engels, 21 septembre 1890).

Le matérialisme historique est une méthode d'interprétation de l'histoire qui retient les principes suivantes :

1. Le facteur déterminant en dernière instance de l'histoire est la façon dont les hommes organisent leur production, les rapports de production.

2. Le niveau de développement des forces productives détermine l'histoire et les formes sociales précises.

3. Les formes politiques et idéologiques, la tradition, jouent un rôle considérable, mais non décisif dans l'évolution historique (sur-détermination).

4. Les agents de l'histoire sont les travailleurs, ce ne sont pas les grands hommes, les individualités historiques. L'histoire n'est gouvernée ni par des héros ni par Dieu.

Le matérialisme historique est dialectique en ce sens que pour Marx chaque mode de production prépare en lui-même son successeur, les fossoyeurs du vieux monde sont présents en ses entrailles, contradiction vivante s'exprimant dans une lutte des classes essentielle dans la dynamique historique.

La théorie des classes

De nombreux auteurs avant Marx , avaient analysé l'évolution historique et même les classes sociales. Ce qui est essentiel dans l'analyse marxiste c'est l'analyse des luttes de classes comme agents du changement social, comme contradictions actives.

Marx précise lui-même son apport à l'étude matérialiste de l'histoire dans une lettre à Wedermeyer le 5 mars 1852 :

« Ce que j'ai apporté de nouveau, c'est :

1. de démontrer que l'existence des classes n'est liée qu'à des phases historiques déterminées du développement de la production.

2. que la lutte des classes mène nécessairement à la **dictature du prolétariat ;**

3. que cette dictature elle-même ne représente qu'une transition vers l'abolition de toutes les classes et vers une société sans classes. »

Ainsi Marx explique le rôle actif et organisateur des groupes sociaux dans l'histoire, et invite à l'action car il n'y a pas, selon lui, de transition sans heurts ni actions.

La théorie économique

➡ Inséparable du matérialisme dialectique et historique, la théorie économique de Marx peut s'apparenter à Ricardo pour la théorie de la valeur mais s'y oppose radicalement par la théorie de l'exploitation. L'influence de cet économiste est centrale, mais nous insisterons surtout sur ce que Marx considère comme l'essentiel de son apport.

L'originalité que Marx revendique

Dans sa lettre du 8 janvier 1868, Marx précise ce qui est vraiment nouveau dans le livre 1 du Capital ;

1. Il part du **travail** en insistant sur son double aspect, valeur d'usage et marchandise. Il montre que la force de travail a une valeur et qu'elle est capable de produire une valeur supérieure à elle-même, elle crée la plus-value.

2. La **plus-value** créée par le travail est traitée de façon indépendante de ses manifestations concrètes. Rente, profit et intérêt se partagent la plus-value mais son origine est commune : le surtravail du prolétariat.

3. Le **salaire** est analysé indépendamment de ses formes apparentes, il n'est pas la rémunération d'un service, mais la valeur de la marchandise-force de travail. Le salaire est donc non le paiement effectif de ce qu'apporte le travailleur, mais simplement la valeur de sa force de travail.

Une théorie des crises

Il peut alors analyser l'exploitation et les contradictions entre la valeur créée, et qui doit être écoulée, et le pouvoir d'achat des salariés lors des crises de surproduction.

Une idée essentielle dans sa théorie, mais qu'il ne s'attribue pas, est la notion-que l'on retrouve chez Smith et Ricardo-de marchandise contenant une valeur fonction du temps de travail social moyen nécessaire pour la produire. Autrement dit l'idée que « c'est le travail qui, par delà la diversité des marchandises, est commune à toutes. »

Les livres 2 et 3 du Capital contiennent deux outils d'analyse essentiels chez Marx, **la péréquation des taux de profit et les schémas de reproduction** au centre de son approche de l'accumulation élargie). Ce sont des outils particulièrement importants dans l'étude de la reproduction du capitalisme (partage de la plus-value entre capitalistes, et possibilité d'une certaine régularité dans la croissance entre branches).

La loi de la baisse tendancielle du taux de profit qui à terme menace le capitalisme sur ses bases permet de relier économie et évolution des modes de production. Loin d'être séparée du social, la loi de la baisse tendancielle du taux de profit dépend à la fois des forces productives, de l'évolution de la productivité du travail et du rapport de forces qui détermine la valeur **sociale** de la force de travail, clé de la plus-value...

La pratique

Sur la tombe de Marx, son ami et collaborateur Engels dira : « En Marx l'homme de science n'était même pas la moitié de l'homme ». Marx a été « avant tout un révolutionnaire ». Théorie et pratique étaient inséparables chez Marx, il tenait sans cesse à communiquer sa théorie sous forme assimilable par le prolétariat. Il ne suffisait pas de dénoncer l'exploitation, encore fallait-il s'organiser, mener une lutte politique, participer et conseiller les révolutions, comme celle de 1848 ou la Commune de Paris de 1871. Au sein de l'Association internationale des travailleurs fondée en 1864, il agira et interviendra politiquement, en particulier contre l'anarchiste Bakounine. Pour lui, sa théorie ne devenait vivante que si elle devenait une arme. Une formule résume sa conception de l'intellectuel révolutionnaire : « Les armes de la critique ne sauraient remplacer la critique par les armes » (*Manuscrits de 1844*).

La liaison nécessaire entre théorie et pratique est dans la pensée de Marx et Engels, à la fois un principe théorique et une règle pratique. Principe théorique, elle commande l'organisation des concepts ; règle pratique, elle gouverne l'organisation de l'action.

Le courant de pensée marxiste

Marx va être largement complété par ses amis et successeurs. Ainsi F. Engels va développer le matérialisme historique dans le domaine de la philosophie des sciences ! Kautsky formulera une théorie des crises. R. Luxemburg s'attachera à étudier l'accumulation économique dans un monde aux frontières ouvertes. Hilferding s'attachera à l'étude du capital financier. Lénine, pour sa part, développera une théorie du capitalisme monopoliste et de l'impérialisme.

ALIÉNATION, ACCUMULATION, CLASSES SOCIALES, CRISES, SOCIALISME, COMMUNISME, VALEUR ET PRIX

MASS MÉDIAS

(Moyens de communication de masse)

• **Média** exprime l'idée de médiation, de moyen capable de transmettre des messages visuels ou auditifs. Un *média* crée un lien de communication entre un émetteur et un récepteur.

• **Communication** désigne le processus de mise en relation sociale dans le but de transmettre et de recevoir, d'échanger des symboles chargés de significations au sein d'une culture permettant de coder et d'organiser les échanges.

• Le mot « **mass** » insiste sur le caractère global, sur la foule innombrable qui écoute, regarde télévision, journaux... Le message des *médias* est destiné au nombre, il est donc prévu, construit pour être décodé par un public large, qui, le plus souvent, recevra les messages de façon isolée, hétérogène, dans sa voiture, seul dans la foule en lisant un journal, éventuellement en un petit groupe familial devant le récepteur T.V.

Terminologie de Mac Luhan

Les *médias* sont des métaphores qui interprètent la réalité et les sensations. Les *médias* sont des technologies qui sont des prolongements des sens humains (la vue, l'ouïe essentiellement). Ces technologies influencent et modèlent la perception en spécialisant l'émission de message.

Mac Luhan distingue les *médias* froids et chauds, en fonction de leur impact sur les sens.

• Les *médias* froids affectent profondément la perception sensorielle. Le degré d'information des *médias* froids est faible relativement aux chauds, car ils laissent une place large à l'interprétation, n'étant pas rigoureusement définis et n'appelant pas une interprétation unique. La caricature est un exemple de *média* froid, car elle offre une large place à l'interprétation, à la différence d'un signal du code de la route. La télévision est froide en ce sens que son image est peu définie par un nombre limité de points et chacun reconstruit mentalement la continuité des traits.

• Les *médias* chauds demandent peu de participation et laissent une place relativement faible à l'interprétation. Les *médias* chauds excluent l'auditeur en l'obligeant à recevoir assez passivement des informations des *médias* chauds qui sont définies et spécialisées.

Un cours magistral sera donc dit « chaud » à l'inverse d'un travail de groupe discurant en s'appuyant sur un dossier.

☞ IDÉOLOGIE, PUBLICITÉ

MICRO-ÉCONOMIE-
MACRO-ÉCONOMIE

Micro-économie

La micro-économie est la partie de l'analyse économique qui étudie le comportement des unités économiques individuelles (le consommateur, le chef d'entreprise, le travailleur...).

La micro-économie analyse donc comment des unités individuelles types s'informent, disposent de ressources définies qu'elles vont affecter (que vais-je faire de ces 5 000 F?), organisent leurs préférences et définissent les règles orientant des choix (vais-je investir ou consommer...), choisissent dans un univers proposant des alternatives (je vais travailler moins en renonçant à consommer plus)...

La micro-économie interprète donc le comportement d'individus ou d'entreprises qui prennent des décisions, s'informent, choisissent des stratégies. La micro-économie s'intéresse aux questions du type : Faut-il consommer ceci en telle quantité, lorsque ce service est à tel prix?

Les trois principaux domaines de la micro-économie sont :

1. La formation des prix.

2. La détermination de ce qui va être produit.

3. La distribution des revenus au niveau de l'entreprise dans le cadre d'une théorie de la rémunération marginale.

D'inspiration marginaliste, la micro-économie ne se réduit pas à ce courant : un des problèmes centraux de la micro-économie est sa généralisation en termes d'équilibre général sous des hypothèses très restrictives.

Macro-économie

La macro-économie n'est pas directement perceptible pour les individus. Pourtant le déséquilibre de la balance des paiements peut conduire au contrôle des changes que ressentira chaque touriste partant pour l'étranger. Le PNB, l'indice des prix, le taux de chômage, ... sont autant de faits macro-économiques que les citoyens connaissent désormais lors de la publication des indices.

La macro-économie est un terme introduit en 1933 par Ragnar Frish ; il désigne la partie de la théorie économique s'intéressant :

1. Aux faits économiques concernant des grands ensembles, pays, branches, agrégats de production, d'investissements...

2. Aux **interdépendances** entre un ensemble significatif de variables globales synthétisant l'évolution du système économique.

Par exemple, le volume de la production dépendra de celui des investissements, qui conditionneront l'emploi...

3. A la totalité de l'ensemble économique : chaque fait ne prend son sens que par rapport à une structure qui règle l'évolution du système. Le taux d'épargne ne signifie rien si on ne connaît pas le comportement d'investissement des chefs d'entreprises, la nature du circuit de financement, les raisons de cette épargne (y a-t-il des revenus élevés ou une pénurie de biens à consommer...?).

Il est essentiel de considérer les interdépendances car la macro-économie défie le simple bon sens. Si l'on diminue la durée du travail dans un seul pays, dans un premier temps des emplois seront peut-être créés, mais la concurrence internationale risque de prendre une part du marché, ainsi des emplois risquent d'être supprimés faute de productivité et d'investissements suffisants.

Macro et micro : les deux inséparables

Séparer macro-économie et micro-économie est souvent difficile sinon scientifiquement erroné.

Si l'État décide de faciliter le crédit à la construction en utilisant le déficit budgétaire ou en laissant croître sans contrainte la masse monétaire, cet acte est macro-économique. De nombreux décideurs individuels vont modifier leurs décisions en tenant compte du contexte global : chacun va peut-être réviser en hausse ses investissements, distribuer plus de revenus, produire plus, commander plus de biens intermédiaires... La macro-économie influence la micro-économie.

Si, à l'inverse, une entreprise décide une augmentation de ses tarifs de 30 % et que sa part de marché est notable, elle peut avoir un effet d'entraînement. Par exemple, si Renault augmente ses tarifs, Peugeot suivra le plus souvent ; les services utilisant les automobiles répercuteront les hausses, l'indice des prix enregistrera une hausse, et les salariés réclameront le maintien de leur pouvoir d'achat, ainsi s'enchaîne à partir d'une décision micro-économique tout un mécanisme de type macro-économique affectant les grands agrégats.

Méso-économie

La **méso-économie** est une approche qui tente d'étudier l'économie du point de vue des branches et des secteurs. Autrement dit, la méso-économie tente de constituer le maillon intermédiaire entre la micro-économie et la macro-économie. Ainsi, l'on peut étudier l'économie en regardant la société *naf naf* (micro-économie), ou la branche textile (méso-économie) ou, plus généralement, la croissance française (macro-économie).

☞ CIRCUIT ÉCONOMIQUE, KEYNÉSIANISME, MODÈLE

MOBILITÉ

Un fils d'ouvrier qui devient notaire, un P.-D.G. qui fait faillite et se retrouve petit employé, un travailleur parisien muté à Nice pour cause de restructuration, un salarié qui se met à son compte, autant de formes de mobilité.

Au sens général, la mobilité désigne le passage d'une situation à une autre.

Il est possible de distinguer plusieurs formes de mobilité :

La mobilité géographique désigne la circulation des personnes dans l'espace (passage d'un lieu à un autre). Le nombre de provinciaux venant travailler et vivre dans la région parisienne est un phénomène de mobilité géographique qui reflète l'attraction sociale, politique et économique de Paris sur la France.

La mobilité professionnelle désigne le passage d'un individu d'une profession au sens d'une autre profession ou d'un type d'activité professionnelle à un autre type. Un maçon qui devient OS dans l'automobile connaît une mobilité professionnelle, pourtant il demeure dans les deux cas ouvrier.

Mobilité sociale

La mobilité sociale désigne le passage d'un groupe social à un autre pour un individu ou un groupe d'individus donnés.

Ainsi un ouvrier qui devient cadre supérieur connaît une mobilité sociale. L'importance de la mobilité sociale constatée dépendra de la plus ou moins grande finesse de l'étude : ainsi un OS qui devient un ouvrier professionnel réparant les machines connaîtra une promotion, mais non une mobilité sociale si l'on considère le groupe des ouvriers comme un tout ; au contraire, si l'on considère que de l'OS à l'OP il y a une distance sociale sensible, on parlera de mobilité ascendante.

On distingue la mobilité sociale selon le sens du passage :

La mobilité **sociale ascensionnelle** (ascendante) désigne le passage d'une catégorie sociale à une autre considérée comme supérieure. Évidemment cette définition suppose que l'on puisse diviser la société en strates ordonnées :

$$S_1 < S_2 < ... < S_n.$$

Un ouvrier agricole qui devient cadre connaît une mobilité ascensionnelle (très rare au demeurant).

Par contre, un O.P. qui devient représentant de commerce ou employé connaît-il nécessairement une mobilité sociale ? Cela semble moins évident.

La mobilité descendante désigne le passage d'une catégorie sociale considérée comme supérieure à une nouvelle catégorie considérée comme socialement inférieure. Par exemple, un PDG devenant employé de bureau connaît une mobilité descendante ou régression sociale.

Il est possible d'examiner la mobilité entre les générations ou au sein d'une même génération.

La mobilité intergénération désigne le changement de situation sociale d'une génération à une autre. Si l'on compare la situation du fils à celle de son père, on établit une analyse de mobilité intergénérationnelle.

La mobilité intragénération désigne la mobilité au cours d'une vie pour une génération donnée. Un ouvrier demeurant toute sa vie ouvrier ne connaît pas de mobilité intragénération, à la différence de celui qui se met à son compte comme artisan et qui change de statut.

La mesure de la mobilité sociale

Pour poser la question de la mesure de la mobilité, nous prendrons un exemple très simplifié avec une classe dite supérieure et une classe dite inférieure. Supposons que la société comprenne 100 personnes dans la génération des parents, dont 10 appartiennent à la classe supérieure et 90 à la classe inférieure, que chaque père n'ait qu'un enfant (pour neutraliser l'effet démographique différentiel selon les classes sociales).

Inertie sociale totale

Supposons que la mobilité intergénération est la suivante :

	Fils dans la classe supérieure	Fils dans la classe inférieure	Total
Père dans la classe supérieure	10	0	**10**
Père dans la classe inférieure	0	90	**90**
	10	**90**	**100**

Il y a une totale inertie sociale ou une **mobilité sociale nulle,** en ce sens que la probabilité d'être dans la classe de son père est égale à 1 ou que la probabilité de ne pas être dans la classe de son père est égale à zéro. En effet, on constate que les places sont les mêmes d'une génération à l'autre. Les 10 fils de la classe supérieure accèdent à la classe supérieure. Les 90 fils de la classe inférieure restent dans la même classe que leur père.

Autrement dit, on ne constate ici aucune promotion sociale, aucune régression, la mobilité est nulle, l'inégalité des chances est maximale ou encore l'hérédité sociale est totale.

Mobilité parfaite

A l'opposé de la mobilité nulle, la mobilité parfaite apparaît dans le cas suivant :

	Fils dans la classe supérieure	Fils dans la classe inférieure	Total
Père dans la classe supérieure	1	9	**10**
Père dans la classe inférieure	9	81	**90**
	10	**90**	**100**

La mobilité est dite parfaite si, et seulement si, quelle que soit la personne d'une classe quelconque, la probabilité qu'elle accède à la classe C est égale au pourcentage des membres de la classe C dans la société.

Dans notre exemple, un fils de la classe inférieure a une chance sur 10 d'aller dans la classe supérieure, ce qui correspond exactement à la probabilité pour un fils de la classe inférieure de s'élever dans l'échelle sociale ($9/90 = 1/10$), et ces chances d'accès à la classe supérieure correspondent donc exactement au pourcentage de membres de la classe supérieure dans la société : $10\% = 1/10$. Réciproquement les probabilités d'accès à la classe inférieure sont identiques pour la classe inférieure et la classe supérieure et correspondent à la part de cette classe ($90\% = 9/10$).

Degré de mobilité

Il est fréquent que les catégories sociales des pères ne soient pas celles des fils ; il est alors indispensable de mesurer quantitativement les différents aspects de la mobilité.

La mobilité totale désigne l'ensemble des individus qui ne sont pas dans la même catégorie sociale que leurs pères.

Pratiquement, dans les tableaux de mobilité classique, ceux qui ne bougent pas sont sur la diagonale principale (père dans la classe supérieure, fils dans la classe supérieure ou fils et père dans la classe inférieure). La mobilité totale est mesurée par la somme des cases ne figurant pas sur la diagonale principale.

DIAGONALE PRINCIPALE	Classe supérieure des fils	Classe inférieure des fils	
Classe supérieure des pères	9	1	10
Classe inférieure des pères	11	79	90
	20	80	

Par exemple, la mobilité totale est ici de 11 + 1 = 12, soit 11 ascensions sociales des fils de la classe inférieure et 1 régression sociale d'un fils de la classe supérieure qui fait partie de la classe inférieure.

Le nombre de cas caractérisé par l'immobilité est de 9 + 79 = 88.

Mobilité structurelle et non structurelle

Une part de la mobilité résulte automatiquement du changement de structure. Il y a par exemple 10 places de plus dans la classe supérieure, il y a donc 10 promotions automatiques dites structurelles.

La mobilité structurelle désigne l'ensemble de la mobilité qui résulte de la modification des places à pourvoir dans les catégories sociales d'une génération à l'autre.

Dans notre exemple, la mobilité structurelle se mesure par les 10 places nouvelles dans la classe supérieure et les 10 places en moins dans la classe inférieure, la mobilité structurelle est donc de ([20 − 10] + [− 90])/2 = 10.

La mobilité structurelle se mesure par la somme des valeurs absolues des différences entre les disponibles dans la génération des pères et des fils divisée par 2.

La mobilité non structurelle est la partie de la mobilité totale qui n'est pas structurelle : Mobilité totale − Mobilité structurelle. Dans notre exemple, la mobilité non structurelle est égale à 12 − 10 = 2.

☞ **CLASSES SOCIALES, C.S.P.**

MODÈLE

Le principe

Pour représenter une voiture, une cabine spatiale, il est possible de constituer une maquette ou un modèle réduit qui représente sous une forme plus petite l'objet original. Ce modèle réduit sera d'autant plus précis qu'il aura le plus grand nombre des propriétés de ce qu'il représente ; il respectera par exemple les proportions, aura plus ou moins de détails, ainsi la maquette peut avoir les portes ouvrantes, le coffre ouvrant avec des pièces représentant le moteur..., ou simplement un dessin plus ou moins figuratif... Un modèle plus théorique se contentera de résumer par exemple par des équations la forme de l'objet, par des formules physiques la résistance des matériaux, la nature de leurs alliages...

On voit à travers cet exemple un certain nombre de caractéristiques des modèles.

Au départ il y a un objet ou un **phénomène réel** ; il s'agit le plus souvent de **représenter cet objet dans la pensée,** pour n'en retenir que l'aspect particulier que l'on veut connaître.

On ne retiendra donc de l'objet que certains éléments significatifs en fonction de ce que l'on recherche ; ces éléments seront exprimés abstraitement dans le modèle soit par des matériaux physiques (maquette), soit par des traits (plans, dessins), soit par des mots et par des règles logiques permettant de déduire des propositions nouvelles qui seront ensuite traduites en conséquences concrètes dans le monde réel.

Un exemple de modèle

La réalité économique est extrêmement diverse et complexe ; si l'on veut étudier l'inflation, il faudra retenir ce qui paraît significatif du phénomène, trouver les variables explicatives et leur mode d'action. A priori, on sait que n'interviendra pas dans les prix toute une série d'éléments. La couleur des cheveux des vendeurs et des acheteurs, leur taille... ne seront certainement pas des variables à retenir. En revanche, il faudra trouver une mesure de la hausse des prix (voir indice), retenir certains éléments explicatifs qui peuvent être très variables suivant le courant de pensée économique.

Ainsi, on pourra étudier l'influence des coûts de production, des profits, de l'offre et de la demande, de la monnaie, des inégalités de revenus, du consensus social, de l'existence d'une concurrence pure ou imparfaite... D'un modèle à l'autre on ne retiendra pas les mêmes variables explicatives.

Ces variables une fois choisies, il faudra définir des relations entre elles et le phénomène à expliquer. Ainsi on pourra considérer qu'une offre croissante faisant face à une demande gardant la même forme fera monter les prix, ou qu'une inégalité des revenus impliquera des luttes sociales revendicatives tendant à augmenter les revenus et impliquant une réaction sur les prix pour maintenir un profit important... Ceci constituant autant de règles de fonctionnement du modèle, **il faudra ensuite observer si dans la réalité se manifestent effectivement des mécanismes du même ordre que ceux du modèle.**

Deux types de modèle

En économie, il existe deux types de modèles, les modèles qualitatifs et les modèles quantifiables. Ainsi, la « concurrence pure et parfaite » est un modèle abstrait dont on sait qu'il ne traduit pas la situation réelle dominante ; elle relève de la première catégorie. En revanche les modèles utilisés pour les prévisions conjoncturelles se donnent les moyens d'une estimation quantitative.

Il existe aussi une utilisation de nature radicalement différente du mot modèle. On parle par exemple de « modèle japonais » par exemple pour désigner un ensemble de caractéristiques spécifiques d'une société et d'une organisation économique. C'est la notion d'exemplarité qui est alors mise en avant, le modèle signifie alors qu'un ensemble de traits formant une structure particulière est attribué à une réalité économique et sociale (pays, entreprise, etc.).

Qu'est-ce-que l'économétrie?

L'« économétrie » est un terme forgé à partir d'**écono** pour économie et **métrie** pour mesure, il désigne une branche de l'économie qui s'appuie sur les statistiques et tente de tester la validité de lois économiques et d'estimer certaines variables, à travers des modèles quantitatifs.

La démarche économétrique

1. Avant toute mesure, il faut définir ce que l'on veut mesurer, aussi choisira-t-on des définitions précises.

2. Une fois les variables choisies, il faut préciser les liaisons entre les variables. On mesurera et estimera à partir d'observations (échantillons) les variables et les paramètres du modèle.

3. Puis, il est indispensable de tenir compte des intervalles d'erreur selon la plus ou moins grande fiabilité des mesures.

On utilisera des tests statistiques donnant l'intervalle de confiance du résultat. La démarche économétrique recherche le plus souvent des clefs pour le futur qu'elle puise dans le passé.

C'est une démarche généralement fondée sur l'**extrapolation,** c'est-à-dire le prolongement d'une tendance passée.

Les économètres jouent un rôle fondamental dans la prévision économique qui est une estimation du futur à partir de modèles généralement quantitatifs.

L'approche de la prospective intègre mieux les aspects qualitatifs ; elle tente de prévoir le futur à partir d'hypothèses sur les variables essentielles donnant lieu à des « scénarios ». La **prospective** désigne alors l'ensemble des méthodes d'analyse qui permettent de déceler les tendances du futur sur un mode généralement qualitatif et par le biais de modèles privilégiant certains mécanismes et règles de déduction.

Une démarche économétrique : la modélisation

Un exemple classique de la démarche économétrique consiste en l'analyse d'une liaison entre deux variables. Ainsi la consommation varie en fonction des revenus : $C = f(R)$.

Soit le revenu R défini comme l'ensemble de ce que perçoit l'individu : salaires, profits, rentes, loyers..., et la consommation définie par l'ensemble de ce qu'il achète sur le marché (on néglige son auto-consommation).

Ayant défini précisément les variables, on peut rechercher la forme de la liaison.

Par exemple, on peut définir une fonction de consommation de type $C = aR + b$ avec $0 < a < 1$

Il est possible de mesurer pour un échantillon d'individus le niveau de leur consommation et de leur revenus.

Individus	Consommations	Revenus
1	C_1	R_1
2	C_2	R_2
—	—	—
—	—	—
—	—	—
n	C_n	R_n

La technique de l'**ajustement linéaire,** par exemple[1] selon la méthode des moindres carrés, permet alors de préciser les valeurs de a et de la constante b donnant précisément la relation. En réalité, pour chaque individu il peut y avoir un écart par rapport à la forme générale.

(1) Il existe aussi des ajustements non linéaires. Le meilleur type d'ajustement est celui qui réduit au minimum les variations aléatoires entre l'estimation ajustée et la réalité.

On aura :

$$C_i = a\,R_i + \text{constante} + \varepsilon_i$$

(ε_i étant la variation non expliquée par la liaison).

Supposons, par exemple, que pour la population étudiée l'on constate que $C = 0,8\,R + 100$ F.

Théoriquement, un individu gagnant 5 000 F devrait consommer pour 4 100 F ($C_o = 0,8 \times 5\,000$ F $+ 100$ F), 900 F étant épargnés. Mais il est très possible que l'individu observé consomme en réalité pour 4 500 F, on dira alors que

$$\varepsilon_i = 400 \text{ F } (4\,500 \text{ F } - 4\,100 \text{ F}).$$

L'intérêt prévisionnel d'une telle estimation devient encore plus notable si l'on raisonne de façon globale, R étant le revenu national et C la consommation de l'ensemble des ménages. Prévoyant une augmentation du revenu national d'une année donnée, il est possible de calculer la masse des biens de consommation qu'il faudra créer cette année-là pour satisfaire la demande.

Mais les limites de l'économétrie sont celles des méthodes qui la sous-tendent. Des modèles peu pertinents donneront des résultats peu éclairants. De plus, en cas de rupture de tendance, la valeur des prévisions perd tout intérêt.

Il faut bien connaître les définitions et les hypothèses de départ et donc les limites de chaque modèle avant d'en utiliser les résultats.

Une bonne partie des limites des modèles économétriques est celle des méthodes statistiques. L'exemple de la corrélation, qui permet de trouver des liaisons numériques entre l'évolution du PNB et la croissance d'un platane bordant une départementale, doit alerter l'utilisateur des méthodes économétriques contre le risque du manque de vraisemblance de ses liaisons, et ce, quel que soit le soin qu'il ait apporté à leur mesure.

MONNAIE

Le personnage de Diderot, le neveu de Rameau, fait de l'**argent** l'élément central d'une éducation pratique de son enfant : « ...Lorsque je possède un louis, ce qui ne m'arrive pas souvent, je me plante devant lui, je tire le louis de ma poche, je le lui montre avec admiration, j'élève les yeux au ciel, je baise le louis devant lui, et pour lui faire mieux entendre encore l'importance de la pièce sacrée, je lui désigne tout ce qu'on en peut acquérir, un beau fourreau, un beau toquet, un bon biscuit : enfin je remets le louis dans ma poche, je me promène avec fierté, je relève la basque de ma veste et c'est ainsi que je lui fais concevoir que c'est du louis qui est là que naît l'assurance qu'il me voit » (Diderot, Le neveu de Rameau).

Cette étrange pédagogie, initiant à un monde où l'argent a pénétré les relations sociales et a même le pouvoir de métamorphoser la personnalité, met en évidence le rôle de l'argent dans nos sociétés.

La vraie nature de la monnaie

Comme l'exprime Diderot, l'enfant n'a pas immédiatement conscience du lien entre un gâteau et le louis. Tout laisse à penser qu'il choisira plutôt le biscuit que le louis tant qu'il n'aura pas assimilé *la relation d'équivalence* abstraite : un louis vaut plusieurs gâteaux. Puis il ne verra pas immédiatement que, possédant un louis, il n'est pas obligé de le transformer immédiatement en bonbons, biscuits et jouets et qu'en conservant ce louis, il met en réserve pour plus tard un moyen de satisfaire sa gourmandise *(fonction de réserve)*. Il peut aussi calculer que, plutôt que de dépenser ce louis en une seule fois, il pourra obtenir la monnaie de sa pièce et ainsi fractionner ses achats *(divisibilité)*. A l'inverse, il peut vouloir acheter un jouet de quelque importance et alors utiliser la fonction de réserve pour amasser la somme suffisante *(épargne-accumulation)*. Autrement dit, la monnaie remplit une multiplicité de fonctions : instrument d'échange, unité de compte, réserve de valeur, élément divisible permettant de fractionner achats et ventes, fonction d'accumulation permettant à l'inverse d'additionner de la valeur. Elle a, plus généralement, le pouvoir d'éteindre les dettes, car, acceptée comme moyen de paiement, elle transfère de la valeur au créancier exerçant ainsi un « **pouvoir libératoire** » qui signifie que vous ne lui devez plus rien...

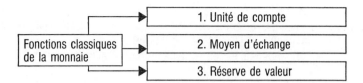

| 1. Unité de compte |
| 2. Moyen d'échange |
| 3. Réserve de valeur |

Fonctions classiques de la monnaie

L'équivalent simple

On peut établir une relation d'équivalence entre deux ensembles d'objets de même valeur. Le rapport 5 truites = 1 mouton permet aux pêcheurs et aux éleveurs d'échanger : pour le pêcheur, la truite sera un « moyen d'échange » permettant d'obtenir le mouton convoité, à l'inverse l'éleveur pourra varier son ordinaire en obtenant du poisson.

L'équivalent simple est une marchandise qui exprime la valeur d'une autre marchandise. Cette équivalence se fait selon un rapport d'échange.

Un rapport d'échange simple exprime la quantité de biens X nécessaire pour se procurer une unité de Y. Dans notre exemple, le rapport d'échange est de 5 (truites) contre 1 (mouton). Cette équivalence simple fait jouer le rôle d'instrument d'échange à une marchandise spécifique qui remplit une des fonctions monétaires, celle d'instrument d'échange.

L'équivalent général

L'équivalent simple est lié à une relation particulière de troc, il ne remplit pas toutes les fonctions de la monnaie ; en particulier, on n'est pas sûr qu'il permettra plus tard d'obtenir un autre objet désiré. Le mouton ne sera guère utile à un pêcheur qui a besoin d'acheter un couteau par exemple.

L'équivalent général est une marchandise qui permet de définir un rapport d'échange simple avec toute autre marchandise.

Ainsi l'or permettra de définir toutes les marchandises par rapport à lui :

1 mouton = 5 g d'or.

1 bicyclette = 4,5 g d'or.

1 coupe de cheveux = 0, 1 g d'or.

Autrement dit, quelle que soit la marchandise, on peut la représenter en une quantité d'or équivalente.

Mais l'équivalent général n'est pas une marchandise quelconque : initialement les sociétés choisissaient une marchandise ayant un caractère très désirable et représentatif de leur économie, ainsi le bétail dans une société d'éleveurs du Sahel, les coquillages rares dans une tribu mélanésienne, joueront le rôle d'équivalent général. Les sociétés occidentales utiliseront très vite les métaux précieux, qui offrent la garantie d'une matière première parfaitement malléable et largement inaltérable.

La monnaie est un équivalent général accepté par tous comme instrument de paiement.

Diversité des formes monétaires

La monnaie métallique

L'or et l'argent sont désirés à la fois comme marchandise et comme élément permettant d'obtenir toutes les autres. Petit à petit, l'or a acquis une valeur d'usage lié à son pouvoir de servir dans l'échange, et ce, indépendamment de sa valeur d'usage traditionnelle comme matière première servant à faire des bijoux...

Le système de frappe libre

Le système de frappe libre est un système monétaire où l'équivalent général est un métal (par exemple l'or) et dans lequel les particuliers peuvent faire transformer toute quantité d'or en pièces de monnaie. La quantité de monnaie est alors régulée par la possession de quantités d'or limitées.

Le pouvoir libératoire de l'or est illimité, chaque bien correspond à un poids d'or.

Mais la monnaie métallique frappée librement peut donner lieu à des subterfuges, il faut peser les pièces, l'alliage peut être modifié... Le privilège des rois et des États consistant à battre monnaie remplace depuis longtemps la frappe libre, conférant ainsi un moyen de contrôle aux États sur la monnaie.

La banque bat monnaie

Le billet de banque n'est pas une monnaie-marchandise. Sa valeur intrinsèque en tant que papier est sous rapport avec sa sa valeur d'échange. La banque d'émission est alors la gardienne du Trésor souvent constitué d'or. Son bilan s'écrit alors avec une grande simplicité :

Actif	Passif
X tonnes d'or = y francs	Billets émis = y francs

Le bilan est alors strictement équilibré : si une tonne vaut 1 000 000 de Francs, on aura par exemple à l'actif 10 000 tonnes d'or, au passif 10 000 millions de Francs en billets, qui se trouvent en circulation.

Ce système est alors très simple : le billet de banque n'est qu'un substitut de l'or, qui dort sagement enfoui dans les caves de l'institut d'émission.

Toute personne possédant des billets peut à tout moment, sans crainte, venir retirer la monnaie métallique, car le billet de banque est **convertible en or.**

La banque crée de la monnaie

L'expérience permet de constater que l'essentiel de l'or demeure en sommeil au fond des caves, une fraction minime du Trésor permettant d'assurer la convertibilité. La banque peut alors créer de la monnaie par-delà ses stocks d'or.

Actif		Passif	
	Valeur		Valeur
Y tonnes d'or Crédits à l'économie	a b	Billets en circulation	x
	x		x

L'or ne sert plus alors qu'à assurer la convertibilité du billet de banque, en jouant le rôle de réserve. L'expérience permet de fixer que pour Y francs de billets en circulation, il faudra par exemple cinq fois moins d'or dans les caves de la banque que de billets en circulation. Le **cours forcé** peut même obliger tout citoyen à accepter les billets

Currency principle et banking principle

Le problème de l'émission de monnaie et de son contrôle a donné lieu à un débat historique célèbre dans lequel vont s'affronter deux principes :

1. **Le currency principle** (principe de circulation). Ce principe défend la conception de la banque gardienne du Trésor ; pour ses partisans, il faut qu'il existe une relation stricte entre l'or détenu dans les coffres et le volume des billets émis.

2. **Le banking principle** (principe du système bancaire). Pour les défenseurs de ce principe, les quantités de monnaie mis en circulation doivent être fonction des besoins de l'économie.

Les diverses formes actuelles de monnaie

La monnaie banque centrale

Aujourd'hui encore, la monnaie est souvent perçue comme le produit de la planche à billets. Pourtant il n'en est rien : moins de

20 % de la monnaie émis circulant en France prend la forme de billets par la Banque de France.

La monnaie centrale émise par la Banque de France sous forme de billets est dite monnaie **fiduciaire.**

La monnaie divisionnaire : les pièces correspondant à des petites valeurs sont émises par l'administration des Monnaies et Médailles. La Banque de France inscrit à son actif la valeur de ces pièces, et au passif elle les inscrit à l'actif du Trésor.

Monnaie fiduciaire signifie monnaie fondée sur la confiance, de par l'origine du billet certificat de la banque, gardienne du Trésor, donc inspirant respect. Toute monnaie est fondée sur la confiance et peut donc être qualifiée de fiduciaire. Néanmoins au sens étroit, la monnaie fiduciaire est constituée de l'ensemble des billets dont le monopole d'émission est le privilège de la Banque centrale et de la monnaie divisionnaire. La confiance dans le pouvoir libératoire de cette monnaie est essentielle, car la valeur intrinsèque du billet est bien inférieure à la valeur du billet en tant que monnaie.

La monnaie de la banque centrale n'est le plus souvent qu'une simple transformation de la monnaie créée par les banques commerciales.

Les contreparties de la monnaie banque centrale

Les contreparties de la monnaie banque centrale apparaissent dans le tableau simplifié suivant :

CONTREPARTIES	MONNAIE CRÉÉE
Or, devises Créances sur le Trésor Créances sur les entreprises et les ménages (fournies par le réescompte des crédits initialement accordés par les banques de second rang)	Billets en circulation Comptes courants des agents non monétaires

Le multiplicateur de crédit

Multiplicateur de crédit : Il est possible de préciser le besoin relatif de monnaie centrale par le rapport :

$$M = \frac{\text{Billets} + \text{Pièces}}{\text{Masse monétaire}}$$

Ce rapport exprime le phénomène de **multiplication du crédit.** M s'interprète comme la quantité de monnaie centrale nécessaire pour obtenir un montant donné de la masse monétaire. S'il est égal à 0, 14 = 14 %, cela signifie que pour obtenir 100 F de monnaie il suffit de 14 F émis en billets et en pièces.

La monnaie du Trésor

Le Trésor, c'est l'État dans sa fonction de trésorerie c'est-à-dire dans l'acte qui consiste à assurer ses dépenses et ses recettes.

Le Trésor crée de la monnaie essentiellement par des créances sur lui-même. Par exemple, quand l'Etat paie ses fonctionnaires en utilisant les comptes chèques postaux (CCP), il met à son passif l'avoir dont est crédité le salarié, et en contrepartie, à son actif il inscrit le même montant comme créance sur lui-même. Cet équilibre ne fait problème que lorsque le salarié se fait payer en monnaie bancaire ou en billets. Cet exemple montre que le Trésor crée de la monnaie scripturale, il joue le rôle de banquier pour l'État mais ne peut accorder de crédits aux particuliers.

La monnaie des banques de second rang

Plus de 80 % de la monnaie actuelle est le fruit de la création des banques et il ne faut pas oublier que même la monnaie centrale résulte souvent des besoins de transformation de la monnaie scripturale des banques (et du Trésor).

La monnaie scripturale désigne la monnaie créée par des jeux d'écriture. Elle est constituée par l'ensemble des soldes créditeurs des agents non bancaires (ménages, administrations, entreprises...) dans les comptes bancaires (ou du Trésor).

Notons bien que le chèque n'est pas de la monnaie, mais un simple véhicule comme l'attestent les écriteaux des commerçants déclarant « la maison n'accepte pas les chèques »; cet instrument ne donne accès à de la monnaie que sous réserve d'un compte approvisionné (au solde positif donc).

Pour préciser l'origine et la nature de la monnaie des banques de second rang (le plus souvent à vocation commerciale) il suffit de construire le tableau des contreparties de la monnaie créée par les banques de second rang.

MONNAIE CRÉÉE	CONTREPARTIE
Comptes à vue des agents non bancaires (monnaie scripturale)	Devises (très peu) Créances sur le Trésor (bons du Trésor...) Créances sur les entreprises non financières et les ménages.

Monétisation

Il y a création de monnaie scripturale lorsque l'on monétise des actifs non monétaires (traites, immeubles, actions...).

Le processus de monétisation est le suivant : si la banque B accorde un crédit de 10 000 F à un client X., elle porte à son actif la créance sur M.X., et à son passif elle porte un avoir de 10 000 F au compte bancaire de son emprunteur.

Ainsi la banque a le pouvoir de faire apparaître sa propre monnaie propre en émettant des créances sur elle-même.

La transformation

Si la banque « Bonargent » a un client qui ne paie qu'en chèques à des commerçants ayant pour banque « Bonargent » elle n'a nul besoin de monnaie de la banque centrale ou d'autres banques. En réalité, il y a circulation et transformation des formes de monnaie les unes dans les autres. Si son client émet un chèque de 3 000 F à un fourreur qui le remet à la banque « Bonprofit », il y transformation interne à l'intérieur du circuit de la monnaie scripturale et 3 000 F de monnaie « Bonargent » se transforment en 3 000 F de monnaie « Bonprofit ». Si, au contraire, son client vient demander 3 000 F en billets, la banque « Bonprofit » doit se procurer de la monnaie-banque centrale.

Il est aussi possible que la monnaie « Bonargent » se transforme en monnaie-Trésor si un client de cette banque effectue un paiement par chèque à un créancier possédant un C.C.P. (compte chèque postal).

La compensation

Généralement, les banques de second rang sont nombreuses et ne doivent pas nécessairement s'adresser à la banque centrale pour les règlements inter-banques commerciales.

La compensation désigne un processus réalisé par une chambre de compensation qui réunit, sous l'autorité de la Banque de France locale, les banquiers afin qu'ils règlent chaque jour la différence entre le montant des chèques des banques concurrentes qu'ils détiennent et le montant des chèques tirés sur leur propre banque possédés par les autres banques.

Prenons un exemple dans lequel n'interviennent que trois banques : Chaque jour, les banques reçoivent une multitude de chèques, effectuent des virements; leurs clients remettent des dizaines de milliers de chèques tirés sur elles. Lors d'une réunion, il faut totaliser toutes ces opérations, on obtient alors un schéma du type :

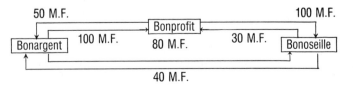

Seul le solde sera à régler, ainsi Bonprofit doit 50 millions de F à Bonargent qui lui doit 100 millions de F, donc 50 millions de F de Bonargent.

Les soldes sont alors :

Agrégats monétaires

« La monnaie nationale est constituée par l'ensemble des moyens de paiement usuels utilisés sur le territoire. Elle comprend les pièces, les billets et tous les dépôts à vue susceptibles d'être transférés par chèque ou virement. » (*Système élargi de Comptabilité Nationale* – INSEE)

La **quasi-monnaie** est constituée d'avoirs liquides qui ne sont pas, à proprement parler, de la monnaie, car ils doivent être transformés pour devenir des moyens de paiement ayant pouvoir libératoire. Cependant cette transformation en équivalent général se fait aisément et sans perte de valeur et la quasi-monnaie est gérée par des agents créateurs de monnaie : les banques et le Trésor. (Depuis janvier 1986, les comptes sur livret sont de la quasi-monnaie, quel que soit l'organisme gestionnaire.)

LES NOUVEAUX AGRÉGATS DE PLACEMENTS
(P1, P2, P3)

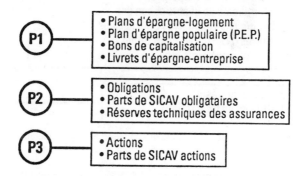

Note : Les agrégats « non monétaires » ne s'emboîtent pas, ils se juxtaposent. Ils regroupent des types de placement de même nature dans une même catégorie.

LES NOUVEAUX AGRÉGATS MONÉTAIRES
(M1, M2, M3, M4)

Note : M1, M2, M3, M4 sont composés d'actifs monétaires détenus par des agents non financiers résidant en France (ménages et les entreprises non financières).

• C'est à partir du 1er janvier 1991 que la Banque de France a modifié les précédentes définitions distinguant M1, M2, M3 et L.

• Les agrégats monétaires M1, M2, M3 et M4 sont classés en fonction de leur « degré de liquidité croissante », ils s'emboîtent les uns dans les autres logiquement.

Vocabulaire de l'analyse monétaire

La liquidité

La liquidité désigne les moyens de paiement disponibles sans délai de mobilisation (billets, pièces, comptes à vue).

Les moyens de paiement sont plus ou moins liquides selon la facilité que l'on aura à les transformer en moyens de paiement acceptés de tous (billets, comptes à vue...). Ainsi une action, ou une traite, n'est pas liquide, mais il est possible de la rendre liquide en la négociant, en vendant l'action en Bourse ; en escomptant une traite, on obtient souvent rapidement de la monnaie ; à l'inverse, un immeuble sera plus long à rendre liquide par la vente...

La liquidité d'une banque désigne tous les actifs en monnaie de la Banque de France, soit les billets en caisse, le solde créditeur de son compte à la Banque de France, et ses comptes courants créditeurs auprès des autres banques commerciales ainsi que du Trésor (car elle peut en exiger immédiatement de la monnaie banque centrale).

La liquidité d'une entreprise est un état financier qui est caractérisé par une situation où ses actifs réalisables à court terme (actifs de roulement) permettent de faire face aux dépenses à court terme (exigibilités à court terme : payer ses fournisseurs, rembourser les banques, payer les impôts...).

Vitesse de circulation de la monnaie

Pour mesurer encore le rapport entre la masse monétaire et son utilisation économique, il est possible de définir la **vitesse de circulation de la monnaie**.

$$V = \frac{\text{Dépense intérieure brute}}{\text{Disponibilités monétaires (M1)}}$$

Une vitesse de circulation de 4 indique que 1 F en billets et pièces permet d'assurer 4 F de transactions. Plus ce taux est élevé, plus la circulation de la monnaie est rapide.

Équation de Fischer

Un des instruments d'analyse essentiels dans la politique monétaire libérale est l'équation de Fischer reliant la masse monétaire, sa vitesse de circulation, le niveau des prix et le volume des transactions.

L'équation de Fischer énonce l'égalité entre :

– la masse monétaire multipliée par sa vitesse de circulation,
– et la masse des paiements effectués représentée par la valeur totale des transactions effectuées à un prix P et selon un volume Q. Autrement dit : $M \times V = P \times Q$.

M étant la masse monétaire, V la vitesse de circulation de la monnaie, P un indicateur du niveau des prix, Q le volume des transactions.

Supposons qu'un groupe d'adolescents dispose de cigarettes pour échanger ce qu'ils confectionnent. Si chaque bien vaut 2 cigarettes et que chaque jour ils pratiquent l'échange de 50 biens – la circulation des cigarettes étant réglée par une rotation rapide, chacune servant à 4 échanges par jour – alors il leur faudra une « masse monétaire » de 25 cigarettes.

L'interprétation monétariste traditionnelle de cette équation retient l'hypothèse de la stabilité de la vitesse de circulation de la monnaie V est stable (elle dépend de variables psycho-sociologiques, des habitudes de paiement...). Q correspond à un volume de production qui est donné par une économie utilisant ses capacités de production à 100 %, donc Q est donné. Alors le niveau des prix dépend strictement de la croissance de la masse monétaire.

La controverse sur ce schéma théorique met en question le sens de la causalité ; en effet même si l'on peut établir une corrélation sur longue période entre l'évolution de la masse monétaire et le niveau des prix, rien n'indique le sens de la causalité. Peut-on affirmer que les prix montent à cause de la croissance de la masse monétaire ou qu'au contraire la masse monétaire est créée à l'occasion surtout des crédits à l'économie, et qu'à l'inverse, c'est l'inflation dont les causes sont ailleurs qui provoque la croissance de la masse monétaire (simple condition permissive) ?

Le vocabulaire keynésien

Pour Keynes, trois motifs conditionnent la demande de monnaie :

1. **Le motif de transaction** exprime le besoin de monnaie nécessaire pour assurer ses dépenses courantes entres deux moments où l'on perçoit ses revenus (par exemple un mois pour les salariés mensualisés) et aussi un besoin caractéristique des entreprises ; ce besoin de liquidités correspond à la monnaie servant à régler les dépenses professionnelles durant l'intervalle où les marchandises n'ont pas été payées.

2. **Le motif de précaution** : il s'agit des besoins de monnaie nécessaires pour faire face aux dépenses imprévues (maladies, occasions intéressantes...).

3. **Le motif de spéculation** : c'est essentiellement la monnaie destinée à des placements rémunérateurs (qui, dans l'esprit de Keynes, renvoie d'abord au taux d'intérêt).

Vocabulaire de la politique monétaire

L'État et la Banque de France disposent de moyens de contrôler la création monétaire. La politique monétaire désigne l'ensemble des moyens mis en place pour contrôler la croissance monétaire.

Open market, appels d'offre, prises en pension

L'open market désigne l'intervention de la banque d'émission sur le marché monétaire. Celle-ci peut réduire ou accroître la masse monétaire ·

1. Si elle offre de la monnaie centrale en achetant des créances (titres publics tels les Bons du Trésor, du Crédit Foncier et même des titres privés à court et moyen terme, de montant généralement important et tirés sur des grandes entreprises), elle crée alors de la monnaie en inscrivant ces titres à son actif et en créditant les banques de second rang du montant correspondant. Ces comptes créditeurs des banques de second rang constituent une création nette de monnaie centrale.

2. A l'inverse, elle peut « détruire de la monnaie banque centrale » lorsqu'elle vend des titres, car elle se fait payer en monnaie banque centrale ; les avoirs des banques de second rang diminuent et la monnaie banque centrale en circulation se dégonfle du même coup.

De plus, les banques de second rang peuvent se prêter sur le marché monétaire les liquidités dont elles disposent.

La Banque de France régule la création monétaire des années 90 principalement par le mécanisme des **appels d'offre.** La Banque de France a l'initiative de l'opération : elle consulte les banques commerciales qui doivent faire des offres anonymes qu'elle va dépouiller en sélectionnant les plus intéressantes. Chaque banque précise par écrit la quantité de crédit qu'elle désire pour un taux donné. La Banque de France fixe alors un **taux d'intervention** et le montant total du crédit qu'elle désire offrir en achetant pour cela des bons du trésor et des effets privés qui sont vendus par des banques qui désirent obtenir de l'argent Banque centrale.

Pour compléter les appels d'offre, le Trésor accepte des prises en pensions de titres privés et publics ; les banques de second rang qui veulent obtenir de l'argent banque centrale en plus des appels d'offre doivent payer un taux supérieur d'un demi-point au taux des derniers appels d'offre.

Chaque jour il existe un taux inter-bancaire auquel les banques de second rang peuvent s'acheter de l'argent entre elles, c'est le **PIBOR** (Paris Interbank offered rate) qui a été créé officiellement le 1er octobre 1986. Ce taux du marché monétaire concurrentiel doit théoriquement fluctuer entre **les taux directeurs** que sont : 1) le bas de la fourchette que constitue le taux des appels d'offres (taux de référence) et 2) le haut de la fourchette qui est le taux des prises en pension.

L'encadrement du crédit

L'encadrement du crédit ne joue pas sur l'offre et la demande de monnaie par les mécanismes du marché.

L'encadrement du crédit est une réglementation qui limite le pouvoir de création monétaire des banques en définissant, par rapport au volume antérieur de crédits accordés à la clientèle, les conditions d'évolution. L'offre de crédit est ainsi limitée.

L'encadrement du crédit est généralement assorti de sanctions pour les banques qui enfreignent la règle (accroissement des réserves à la banque centrale ou coût plus élevé du refinancement lorsque les banquiers fautifs doivent se procurer de l'argent banque centrale).

Les réserves obligatoires

Comme l'encadrement du crédit, les réserves obligatoires sont le fruit de la réglementation, l'État ainsi dispose d'un moyen de contrôler l'émission monétaire dont l'initiative est essentiellement le fait des banques de second rang.

Le système des réserves obligatoires impose aux banques de second rang l'obligation de détenir à la Banque de France de la monnaie de la banque d'émission sous forme de compte à vue non rémunéré. L'État fixe un taux de réserve qui exprime un pourcentage des dépôts ou/et des crédits à détenir sous forme de monnaie centrale mise en réserve. Plus le taux de réserve augmente, plus les banques dépendent de la création monétaire centrale.

Les réserves obligatoires augmentent le besoin de monnaie de la Banque de France, de façon à limiter l'autonomie de création monétaire des banques de second rang.

Le réescompte

Le réescompte désigne l'achat par la banque d'émission de titres privés et publics à un taux qui varie selon la nature des effets et selon la masse réescomptée.

Quand le taux de réescompte est nettement plus fort que le taux de l'argent sur le marché monétaire, les banques qui y recourent sont très pénalisées.

La variation de taux de réescompte est une façon de limiter la création monétaire des banques de second rang ; ce but est atteint en rendant l'argent cher.

 BANQUE, SYSTÈME MONÉTAIRE INTERNATIONAL, MARCHÉ FINANCIER, INNOVATIONS FINANCIÈRES

MULTINATIONALE

UNILEVER est implanté dans quarante-sept pays, contrôle près de 500 sociétés et produit aussi bien du savon que des eaux minérales, du ciment que du plastique.

I.B.M. contrôle près des deux tiers du marché mondial des grands ordinateurs. Sa production est largement disséminée dans le monde. Un ordinateur donné a souvent certaines de ses pièces fabriquées dans une usine, d'autres dans une autre usine, le montage se faisant dans un troisième lieu. Ces différentes implantations ne se situent d'ailleurs pas nécessairement dans le même pays.

UNILEVER, I.B.M. mais aussi Nestlé, Exxon, Philips... Shell et beaucoup d'autres grandes firmes internationales tiennent une place croissante dans l'économie mondiale. Dès 1973, le chiffre d'affaires des 200 premières sociétés mondiales représentait près du tiers du PIB des principaux pays de l'O.C.D.E. Il pourrait atteindre 50 % du PIB mondial vers les années 2000.

Les multinationales sont souvent accusées d'utiliser leur caractère international pour tromper le fisc en utilisant paradis fiscaux et prix de transfert.

Les paradis fiscaux désignent les pays qui prélèvent peu d'impôts et acceptent des implantations fictives de groupes qui les utilisent comme de simples boîtes aux lettres.

Un groupe utilisant les paradis fiscaux peut faire payer des prix de transfert élevés à sa filiale, située dans un pays à fiscalité normale, majorant ses profits dans le paradis fiscal et minorant ceux-ci dans le pays à fiscalité normale.

Le **prix de transfert** est un prix de cession interne au groupe, portant sur des marchandises circulant entre les filiales de la multinationale considérée. Il dépend de la stratégie propre du groupe et non des véritables coûts de production. Le commerce est alors dit « captif », il n'obéit pas aux seules lois de la concurrence internationale.

Multinationales, plurinationales, transnationales

Le vocabulaire a fleuri pour qualifier les grandes firmes multinationales. La pluralité des termes proposés renvoyait le plus souvent à des tentatives de classification de ces firmes soit d'un point de vue juridique, soit du point de vue de leur comportement. Mais l'usage semble de plus en plus retenir l'expression firme multinationale.

Divers critères permettant de définir la firme multinationale ont été proposés.

Pour les uns, la firme multinationale est une entreprise qui contrôle des unités de production localisées dans plusieurs pays quelle que soit leur taille (Rainelli...). Mais certains auteurs rajoutent des conditions plus restrictives : l'entreprise doit être de grande dimension, le nombre de pays suffisant (Vernon considère que le nombre de pays doit être au moins égal à 6 et le chiffre d'affaires supérieur à 100 millions de dollars).

D'autres au contraire ne retiennent pas le critère de production et considèrent de façon extensive que toute grande entreprise, ayant des filiales (de production, de distribution...) dans de nombreux pays, est multinationale.

Ces différences de définition se traduisent par des écarts dans la mesure de l'impact et de l'évolution des firmes multinationales. Elles renvoient souvent à des analyses différentes.

La définition de W. Andreff

La définition de W. Andreff prend en compte l'évolution des multinationales :

Pour W. Andreff, une **multinationale** se définit comme « toute firme dont le capital est pris dans un processus d'accumulation international sur la base d'un processus productif, lui-même international ; elle est la forme sous laquelle s'organise un sous-ensemble du capital internationalisé. » (W. Andreff, *Profits et structures du capitalisme mondial*).

Cette définition prend tout son sens par rapport à la notion de structure du capitalisme mondial qui oblige à penser de façon mondialisée sa production, sa distribution, son approvisionnement, son financement, ses débouchés, le savoir-faire... La multinationale est donc un élément du capital internationalisé.

Le capital internationalisé est la fraction du capital global mondial « qui ne peut plus se reproduire sans s'investir directement dans la sphère des activités productives, commerciales et financières internationales. » (Andreff)

Ce que les multinationales ne sont pas

Des firmes dont les capitaux seraient également répartis entre les pays et qui n'auraient pas d'enracinement national (comme pourrait le suggérer le terme transnational). Dans la majorité des cas ces entreprises sont à capitaux américains, même si l'on trouve un nombre croissant de multinationales japonaises et européennes.

Les types de multinationalisation (Delapierre, Michalet)

Filiale-relais et filiale-atelier

Dans la nature des implantations des firmes multinationales, on peut distinguer différents types de filiales.

Pour M. Delapierre et C.-A. Michalet les filiales-relais sont des « filiales qui produisent et vendent sur les marchés locaux des biens appartenant à la gamme des produits déjà exploités par la maison-mère sur le marché d'origine ».

En revanche les filiales-ateliers sont « spécialisées dans la production d'une composante d'un produit final ou dans la fabrication d'un bien pour lequel la demande locale est inexistante ou faible ».

Ces deux types de filiales pourraient être opposés aux filiales de commercialisation qui ne font que distribuer des produits.

Firmes domestiques et firmes étrangères

L'analyse économique distingue généralement les effets des firmes multinationales pour le pays d'accueil et pour le pays d'origine. Dans cette approche, Hirsch distingue les firmes domestiques qui n'ont pas de filiale et pas de participation au capital d'entreprise étrangère, les firmes multinationales domestiques, filiales de firmes multinationales de la nationalité du pays considéré, les firmes multinationales étrangères dont la maison-mère est située dans un pays extérieur au pays étudié.

De la filière à l'ensemble-marchandise

« **Une filière** est l'ensemble des étapes de la production qui permettent de passer de la matière première brute à l'objet fini qui sera vendu sur le marché. »

« **Mener une politique de filières,** c'est s'assurer la maîtrise des approvisionnements de matières premières et garder le contrôle, technique autant que financier, de toutes les étapes de la transformation, jusqu'à la vente finale du produit ».

La politique de filières permet à une firme d'obtenir au niveau mondial des liaisons entre une multitude d'activités, chaque filière fournissant aux autres expérience, savoir-faire, réseau bancaire et moyens financiers aboutissant à la notion d'ensemble-marchandise qui guiderait les choix stratégiques de la F.M.

De plus en plus, les multinationales vendent des conseils en organisation, du savoir-faire technique, des brevets, de l'ingénierie, des services informatiques et deviennent des ensembles financiers qui vendent du crédit... Autrement dit, par-delà la délocalisation de la production et le contrôle effectif de l'appareil productif, les multinationales développent des « ensembles-marchandises » qui dépassent la simple logique du produit.

« **L'ensemble-marchandise** » comprend à la fois les services, le crédit, l'organisation, le savoir-faire, les licences, le transfert de compétences, la recherche, la conception des produits, les liaisons entre filières, la maîtrise de l'information.

Le degré de contrôle

Les filiales peuvent être contrôlées à 100 % par la maison mère ou être des filiales conjointes à capitaux partiellement locaux.

Participation étrangère

Le développement des firmes multinationales se traduit par un accroissement des participations étrangères dans les entreprises des différents pays du monde, c'est-à-dire par, une augmentation de la part de capital des entreprises nationales détenue par des firmes étrangères.

Du marché national au marché mondial

L'entreprise traditionnelle du XIXe siècle est axée sur le marché national (à l'exception de quelques cas non représentatifs). Le marché du pays est considéré comme essentiel, l'extérieur n'est perçu par l'entreprise qu'en termes d'exportations ou de sources de matières premières, et il semble bien y avoir un marché du travail, des produits et des capitaux dont la logique essentielle reste nationale.

On assiste aujourd'hui à un passage progressif d'une logique axée sur le marché national à une logique axée sur le marché mondial, et ceci tant au niveau de la production que du travail, des capitaux et du marché des consommateurs. Les firmes multinationales décident des lieux de production en raisonnant dans le cadre mondial. Mais les législations sociales, l'organisation syndicale restent encore essentiellement nationales malgré l'accroissement de la division internationale du travail. Les liaisons entre banques s'accroissent (banques multinationales), les capitaux sont de plus en plus gérés au niveau mondial. La demande solvable tend à s'uniformiser, les différences entre les marchés se réduisent.

Internationalisation et mondialisation

On distingue l'internationalisation de la mondialisation.

L'internationalisation désigne la croissance des exportations et des importations de marchandises. Pour un groupe la part de la valeur ajoutée exportée, pour un pays le volume des exportations rapporté au PNB, donnent une bonne indication de l'internationalisation.

La mondialisation désigne la croissance des exportations de capitaux, le développement de la division internationale du travail, les unités de production se déplaçant, puis s'intégrant en réalisant des parties d'un même produit ou groupe de marchandises, à partir de zones géographiques différentes mais dépendant d'un centre de décision principal.

Division internationale du travail (D.I.T.)

Les multinationales n'ont pas inventé la division internationale du travail, mais leur tendance logique est de penser leurs implantations de façon mondialisée.

Il y a **division internationale** du travail si les pays produisent pour l'exportation et voient leur marché intérieur satisfait en partie par les importations.

Les multinationales intègrent la division internationale du travail à leur propre plan de production et de distribution.

Ainsi Péchiney exploite de la bauxite en Australie et la transforme en alumine aux États-Unis, produit de l'aluminium au Gabon en utilisant l'alumine réalisée par sa filiale en Guinée.

Délocalisation de la production

Le passage d'une stratégie nationale à des stratégies mondiales se traduit dans l'immédiat par une **délocalisation de la production**, c'est-à-dire un processus de déplacement de centre de production de certains pays vers d'autres pays. Les déplacements peuvent être de sens et de destinations différents selon la nature des produits. D'autre part, des changements dans les coûts relatifs, dans l'évolution de la demande peuvent à nouveau provoquer de nouvelles délocalisations de la production.

Multinationalisation des firmes

Pour qualifier le processus par lequel s'effectue la transformation de firmes nationales en firmes multinationales on parlera de multinationalisation des firmes. La multinationalisation est donc un processus.

MULTIPLICATEUR-ACCÉLÉRATEUR

Les multiplicateurs sont divers

Le multiplicateur est un outil essentiel dans l'analyse de la croissance pour les Keynésiens. Le multiplicateur d'investissement relie l'effet d'une variation des investissements à la variation du revenu national.

De façon non formalisée, le mécanisme peut être schématisé ainsi :

```
┌──────────────────────────────────────────────────────────────┐
│ Accroissement des sommes consacrées à l'investissement        │
│ (par exemple : dépenses publiques injectées dans              │
│ le circuit économique par un déficit budgétaire)              │
└──────────────────────────────────────────────────────────────┘
                              ▽
┌──────────────────────────────────────────────────────────────┐
│ Variation des revenus des producteurs (salariés, chefs d'entreprises...)│
│ car cette vague de dépenses se transforme en revenus distribués│
└──────────────────────────────────────────────────────────────┘
                              ▽
┌──────────────────────────────────────────────────────────────┐
│ La variation de revenus provoque une variation de la consommation│
│ car une fraction des augmentations de revenus sert à accroître │
│ le niveau de la consommation.                                 │
└──────────────────────────────────────────────────────────────┘
                              ▽
┌──────────────────────────────────────────────────────────────┐
│ Une nouvelle vague de dépenses des consommateurs              │
│ va provoquer des commandes de biens et services               │
│ aux entreprises, elle sera inférieure à la précédente vague   │
│ à proportion de la propension marginale à consommer.          │
└──────────────────────────────────────────────────────────────┘
```

RÉTROACTION

Évidemment cet accroissement net des dépenses consacrées à l'investissement peut être provoqué par des commandes de l'État, mais aussi par un afflux de commandes venant de l'extérieur (multiplicateur du commerce extérieur), par une déthésaurisation...

A l'inverse de ce mécanisme poussant à l'expansion, il peut y avoir des diminutions nettes des investissements qui jouent dans le sens de la réduction du niveau d'activité.

La notion de multiplication concerne les variations des dépenses et les variations de l'investissement, non leur volume absolu.

Le multiplicateur d'investissement

Le principe de base

Le multiplicateur d'investissement est lié à la tendance à consommer une fraction du revenu supplémentaire distribué, qui accroît le volume de production. Le mécanisme suppose que le taux d'utilisation des capacités productives est suffisant pour que la production puisse suivre la demande.

Une variation du revenu R, induit une variation de la consommation.

Dans l'analyse keynésienne de la consommation, il y a une relation entre l'accroissement du revenu et la part supplémentaire consacrée à la consommation. Pour Keynes, une fonction de consommation relie les revenus (R) et la consommation (C), la propension marginale à consommer c exprime la part des gains nouveaux consacrés à la consommation supplémentaire :

$$\text{Donc } \Delta C = c \Delta R$$

Le multiplicateur d'investissement est le nombre par lequel il faut multiplier la variation d'investissement net pour obtenir le montant correspondant de variation de production.

Le multiplicateur exprime la propagation dynamique d'une dépense qui en suscite d'autres par vagues. Il engendre ainsi un enchaînement de demande – revenu qui peut jouer dans le sens de l'expansion en accentuant un effet initial, ou au contraire provoquer la dépression en amplifiant la contraction du volume de l'investissement et de la demande correspondante.

Un exemple

Supposons que la propension marginale à consommer soit de 90 % ; si un supplément de dépenses publiques de 1 000 millions est décidé sous forme d'investissements en travaux publics, quel en sera l'effet sur le volume de la production ?

Cet exemple peut être présenté de façon plus dynamique en analysant phase par phase le processus de multiplication, qui engendre une série de vagues successives de demandes à partir de l'onde initiale provoquée par le souffle des dépenses d'investissement...

1re phase : 1 000 millions sont dépensés et introduits dans le circuit. Dépense 1 = 1 000 millions.

2e phase : Les 1 000 millions sont distribués sous forme de revenus aux producteurs, qui auront un accroissement de leurs ressources et dépenseront 1 000 × 0,9 = 900 millions supplémentaires. Dépense 2 = 900 millions.

3e phase : Dépense 3 $= 1\,000 \times 0,9^2 = 8,10$ millions...

Ne phase : Dépense n $= 1\,000 \times 0,9_n$

Autrement dit, le volume de la production satisfaisant cette série de demandes $= D = D_1 + ... D_n + ... = 1\,000 + (0,9 \times 1\,000) + (0,9^2 \times 1\,000) + ...$

$$D = 1\,000\,(1 + 0,9 + 0,9^2 + ... + 0,9_n + ...)$$

soit : $1\,000 \times \dfrac{1}{1 - 0,9} = 10\,000$ millions

On retrouve ainsi de façon dynamique le même effet de multiplication que dans le calcul global proposé par Keynes.

L'accélérateur

L'accélérateur exprime la relation symétrique de celle évoquée par le multiplicateur.

L'accélérateur analyse l'effet d'une variation de la demande de biens de consommation (liée au revenu) sur l'investissement alors que le multiplicateur analyse l'impact de l'investissement sur le revenu.

Le principe d'accélération

Le principe d'accélération peut se schématiser ainsi :

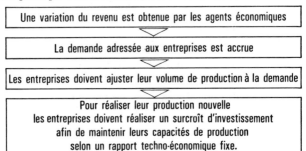

Un exemple d'accélération

Considérons une entreprise qui produit des glaces avec 20 machines à sorbet à 50 F qu'il faut remplacer à raison d'une chaque année (on suppose un amortissement de 20 ans et un parc de machines uniformément réparti de 1 à 20 ans).

Nous supposerons que :

1 Toutes les machines sont utilisées à plein rendement au départ et qu'il faut pour faire face à la demande réaliser un achat de nouvelles sorbetières (investissement net).

2. Le principe d'amortissement est supposé uniforme et les machines identiques (on néglige le progrès technique et les variations de prix).

3. On suppose que le rapport $\dfrac{\text{production}}{\text{équipement}}$ est maintenu constant

Dans notre exemple, nous supposerons que le coefficient reliant production et capital est égal à 10, autrement dit il faut dépenser 1 000 F en sorbetières pour produire 10 000 francs de glaces.

4. On suppose que les producteurs s'ajustent mécaniquement aux variations de la demande, les chefs d'entreprise réagissant d'une année sur l'autre sans analyse plus subtile sur l'évolution de la demande.

Années	Demande	Équipement nécessaire	Investissement supplémentaire net (a)	Investissement de remplacement (amortissement) (b)	Investissement brut (a) + (b)
1. stabilité	10 000 F	1 000 F	0 F	50 F	50 F
2. expansion	12 000 F	1 200 F	200 F	50 F	250 F
3. expansion	14 000 F	1 400 F	200 F	50 F	250 F
4. stabilité	14 000 F	1 400 F	0 F	50 F	50 F
5. récession	13 500 F	1 350 F	− 50 F en théorie 0 F en réalité	50 F en théorie 0 F en réalité	0 F
6. récession	11 000 F	1 100 F	− 250 F en théorie 0 F en réalité	50 F en théorie	− 200 F en théorie 0 F en réalité

A contrario, pendant la période 6 (récession) il apparaît un outillage oisif qui limitera lors de la reprise le besoin d'investissement.

L'accélération est vivement ressentie : par exemple de l'année 1 à l'année 2 la variation de la demande est de seulement 20 %, alors que la variation de l'investissement brut est de 400 %. Cette idée est essentielle dans l'analyse keynésienne des fluctuations.

Le principe d'accélération signifie que la variation de la demande conduit à une variation induite de l'investissement amplifiée.

Oscillateur

Il est difficile de concevoir séparément le processus d'accélération et celui de multiplication, et il y a donc le plus souvent combinaison d'actions du revenu qui stimule l'investissement (accélération), puis de l'investissement qui engendre une distribution de revenus (multiplication).

On appelle **oscillateur** un modèle qui combine l'accélérateur et le multiplicateur. L'oscillateur relie dans le temps la consommation présente et le revenu de la période précédente (multiplicateur) et l'investissement à la variation entre le revenu précédent et celui d'aujourd'hui (accélérateur).

L'oscillateur modélise un mécanisme de fluctuation économique. L'instabilité de la demande effective conduit à une succession de phases de stimulation de la croissance et de récessions.

☞ CRISE, CROISSANCE, INVESTISSEMENT, FLUCTUATION, KEYNÉSIANISME

PATRIMOINE

Un terrain, une maison, quelques actions dans des entreprises prospères, voilà des éléments qui constituent déjà un patrimoine important.

Le patrimoine est, dans ce cas, l'ensemble des biens que possède un individu ou une unité économique, à un moment donné, après déduction de l'ensemble de ses dettes.

La notion de patrimoine est donc essentiellement statique (même si le patrimoine peut augmenter dans le temps !). Au sens étroit, le patrimoine se définit en termes de stocks, par opposition aux revenus qui sont des flux. Le savoir-faire du boulanger, la baguette de pain, les chansons de Boris Vian, la place des Vosges, les cafés... la cuisine... font partie du patrimoine français, c'est-à-dire des richesses nationales. N'ayant pas de prix de marché, cet aspect de patrimoine est de fait assimilé à une valeur nulle dans le calcul économique!

La composition du patrimoine retenue par l'INSEE

La Comptabilité Nationale a vu son champ étendu aux données patrimoniales :

– **Actifs réels :** mobilier, machines, terrains, constructions, logements.

– **Actifs incorporels** non-financiers mais susceptibles de faire l'objet de transactions : brevets, fonds de commerce, droits d'arrhes.

– **Actifs ou passifs financiers :** disponibilités financières, actions, obligations, créances.

Le patrimoine est donc la valeur nette de l'ensemble des éléments aliénables et transmissibles dont une personne est propriétaire à un moment donné.

Sont exclus les biens durables des ménages enregistrés en consommation dans la Comptabilité Nationale, tout le patrimoine de connaissance, de technique, de savoir-faire que détiennent les hommes, et le capital naturel non approprié.

Les comptes de patrimoine

Les comptes de patrimoine sont utilisés dans le cadre de la Comptabilité Nationale. Ils se présentent sous la forme d'un bilan, à une date donnée. Ils comptabilisent l'ensemble des biens, avoirs et dettes d'une unité économique. Le solde est appelé valeur nette du patrimoine.

Le patrimoine d'ouverture est le patrimoine en début de période.

Le patrimoine de clôture est le patrimoine en fin de période.

Entre le début et la fin d'une période, le patrimoine se modifie du point de vue de sa composition et en valeur. Ces modifications sont liées :

• d'une part à des **flux :** remboursement de dettes (modification de nature du patrimoine); achat de matériel (modification de nature du patrimoine); revenus du travail ou de la propriété (variation de patrimoine); héritage... (variation du patrimoine);

• d'autre part à **des modifications dans les prix** donnant lieu à des plus-values ou à des moins-values. On appelle « élément de réconciliation » l'ensemble des variations de patrimoine liées à ce dernier aspect.

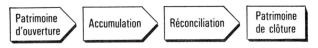

Patrimoine et revenu

Le CERC (Centre d'Etudes des Revenus et des Coûts) retient plusieurs **fonctions du patrimoine :**

– une fonction d'usage domestique : habitation, usage du lieu pour soi-même.

– une fonction professionnelle : ensemble de biens qui se rapportent à l'activité de l'entreprise.

– une fonction de rapport : biens immobiliers loués, éléments financiers procurant un revenu.

– une fonction de réserve ou de sécurité.

– une fonction de spéculation

parfois une fonction de bienfaisance (prêt gratuit). Les liens entre patrimoine et revenu sont nombreux et à double sens.

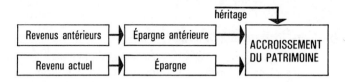

Patrimoine culturel et naturel

Le patrimoine calculé par l'INSEE laisse de côté de nombreux aspects du patrimoine au sens large.

Le patrimoine naturel inclut la beauté des paysages, la pureté de l'eau, la diversité de la faune, l'étendue de la flore... Ce patrimoine est en évolution constante et l'homme peut le dégrader ou l'améliorer. Quand on déverse des détergents, lorsque l'on « bétonne » la Côte d'Azur ou que l'on chasse de façon excessive en détruisant certaines espèces, on détruit une partie de son patrimoine naturel.

Le patrimoine culturel n'est généralement pas évalué en termes monétaires ; la convivialité, par exemple, n'a pas de prix sur le marché. Si l'on s'enorgueillit en France d'être la patrie de Molière, Rimbaud, Hugo, Lautréamont,... cela n'apparaît guère dans le PNB, sinon par la valeur ajoutée de l'édition de leurs livres ou des pièces que l'on joue à partir de leurs oeuvres... Le patrimoine culturel englobe une multitude d'éléments : châteaux de la Loire, théâtres, ouvrages, mais aussi fêtes, savoir-faire des artisans, traditions... L'absence de mesure monétaire du patrimoine culturel rend difficile dans une économie de marché son développement et même simplement sa protection.

Une politique du patrimoine comprend à la fois des mesures légales (protection des sites et des oeuvres), des mesures de conservation (crédits aux musées, politique de rachat des oeuvres nationales), des mesures de développement (subventions, aides à la création, transmission des traditions, politique de formation...), construction de bâtiments, urbanisme de qualité. Dans une large mesure, la richesse d'un pays dépend de ces éléments non marchands qui constituent son identité culturelle. Des indicateurs non monétaires de l'état de ce patrimoine existent : nombres de créations de pièces, de films, de séries télévisées nationales, diffusion plus ou moins large de la langue nationale, réputation des chercheurs et des auteurs d'un pays, nombre de bâtiments restaurés, nombre de livres lus...

☞ ACCUMULATION, CAPITAL, ÉPARGNE, RÉPARTITION

PLANIFICATION

La planification individuelle

Chacun de nous planifie couramment à une échelle différente des plans nationaux mais identiques dans son principe. Si par exemple vous pensez : « Cette année, au mois d'août, j'irai en Grèce, je ferai le trajet en avion, je descendrai dans les hôtels de première catégorie, ce qui me coûtera au total 12 000 francs que je financerai en mettant 1 000 francs de côté par mois », alors vous faites un plan comparable dans sa logique la plus générale à ceux que peuvent réaliser des pays comme la France, l'U.R.S.S. ou l'Inde.

Qu'est-ce qui caractérise cet exemple de planification?

1. Le choix d'un objectif.

Vous auriez pu décider autre chose que ce voyage, par exemple ne pas partir de France ou aller au Japon... mais ces éventualités vous plaisent peut-être moins que le voyage en Grèce ou bien certaines de ces possibilités (Japon) sont impossibles à réaliser compte tenu des possibilités financières dont vous disposez ou vous demanderaient de renoncer à des activités que vous estimez trop importantes par rapport à l'intérêt que présente pour vous le fait d'aller au Mexique ou au Japon plutôt qu'en Grèce.

2. La prise en compte des difficultés de réalisation et la décision de réaliser l'objectif

Vous avez donc choisi un objectif (voyage en Grèce) en comparant différents objectifs possibles (pas de vacances, France, Grèce, Japon...), en les classant par ordre de préférence mais aussi en tenant compte des difficultés de réalisation, que celles-ci soient financières, familiales ou autres et qui rendent a priori, la réalisation de ces projets difficile.

Après avoir étudié les conséquences de chaque décision (prix, temps, problèmes familiaux...) ainsi que les moyens à mettre en oeuvre pour les réaliser (économies de 12 000 francs), vous avez fait votre choix (Grèce). Enfin, vous avez décidé de mettre en place les moyens permettant de réaliser votre objectif (épargner 1 000 francs par mois).

➠ Ce dernier point est important dans la notion de plan car si l'on n'a pas décidé de prendre les mesures permettant la réalisation du but choisi, ce n'est pas un plan que l'on a fait mais un simple projet dont la réalisation est tout à fait hypothétique.

Toute organisation de vacances ne se fait pas en suivant un plan systématique préétabli. Le hasard, les impulsions du moment peuvent y suppléer. La réalité s'éloigne dans de nombreux cas du plan prévu, s'il existe. Les causes peuvent en être multiples : maladies, grèves de train ou d'avion, changement dans les priorités que l'on se fixe... économies plus faciles à prévoir qu'à réaliser...

La planification nationale

Le plan d'un pays n'est rien d'autre dans son principe le plus général que ce que nous venons de voir ; l'échelle de l'étude diffère et rend plus complexes les problèmes à résoudre. Par contre, ceux qui planifient au niveau national ne sont pas ceux qui supportent l'effort de réaliser, et les préférences des différents membres d'une collectivité ne sont pas nécessairement compatibles.

Quel objectif national choisir?

Ce qui est planifié à l'échelle d'un pays c'est d'abord la production, c'est-à-dire l'ensemble des biens qui seront créés. Qu'est-il souhaitable de produire et en quelles quantités? Doit-on industrialiser au maximum mais accélérer l'exode rural, réduire les investissements sociaux (hôpitaux, écoles) si cela est nécessaire à l'industrialisation?

Si tout pouvait se faire en même temps il y aurait moins de problèmes liés au choix des objectifs, on produirait automobiles et hôpitaux, armements et écoles, sans problèmes de limites ou de compétition entre ces différentes productions. Mais la réalité est différente ; pendant que des travailleurs fabriquent un bien ils n'en produisent pas un autre, il y a donc des limites aux capacités de production d'un pays pour une période donnée. Ces limites sont fonction de la main-d'oeuvre disponible mais aussi d'autres variables, en particulier le niveau technique et l'équipement...

Il faut donc choisir des objectifs, mais ceux-ci ne peuvent pas être décidés selon des critères purement technique. Privilégier l'industrialisation n'a pas le même sens pour le paysan qui risque de devoir quitter sa terre et pour l'industriel qui pourra investir plus facilement. L'intérêt du développement des équipements collectifs n'est pas le même pour celui qui a un revenu lui permettant de toute façon de se faire soigner, de faire instruire ses enfants dans de bonnes conditions, et celui qui n'a pas ces revenus. C'est pourquoi le choix des objectifs d'un plan national est de nature essentiellement politique. Mais pour choisir il faut connaître les conséquences des différentes alternatives.

Prenons un exemple. Si l'on envisage d'augmenter la production de camions, il faut s'assurer que la production d'acier, de

291

caoutchouc nécessaire à cet accroissement sera suffisante, et si elle ne l'est pas, il faudra modifier les niveaux de production d'acier ou de caoutchouc prévus. Mais produire plus d'acier ne peut se faire que moyennant à nouveau toute une série de ressources en matières premières, mais aussi en moyens de transport, dont les camions

Les incidences d'une variation de la production ne concernent pas seulement les ressources matérielles mais aussi la main-d'œuvre. Dispose-t-on des ouvriers nécessaires? Ont-ils la qualification requise, se trouvent-ils dans un secteur géographique adéquat? Dans le cas contraire, que faut-il faire pour adapter la situation de la main-d'œuvre à l'objectif de production envisagé?

Et ceci n'est qu'un exemple schématique parmi des centaines de produits ayant chacun des dizaines de liaisons d'interdépendance. L'échelle des problèmes ainsi posés fait qu'ils ne peuvent pas être résolus sans recours à des moyens modernes de calcul et de traitement de l'information : les ordinateurs. Les ordinateurs eux-mêmes ne peuvent traiter que des informations fournies par des agents économiques. De la fiabilité de ces informations et de leur prévision dépend la qualité du résultat obtenu.

A ces moyens doit évidemment s'ajouter une bonne connaissance de la situation existante et passée (en particulier grâce à un appareil statistique important), ainsi qu'un certain nombre d'hypothèses en ce qui concerne le contexte politique et technique futur (l'énergie solaire deviendra-t-elle rentable? le système économique sera-t-il modifié?).

Agir pour infléchir l'évolution spontanée

Envisager les conséquences de différentes politiques est une chose, en choisir une et prendre effectivement les mesures permettant de la réaliser en est une autre. Envisager d'améliorer les conditions de vie d'un groupe social et prendre des mesures affectives sont deux choses très différentes.

Sans une détermination précise des mesures décidées pour réaliser l'objectif choisi, il n'y a pas de plan mais un simple projet plus ou moins crédible.

Ces deux exemples permettent de préciser ce qui caractérise un **plan** :

– **Un horizon économique.**

Il n'y a de plan que pour l'avenir, un plan implique donc l'existence d'horizon économique (un an, deux ans, cinq ans...) et une réflexion sur l'évolution spontanée, ou infléchie par les décisions du planificateur.

– **Un objectif réaliste et cohérent.**

Un plan suppose le choix d'un objectif réaliste, c'est-à-dire compatible avec les contraintes connues ou prévisibles.

– **Des moyens de réalisation.**

Il n'y a de plan que s'il y a décision de mettre en place les moyens nécessaires à la réalisation de l'objectif choisi. Ce dernier point permet de distinguer nettement un plan d'un simple projet. Le plan doit être également distingué de la prévision, qu'il utilise mais qui ne se confond pas avec lui. Le plan infléchit l'avenir dans un sens souhaité par le planificateur alors que la prévision est une simple recherche de l'évolution probable.

Les différentes catégories de plan

La planification peut concerner différents types d'agent : individu, entreprise, nation, ensemble d'États. Dans le cas de l'entreprise, on parle souvent de **programmation** plutôt que de planification, ce dernier terme étant plus spécifiquement utilisé au niveau plus global des nations.

Les plans peuvent être **globaux ou sectoriels**; dans le premier cas il concerne l'ensemble de l'économie d'un pays, dans le second un secteur ou une branche de l'économie (Plan-calcul pour l'informatique...).

L'horizon envisagé peut également être très différent : le plan peut porter sur le **long terme**, 10 ans, 15 ans, donc envisager des mutations importantes de la société. Dans ce cas il tracera généralement des perspectives, mais sans détailler les moyens à mettre en place de façon précise. **Les plans quinquennaux,** ou à 5 ans, sont des plans à moyen terme. L'horizon est suffisamment proche pour que l'on puisse envisager des moyens d'exécution.

Le plan annuel, comme son nom l'indique, est un plan à un an; s'il s'intègre dans un plan à plus long terme il peut être la « déconcentration » de ce dernier (par exemple, on divisera par cinq les objectifs d'un plan quinquennal).

Le plus souvent ces différentes catégories de plans ne s'opposent pas, mais se superposent dans le temps.

Planification impérative et indicative

Enfin, on distingue deux grands types de planification : celle dont l'exécution s'appuie principalement sur l'obligation légale d'exécution ou **planification impérative,** et la planification ou les tentatives de planification s'appuyant principalement sur l'incitation indirecte ou **planification indicative.**

Cette distinction recoupe la distinction entre planification dans les pays capitalistes et dans les pays socialistes s'inspirant des principes staliniens de planification centralisée. La propriété collective des moyens de production n'est néanmoins pas incompatible avec une planification indicative (cas de la Yougoslavie par exemple).

La planification française

Depuis 1947 la France élabore un plan indicatif global pour l'ensemble de l'économie. Sauf exceptions dues à des données conjoncturelles, les plans sont d'une durée de 5 ans.

Les organes chargés de l'élaboration

Le **Commissariat général** du plan est la seule administration permanente du plan français. Elle est dirigée par le commissaire au plan. Cet organisme coordonne les activités d'élaboration du plan.

Les commissions de modernisation sont de deux types, verticales et horizontales, les premières se situent dans le cadre d'une branche (chimie,. sidérurgie...), les secondes étudient les problèmes transversaux : main-d'oeuvre, financement...

Les techniques d'élaboration

Bien évidemment les principales orientations et le vote définitif se situent au niveau politique : gouvernement et parlement. Mais il faut parallèlement quantifier l'effet des mesures envisagées : quelles sont les conséquences précises sur le solde extérieur d'un accroissement du prix du pétrole?... Quelles peuvent être ses conséquences sur l'emploi dans le cadre de diverses hypothèses complémentaires...?

Pour résoudre ce type de problèmes, les planificateurs ont introduit des modèles mathématiques de politique économique. Les plus célèbres sont le modèle Fifi (modèle physico-financier) et le modèle D.M.S. (dynamique multisectorielle).

D.M.S. est un modèle **dynamique** en ce sens qu'il permet d'envisager différents cheminements, qu'il essaie de tenir compte des liaisons entre la conjoncture et le moyen terme, des effets de retard... (modèle macro-économique).

D.M.S. est aussi **multi-sectoriel** car il tente de tenir compte des effets des différences d'évolution entre les secteurs de l'économie.

Les données initiales sont fournies par la Comptabilité Nationale et les coefficients des fonctions de comportement révélées par des études économétriques.

Tout modèle économétrique peut faire l'objet de critiques sur le choix des liaisons retenues et des hypothèses testées. Le modèle retenu dépend dans sa construction de choix théoriques, et dans son utilisation des objectifs et des choix politiques. Cette démarche a l'intérêt d'obliger les politiques à expliciter leurs objectifs, et de mettre en évidence les conséquences précises des choix.

La planification soviétique traditionnelle

L'U.R.S.S. a développé à partir de 1926 une planification centralisée.

Les premières esquisses de plan ont dû être établies dès 1919 mais la guerre civile, puis la NEP, retardèrent son implantation. Après quelques tentatives de planification sectorielles, pendant les années 20, un recul de la planification marque la période de la NEP.

La NEP ou Nouvelle Politique Économique se situe pendant la période 1921-1926. Des mesures « libérales » caractérisent cette période, la propriété privée des moyens de production est partiellement rétablie dans les entreprises de petite dimension. Le marché libre est restauré pour les surplus agricoles et les produits artisanaux, une certaine autonomie est accordée aux entreprises. Les capitaux étrangers sont autorisés à s'investir en URSS. La NEP admet le jeu du marché au niveau des petites unités économiques dans la mesure où il est contrôlé par l'appareil d'État.

A partir de 1926 débute la planification quinquennale, qui allait être qualifiée de planification stalinienne au caractère très centralisé et « tendu » (les objectifs sont fixés à la limite des moyens, les primes sont fonction du dépassement du plan). Après la mort de Staline, des réformes modifient quelque peu ce schéma.

Les organismes techniques

Gosplan de l'URSS et Gosplan des républiques

Au sommet des **organismes techniques** de planification se situait traditionnellement le Gosplan de l'ex-URSS. Créé en 1921, le Gosplan est la commission d'État pour la planification générale.

Le Gosplan de l'URSS doit être distingué des Gosplans de chaque république qui contrôlent la planification de leurs territoires respectifs dans le cadre des indications du Gosplan de l'ex-URSS. D'autres organismes intervenaient dans l'élaboration du plan ; chacun d'eux travaille dans le cadre des directives générales faites par le comité central du parti communiste et par le gouvernement.

Les principales techniques

Les balances

Les balances étaient l'instrument principal de l'équilibre comptable de la planification soviétique traditionnelle.

De façon générale une balance est la confrontation des ressources et des emplois. Son utilisation a pour fonction d'assurer l'équilibre fondamental entre les emplois et les ressources. On distingue les balances physiques et synthétiques :

• **Une balance physique** concerne un produit, par exemple l'acier, on aura :

RESSOURCES	EMPLOIS
Les stocks en début d'année Les prévisions de production	Le stock en fin d'année La consommation intérieure prévue de ce produit (détaillée par région ou par type de branche d'utilisation)
Les prévisions d'importation	Les quantités exportées

• **Les balances synthétiques,** qui par opposition avec la précédente, correspondent à une vision transversale de l'économie : on testera ainsi l'équilibre entre les revenus et la production disponible.

Le nombre des balances était très élevé, quelques centaines au niveau du Gosplan, plusieurs milliers au niveau des ministères.

Les normes

Les **normes** sont des coefficients techniques ; par exemple pour produire telle quantité d'un produit X, il faut telle autre quantité Y de travail ou bien pour produire telle quantité M d'énergie électrique il faut telle quantité N de pétrole ou P de charbon.

Ces normes permettent de calculer les besoins de main-d'oeuvre ou de production, connaissant la nature de la production finale que l'on veut obtenir.

La méthode des chaînons conducteurs

Il n'est pas possible de produire tout ce que l'on pourrait souhaiter produire, pour la raison simple que les moyens de production sont limités en nombre. Il faut donc effectuer des choix. Traditionnellement les planificateurs soviétiques ont défini (le plus souvent au niveau politique) des secteurs-clés qui devaient constituer des priorités et auxquels devaient être affectées de façon privilégiée les ressources disponibles. Les autres secteurs devaient à la fois s'adapter aux besoins des branches prioritaires et d'autre part ne pas gêner le développement des secteurs stratégiques par des prélèvements trop importants sur les ressources disponibles. C'est cette technique d'affectation des ressources qui a reçu le nom de **méthode des chaînons conducteurs.**

Les indicateurs

Les entreprises sont jugées en fonction de la réalisation d'un certain nombre d'indices ou indicateurs. Un indice est une tâche planifiée. Ainsi, l'entreprise devra produire une certaine nomenclature de produits, en certaines quantités ; elle devra atteindre ou dépasser un chiffre de ventes, un taux de profit et ne pas dépas-

PLANIFICATION

ser un montant donné de salaires... Les indicateurs imposés aux entreprises peuvent varier dans le temps.

La transition vers l'économie de marché

Perestroïka et Glasnost

Diverses tentatives de réforme économique ont été mises en place en URSS. La plus récente et la plus importante est celle mise en action par M. Gorbatchev.

La glasnost, ou *transparence* vise à développer des libertés jusqu'alors inconnues à l'Est : presse plus libre, élections plus ouvertes, vie culturelle plus diversifiée, syndicalisme moins dépendant...

La Perestroïka ou *reconstruction* se présente comme un effort pour moderniser l'économie, transformer la gestion et mieux satisfaire les besoins des citoyens. Elle prend des couleurs diverses mais partout elle réhabilite le marché. Plusieurs éléments sont mis en place et caractérisent la **Perestroïka :**

• Il faut apprendre à économiser les facteurs et obtenir une productivité supérieure.

• Le marché doit orienter l'activité des firmes et ce afin de mieux satisfaire la demande.

• Les firmes doivent avoir une autonomie croissante.

• Les préférences des consommateurs doivent être mieux satisfaites.

• Les économies doivent s'ouvrir sur l'Occident pour favoriser l'entrée des capitaux étrangers et diffuser leurs méthodes de production, leur technologie et leur savoir-faire en gestion et en communication.

La mise à l'écart de Gorbatchev et la fin officielle de l'Union soviétique (fin décembre 1991) ont confirmé que les économies planifiées connaissaient non une simple modification de l'économie planifiée mais bien une transformation radicale du système économique.

On parle de **transition vers le capitalisme** ou vers l'économie de marché pour désigner la phase finale de la « perestroïka » qui consiste :

1) à restaurer la propriété privée ;

2) à défaire le pouvoir du parti communiste sur la société civile – parfois il est même interdit ;

3) à développer les mécanismes du marché pour remplacer l'économie administrée caractéristique de l'ancien système d'économie planifiée...

☞SOCIALISME, ÉCONOMÉTRIE, MARCHÉ

POLITIQUE

« C'est politique » dira-t-on pour signifier qu'une position renvoie à des oppositions entre partis politiques. « Les syndicats sont politisés » signifiera (péjorativement) que l'action syndicale n'est pas indépendante des grandes prises de position sur la société ou qu'elle dépasse le strict cadre de l'entreprise (comme s'il était possible qu'une défense des intérêts professionnels ne concerne pas, d'une certaine façon, le niveau politique). La « **politique politicienne** » réduira les problèmes politiques à des querelles d'intérêts entre les groupes (partis) qui luttent pour se ravir le pouvoir.

Ces différentes utilisations du mot politique sont très restrictives, parcellaires et souvent péjoratives alors que le terme politique a d'abord un sens noble : « l'homme est un animal politique », dans la mesure où il s'intègre à une société et s'intéresse au devenir de la société. Ne pas s'intéresser à la politique signifiera alors ne pas s'intéresser aux problèmes collectifs de l'ensemble de la société, ne s'intéresser qu'à ses problèmes individuels sous leurs aspects les plus directs.

Certains faits sont spécifiquement politiques

Tout le monde considère que l'élection du Président de la République, une déclaration de guerre ou un coup d'État sont des faits politiques. C'est qu'en effet l'État est le lieu privilégié du politique et que sont donc qualifiés de politiques les faits qui le concernent.

Sont alors politiques la détermination des règles de fonctionnement de l'État, l'ensemble des mécanismes permettant d'arriver au pouvoir d'État (luttes, coup d'État, élections, partis...), l'ensemble des conditions et des mécanismes d'exercice du pouvoir (gouverner, exercer son autorité, utiliser le Droit, l'appareil d'État...); et aussi l'ensemble des effets du pouvoir d'État (soutien de la libre entreprise, protection sociale des travailleurs...).

Au sens institutionnel, le « **pouvoir** » désigne l'ensemble des personnes placées dans la structure sociale à une position-clé leur donnant la maîtrise de l'appareil d'État, de ses moyens idéologiques d'influence et de son appareil répressif (armée, police...).

Le pouvoir développe des techniques qui combinent généralement la contrainte directe (et légitime), c'est-à-dire l'obligation faite au citoyen d'obéir, et la contrainte indirecte qui consiste à faire admettre aux individus ses modèles de comportement (pression idéologique).

Certains faits peuvent devenir politiques

Un ouvrier ou un étudiant blessé sur la voie publique, c'est un fait divers, mais si ce blessé déclenche des manifestations de 300 000 personnes à Paris et en Province, le « fait divers » devient fait politique. Dès qu'un fait se situe ou est envisagé **dans ses rapports** avec le pouvoir d'État, il devient politique.

Est donc politique tout ce qui concerne le pouvoir d'État et l'ensemble des faits sociaux dans leurs relations avec le pouvoir d'État.

Un fait économique (crise économique dans la sidérurgie...) n'est pas en lui-même politique, mais il peut le devenir lorsque des milliers de personnes sont touchées dans leur emploi et peuvent de ce fait déclencher un mouvement social qui met en cause les rapports de pouvoir.

Conception extensive du politique

Une conception extensive du politique fait de celui-ci la science du pouvoir quel que soit le lieu où celui-ci se manifeste.

Qu'est-ce que le pouvoir?

Le pouvoir s'exprime chaque jour dans le domaine quotidien : la mère vis-à-vis de son enfant dispose du pouvoir d'autoriser ou d'interdire, l'enfant peut choisir de se conformer ou non aux attentes de sa mère. Le patron dans son entreprise commande à ses employés... Le pouvoir fascine, il prend souvent des formes spectaculaires et ritualisées, les cérémonies du couronnement, le rituel qui entoure les chefs d'État, les serviteurs, les voitures, hélicoptères, armoiries personnalisées sont autant de signes du pouvoir.

Au sens large, le pouvoir correspond à la possibilité dont dispose un individu ou un groupe de modifier les actes d'autrui en le faisant agir conformément à sa volonté, éventuellement malgré certaines résistances. Le pouvoir est d'autant plus grand que la probabilité de faire agir conformément à ses choix est grande.

Une autre conception du politique considère comme politiques les problèmes qui concernent l'ensemble de la population « les problèmes de tout le monde sont des problèmes politiques, les problèmes politiques sont les problèmes de tout le monde ». On rejoint ici un sens originel du mot politique, les affaires de la cité, mais dans une acception large, « les problèmes de tout le monde ». La deuxième partie de la phrase s'oppose à une conception étroite du politique qui réserve la pratique de l'activité politique aux politiciens. Ainsi, le développement de l'informatique a des implications pour l'ensemble de la société, c'est donc l'ensemble de la société qui doit décider de l'usage qui en sera fait.

Qu'est-ce qu'une politique?

Définir une politique oblige à prendre position entre un grand nombre d'objectifs et à choisir les moyens de les mettre en oeuvre, chaque option ayant des conséquences variées.

Faut-il intervenir militairement au Zaïre, favoriser l'énergie nucléaire ou d'autres formes d'énergie, vendre des armes ou des machines-outils, développer les couloirs à vélo ou les autoroutes...? autant de questions qui appellent des choix cohérents et interdépendants, définissant des politiques différentes. Une politique est liée à des choix donc à un système de valeurs qui oriente les décisions et qui favorisera souvent tel ou tel groupe social.

La vie politique

Aujourd'hui, la plupart des pays ont une **Constitution** qui est un document généralement écrit définissant les principales règles qui régissent formellement l'organisation du pouvoir d'État. La Constitution dans nos sociétés définit la place dû législatif (celui qui fait la loi) par rapport à l'exécutif (qui fait exécuter la loi) et au judiciaire (qui veille au respect de la loi). Par-delà la fixation des pouvoirs, la Constitution définit souvent les principes fondamentaux sur lesquels le régime politique mis en place affirme s'appuyer : libertés fondamentales, droit d'association...

Représentation systémique de la politique

Une représentation systémique perçoit la politique comme un lieu d'échanges avec l'environnement économique et social, soumis à des demandes de groupes utilisant les soutiens (votes, militants, sympathisants...), le système politique engendre des décisions, des actions qui, en retour, modifient les attitudes de ceux qui vont soutenir ou rejeter les gouvernants à la lueur de leurs actes.

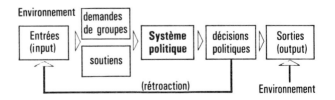

Le régime politique français

Le régime politique français est intermédiaire entre le système présidentiel et le système parlementaire.

Le régime présidentiel

Le **régime présidentiel** type est celui des États-Unis. Le président de la République, chef de l'exécutif, est élu au suffrage universel au 2e degré. Le pouvoir législatif est entre les mains du Congrès. Le Congrès est constitué de la Chambre des représentants et du Sénat. Il est élu au suffrage universel mais ne peut pas, sauf cas très particulier, renverser le Président.

Ce système est dit fondé sur la séparation des pouvoirs, le Président ne pouvant pas dissoudre le Congrès ni légiférer. Pourtant les liens entre les deux pouvoirs sont moins étanches : en refusant de voter les crédits militaires le Congrès peut bloquer l'action étrangère du Président, en utilisant son pouvoir de réglementation le Président peut dénaturer les lois qu'il est censé exécuter...

Le régime parlementaire

Dans un régime parlementaire, qui fut celui de la France sous la Quatrième République, le premier rôle revient au Parlement. Dans un **système parlementaire** classique ce sont les partis politiques à travers leurs représentants au Parlement (députés et sénateurs) qui font les présidents de la république.

La Cinquième République

Le président de la République est élu au suffrage universel direct pour sept ans. Il nomme le Premier ministre et met fin à ses fonctions. Il prend des décrets et des ordonnances dont le champ est élargi. Il peut dissoudre l'Assemblée Nationale et dans les cas graves « prend les mesures exigées par les circonstances ».

Le Parlement est composé de l'Assemblée Nationale élue au suffrage universel direct et du Sénat élu au 2e degré. Le Parlement vote les lois et en particulier le budget de l'État (loi de finances).

L'initiative des lois revient au Parlement et au Premier ministre, l'Assemblée Nationale peut voter une motion de censure qui oblige le Premier ministre à démissionner, le Parlement réunit en congrès peut voter, à la majorité des trois-cinquièmes des suffrages exprimés, une révision de la Constitution.

Les modes d'organisation des acteurs : partis politiques et groupes de pression

Les partis politiques

Qu'est-ce qu'un parti politique? En quoi se distingue-t-il des syndicats, d'une amicale de joueurs de pétanque ou d'un « fan-club »? Bien sûr, c'est d'abord la vocation politique qui caractérise les partis, en particulier la volonté de l'organisation vers la prise du pouvoir. Quatre critères sont retenus par Lapalombara et Weiner pour définir les **partis politiques :**

« 1. Une organisation durable, c'est-à-dire une organisation dont l'espérance de vie politique soit supérieure à celle des dirigeants en place;

2. Une organisation locale bien établie et apparemment durable, entretenant des rapports réguliers et variés avec l'échelon national;

3. La volonté délibérée des dirigeants nationaux et locaux de l'organisation de prendre et d'exercer le pouvoir, seuls ou avec d'autres, et non pas – simplement – d'influencer le pouvoir;

4. Le souci, enfin, de rechercher un soutien populaire, à travers les élections ou de toute autre manière. » (Lapalombara et Weiner, cités par J. Charlot, in *Les partis politiques*).

Les groupes de pression

Un groupe de pression *(lobby)* est un groupe organisé afin d'influencer le pouvoir d'État conformément aux intérêts collectifs des membres du groupe. A la différence des partis politiques, les groupes de pression ne visent pas l'exercice du pouvoir, mais tentent de l'influencer en obtenant des mesures, des lois, des décisions, des aides financières, des actions diverses correspondant aux intérêts que le groupe de pression défend.

Des chefs d'entreprises peuvent forger un groupe de pression pour obtenir la liberté des prix, l'interdiction des importations de produis étrangers concurrents... Des écologistes peuvent former un groupe de pression contre l'implantation de centrales nucléaires...

☞ ANARCHISME, MARXISME, SOCIALISME, COMMUNISME, CAPITALISME

POLITIQUE ÉCONOMIQUE

Un spectre hante la politique économique, celui de la crise de 1929. Une expérience ouvre l'ère des interventions actives de l'État : la politique économique de Roosevelt baptisée du nom de New Deal (« nouvelle donne »). Un théoricien imprime sa marque à la réflexion économique centrée sur l'intervention de l'État : Keynes.

Faut-il soutenir les prix agricoles, déployer une politique d'aide aux régions défavorisées, le SMIC doit-il progresser plus vite que les autres rémunérations, les profits ont-ils la priorité sur les salaires au nom de l'investissement qu'ils sont censé stimuler, faut-il protéger notre industrie informatique ou s'allier avec une multinationale américaine?

La politique économique est un aspect de la politique globale

Une politique économique est un aspect particulier d'une politique globale; elle comprend :

• **La fixation d'objectifs :**

croissance, plein emploi, équilibre de la balance des paiements, indépendance nationale, réduction des inégalités, secteurs stratégiques à développer, stabilité des prix...

• **L'établissement d'une hiérarchie entre les objectifs.**

Certains objectifs sont incompatibles : la réduction du taux de profit peut favoriser la lutte contre les inégalités, mais aussi engendrer une crise de l'investissement, et à terme bloquer la croissance des revenus et de l'emploi.

• **L'analyse des interdépendances entre les objectifs.**

La politique s'appuie sur des modèles macro-économiques qui explicitent les liaisons : ainsi, freiner la masse salariale restaure le taux de profit, mais limite les raisons d'investir car la faiblesse de la demande solvable n'encourage pas à l'augmentation des capacités productives.

• **Le choix des moyens**

Les moyens à mettre en oeuvre pour atteindre la meilleure situation (optimum) en fonction de ses finalités concrétisées par les objectifs hiérarchisés dépendent évidemment des buts recherchés :

– **La politique monétaire** tend à réguler la masse monétaire : fixation du taux de l'escompte, encadrement du crédit, politique d'*open market,* libéralisation des taux d'intérêt, politique de réglementation des changes...

– **Politique budgétaire :** tend à agir sur la vie économique par le budget de l'État : choix du volume des dépenses publiques, du déficit budgétaire ou application de la règle de l'équilibre, structure des dépenses par fonctions : d'abord la Défense, ou l'Éducation… ?

– **Politique sociale :** Fixation du SMIC, intervention sur la répartition, politique de transferts (Sécurité Sociale…), droit du travail et en particulier place des syndicats dans l'élaboration de la politique sociale, durée du travail, indemnisation des travailleurs, aides à la famille, au logement…

– **Politique fiscale :** Dosage entre les divers types de fiscalités directes et indirectes, place relative de l'impôt sur les revenus du travail et de la propriété, niveau de la pression fiscale…

– **Politique des revenus :** Liberté de négociation ou réglementation, contrôle des prix et des salaires, fixation d'un SMIC ou respect de la loi du marché ?…

Évidemment, il y a encore une multitude de domaines où s'exerce la politique économique : on parle de politique d'aménagement du territoire, de la recherche, de politique de redéploiement industriel…

De façon synthétique, J. Saint-Geours définit la politique économique par rapport au pouvoir politique central :

« On doit entendre par **politique économique** une action générale du pouvoir politique central, consciente, cohérente et finalisée, s'exerçant dans le domaine de l'économie, c'est-à-dire touchant à la production, à l'échange (à l'intérieur du pays et avec l'extérieur), à la consommation des biens et des services, et à la constitution du capital ». (Jean Saint-Geours, *La politique économique,* Sirey, 1973).

Types de politique économique

Politique de régulation

Au sens restreint : la politique de **régulation** concerne le maintien des équilibres : réduction de l'inflation, maintien de l'équilibre de la balance des paiements, stabilité de la monnaie, recherche du plein emploi…

Au sens large : la politique de **régulation** désigne l'ensemble des actions visant à conserver le système économique en place (limitation des tensions sociales, politique anti-crise…)

Politique de déflation (ou refroidissement ou stabilisation)

La politique de stabilisation est une politique économique visant à limiter la hausse des prix par des moyens classiques tels les prélèvements fiscaux, une limitation de la progression des salaires, un contrôle de la masse monétaire.. Ce qui aboutit souvent à une réduction de l'activité économique.

Politique de relance

La relance vise à stimuler la production et à réduire le chômage ; elle utilise le déficit budgétaire, stimule l'investissement, les salaires et la consommation, facilite le crédit, elle est généralement inspirée par la logique keynésienne. On distingue la relance par la consommation et la relance par l'investissement.

Politique de restructuration de l'appareil industriel

La politique industrielle désigne une politique économique visant à soutenir l'activité industrielle. La politique de restructuration cherche à adapter l'appareil industriel.

La politique des créneaux cherche à concentrer les moyens disponibles sur les secteurs ou sous-secteurs pour lesquels le pays est le plus compétitif.

Une filière est une chaîne d'activités complémentaires liées par des opérations d'achat et de vente (exemple filière agroalimentaire).

La politique de filière consiste à choisir une ou des filières prioritaires et à favoriser la maîtrise par les firmes nationales de toutes les étapes de ces filières.

Politique du « stop and go »

Politique classique en Grande-Bretagne dans les années 1950-1970, elle est caractérisée par une suite de politiques de relance puis de déflation qui s'enchaînent selon un mécanisme classique reflétant la structure de l'appareil de production.

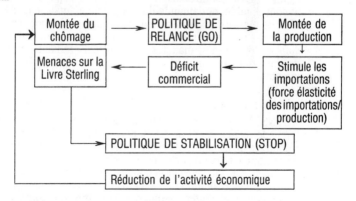

☞ BUDGET, CROISSANCE, ÉCONOMÉTRIE, PLANIFICATION

POPULATION

L'Ancien Testament témoigne de la démarche démographique et de son utilité militaire, économique, politique : « Faites le relevé de toute la communauté d'enfants d'Israèl selon leur famille et leur maison paternelle, au moyen d'un recensement nominal de tous les mâles comptés par tête. Depuis l'âge de 20 ans et au-delà, tous les israélites aptes au service, vous les classerez selon leurs régions... » (IV, *Livre de Moïse*)

Compter, recenser pour lever des armées, pour préparer le budget, pour prévoir le nombre des élèves, donc les classes à construire, les enseignants à recruter, les logements à mettre en chantier, les biens à produire... autant de raisons de définir des méthodes de connaissance exacte de la population.

Les fichiers sont des instruments précieux, rarement détruits : ainsi le fichier des rapatriés demeure bien en place longtemps après la décolonisation...

L'INED (Institut national d'études démographiques) est en France le principal organisme chargé de l'étude de la population.

La population

Pour connaître le nombre d'habitants de la France, l'INSEE établit des recensements qui mettent en action ses services, mais aussi ceux du ministère de l'Intérieur, les 36 000 mairies et 110 000 agents recenseurs. La connaissance précise de la population a donc un coût notable, et demande du temps ; mais, malgré ce déploiement de moyens, subsiste une marge d'erreur. La population est sans cesse en mouvement, voyages, migrations, travailleurs des chantiers itinérants, malades hospitalisés, étudiants, militaires en garnison, prisonniers..., ce qui pose des problèmes de comptabilité.

Population légale

L'INSEE définit la **population légale,** avec **doubles comptes** depuis le recensement de 1962, pour tenir compte en partie des problèmes posés par la fraction de la population en mouvement. Notons que lorsqu'on parle des 55,3 millions de Français on commet un abus de langage car la population au 1er janvier 1990 inclut les **personnes résidant en France.** Donc ce chiffre comprend les 4,5 millions d'étrangers demeurant sur notre territoire, mais ne tient pas compte des Français résidant à l'étranger.

En fait la **population française exacte n'est pas connue,** car l'on ignore le nombre exact des Français à l'étranger, par exemple.

Les ménages

Pour l'INSEE, un **ménage** est l'ensemble des personnes habitant dans un même logement de façon habituelle, le **logement** étant « un local séparé et indépendant, utilisé pour l'habitation ».

Les ménages ne sont pas liés aux relations de parenté, une personne seule peut constituer un ménage. On distingue :

– **les ménages ordinaires,** ensemble des personnes occupant un même logement.

– **les ménages collectifs,** regroupant des collectivités qui logent dans une même unité d'habitation, parfois en chambres séparées : retraités, étudiants, foyers de jeunes travailleurs, foyers d'immigrés...

Ce sont surtout les ménages collectifs qui posent des problèmes d'évaluation lors des recensements.

L'INSEE définit une « **population comptée à part** » comprenant les quelque 800 000 internes lycéens et étudiants, plus de 300 000 militaires en garnison, les travailleurs sur chantiers, les détenus, les hospitalisés... Cependant un peu plus de 1 000 000 de personnes de cette population comptée à part peuvent être « réintégrées » dans les ménages ordinaires dont elles ne sont disjointes que momentanément (ex. lycéens, militaires du contingent, malades). On a ainsi l'explication du mystère des doubles comptes, plus de 1 000 000 de « Français » apparaissent en plus dans la population légale avec doubles comptes.

La population française est donc égale à la « population avec doubles comptes » moins la « population comptée à part ».

Le recensement

Recenser, c'est compter toute une population.

Mais le recensement n'est pas simplement élaboré en vue de compter ; il fournit des informations détaillées sur la population : âge, sexe, situation de famille, profession exercée... De plus le panorama complet des logements (nombre de pièces, éléments de confort, taux d'occupation, forme de propriété,...) permet de mieux cerner les conditions de vie de la population.

Le recensement est une opération longue, coûteuse et dérangeante pour le public (obligé légalement de répondre aux enquêteurs). Les recensements ont lieu environ tous les 7 ans, et leur dépouillement demande des années de travail.

L'état civil

L'état civil permet de suivre l'évolution de la population entre les recensements, grâce aux déclarations de naissance et de décès.

Une équation fondamentale relie les grands mouvements de population :

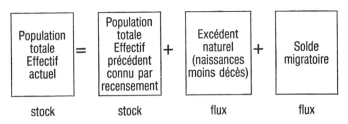

Le **solde migratoire** n'est pas connu exactement mais estimé, les Français n'étant pas tenus de déclarer leurs déplacements internes au territoire, et il n'y a pas de comptabilité précise aux frontières. L'estimation du solde migratoire met en œuvre des calculs tenant compte des **flux,** mesurés à la fois par recensement et état-civil :

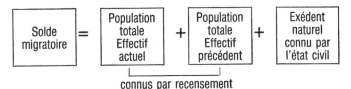

Les **stocks** sont les valeurs à un instant donné de la population, les flux les mouvements de population : entrées et sorties du territoire, naissances et décès, créent des flux qui augmentent ou diminuent les stocks initiaux.

La pyramide des âges

La **pyramide des âges** est une représentation de la population classée par âges et sous forme de deux histogrammes (un pour les hommes, un pour les femmes). Les effectifs sont portés horizontalement (axe des abscisses), le sexe féminin étant orienté de gauche à droite, le sexe masculin de droite à gauche. Les âges sont portés verticalement, sur le demi axe orienté au Nord.

Exemple très simplifié

HOMMES	Tranches d'âges	FEMMES
1 000 000	0-30 ans	1 100 000
800 000	30-60 ans	900 000
200 000	60-90 ans	400 000
10 000	90 ans et +	15 000

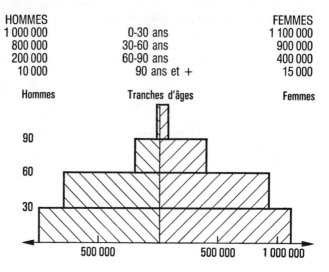

Comment mesurer simplement les naissances?

Les enregistrements sur l'état civil à partir des déclarations parentales fournissent avec précision le nombre des naissances tout au long de l'année. Mais le nombre total des naissances au cours d'une année ne donne pas une idée précise de l'évolution du comportement nataliste.

Une première approche consiste à rapporter les naissances à la population dont elles sont issues.

780 000 naissances en France avec environ 55,3 millions d'habitants n'ont pas la même signification qu'auraient le même nombre de naissances en Chine avec plus d'un milliard de Chinois.

Taux de natalité

Le **taux de natalité** neutralise les différences de taille entre les populations en rapportant généralement à 1 000 habitants le nombre de naissances :

$$\frac{\text{Naissances au cours de la période considérée}}{\text{Population correspondante en milieu de période}} \times 100$$

La période est généralement l'année (ex : du 1er janvier 1990 au 1er janvier 1991).

Notons que le numérateur est la somme des naissances sur le territoire ; il englobe les naissances d'étrangers nés en France et néglige les naissances de Français résidant à l'étranger.

Le dénominateur pose un problème car la population varie tout au long de la période comme nous l'avons vu ; aussi on choisit une estimation de la population en milieu de période selon le procédé suivant :

Population estimée au 1er janvier de l'année N : 50 Millions
Population estimée au 1er janvier de l'année N + 1 (suivante) = 52 Millions.

On pose par convention que la population en milieu d'année est égale à la moyenne arithmétique des populations aux premiers janvier qui encadrent l'année : (50 + 52)/2 = 51 Millions

Que mesure le taux de natalité ? Il exprime pour 1 000 habitants le nombre d'enfants issus de la population de départ. Il permet des comparaisons entre des pays de tailles différentes.

Il a cependant un inconvénient important, il ne tient pas compte de la structure par âges de la population.

Ainsi lorsque l'on compare des pays à structure par âges très différente, par exemple l'Algérie et la France, il est utile de neutraliser l'effet de la structure par âges. Pour cela il est utile de calculer le taux de fécondité.

Taux de fécondité

On calcule alors le **taux global de fécondité** générale. Celui-ci est égal à :

$$\frac{\text{Nombre de naissances vivantes}}{\substack{\text{Population féminine moyenne de 15 à 49 ans} \\ \text{en milieu d'année}}}$$

On a ainsi un indicateur de fécondité rapporté au nombre de femmes en âge de procréer, les femmes de moins de 15 ans et celles ayant 50 ans et plus n'étant à l'origine que d'un nombre négligeable de naissances.

Il est aussi possible de calculer le taux global de fécondité légitime :

$$\frac{\text{Nombre de naissances vivantes légitimes durant la période}}{\text{Population féminine mariée moyenne de 15 à 49 ans}}$$

L'évolution de ce taux et sa comparaison avec celui du taux global de fécondité illégitime :

$$\frac{\text{Naissances vivantes illégitimes}}{\text{Population féminine moyenne non mariée de 15 à 49 ans}}$$

est un indicateur de l'évolution des mœurs.

Taux brut de reproduction

Les démographes ont définis le taux brut de reproduction. C'est une notion abstraite correspondant au nombre de filles que mettrait au monde une génération fictive de femmes selon le principe suivant :

En 1990, par exemple, on constate une série de taux de fécondité par tranches d'âge entre 15 et 49 ans. Pour calculer le taux brut de reproduction, on attribue fictivement tout au long de la vie de 100 filles, les taux effectivement constatés pour les femmes de 1990, on fait la somme des 35 chiffres obtenus (de 15 à 49 ans) et on obtient la **somme des naissances réduites**; comme l'on sait que pour 100 naissances seulement 48,8 sont des naissances féminines on ramène le nombre de filles de la cohorte fictive à une femme en multipliant par 48,8 et en divisant par 100 :

$$\text{Taux brut de reproduction} = \text{Somme des naissance réduites} \times \frac{48,8}{100}$$

Comment mesurer la mortalité ?

Mais pour observer l'évolution d'une population, il faut aussi examiner la mortalité. L'état civil fournit chaque année les déclarations de décès sur le territoire français. Mais le nombre de morts ne signifie rien si l'on ne tient pas compte de la population initiale, d'où l'idée de définir le taux de mortalité :

$$\frac{\text{Nombre de décès en cours de période}}{\text{Population correspondante en milieu de période}} \times 100$$

La période est généralement l'année.

Le taux de mortalité ne tient pas compte de la structure par âges. Si le taux de mortalité d'un hospice de vieillards est le même que celui d'un pensionnat de jeunes gens, cela exprimera certainement un fait surprenant. De même, si certains pays du Tiers-Monde à population très jeune ont un taux de mortalité comparable à celui de pays industrialisés, cela peut masquer une surmortalité par classes d'âge.

Le taux de mortalité infantile est le nombre des enfants qui meurent avant d'atteindre leur premier anniversaire, pour 1 000 naissances.

L'espérance de vie est la « moyenne des durées de vie d'une génération imaginaire qui serait soumise toute sa vie aux quotients de mortalité par âge de l'année d'observation ». (INSEE).

La révolution démographique

La révolution démographique désigne le processus qui va permettre de passer de l'ancien régime démographique au régime moderne.

• **L'ancien régime démographique** correspond à des sociétés agraires traditionnelles soumises à une forte mortalité (mortalité natale et périnatale élevée, guerres, famines, épidémies), la natalité est proche du maximum physiologique. L'excédent naturel de population est stable sur longue période car à une fécondité maximale correspond une sur-mortalité le plus souvent quasiment équivalente.

• **La transition démographique** désigne le passage de cet ancien régime dit naturel à une maîtrise relative de la mort. Les progrès des méthodes de culture, l'amélioration des transports, la prévention en cas d'épidémie, permettent de faire reculer le taux de mortalité. L'excédent naturel de population devient d'autant plus fort que la natalité régresse bien moins vite que ne diminue la mortalité.

• **Le régime moderne** va voir progressivement la baisse de la natalité s'accélérer ; la fécondité est maîtrisée et, dans les sociétés occidentales, le taux de natalité et le taux de mortalité se situent à des niveaux relativement faibles, parfois même la mortalité peut excéder la natalité (RFA).

LA TRANSITION DÉMOGRAPHIQUE

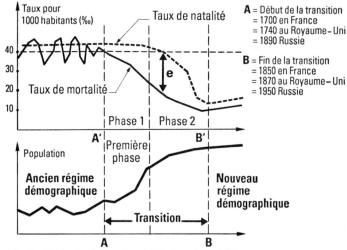

e = Excédent naturel = taux de natalité – taux de mortalité

☞ FAMILLE

PRODUCTIVITÉ

Dans le film *Les temps modernes,* les images de Charlot, pantin mécanique, pris de la frénésie productive, symbolisent la productivité dans le cadre du travail à la chaîne.

Lorsque l'on parle de productivité sans précision, on envisage généralement la productivité du travail. Mais même la productivité du travail n'est pas définie par une seule mesure mais par plusieurs indicateurs.

Productivité physique et productivité en valeur

La productivité (physique) du travail est le rapport :

$$\frac{\text{Quantité de produit obtenu}}{\text{Quantité du facteur travail utilisée}}$$

Ainsi la productivité en termes physiques d'une entreprise d'automobile sera :

$$\frac{\text{Le nombre de voitures produites dans la période}}{\text{Le nombre de travailleurs employés}}$$

On peut aussi choisir, comme dénominateur, le nombre d'heures total consacrées à la production : le résultat différera du précédent si la durée de travail varie. La mesure du facteur travail est loin d'être simple : faut-il inclure le seul travail des ouvriers ou aussi le travail des comptables de l'entreprise?

Souvent la productivité du travail est mesurée en valeur. En effet, que signifie produire 10 voitures par travailleur quand les voitures sont très différentes? Produire 10 R5 et 10 R25 n'est pas équivalent.

La productivité en valeur du travail est le rapport :

$$\frac{\text{Valeur de la production obtenue}}{\text{Temps de travail passé pour réaliser cette production}}$$

Cette définition présuppose que les prix des produits représentent réellement leur valeur. En particulier si les prix des marchandises doublent, la productivité en volume est identique, mais la productivité en valeur sera multipliée par 2, sans que la production ait réellement changé, ni les cadences, sauf à prendre en compte des prix stables.

La productivité d'un facteur quelconque X en termes physiques est obtenue ainsi :

$$\frac{\text{Quantité de produit X obtenue}}{\text{Quantité du facteur Y utilisée}}$$

On utilise le mot **rendement** lorsque l'on veut insister sur l'aspect technique de l'efficacité des facteurs ; rendement d'une machine (production par unité de temps...), rendement de la terre (nombre de quintaux à l'hectare...). Le rendement se calcule en unités physiques.

Vocabulaire INSEE

Productivité apparente du travail

Pour l'INSEE, **la productivité apparente du travail** mesure l'efficacité productive des travailleurs employés par le rapport :

$$\frac{\text{Valeur ajoutée}}{\text{Effectifs employés}}$$

Il s'agit dans ce cas de la valeur ajoutée par tête de personne active employée. Il faut souvent tenir compte de l'évolution de la durée du travail, et l'on calcule parfois un indice de productivité par rapport aux heures ouvrées effectivement.

Les marxistes considèrent que l'évolution de cet indicateur est une bonne approximation de l'évolution de la plus-value relative, donc du taux d'exploitation.

L'INSEE insiste sur le mot **apparente** car rien n'indique exactement l'origine de cette valeur ajoutée ; elle peut progresser du fait de nouvelles machines améliorant en apparence l'efficacité du travail ou encore de fait d'une plus grande intensité de travail (cadences élimination de gaspillages), d'une meilleure organisation, de l'incorporation aux produits d'innovations valorisant leur prix...

Productivité apparente du travail

Pour l'INSEE la productivité apparente du capital mesure l'efficacité de l'équipement productif par le rapport :

$$\frac{\text{Valeur ajoutée}}{\text{Capital fixe productif}}$$

La productivité du capital est un indicateur de l'efficacité des investissements et donc de leur capacité à engendrer du profit. Le nombre de francs de valeur ajoutée par franc investi en capital fixe qu'exprime ce rapport ne signifie pas que le capital est seul responsable de cette productivité, les nouvelles machines ont été actives avec une nouvelle qualification, une nouvelle intensité du travail...

Productivité des facteurs

$$\text{Productivité du travail} = \frac{\text{Volume de la production}}{\text{Volume du travail}}$$

$$\text{Productivité du capital} = \frac{\text{Volume de la production}}{\text{Volume du capital fixe}}$$

$$\text{Productivité totale des facteurs} = \frac{\text{Volume de la production}}{\text{Volume (travail + capital)}}$$

La productivité (annuelle) apparente du travail désigne le rapport du PIB à la population active moyenne employée durant l'année. Cette notion conduit à une équation de base en matière d'emploi : le taux de croissance du PIB réel est égal au taux de croissance de la productivité plus le taux de croissance de l'emploi.

Par exemple, pour un pays dont la production apparente du travail est de 400 000 F par travailleur et qui connaît trois millions de chômeurs pour un PIB de 6 000 milliards de francs, il faut augmenter le PIB de 3 millions × 400 000 F = 1 200 milliards de francs soit un taux de croissance de 20 % $= \dfrac{7\,200 - 6\,000}{600}$. Et cela, en imaginant que le progrès technique ne modifie nullement la productivité du travail d'une période sur l'autre.

Vocabulaire marginaliste

Productivité marginale du travail

La productivité marginale du travail est la production supplémentaire réalisé par le dernier travailleur utilisé (ou de la dernière unité de travail). Si la production était de 1 000 voitures avec 100 ouvriers et de 1 050 avec 101, la productivité marginale du 101e travailleur serait de 1 050-1 000, soit de 50 voitures.

Productivité marginale du capital

Les marginalistes attribuent au capital une productivité. La productivité marginale du capital est égale à la valeur ajoutée par la dernière unité du capital utilisée.

☞ MARGINALISME, REVENU NATIONAL

PROTECTIONNISME

Droits de douane et contingentement

L'instrument le plus classique du protectionnisme est la barrière formée par les droits de douane. Le montant des droits de douane est un indicateur du degré de protectionnisme : plus il s'élève, plus la protection est importante, les produits concurrents se trouvant renchéris d'autant.

Mais à l'évidence ce droit de douane n'est pas une protection toujours suffisante, et si les téléviseurs japonais ont une meilleure image de marque, il est possible qu'ils pénètrent le marché intérieur malgré l'existence de droits de douane. Souvent des contingents sont mis en place face aux concurrents les plus redoutables. Le contingentement est une limitation quantitative des importations.

Le protectionnisme indirect

Des normes sanitaires ou techniques spécifiques, des avantages donnés aux produits nationaux par l'État, constituent aussi des protections efficaces. Le degré de nationalisme qui pousse à acheter national, le réseau de distribution plus ou moins lié aux entreprises locales, les facilités offertes pour se procurer ou non des devises, marquent autant de barrières aux exportations étrangères.

Une politique de sous-évaluation du taux de change de la monnaie peut aussi être considérée comme une forme de protectionnisme, car le prix des produits importés devient plus élevé.

Protectionnisme et libre-échange

Le protectionnisme désigne la mise en oeuvre de moyens destinés à limiter l'accès au territoire national des produits, services et capitaux étrangers (droits de douane, réglementation, contrôle des changes...). A l'opposé du protectionnisme on trouve le libre-échange.

Le libre-échange est d'abord une théorie (loi de l'avantage absolu, loi des avantages comparatifs...), selon laquelle deux pays sont dans des situations plus avantageuses dès lors qu'ils ouvrent leurs frontières.

Le libre-échange est aussi une politique des échanges extérieurs caractérisée par la libre circulation des marchandises (des capitaux et des personnes) entre les pays, sans droit de douane, sans contingentement, sans réglementation. Comme pour le protectionnisme, il peut y avoir des degrés dans le libre-échange.

☞ ÉCHANGES INTERNATIONAUX, TERMES DE L'ÉCHANGE

RÉGULATION, DÉRÉGULATION

Le rhéostat de chauffage est une illustration classique de la régulation dans son sens le plus général. Si la température ambiante s'élève à un niveau jugé trop important, le rhéostat arrête ou réduit le chauffage ; si la température devient trop faible, le rhéostat rallume le chauffage ou accélère la chauffe.

Régulation par le marché, régulation étatique

En matière économique, certains ajustements sont également nécessaires ; l'équilibre du commerce extérieur, la stabilité des prix, le plein emploi... sont généralement recherchés.

Dans la logique libérale, c'est au marché que revient d'abord ce rôle de régulateur ; la flexibilité des prix assure, en principe, le maintien des grands équilibres (emploi, prix, commerce extérieur...) (régulation par le marché).

Les marchés réels ont souvent montré leurs déficiences, et ce à la fois du point de vue social (chômage, protection insuffisante des plus faibles...) et du point de vue économique (disparition des firmes nationales jugées stratégiques..., gaspillage de moyens) ; aussi tous les pays, à des degrés divers, ont été conduits à intervenir dans l'économie.

La régulation étatique consiste en une intervention de l'État destinée à soutenir l'économie, à favoriser le rétablissement des grands équilibres, et à améliorer le bien-être social.

La dérégulation

La dérégulation (ou déréglementation) est la mise en place de décisions aboutissant à réduire, voire à faire disparaître, l'intervention de l'État dans l'économie. Ainsi, dans une telle perspective les entreprises nationalisées doivent être dénationalisées..., la protection sociale doit relever de l'assurance privée individuelle.

La théorie de la régulation

Le terme régulation est aussi utilisé pour qualifier un courant de pensée (R. Boyer...) qui considère que la façon dont on régule le capitalisme varie dans le temps. A la régulation concurrentielle dominante jusqu'à la crise de 1929 a succédé la régulation fordiste aujourd'hui en crise.

Formes institutionnelles et rapports fondamentaux

Cinq types **de rapports fondamentaux** permettent de décrire le fonctionnement d'un mode de régulation :

• le rapport salarial (comment s'organise le travail, se partage la valeur ajoutée...);

• les formes de la concurrence (se bat-on sur les prix, par la différenciation des produits, entre de nombreux concurrents ou avec quelques grandes firmes...);

• la nature et le rôle de l'État (est-ce le laissez-faire ou au contraire une action active des pouvoirs publics...);

• la monnaie (quels agents dominent le crédit, comment agissent les taux d'intérêt, etc.);

• l'insertion dans la division internationale du travail (le pays est-il maître de ses prix et de ses techniques, est-il dominé par ses voisins qui sont en excédent commercial vis-à-vis de lui?)...

Mode et formes de régulation

Un mode de régulation désigne la façon dont les structures d'un système économique donné corrigent les déséquilibres et maintiennent une certaine cohérence entre les éléments du système économique.

• On parlera de **régulation concurrentielle** dans un système où les firmes s'affrontent par les prix et luttent pour obtenir des marchés. Dans un tel système en cours au XIXᵉ siècle les prix jouent un rôle majeur dans l'ajustement lors des crises.

• **La régulation monopoliste** correspond au contraire à un système où les firmes planifient leur avenir et ne s'affrontent plus de façon meurtrière par les prix. La concurrence passe par la différenciation des produits, l'investissement *marketing* et en *publicité*. Bref, la régulation monopoliste est souvent liée à une certaine dose d'inflation structurelle...

• **La régulation sociale** désigne l'ensemble des moyens dont dispose une société pour que les comportements de ses membres se conforment aux systèmes de valeur et à la hiérarchie établie à un moment donné entre les groupes sociaux qui composent la société.

☞ SYSTÈMES ÉCONOMIQUES, MODES DE PRODUCTION

RELATIONS DU TRAVAIL

Qu'est-ce que « les relations du travail »?

Les relations du travail ou relations professionnelles sont constituées par l'ensemble des « rapports collectifs qui s'établissent à l'occasion du travail salarié », les acteurs qui interviennent dans ces relations sont souvent qualifiés de partenaires sociaux : État, syndicats d'employeurs et de salariés.

Le contrat du travail

Le salarié vend à un employeur sa capacité de travail contre une rémunération : le salaire. Le contrat de travail qui définit les engagements réciproques est passé entre des contractants juridiquement égaux... mais de puissance économique très différente. Le développement des syndicats et la mise en place d'une organisation légale du cadre des relations du travail sont des réponses historiques à la situation de dépendance qui en résultait pour les salariés.

On distingue les contrats à durée déterminée et à durée indéterminée. Dans le premier cas le contrat de travail s'arrête automatiquement à l'échéance prévue, dans le second cas le contrat n'est pas limité dans le temps... il peut durer jusqu'à la retraite du salarié. Le salarié a presque toujours intérêt à détenir un contrat à durée indéterminée.

Les syndicats

Les travailleurs d'une même entreprise dépendent d'une même autorité, chaque groupe de salariés connaît des conditions de travail, de rémunération proches..., ceci constitue un ensemble d'intérêts communs. Cette situation commune engendre des intérêts collectifs qui s'expriment dans des revendications, des conflits nécessitant une organisation. La forme la plus générale qu'a prise l'organisation des travailleurs en vue de faire avancer leurs revendications est le syndicat. Par-delà les intérêts liés au niveau d'un groupe de salariés d'une entreprise donnée, les syndicats organisent les travailleurs (par exemple en fédération de métiers : mineurs, imprimeurs...), aux niveaux départemental et national.

Au niveau de l'entreprise les syndicats sont généralement organisés en « section syndicale » qui élit des « délégués syndicaux » chargés de représenter la section.

Les syndicats, tout en étant la forme permanente et principale d'organisation des travailleurs, ne sont pas la seule forme d'organisation connue ; il peut y avoir des comités d'atelier, des comités de grève, des comités de lutte regroupant syndiqués et non-syndiqués pour des actions généralement limitées dans le temps en vue d'un objectif précis.

Pour la loi actuelle, le rôle des syndicats professionnels est bien délimité :

« les syndicats professionnels ont exclusivement pour objet l'étude et la défense des intérêts économiques, industriels, commerciaux et agricoles » (Code du travail Art. L 411-1).

Plus généralement les syndicats regroupent, organisent, diffusent les informations et représentent un ensemble de personnes ayant des intérêts communs à faire prévaloir et une conscience collective du besoin de s'unir pour améliorer leur situation. Pour certains syndicats (C.G.T...), les syndicats ne doivent pas considérer comme donné le cadre social, mais rechercher des moyens de transformer la condition de vie des salariés.

Mais les syndicats diffèrent des partis politiques en ce sens qu'ils n'ont pas pour but d'arriver au pouvoir.

Les syndicats ne sont pas non plus de simples groupes de pression car ils ne veulent pas seulement influencer le pouvoir politique, mais ont des projets personnels de société et des moyens de lutte plus directs.

Négociation et conflits

Les grèves, les journées revendicatives, les cortèges dans les rues, sont autant de formes que revêtent les conflits sociaux.

Il y a *conflit social* lorsque des groupes ayant des intérêts divergents engagent un affrontement.

Les grèves

La grève est sans doute la forme la plus classique des actions revendicatives des salariés. Lors des grèves classiques, les salariés cessent le travail et bloquent ainsi le processus de production ; ils exercent ainsi une pression sur leur employeur qui voit ses machines, ses matières premières immobilisées ; bref son capital ne lui rapporte plus. L'entrepreneur doit alors mettre en balance le coût de l'arrêt de travail et celui des revendications qu'il doit satisfaire. Réciproquement, les ouvriers ne perçoivent plus leur salaire et ceci constitue une pression qui s'exerce sur eux tout au long de la grève en s'accentuant au fur et à mesure que celle-ci se prolonge.

La grève classique est donc une cessation concertée du travail par des salariés dans le but d'obtenir la satisfaction de certaines revendications.

De nombreuses formes de grève ont vu le jour :

– **Les grèves avec occupation :** par leur présence les travailleurs empêchent l'utilisation par d'autres salariés de leur outil de travail. La remise en marche des moyens de production et la vente des produits du travail par les grévistes eux-mêmes marquent parfois une dimension supérieure du conflit : la fonction sociale du patron et les rapports de propriété sont remis en cause.

– **Les grèves-bouchon** voient un seul atelier ou service-clé bloquer toute la production (en arrêtant la livraison d'embrayages par exemple dans la fabrication des voitures).

– **Les grèves du zèle** par l'application stricte des règlements peuvent désorganiser certaines administrations.

On note aussi des grèves qui dépassent les conflits du travail typiques : des grèves de consommateurs ou boycotts peuvent faire pression sur certains fabricants, bloquant la vente des produits (avec colorants ou trop chers...). Les grèves de lycéens ou d'étudiants sont d'un type différent : elles bloquent une institution et n'arrêtent pas une production mais créent des pressions symboliques et politiques qui pèsent sur le climat social. Une forme plus politique de grève est la grève générale. Longtemps présentée comme liée à la fin du système capitaliste, la grève générale vise à bloquer tout le système économique, en même temps qu'elle montre la solidarité de tous les travailleurs.

Les conventions collectives

Tous les conflits entre les partenaires sociaux (salariés, employeurs) ne se traduisent pas par des grèves, la grève elle-même est souvent le moyen de négocier dans de meilleures conditions. La négociation aboutit souvent à des compromis, au niveau de l'entreprise, on parlera alors d'accord d'entreprise, au niveau d'un secteur d'activité on assiste à la signature de conventions.

Les conventions collectives sont des accords relatifs aux conditions de travail (congés payés, rémunérations, conditions de carrière, régime de retraite...) conclus entre une ou des organisations syndicales de travailleurs et une ou des organisations représentatives des employeurs.

Leur cadre d'application peut être national ou régional. Elles sont le plus souvent établies par branche d'activité (industrie sidérurgique...).

Les conventions collectives ordinaires ne s'appliquent que dans les entreprises signataires de l'accord ; les conventions collectives nationales ont vu leur champ d'action étendu par le ministre du Travail, elles s'appliquent à toutes les entreprises de la branche d'activité, qu'elles aient ou non signé l'accord.

La représentation du personnel

La loi réglemente divers aspects de la vie de l'entreprise (salaire minimum, conditions de travail...); elle organise aussi une représentation minimum des salariés.

Délégués du personnel et comité d'entreprise

Les délégués du personnel et les principaux membres du comité d'entreprise sont des représentants élus des salariés, le comité d'entreprise est présidé par le chef d'entreprise membre de droit. Les délégués du personnel sont chargés de présenter à la direction les revendications individuelles ou collectives qui n'ont pu être résolues par d'autres procédures.

Le comité d'entreprise a pour principale fonction de favoriser l'amélioration des conditions de travail. Sur le plan économique son rôle n'est que consultatif. Les délégués du personnel et membres élus du comité d'entreprise bénéficient d'une protection juridique particulière contre les licenciements.

Groupe d'expression, groupe de qualité

Indépendamment de cette représentation du personnel, traditionnelle en France, l'expression des salariés dans l'entreprise a été connue comme un droit par les lois Auroux (1982). Dans le cadre de cette loi ou de façon tout à fait autonome (sous l'influence des méthodes de gestion japonaise) se sont souvent constitués des « groupes d'expression », des groupes « de qualité ». La différence entre ces deux types de groupe tient à ce qu'en principe les premiers sont destinés à permettre des débats sur tout sujet relatif à la vie de l'entreprise, alors que les seconds ont pour objet l'amélioration de la qualité des produits et la réduction des prix de revient.

RÉPARTITION

Lorsque le paysan du Moyen-Age produisait du blé, il devait le plus souvent en remettre un certain pourcentage au seigneur et un autre pourcentage à l'Église. Il y avait **répartition,** c'est-à-dire affectation des droits sur la production.

La répartition se distingue du simple échange. Notre paysan peut échanger la fraction de blé qui lui revient contre d'autres produits : vêtements, outils... ou contre de l'argent, mais lors de cette transaction les biens qui interviennent sont supposés être de valeur équivalente ou quasi équivalente. Il y a là échange, mais non répartition.

Dans les sociétés actuelles, l'essentiel de la répartition se fait par l'intermédiaire de la monnaie, ce qui se traduit souvent par une plus grande difficulté à isoler concrètement répartition et échange. Ainsi, un ouvrier qui travaille à la production de voitures n'est pas payé en voitures, mais en monnaie. Par ailleurs il ne fabrique pas la totalité du produit, il peut donc difficilement chiffrer la part de sa production qui lui est attribuée.

De façon générale, la **répartition** est le processus de distribution des richesses disponibles entre les groupes et les divers individus.

Au niveau de l'ensemble d'une économie, il ne peut y avoir répartition que dans la mesure où il y a une production préalable.

Revenus et structure de la répartition

Du point de vue des unités économiques, la répartition se traduit par une distribution de revenus.

Le revenu d'un agent économique est l'ensemble des droits sur les ressources disponibles qui lui sont attribués au cours d'une période donnée sans prélèvement sur son patrimoine.

On appelle structure de la répartition la façon dont est effectué le partage des droits sur la production entre les différents groupes sociaux ou les différentes catégories d'agents.

Du revenu primaire au revenu disponible

Si dans toute société il y a des mécanismes de répartition, la forme et les modalités de cette répartition varient suivant les systèmes économiques. Dans la société actuelle (capitaliste), la répartition se fait à deux niveaux. Au niveau de la production, est effectuée une répartition primaire, puis un certain nombre de transferts sont réalisés et conduisent à une nouvelle structure de la répartition correspondant aux revenus disponibles, c'est-à-dire effectivement à la disposition des unités économiques. Le revenu disponible peut être inférieur ou supérieur au revenu primaire selon que les transferts positifs ou négatifs (impôts...) l'emportent.

Le revenu primaire

Les revenus primaires des agents, proviennent soit du travail, soit de la propriété. L'État prélève également une fraction de la valeur-de la production par le biais de la fiscalité.

Les revenus du travail

Plus de 80 % de la population active est salariée. Le **salaire** ou rémunération du travail salarié constitue l'essentiel des revenus du travail, mais non le seul. Un entrepreneur qui travaille dans son entreprise a pour partie un revenu du travail.

Le montant du salaire n'est pas le même suivant que l'on se place du point de vue de l'employeur ou de celui du travailleur. Ainsi, si le salaire net perçu par le salarié est de 3 000 francs, les charges sociales de 1 500 francs dont 300 francs à la charge du salarié, on aura :

Salaire brut	3 300 F
Prélèvement à la charge du salarié	– 300 F
Salaire net	3 000 F
Prélèvement à la charge de l'employeur	1 200 F
Montant total des charges pour l'employeur	4 500 F

Le salaire prend des noms relativement différents dans la vie courante : le militaire touche une **solde,** le fonctionnaire dispose d'un **traitement,** l'employé de maison touche des **gages.** Notons que le vocabulaire varie pour les professions libérales : ainsi le médecin ou l'avocat perçoivent des **honoraires** en contrepartie du service qu'ils rendent à leur client, l'artiste perçoit un **cachet** et l'inventeur touche des **royalties** lorsqu'il a déposé un brevet et qu'il permet l'utilisation de sa découverte.

Le coût salarial est le prix du travail pour l'entreprise. Il comprend le salaire versé (salaire net) mais aussi les cotisations sociales à la charge du salarié et de l'employeur. Le salaire indirect est la somme des cotisations sociales à la charge de l'employeur et du salarié. Le salaire brut est égal au salaire net plus les cotisations sociales à la charge du salarié.

Le salaire peut être calculé de façon forfaitaire (salaire mensuel) mais aussi à la tâche ou aux pièces.

Un salaire **mixte** sera composé d'un salaire minimum (fixe) lorsque la norme n'est pas atteinte et une partie de **salaire variable** qui va évoluer en fonction du dépassement de la norme. Par exemple, pour 12 % du rendement moyen préétabli, il y aura une **prime** de 500 F en plus du « **fixe** ».

Le salaire net ne doit pas non plus être confondu avec le revenu net disponible, d'une part parce qu'un salarié peut disposer d'autres revenus, et d'autre part parce que les transferts positifs et les impôts peuvent modifier la répartition initiale.

Les revenus de la propriété

Les **revenus de la propriété** sont ceux qui sont attribués eu égard à la détention d'un capital.

Ces revenus peuvent être liés au droit d'exploitation ou d'utilisation d'un bien ou à l'usage même du bien en capital.

Dans la première catégorie, on distingue le **taux d'intérêt** qui est le revenu qui provient d'un prêt monétaire, bancaire ou non ; la **rente foncière** lorsque le prêt porte sur la terre. Cette première catégorie concerne également les actifs incorporels, **redevances** pour brevets, licences, marques de fabrique...

La deuxième catégorie de revenus de la propriété est constituée par les **profits** des entreprises. On distingue le profit réel et le profit distribué.

Dans les sociétés par actions le profit distribué prend le nom de dividende. **Le dividende** est le montant des bénéfices distribués par action. L'écart entre bénéfice distribué et bénéfice réel a plusieurs sources : d'une part une partie des profits sont conservés au sein de l'entreprise, en particulier pour financer les investissements, d'autre part l'état actuel de la fiscalité incite les entreprises à accroître la valeur boursière des actions plutôt qu'à distribuer des dividendes importants.

Les transferts de revenus

L'intervention de l'État sur les revenus a pris des formes multiples, à la fois au niveau de la formation des revenus primaires (fixation par exemple d'un Salaire minimum interprofessionnel garanti SMIG, puis du Salaire minimum interprofessionnel de croissance SMIC...) et au niveau des transferts réalisés.

Les **revenus de transfert** sont des revenus attribués aux agents en vue de prendre en charge certains risques déterminés sans contrepartie équivalente et simultanée. Lorsque le tiers intervenant est un organisme public ou para-public on parlera de **prestations sociales,** sauf dans le cas de transferts à but économique en faveur des entreprises.

Les principales prestations sociales portent sur la santé (accident du travail, maladie), la vieillesse (retraite...) la famille (allocations familiales, maternité) et l'emploi (assurance-chômage).

Du revenu primaire au revenu disponible

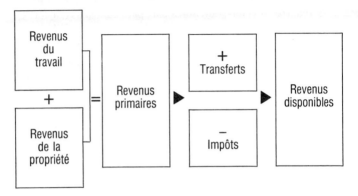

Vocabulaire de la Comptabilité Nationale

Le « **compte de revenu** » retrace toutes les opérations contribuant à la détermination du revenu disponible, et celui-ci est la contrepartie exacte de la consommation finale et de l'épargne. Ces deux derniers postes apparaîtront dans le **compte d'utilisation des revenus.**

Tout secteur institutionnel a un compte de revenu. Une opération de répartition comme la rémunération d'un salarié par une entreprise se traduira par une inscription en emploi dans le compte d'exploitation du secteur entreprises et par une autre inscription en ressource dans le compte de revenu du secteur ménages.

Vocabulaire de l'analyse

Vocabulaire marginaliste

Pour l'analyse libérale d'inspiration marginaliste, la rémunération de tous les facteurs obéit au principe de la rémunération selon la productivité marginale.

Si une entreprise disposant de 10 salariés produit pour 100 000 F de valeur ajoutée, et si en recrutant un 11e salarié sa valeur ajoutée passe à 105 000 F, la valeur ajoutée du 11e travailleur est calculée à la marge de 5 000 F. C'est à 5 000 F que se fixe le niveau exact selon l'analyse marginale.

Rémunération selon la productivité marginale

On dira qu'un facteur est rémunéré selon sa productivité marginale si on lui attribue un revenu égal au supplément de valeur qui apparaît lorsqu'il est employé.

> **Le salaire,** pour les marginalistes, doit être égal à la valeur monétaire correspondant à la valeur supplémentaire apportée par le dernier travailleur (déduction faite des coûts supportés du fait de la création de son emploi).

> **Le profit** doit correspondre à la productivité marginale du capital.

Si une nouvelle machine est achetée, elle va permettre d'accroître la valeur produite d'une somme x, son emploi va occasionner des frais supplémentaires c; $x - c$ correspond au revenu du capitaliste propriétaire de la machine.

La productivité marginale d'un facteur est toujours calculée en supposant tous les autres facteurs constants.

Vocabulaire marxiste

La théorie de la répartition des marxistes est fondée sur la théorie de la valeur travail.

Plus-value

> Pour Marx, la force de travail a la propriété de produire plus de valeur qu'elle ne coûte : elle crée ainsi de la plus-value.

| Plus-Value | = | Valeur produite par la force de travail | − | Valeur de la force de travail |

Pour Marx, le salaire correspond, en moyenne, à la valeur de la force de travail. Le salaire correspond en moyenne à la valeur des biens nécessaires à la constitution et à la reproduction de la force de travail des travailleurs : éducation, logement, nourriture... Toute la complexité de la détermination du salaire provient du caractère social des besoins qui s'expriment dans le panier de biens nécessaires à la reproduction de la force de travail. Pour Marx, c'est l'élévation de la productivité du travail et les luttes qui amènent la fixation de niveaux de vie-standard par qualifications.

Prenons un exemple simplifié, si un traiteur emploie un salarié et le paie 4 000 F par mois, il doit évidemment payer les ingrédients des plats cuisinés, le loyer du magasin, l'électricité... Supposons que tous les frais autres que le salaire soient de 6 000 F par mois, et que le produit de ses ventes lui rapporte 18 000 F.

La valeur produite par la force de travail est de 18 000 F – 6 000 F... Les 6 000 F sont dans l'analyse marxiste des dépenses qui n'ajoutent pas de valeur mais la transmettent dans le processus de fabrication (du capital constant). La valeur de la force de travail est de 4 000 F correspondant au salaire ; on peut donc calculer la plus-value :

$$(18\,000\ F - 6\,000\ F) - 4\,000\ F = 8\,000\ F$$

$$\text{Le taux de plus-value} = \frac{\text{Plus-value}}{\text{Valeur de la force de travail}}$$

soit dans notre exemple : $\dfrac{8\,000\ \text{F}}{4\,000\ \text{F}} = 200\ \%$

Il ne faut pas confondre taux de plus-value et taux de profit.

$$\text{Taux de profit} = \frac{\text{Plus-value } (pl)}{\text{Capital avancé } (c + v)}$$

soit : $\dfrac{8\,000\ \text{F}}{6\,000\ \text{F} + 4\,000\ \text{F}} = 80\ \%$

Marx, considérant que la plus-value est « extorquée » aux travailleurs, appelle souvent le taux de plus-value taux d'exploitation.

L'approche keynésienne

L'approche keynésienne insiste sur l'importance d'une politique active des revenus. La politique des revenus est l'ensemble des moyens mis en place pour orienter la structure de la répartition. La politique des revenus peut infléchir le partage de la valeur ajoutée entre salaires et profits (ou faciliter la mise en place de ce partage), elle peut aussi se fixer pour objectif de protéger les plus démunis.

SMIC (Salaire minimum interprofessionnel de croissance)

La mise en place du SMIG (salaire minimum interprofessionnel garanti) symbolisa le développement d'une protection sociale en matière de revenu. En 1968, le SMIG fut remplacé par le SMIC (salaire minimum interprofessionnel de croissance). Toute hausse des prix de plus de 2 % de l'indice INSEE provoque automatiquement une hausse de même montant du SMIC. Tous les ans, en juillet, le SMIC doit progresser de façon au moins égale à la moitié des gains de pouvoir d'achat des salaires horaires durant la même période.

RMI : Revenu minimum d'insertion

Le RMI (1989) instaure le principe général du droit à un revenu minimum. Le RMI prend en compte deux principes :
– Il vient compléter d'autres formes de revenu pour aboutir à une somme minimale qui peut varier dans le temps.
– Toute personne qui dispose du RMI s'engage à faire des efforts pour se former et trouver du travail. Le RMI se veut transitoire et non une assistance permanente. Il vise à faciliter l'insertion des exclus du travail.

☞ TRAVAIL, VALEUR

RÉVOLUTION AGRICOLE

La révolution agricole correspond à la mise en place d'un système technique et économique qui accroît de façon considérable les rendements agricoles : les terres devenant plus productives et le travail humain plus efficace. La première révolution agricole est celle très ancienne de la révolution néolithique qui vit la naissance de l'agriculture. L'histoire a été marquée par de nombreuses révolutions agricoles.

La révolution agricole de la deuxième moitié du XVIIIe siècle

Une révolution agricole importante apparaît au cours de la deuxième moitié du XVIIIe siècle au Royaume-Uni. Elle contribuera à l'émergence de la Révolution Industrielle.

1. Sur le plan **technique** cette révolution agricole est marquée par l'utilisation accrue d'outillage s'appuyant sur la technologie du fer, des progrès dans la sélection des semences et des espèces animales et par le remplacement de la jachère par la rotation des terres.

La jachère consiste à laisser reposer la terre un an sur trois et par conséquent à n'utiliser de façon productive chaque année que 2/3 des terres.

La rotation des cultures consiste à cultiver toutes les terres tous les ans mais en changeant chaque année le type de culture de façon à ce que le caractère complémentaire des cultures (blé, trèfle, orge...) permette de ne pas appauvrir la terre.

2. Sur le **plan social,** des transformations juridiques provoquent des mutations sociales importantes. Ainsi, les « enclosures acts » au Royaume-Uni permettent au propriétaire de clore leurs terres, ce qui de fait conduit à supprimer la tolérance ancienne qui permettait notamment aux paysans pauvres de faire paître leurs moutons sur les terres en jachère. Les paysans pauvres se trouvent ainsi le plus souvent contraints d'accepter de travailler pour un marchand ou à l'usine.

La révolution agricole du XXe siècle

Les pays industrialisés ont connu au XXe siècle de nouveaux progrès technologique (engrais, mécanisation...) qui ont contribué à de nouveaux gains de productivités.

La révolution verte tente de réaliser aujourd'hui une nouvelle révolution agricole dans les pays du tiers monde et au XXème siècle. La révolution verte est une révolution technique qui est issue de l'IRRI (International Rice Research Institute) qui a sélectionné des semences permettant d'accroître considérablement les rendements. C'est aussi une révolution économique et sociale dans les campagnes qui adoptent ce système de culture qui utilise beaucoup d'eau et d'engrais. Nécessitant d'importants capitaux, elle développe l'endettement. La révolution verte suscite un besoin de devises pour payer les facteurs de production importés (engrais, pesticides). Les cultures vivrières destinées à nourrir la population locale selon ses traditions ancestrales et des techniques de culture moins gourmandes en capitaux s'en trouvent délaissées le plus souvent.

☞ RÉVOLUTION INDUSTRIELLE

RÉVOLUTION INDUSTRIELLE

Qu'est-ce-que la révolution industrielle?

La révolution industrielle évoque tout un cortège d'images, enfants et femmes travaillant de l'aube à la nuit, terrils et hauts-fourneaux, construction d'immenses voies ferrées, bouleversement des campagnes, création des cités ouvrières, émergence du syndicalisme,...

L'expression insiste à la fois sur deux aspects :

1. **Révolution** signifie transformation profonde, coupure irréversible entre un système et un autre. Si la coupure est profonde, la révolution industrielle ne sera pas le fruit d'une éruption, d'une tension rapide produisant un changement renversant l'ancien monde, mais elle prendra du temps et résultera d'une multitude de mouvements économiques, techniques, politiques, et sociaux.

2. **Industrielle** met en évidence le caractère essentiel d'un secteur, celui de la transformation de la matière, et la fabrication d'objets par des machines. Il s'agit de donner au mot industrie tout son sens, la mise en oeuvre de techniques, afin de fabriquer des produits, mais aussi tout le processus de l'organisation du travail, d'innovations, d'astuces de fabrication, de discipline d'organisation, et tout l'appareil financier, qui permet de réunir, concentrer sous l'aiguillon du profit les masses de capitaux nécessaires à l'entreprise.

Des révolutions industrielles

• La *première* révolution industrielle est celle du charbon et du fer, elle est symbolisée par la machine à vapeur de J. Watt (1782) qui va permettre de mouvoir des machines multiples de la locomotive de Stevenson (1814) au métier à tisser mécanique.

• La *seconde* révolution industrielle est celle de l'énergie (électricité, pétrole), des transports et de la chimie. Elle est marquée par l'invention du moteur à explosion (Daimler, 1886). L'automobile et la chaîne fordiste en seront le symbole. Mais d'autres inventions clés dominent la seconde ère industrielle, l'électricité (depuis l'éclairage électrique mis au point par Edison, en 1873), l'avion...

• La *troisième* révolution industrielle est celle du micro-processeur et des biotechnologies qui marquent la période actuelle.

☞ RÉVOLUTION AGRICOLE, CROISSANCE

SECTEURS PRIMAIRE, SECONDAIRE, TERTIAIRE

Secteurs primaire, secondaire, tertiaire

Le secteur primaire regroupe essentiellement les activités liées directement à la transformation du milieu naturel, l'agriculture, la pêche, les activités forestières, et certains auteurs y ont inclus les activités extractives (mines) que d'autres situent dans le secteur secondaire. Pour J. Fourastié le secteur primaire est défini de façon moins descriptive comme le secteur à progrès technique moyen.

Le secteur secondaire comprend les activités industrielles ; certains auteurs y incluent les industries extractives (au lieu de les classer en primaire) ; de plus, on exclut souvent les transports du secondaire pour les inclure dans le tertiaire (Clark). Pour Fourastié c'est le secteur à progrès technique rapide. Si Renault dans son ensemble est classé dans le secteur secondaire, cela implique que le comptable sera décompté comme un travailleur du secondaire bien que son activité soit tertiaire. De même le C.A. (chiffre d'affaires) de toutes les entreprises-filiales, produit hors du secteur automobile, sera associé à l'activité principale de la firme. La notion de branche plus technique permet de cerner de plus près l'activité réelle des diverses parties d'une entreprise qui peuvent appartenir à des activités diverses (voir Comptabilité Nationale).

Le secteur tertiaire inclut tout ce qui n'est classé ni dans le primaire ni dans le secondaire. La femme de ménage, le médecin, le P.-D.G. et sa secrétaire, l'enseignant et le coiffeur seront indistinctement des tertiaires. Pour Fourastié c'est le secteur à progrès technique lent. Le tertiaire est donc un secteur à manier avec précaution car très hétérogène. Il est formé essentiellement des activités dites de « services » : administrations, banques, assurances, commerces...

On appelle **service** toute activité qui contribue à procurer aux individus ou à la collectivité une valeur d'usage sans passer par la vente de biens matériels. Ainsi le médecin ou l'enseignant peuvent utiliser des supports matériels, mais ce qu'ils apportent n'est pas un bien matériel spécifique, mais un service.

Un nouveau venu : le secteur quaternaire

De nombreux auteurs utilisent aujourd'hui la notion de **quaternaire** pour désigner la partie moderne des activités économiques. Les travailleurs des secteurs de communication, de l'information, de la recherche-développement, de l'informatique, de l'enseignement, etc., sont regroupés dans un « quaternaire ». Ce secteur qui symbolise l'ère post-industrielle est alors plus encore que le tertiaire caractéristique des pays développés aux yeux de ces théoriciens.

Une distinction très controversée

Baudelot et Establet, par exemple, contestent la notion de division en trois secteurs et particulièrement celle de la société tertiaire. Dire qu'un agriculteur est « primaire » est loin d'être évident, car une bonne part du travail de l'agriculteur aujourd'hui est liée à la technique (il répare parfois son tracteur) ce qui fait partie du secondaire, il fait aussi souvent sa comptabilité (ce qui est tertiaire), fait de la gestion, de la prévision par rapport à ses stocks, contacte des clients et des fournisseurs (ce qui est tertiaire)...

De même, le gonflement des services vient souvent de la division du travail et de la sous-traitance ; si une entreprise fait elle-même son nettoyage, sa comptabilité, son transport, toutes ces activités sont intégrées au secteur secondaire ; si au contraire elle loue les services d'une entreprise de nettoyage de transport ou de comptabilité, alors les employés faisant ces mêmes tâches liées à la production secondaire seront classés tertiaires.

Par ailleurs, cette classification peut induire en erreur : par exemple le Mexique a une structure de la population active en trois secteurs très proche de celle de la France, mais le gonflement du tertiaire dans les pays sous-développés est souvent le fruit de l'exode rural et du chômage. Un cireur de chaussures, un chômeur qui vend occasionnellement quelques peignes ou « souvenirs » seront classés tertiaire, puisque faisant du commerce...

SOCIAL

Qu'est-ce que le social?

Au sens le plus large, le social regroupe tout ce qui concerne la société et inclut donc la politique et l'économique... Mais le terme est souvent utilisé dans des sens plus restreints :

Le **social** concerne « les conditions qui se rapportent au développement intellectuel, moral, et matériel des masses populaires ». Dans ce sens, on parlera par exemple de la question sociale. De façon plus générale, l'approche sociale des problèmes concerne l'étude des « conditions de vie des individus et des groupes et des rapports qu'ils entretiennent ». (Fournier et Questiaux.)

La politique sociale est l'ensemble des moyens mis en place par l'État et les collectivités locales pour corriger les disparités sociales jugées socialement inacceptables et pour assurer à tous l'accès à des biens considérés comme primordiaux.

Les principaux domaines de la politique sociale sont l'éducation, la santé, les prestations familiales, les retraites, les allocations chômage, mais la politique sociale englobe aussi la législation sur la durée et les conditions de travail, les lois sur l'urbanisme...

On appelle transferts sociaux l'ensemble des revenus ou services gratuits qui résultent d'un mécanisme de redistribution.

Les cotisations sociales et les charges sociales

Le financement des prestations peut se faire par l'impôt ou par des cotisations sociales. Ces dernières sont des prélèvements obligatoires effectués sur les salaires (ou pour les non-salariés sur le revenu). A la différence de l'impôt la cotisation sociale a une affectation précise. Ainsi, tel pourcentage prélevé sur le salaire sera destiné à financer l'indemnisation des chômeurs, tel autre permettra de verser des prestations aux accidentés du travail.

Ce type de financement se traduit par un accroissement des charges sociales, c'est-à-dire de l'ensemble des prélèvements que l'employeur doit verser aux organismes sociaux.

La Sécurité sociale

En France, la Sécurité sociale est la principale institution de redistribution : santé, emploi, vieillesse et famille.

☞ SOCIOLOGIE

SOCIALISME

Le succès même du terme socialisme a conduit à des usages abusifs du terme. C'est ainsi que nombre de pays (en particulier dans le Tiers-Monde) se qualifient de socialistes pour masquer des dictatures qui, au nom du peuple, exercent un pouvoir sans partage. Le mot socialisme devient un alibi qui masque la réalité. Mais ceci n'est possible que par ce que le terme socialisme est chargé d'espoir et représente pour un nombre important de personnes l'espoir d'une société nouvelle plus juste que l'actuelle.

Le socialisme comme projet

Si la pensée socialiste est antérieure au XIXe siècle, celui-ci fut marqué par l'éclosion de multiples projets socialistes et par le développement de mouvements ouvriers qui se rattachent à ce courant de pensée. La pensée socialiste est inséparable du mouvement socialiste qui tend à changer concrètement la société. Le courant de pensée socialiste a profondément inspiré les mouvements ouvriers des XIXe et XXe siècles et leur a fourni une cohérence théorique qui a contribué à leur développement. Le projet socialiste a pris des formes multiples : phalanstères de Fourier, coopératives de R. Owen et de Louis Blanc, socialisme technocratique de Saint-Simon... transition socialiste vers le communisme de Marx et Engels. .. et au XXe siècle autogestion et planification démocratique...

Mais derrière la diversité des projets, on retrouve un certain nombre de permanences :

– Le socialisme est un mouvement de contestation de la pratique capitaliste et un projet de construction d'une société plus juste. « Le socialisme est né de la conscience de l'égalité humaine alors que la société où nous vivons est toute entière fondée sur le privilège » (Léon Blum, 1919).

– La société à construire doit être plus égalitaire mais aussi donner à chacun plus de liberté, plus de maîtrise, plus de pouvoir sur les décisions qui le concernent et qui intéressent l'ensemble de la société.

Dans les moyens pour réaliser cet objectif, certains feront plus confiance à l'État, d'autres, au contraire, (en particulier les anarchistes) se méfieront des interventions étatiques.

La transition socialiste

C'est pour Marx, une phase historique précédant le communisme. **Le socialisme** est alors caractérisé par l'appropriation collective des principaux moyens de production, la rétribution de chacun suivant le principe « à chacun suivant son travail », le développement d'une planification d'ensemble.

Mais le socialisme doit changer la vie quotidienne des gens en leur donnant un véritable pouvoir sur leur mode d'existence. L'appropriation collective des moyens de production n'est qu'une condition du socialisme, non son essence.

Pays socialistes

L'expression « **pays socialistes** » désigne traditionnellement un ensemble de pays dont l'exemple le plus souvent cité est celui de l'URSS. Planification, existence d'un parti unique (le « parti communiste »), propriété étatique ou coopérative des principaux moyens de production, répartition des revenus en fonction du travail et non en fonction de critères liés à la naissance ou à la détention de capitaux, tels sont les principaux caractères traditionnellement présentés comme spécifiques des pays socialistes, même si un certain nombre de variantes apparaissent, variante maoïste (communes populaires, rôle central de la pensée de Mao Ze Dong), variante yougoslave marquée par l'autogestion... Cependant, beaucoup nient le caractère socialiste de ce type d'organisation en affirmant que le pouvoir de décision est monopolisé par le Parti... Certains désignent même du nom de « systèmes bureaucratiques d'État » les régimes de ce type.

Socialisme et social-démocratie

Les socialismes scandinaves (Suède...), ou autrichien... sont des réalités profondément différentes.

La social-démocratie est un système politique maintenant la propriété privée des principaux moyens de production et ne planifiant pas l'ensemble de l'économie de façon autoritaire mais appliquant une **politique dite sociale.**

Celle-ci consiste à rechercher le compromis entre les classes sociales (négociations, conventions, participation des syndicats), à favoriser la production non-marchande, à limiter ou à corriger les inégalités de répartition par des transferts importants vers les plus défavorisés...

☞ ANARCHISME, COMMUNISME, MARXISME, BUREAUCRATIE

Supposons que l'on constate dans une région une forte surmortalité masculine. Les médecins, constatant l'abus d'alcool, pourront expliquer cette mortalité par la nocivité de l'éthylisme qui provoque des maladies ; les psychologues insisteront sur le type de personnalité des alcooliques, les géographes sur les particularités régionales...

L'approche sociologique de ce phénomène pourra consister à analyser les différences de comportement face à l'alcoolisme des différentes catégories sociales. Y a-t-il plus de salariés agricoles ou de manoeuvres alcooliques ? Y a-t-il des incitations collectives à boire dans les fêtes, les réunions, les cafés...?

Ainsi un même fait peut être interprété avec des grilles d'analyse différentes, la sociologie ne se définit pas par un « ensemble de faits » propres, mais plus par une façon d'analyser la réalité. L'échec scolaire est sujet d'étude à la fois pour le psychologue et le sociologue, mais ce dernier n'en recherchera pas les causes dans les pulsions, les attitudes de tel enfant, mais tentera de déterminer la place des faits sociaux. Quelles sont les catégories sociales où l'échec est le plus fort ? Y a-t-il transmission du « capital socio-culturel »? Les enfants de parents à haut niveau d'instruction ont-ils une probabilité de réussite élevée?...

Qu'est-ce que la sociologie?

« Nous appellerons sociologie une science qui se propose de comprendre par interprétation l'activité sociale et par là d'expliquer causalement ses effets ». (Max Weber, *Économie et société,* T 1, Plon).

Ainsi, à propos de la famille, le sociologue étudiera de multiples problèmes : Quelle est la distribution des rôles (mari, femme, enfants) et comment s'expliquent-ils ? Quelles sont les catégories sociales qui ont les taux de divorce les plus élevés ? Quel est le rôle de la famille dans la transmission du patrimoine, du pouvoir, de la culture...?

Aujourd'hui il est possible de définir une multitude de domaines spécialisés de la sociologie, étudiant la famille, le travail, le changement social, les *médias,* le pouvoir, les pratiques culturelles...

Deux règles fondamentales de Durkheim

Par sa réflexion méthodologique, Durkheim a modelé l'approche sociologique et insisté sur ce qui la fonde comme champ d'étude spécifique. Deux règles de la méthode sociologique expriment nettement l'autonomie de la sociologie :

1. Il faut considérer les faits sociaux comme des choses

Cette règle de Durkheim signifie d'abord qu'à la différence des théoriciens pré-sociologiques, il ne faut pas déduire de ses sensations personnelles des considérations générales sur la société.

La pitié ou l'horreur de la guerre n'est pas une connaissance sociologique. Ainsi, pour étudier le suicide, Durkheim part d'indicateurs statistiques, de données observées : taux de suicide selon les âges, le sexe, la religion, les régions... Tous ces éléments ne sont pas personnels au chercheur, et, en ce sens, comme des choses, ils ont une réalité indépendante de l'observateur (même s'ils doivent être appréhendés de façon critique).

2. La cause d'un fait social doit être recherchée dans d'autres faits sociaux

Pour Durkheim, la démarche sociologique doit exclure de son champ les explications par des faits extérieurs à la société. Le sociologue recherche la cause d'un fait social dans d'autres faits sociaux : institutions, systèmes de valeurs, classes sociales... Cela ne signifie pas que Durkheim nie l'intérêt de la psychologie ou d'autres sciences de l'homme, mais il exclut du travail sociologique ces types de recherches.

☞ ACCULTURATION, ANOMIE, CLASSE SOCIALE, CHANGEMENT SOCIAL, CULTURE, INTÉGRATION, MOBILITÉ SOCIALE

SOUS-DÉVELOPPEMENT

Qu'est-ce que le développement économique?

Pour l'essentiel, les pays développés sont ceux qui ont connu la révolution industrielle, et dont l'opulence se manifeste par une multitude de biens matériels, de réalisations technologiques. Pour le Tiers-Monde le développement apparaît chargé de promesses; plus qu'un niveau de vie c'est aussi un style de vie véhiculé par les récits d'immigrés, par les vestiges de la colonisation, embelli par les charters amenant auprès des villages reculés « les riches » exerçant un effet de démonstration au coeur des villages de la brousse la plus reculée.

Le développement comme processus et comme résultat

Pour F. Perroux « le développement est la combinaison des changements mentaux et sociaux d'une population qui la rendent apte à faire croître, cumulativement et durablement, son produit réel global » (*L'économie du XXᵉ siècle,* PUF).

Ainsi le développement est un faisceau de transformations qui modifie les comportements, intègre les progrès des connaissances, l'amélioration des qualifications, le savoir-faire industriel. C'est aussi une mutation repérable par des coefficients économiques et sociaux : part du secteur industriel, part des branches nouvelles, capital employé par travailleur, valeur ajoutée par salarié, nombre d'ordinateurs par habitant... nombre de médecins par habitant, taux d'alphabétisation, nombre d'étudiants, nombre de chercheurs, nombre de films nationaux...

Le développement est donc un phénomène d'accumulation, largement irréversible et séculaire, il inclut la croissance et même des phases de crises.

Le développement inséparable du sous-développement

Certains auteurs, en particulier marxistes, refusent de séparer développement et sous-développement, ils mettent en évidence les formes de dépendance, les conflits et les enjeux d'une économie largement mondialisée dans laquelle le capital, de plus en plus internationalisé, impose une division internationale de la production, où développement et sous-développement sont en relation au sein d'un système global.

Des mots controversés

Sous-développement

Le mot **sous-développement** insiste de par son libellé même sur l'insuffisance d'une situation, son infériorité par rapport à une autre, du point de vue économique, aussi certains rejettent ce terme qu'ils jugent péjoratif.

Pays en voie de développement

L'expression **pays en voie de développement** affirme l'existence d'un processus en marche. Celui-ci est loin d'être une réalité pour la majorité des pays pauvres d'Afrique. Cette terminologie est largement utilisée par les organismes internationaux et par les théoriciens qui adoptent des explications en termes de retard.

Tiers-Monde et nations prolétaires

Pour d'autres il faut se référer à la notion de « Tiers-Monde », expression forgée par A. Sauvy à partir de la notion de « Tiers-État ».

De nombreux pays voient dans cette expression un contenu plus adéquat car d'essence politique et à contenu social et revendicatif. La notion de Tiers-Monde inclut la notion de sous-développement, mais implique une condition commune et des revendications de « ceux qui ne sont rien » dans l'actuel ordre économique mondial. Certains, insistant sur le contenu social, parlent même « de nations prolétaires » renvoyant au système capitaliste actuel, et à l'idée de classe dominée et exploitée.

Selon P. Jalée, « Accepter ce terme (Tiers-Monde) revient à introduire insidieusement l'idée que le groupe de pays dont nous parlons constitue une entité, un monde en soi, par rapport auquel il faudrait plus ou moins dénaturer les théories et les raisonnements qui s'appliquent à l'ensemble des pays capitalistes et à celui des pays socialistes ». « Tiers-Monde, quel Tiers-Monde?. » Ainsi, l'expression est présentée comme déformante par de nombreux auteurs qui insistent sur l'unité de l'accumulation au niveau mondial ou ceux qui nient l'unicité de condition des différents pays regroupés sous le vocable de Tiers-Monde.

Le monde en quatre

La Banque mondiale propose une distinction plus complexe en quatre groupes (relativement hétérogènes) :

Les pays en développement

Ce groupe se divise lui-même en deux sous-groupes :

– **Les pays en développement à faible revenu.**

– Les pays en développement à revenu moyen.

L'ensemble de ces deux catégories de pays, les plus pauvres, constitue près de la moitié de la population mondiale.

Les pays pétroliers

Ces pays comprennent essentiellement les pays pétroliers dont les ressources énergétiques sont importantes et la population relativement faible. Ce sont des pays dont le PNB par habitant est souvent élevé.

Les pays à économie planifiée

Caractérisés par une organisation économique et sociale différente, ces pays représentent de l'ordre d'un tiers de la population mondiale.

Les pays industrialisés

Ces pays regroupent de l'ordre d'un cinquième de la population mondiale et ont un PNB par habitant très élevé.

Nouveaux pays industriels

Dans une optique proche de la précédente et axée sur les différences entre pays du Tiers-Monde, l'expression des « **nouveaux pays industriels** » (Brésil, Hong-Kong, Corée du Sud...) a été forgée pour désigner l'ensemble des pays à bas niveau de vie ayant récemment accru leur production industrielle et la part de cette production dans leur PNB à un rythme très élevé.

Un petit nombre de pays du Tiers-Monde regroupe l'essentiel des exportations de produits industriels des pays « en développement ». La notion de dépendance est cependant toujours centrale dans la réalité de ces pays qui pour l'essentiel voient des filiales de multinationales intégrer leur production dans leur division internationale du travail (% élevé d'investissements étrangers).

Les pays périphériques

Un certain nombre d'analystes marxistes considèrent que l'origine du sous-développement résulte de la relation dépendante avec les pays du « centre », développés de longue date.

La **périphérie** est l'ensemble des pays dépendants du centre, soumis à l'échange inégal au profit du centre, et dont l'économie désarticulée connaît un blocage de croissance.

L'idée de formation en transition bloquée indique que le sous-développement n'est pas un stade antérieur mais un blocage, produit du développement des formations capitalistes développées engendrant une accumulation dépendante.

Définition par une liste de critères

Les approches empiriques ont tenté de définir le sous-développement par une série de critères communs que l'on retrouve dans le plus grand nombre des pays sous-développés. Suivant les auteurs, les critères proposés diffèrent dans leur nombre et surtout dans leur nature. Pour certains, les critères regroupés sont essentiellement des signes de la pauvreté (malnutrition, mortalité infantile...); pour d'autres, la liste inclut une dimension plus caractéristique de la dépendance extérieure, de la désarticulation...

Quelques critères sont le plus souvent proposés : faible PNB par habitant, malnutrition, analphabétisme, forte mortalité infantile, maladies endémiques, industrialisation très faible, taux d'investissement restreint, forte ruralité, faiblesse des classes moyennes, chômage très élevé, travail des enfants, taux de salaire assurant un niveau de survie avec une ration calorique très faible, structures économiques dépendantes de l'extérieur, exportations à faible valeur ajoutée, structures économiques comportant un secteur moderne peu développé, secteur tertiaire archaïque gonflé par le chômage...

La nature des critères retenus n'est pas indifférente, car elle renvoie à un type ou à un autre de définition globale et d'analyse. Les listes qui insistent uniquement sur la pauvreté renvoient aux analyses en termes de retard, celles qui valorisent les données structurelles (désarticulation, dépendance) fondent des analyses en termes de domination.

Ce type de recherche se heurte à deux obstacles essentiels, d'une part la diversification des pays du Tiers-Monde qui rend de plus en plus difficile la définition de critères communs, d'autre part l'absence de mise en relation des différents critères retenus qui empêche une compréhension approfondie du phénomène et de son évolution.

L'analyse en termes de retard et de cercle vicieux

Tout un courant important de l'analyse du sous-développement analyse les problèmes du Tiers-Monde en termes de retard et de cercle vicieux ; le plus souvent l'expression pays en voie de développement (P.V.D.) est utilisée.

Retard du développement

Les P.V.D. sont des pays en cours de développement. Ceux-ci ont atteint un stade moins avancé que celui des pays industrialisés. Leur PNB par habitant, leur taux d'investissement, la part de leur secteur moderne... mesurent leur niveau de développement.

Ces analyses insistent sur la diversité des degrés de développement, sur une échelle très large allant des moins riches aux plus riches sans rupture.

Rostow a proposé un modèle de développement caractéristique de ces approches en termes de retard, dans « *Les étapes de la croissance économique* ». Pour Rostow, les P.V.D. ne constituent pas un ensemble à part, mais connaissent une situation économique et sociale que d'autres ont antérieurement connue ; ils aspirent à franchir les étapes du développement.

Les étapes de la croissance économique

Pour Rostow, la croissance économique peut se ramener à cinq grandes étapes qui se succèdent dans un ordre unique déterminé. En schématisant, les cinq étapes sont ainsi définies :

La société traditionnelle

Elle est caractérisée par : la part essentielle du secteur agricole ; un système de valeurs fondé sur le fatalisme ; l'importance de l'organisation familiale ; des propriétaires fonciers, au centre du pouvoir ; des connaissances fondées sur la tradition et la routine.

Les conditions préalables au décollage

– Durant cette phase : l'optimisme se répand, des objectifs dynamiques naissent : sentiment de dignité nationale, valorisation du profit privé.

– L'épargne se développe avec les moyens financiers qui permettent de la centraliser. Les investissements économiques prennent leur essor.

– Les connaissances, les techniques insufflent à l'agriculture et à l'industrie une productivité croissante.

Le décollage (take-off)

« Le démarrage (décollage) est la période pendant laquelle la société finit par renverser les obstacles et les barrages qui s'opposaient à la croissance régulière ».

Il combine les traits suivants :

– Les institutions, les valeurs de la société intègrent la croissance et anticipent la montée de la production.

– Le taux d'investissement passe d'environ 5 % à plus de 10 % du Revenu National.

– Les industries nouvelles jouent un rôle moteur. L'agriculture se modernise et libère des hommes et des capitaux.

– De nouvelles techniques se généralisent.

– Le démarrage est une phase irréversible qui modifie les structures politiques, économiques et sociales.

La marche vers la maturité

C'est une phase longue qui prolonge les effets du décollage : tous les secteurs incorporent les progrès techniques ; le taux d'investissement s'élève à 20 % et plus ; la société adapte ses institutions et ses valeurs à la croissance, qui devient une finalité qui subordonne toutes les autres.

La société de consommation de masse

– Les besoins fondamentaux sont satisfaits (vêtements, logement... décents pour tous).

– La composition de la main-d'oeuvre change ; le secteur des services se développe.

– Le secteur géré par l'État-providence se développe ; affectant une part croissante des ressources à la protection sociale.

Les « cercles vicieux » de la pauvreté

La théorie du cercle vicieux a beaucoup de versions où le raisonnement peut être psychologique, naturel, sociologique.

Cercle vicieux sociologique : Manque d'entrepreneurs, systèmes de valeurs non compétitifs, traditions paralysantes, fatalisme des religions, divisions ethniques limitant l'ambition nationale, mépris du travail manuel et de la technique appliquée, préférence pour le loisir et la convivialité... la liste est longue des interprétations sociologiques qui présentent le sous-développement comme un état économique stable fondé sur des particularismes sociaux paralysants.

L'accommodation selon Galbraith désigne le constat que font les pauvres d'une situation sans issue ; tout effort étant vain, il est alors rationnel de renoncer au changement. Par exemple les investissements agricoles sont tellement risqués pour des paysans au seuil de la famine qu'ils ont intérêt à maintenir les méthodes traditionnelles.

De nombreux économistes, frappés par la stagnation relative des pays sous-développés, les présentent comme pris dans un « cercle vicieux ». De multiples versions représentent cette fatalité interne, cependant classiquement elles se ramènent aux mécanismes économiques suivants :

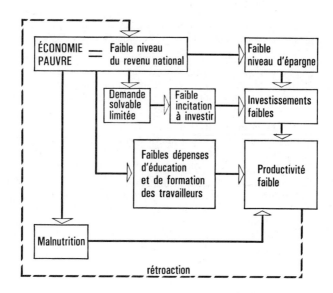

Ce schéma symbolise un mécanisme simplifié d'économie stagnante, le sous-développement se reproduisant à l'infini.

➠ Mais un tel schéma ne revient-il pas à dire que « les pays sont pauvres car ils sont pauvres » et en particulier il oublie que souvent le surplus existe mais ne sert pas à l'accumulation. Ce schéma néglige entre autres le fait que la productivité des secteurs exportateurs est élevée et que certains pays sous-développés ont réussi en modifiant leur système économique à élever le niveau d'éducation : les pays de l'Asie du Sud-Est ont connu par exemple une croissance à la japonaise...

L'analyse en termes de dépendance

L'analyse en termes de dépendance renvoie à plusieurs courants théoriques. Pour les uns, il y a domination de fait, c'est-à-dire « influence asymétrique et irréversible » (F. Perroux), et cette domination objective est à la fois caractéristique et source de sous-développement ; pour les autres le sous-développement est le produit même du développement des pays dominants. Ce dernier type de définition du sous-développement est présenté par S. Amin, dans le texte ci-dessous :

Le sous-développement se définit non par le niveau du produit par tête, mais par des caractères structurels propres qui obligent à ne pas confondre les pays sous-développés avec les pays développés à un stade antérieur de leur développement. Ces caractères sont :

1. **les inégalités** extrêmes qui caractérisent la distribution des productivités à la périphérie dans le système de prix qui lui est transmis par le centre, qui résultent du caractère propre des formations périphériques et y commandent largement la structure de la distribution du revenu.

2. **la désarticulation** qui résulte de l'ajustement de l'orientation de la production à la périphérie conformément aux besoins du centre et qui empêche la transmission des bénéfices économiques des pôles de développement à l'ensemble du corps économique.

3. **la domination économique** du centre qui s'exprime dans les formes de la spécialisation internationale (les structures du commerce mondial dans lesquelles le centre façonne la périphérie selon ses besoins) .et dans la dépendance des structures de financement de la croissance à la périphérie (la dynamique de l'accumulation du capital étranger) ». S. Amin, *L'accumulation à l'échelle mondiale*).

Le sous-développement est un phénomène historique, car « jusqu'à la fin du XVIIᵉ siècle les écarts dans les niveaux de développement économique et technique des divers pays étaient peu importants » (P. Bairoch, Le *Tiers-Monde dans l'impasse*).

La dépendance

Une économie est dépendante si elle subit « les conséquences des mouvements et des politiques émanant des autres pays ». Cette dépendance peut prendre des formes et des intensités variées. La dépendance peut être économique, mais aussi culturelle : emprise de firmes étrangères, dépendance commerciale... cadres et formation des élites liés aux pôles dominants... films, musique, information contrôlés par l'extérieur...

La désarticulation

Pour G. Destanne de Bernis, « une économie est **désarticulée** si elle n'est pas intégrée » et « une économie est intégrée s'il y a complémentarité entre ses secteurs, c'est-à-dire, que chacun consomme une part notable des autres au titre des consommations industrielles nécessaires aux détours de production d'une économie développée. »

Le dualisme

Le **dualisme** dans sa définition la plus sommaire présente le sous-développement « sous la forme de deux secteurs, l'un

moderne et l'autre archaïque (...), d'où il suit qu'une forte croissance appliquée en un point (...) ne se propage pas à l'ensemble
(...). L'ensemble est composé d'îlots de croissance économique,
entourés d'espaces économiques vides ou stagnants ». (F. Perroux,
L'économie du XXe siècle, 2e édition).

Plus généralement, le dualisme est multidimensionnel : le caractère dualiste des pays du Tiers-Monde a été vigoureusement con-
testé. Existe-t-il encore un **secteur traditionnel** qui s'opposerait
au secteur moderne ? Ce que l'on appelle secteur traditionnel est
modifié par l'existence du secteur moderne, les cultures vivrières sont concurrencées par les cultures d'exportation plus rentables, et le système de prix favorisa l'orientation vers l'extérieur.
Les problèmes du secteur dit traditionnel ne se comprennent que
reliés aux secteurs modernes...

L'impérialisme

Au sens large, on utilise le terme impérialisme pour qualifier
« toute politique extérieure de puissance et de domination d'un
État. » Dans ce sens, on peut dire que Hitler avait une politique
impérialiste, on parlera d'impérialisme du dollar,...

Mais ce sont surtout les marxistes qui ont utilisé le terme dans
un sens strict, défini par Lénine.

Sens de Lénine

« L'impérialisme est le capitalisme arrivé à un stade de développement où s'est affirmée la domination des **monopoles et du
capital financier,** où **l'exportation des capitaux** acquis une importance de premier plan, où le **partage du monde** a commencé entre
les trusts internationaux et où s'est achevé le **partage de tout le
territoire** du globe entre les plus grands pays capitalistes ».
(*L'impérialisme stade suprême du capitalisme,* Éd. du Progrès).

Capital financier signifie ici interpénétration du grand capital
industriel et bancaire. Le partage économique du monde correspond au partage des marchés, celui-ci accompagne le partage colo-
nial de la terre.

Bourgeoisie compradore

On désigne du nom de « **bourgeoisie compradore** » la partie de
la classe dirigeante des pays en voie de développement qui a choisi
de lier son sort au capitalisme mondial, bénéficiant du commerce,
des multinationales implantées, du tourisme... Cette bourgeoisie
peut alors imiter le modèle occidental en bénéficiant d'une partie
des bénéfices de la division internationale du travail.

Désaccumulation

Le processus de **désaccumulation** ou de fuite du surplus désigne :

La partie du surplus qui disparait de façon improductive : bijoux, voyages, placements spéculatifs de la classe dirigeante...

La fraction de la production qui quitte le territoire national du fait des entreprises étrangères et des placements à l'extérieur d'une classe dirigeante peu confiante en son avenir et attirée par des lieux plus sûrs pour ses richesses.

L'extroversion

L'extroversion désigne la tendance à produire en fonction du marché des pays développés ; l'extroversion est une manifestation de la dépendance.

Effet de démonstration

L'effet de démonstration est l'influence exercée par le mode de consommation d'un groupe social sur un autre. Dans le cas du Tiers-Monde, il s'agit généralement de l'impact sur ces populations de la perception du niveau et du style de vie occidentaux. Cet effet de démonstration est particulièrement fort sur les élites occidentalisées.

Vocabulaire des politiques de développement

Politique d'industrialisation

Définition large

Pour F. Perroux, « l'industrialisation est un processus cumulatif structurant l'ensemble social par l'emploi intensif de systèmes de machines et permettant l'augmentation à un coût décroissant des objets bénéfiques au groupe humain ». Ainsi l'industrialisation n'est pas simplement l'existence d'industries, mais inclut l'idée de productivité croissante, de moindre pénibilité des travaux et l'effet d'entraînement cumulatif des « systèmes de machines ».

Définition restreinte

Pour R. Gendarme, l'industrialisation est définie de façon plus centrée sur les problèmes de sous-développement : « Nous définirons l'industrialisation par la substitution des importations, comme la satisfaction d'une plus grande proportion de la demande intérieure par la production de biens de consommation, puis progressivement, en utilisant sur place les matières premières dans le but d'économiser des devises et de réduire la domination des pays industrialisés » (*Les cahiers français*, n° 168).

Les industries industrialisantes

Les **industries industrialisantes** sont celles qui modifient l'ensemble des secteurs en multipliant les interdépendances à la fois par leurs commandes à d'autres secteurs et par la fourniture de biens intermédiaires à un ensemble multiple d'industries. Pour de Bernis elles engendrent « des transformations des fonctions de production, grâce à la mise à la disposition de toute l'économie d'ensembles nouveaux de machines qui accroissent la productivité de l'un des facteurs et de la productivité globale » (ISEA, *Économie Appliquée* 1966 n° 3-4).

Politique de développement

Une politique de développement comprend un ensemble de choix concernant les objectifs et les moyens :

– le choix d'un système économique : place du marché, de la planification, réformes agraires ;

– le choix de secteurs prioritaires : agriculture, industrie, types d'industries ;

– le choix d'un système de répartition plus ou moins égalitaire ;

– le choix d'un système d'accumulation plus ou moins intensif ;

– le choix d'un système de décision plus ou moins centralisé ;

– le choix de techniques ;

– le choix d'une politique à l'égard de l'extérieur : faut-il accueillir les multinationales, s'intégrer au marché mondial ? Faut-il acheter des biens d'équipements sophistiqués ou utiliser des industries légères ? Le protectionnisme doit-il protéger les industries naissantes ?...

Ces questions-clés ne définissent pas la totalité d'une politique de développement mais ses lignes directrices.

☞ CROISSANCE, PLANIFICATION, POLITIQUE ÉCONOMIQUE

SYSTÈME ÉCONOMIQUE ET SOCIAL

Deux sociétés ne sont jamais strictement semblables, mais la seule constatation de cette diversité ne permet guère d'avancer dans l'analyse des lois et mécanismes économiques. Comme pour toute science, il est nécessaire de classer, regrouper, pour mieux cerner les mécanismes de fonctionnement.

Si la R.F.A., les États-Unis, la France, le Royaume-Uni diffèrent sur de nombreux points, ils ont néanmoins des caractéristiques communes fondamentales du point de vue de l'activité économique : propriété privée des principaux moyens de production, rôle central du profit dans l'orientation de la production... Ces pays ont un certain nombre de structures communes.

Structure économique

Plus généralement une structure exprime une certaine façon de régler les relations entre les éléments d'un ensemble, elle définit les opérations qui organisent et donnent une vie particulière à ces éléments.

Le mot structure a deux sens principaux en économie, l'un est statique, l'autre dynamique.

En statique, comme le définit F. Perroux, les **structures** sont « les proportions et relations qui caractérisent un ensemble économique localisé dans le temps et dans l'espace ». Les proportions peuvent être par exemple la part de la population artisanale ou salariée dans l'ensemble de la population active, les relations, le rapport entre taux de profit escompté et niveau des investissements...

En dynamique, **les structures** sont « les éléments d'un ensemble économique qui au cours d'une période déterminée apparaissent comme relativement stables par rapport aux autres » où les « quantités en mouvement ralenti, c'est-à-dire dont les modifications sont faibles pour la période que nous avons choisie » (F. Perroux).

Ainsi, un certain nombre de structures communes caractérisent les pays capitalistes cités plus haut : existence du salariat, rôle majeur du profit dans l'orientation de la production, propriété privée des principaux moyens de production...

Système et régime

Pour F. Perroux, **le système** est « un ensemble cohérent d'institutions et de mécanismes de la production, de la consommation et de la répartition et un style de vie, c'est-à-dire une interprétation générale traduite en actes de la vie sociale reposant sur une hiérarchie déterminée de valeurs ». Un système est donc un « ensemble cohérent de structures dépassant le seul cadre économique », d'où l'expression de système économique et social.

Mais dans la réalité, on ne retrouve pas les caractéristiques d'un système économique à l'état pur. La cohérence entre les structures réelles peut n'être que partielle. Pour désigner un système concret on parle de régime économique.

Mode de production (terminologie marxiste)

Le mode de production règle les conditions de production, autant dire que c'est une certaine articulation entre **les forces productives et les rapports de production** (cf. schéma p. 352).

Forces productives

Les individus produisent à partir d'un certain nombre de moyens de production matériels, machines-outils, bâtiments, mais aussi de connaissances techniques et de savoir-faire. Pour faire du plastique il faut certes du pétrole, mais aussi tout un savoir scientifique et chimique, une expérience industrielle et technique détenue par les travailleurs, qu'ils soient ingénieurs, techniciens ou ouvriers. Tous ces éléments sont définis par le terme de **forces productives** qui comprend les moyens de production : nature, machines, force de travail, connaissances. Ces éléments sont fortement reliés.

Mais les hommes n'agissent pas dans n'importe quelles conditions, l'organisation du travail dépend d'un certain système social.

Rapports de production

Pour produire il faut donc des moyens de production, mais la manière dont ils sont détenus varie. Dans notre société ce sont généralement des individus qui les possèdent, dans d'autres ils sont propriété de l'État, c'est ce que l'on appelle **les rapports de propriété.** Ceci va déterminer des droits différents dans l'organisation du travail ; celui qui possède les moyens de production a le droit de diriger ou de désigner ceux qui le feront à sa place **(rapports de pouvoir).** Le rapport entre dirigeants et exécutants, la manière d'organiser la production est donc soumise dans notre société à la possession des moyens de production. De plus, les rapports de production se distinguent par la position des groupes par rapport au travail matériel. Enfin la manière dont seront répartis les biens produits, les types de revenus, seront des éléments caractéristiques des modes de production **(rapports de répartition).** Dans le mode de production féodal, les paysans produisent, la terre appartient au seigneur auquel ils doivent une partie de leur production, mais aussi un certain nombre de jours de travail sur des champs dont la récolte ne leur appartient pas du tout.

Le mode de production féodal règle la manière de produire, la répartition du pouvoir et des produits, ceux qui produiront matériellement...

Mode de production et formation sociale

Cependant un mode de production ne cherche pas à résumer tout ce qui existe dans une société donnée, c'est plutôt une manière de comprendre l'essentiel de ce qui caractérise une manière de produire. Une société donnée comprend généralement plusieurs éléments de modes de production différents ; alors que régnait le mode de production féodal, on pouvait déjà trouver dans les villes des éléments du mode de production capitaliste par exemple.

Une formation sociale désigne une société concrète qui est une certaine combinaison entre différents éléments de modes de production différents.

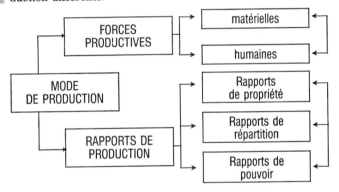

☞ MODÈLE, CAPITALISME, SOCIALISME, PLANIFICATION, MARCHÉ

SYSTÈME MONÉTAIRE INTERNATIONAL

De la notion de change à celle de S.M.I.

Change, taux de change et parité

Dès que l'échange de marchandises dépasse le cadre de la nation, le problème du change se pose. Les monnaies acceptées dans un pays ne le sont généralement pas dans un autre il faut donc pour payer une importation, ou toute autre dépense en relation avec l'extérieur, convertir de la monnaie nationale en unités monétaires du pays avec lequel s'effectue la transaction, c'est-à-dire effectuer une **opération de change.**

Le taux de change, ou rapport de change, est la quantité de monnaie nationale nécessaire pour obtenir une unité monétaire d'un autre pays (donc le prix d'une monnaie exprimé à partir d'un autre).

La parité correspond à un taux de change officiel par rapport à un étalon (or, dollar...) c'est-à-dire que les banques centrales agissent lorsque leur monnaie s'écarte du taux d'intervention. La parité est essentielle dans les systèmes dits « à parités fixes », tels celui de Bretton-Woods.

Le **pair** est le taux de change d'une monnaie par rapport à une autre non étalon, dans un système de parités fixes.

Dépréciation monétaire et dévaluation

Le rapport de change ou la parité d'une monnaie par rapport aux autres monnaies n'est pas nécessairement stable dans le temps.

Il y a **dépréciation monétaire** (sur le plan externe) lorsque la valeur d'une monnaie diminue par rapport à des monnaies étrangères considérées comme stables ou par rapport à l'or.

Stricto sensu, on ne parle de **dévaluation** que si c'est l'État qui modifie officiellement la parité de la monnaie dans le sens de la baisse.

Si au contraire la valeur de la monnaie s'accroît, il y a **appréciation monétaire,** et **réévaluation** si la modification est liée à une intervention de l'État.

Devises

L'ensemble des moyens de paiement libellés en monnaies étrangères sont des devises.

Zone monétaire

Définition générale

Une monnaie peut être utilisée dans le règlement des transactions au-delà du cadre national dont elle est issue. L'ensemble des territoires, où une monnaie donnée est acceptée, soit totalement soit partiellement en règlement des transactions internes ou externes (ou les deux), est appelé **zone monétaire**. C'est ainsi que l'on parlera de zone franc, zone sterling, zone dollar.

Définition en termes de dépendance

Une **zone monétaire** est constituée d'un groupe de pays définissant leurs monnaies par rapport à une monnaie dominante. Fixation de parités avec le centre et unité du groupe lorsque le pays du centre modifie l'estimation de sa monnaie, utilisation comme instrument de réserve de la monnaie du pays-centre, concertation entre les directeurs des banques centrales, caractérisent une zone monétaire. Une zone monétaire est généralement l'expression d'un réseau asymétrique de relations, un pays disposant d'une puissance économique, politique et monétaire telle que le commerce des pays de la zone est tourné vers le centre, celui-ci étant généralement plus autonome et en relation avec d'autres centres dont il peut être dépendant. Ainsi la zone Franc comprend de nombreux pays africains (anciennes colonies).

S.M.I.

Les conditions dans lesquelles s'effectuent les opérations de change influencent le niveau et la nature des échanges, les disponibilités monétaires détenues à l'intérieur du pays... c'est ainsi qu'un taux de change faible peut favoriser les exportations, mais se traduira par un accroissement du coût des importations. Les États ont progressivement mis en place des règles et des institutions visant à organiser et à contrôler les échanges monétaires internationaux.

Au sens large, le **système monétaire international** (S.M.I.) est l'ensemble des règles et institutions qui **régissent** la création et les échanges de monnaie entre les nations.

Au sens strict, c'est l'ensemble des règles et institutions qui **régularisent** les règlements monétaires et la création monétaire au niveau international.

Au sens large, dès qu'il y a possibilité de paiement monétaire international, il y a un S.M.I., par contre au sens strict, ce n'est que si l'ensemble des règles et institutions présente une certaine cohérence par rapport à quelques objectifs fondamentaux que l'on parlera de système monétaire international. C'est bien sûr dans ce sens étroit que certains auteurs ont affirmé qu'il n'y a plus de système monétaire international.

Pour R. Salomon, le S.M.I. assure trois fonctions : l'ajustement de la position des balances des paiements y compris la modification des taux de change ; le financement des déséquilibres des paiements internationaux entre pays par l'intermédiaire du crédit ou des réserves ; l'offre de monnaie internationale (réserves).

Les principaux systèmes

La convertibilité

Une monnaie peut être convertible : dans ce cas, elle peut être échangée librement contre d'autres monnaies ou contre de l'or. Elle peut aussi être non convertible (inconvertible) ou partiellement convertible. Dans ce dernier cas la convertibilité est limitée, par exemple l'échange peut se faire jusqu'à une certaine somme, ou après contrôle de la nature de la transaction par un organisme public... En période de guerre, de difficultés graves ou pour des motifs politiques, une monnaie peut être inconvertible, il est alors impossible d'obtenir librement des devises en échange de cette monnaie.

De l'étalon-or au Gold exchange standard

Historiquement plusieurs types d'organisation monétaire ont existé, souvent à l'état impur.

Monnaie externe \ Monnaie interne	Or	Monnaie-papier
Or	Étalon-or (Gold specie standard)	Étalon-or pour le change (Gold Bullion standard)
Devises + Or		Étalon de change-or (Gold exchange standard)
Devises		Etalon-devise (ex : étalon-dollar)

L'étalon-or

En système d'étalon-or, les règlements internationaux s'effectuent en or.

L'étalon-or pur ou *Gold specie standard* est caractérisé par le double rôle de l'or comme monnaie interne et externe.

Le Gold Bullion Standard voit la convertibilité des monnaies-papier internes limitée. Seules des quantités importantes de monnaie interne sont convertibles en or.

L'étalon-or n'a jamais véritablement fonctionné à l'état pur car l'hégémonie de la Livre sterling faisait de celle-ci au XIXᵉ siècle le véritable instrument incontesté des échanges.

Le système d'étalon de change or est le modèle de référence théorique classique. Chaque monnaie est définie par son poids en or. Le taux de change reflète la définition en or de la monnaie. De plus la frappe de l'or est libre et les monnaies convertibles. La banque achète et vend l'or selon sa définition en monnaie nationale. Les mouvements de l'or assurent librement les transactions, la masse monétaire étant liée aux modifications de la balance des paiements.

Les mouvements d'or comme stabilisateurs

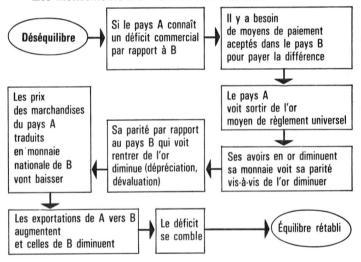

Point d'or (gold points)

Les entrées et les sorties d'or assurent un retour automatique à l'équilibre de la balance des paiements. Lorsqu'un déséquilibre apparaît, l'or ne sort pas immédiatement. Les **points d'or** sont les bornes théoriques de fluctuation des monnaies dans ce système.

Si le cours du franc baisse par rapport à sa parité de départ, au-delà des frais d'expédition de l'or, il devient avantageux de payer en or (**point de sortie** pour la France). Symétriquement, si la hausse des cours favorise un pays, il y a un point d'entrée d'or qui dépend des coûts de transport et d'assurance de l'or.

Le Gold exchange standard

Dans ce système monétaire, les règlements extérieurs s'effectuent en or et en devises. Chaque pouvoir central national détient des réserves d'or et de devises lui permettant de garantir la convertibilité-or de sa propre monnaie au moins au niveau externe.

On appelle **réserves** l'ensemble des moyens de paiement internationaux dont disposent les autorités monétaires d'un pays. Actuellement on inclut dans les réserves non seulement l'or et les avoirs en devises mais également les créances sur le Fonds Monétaire International (voir ci-dessous).

De Bretton-Woods au système actuel

Bretton-Woods

A la fin de la Deuxième Guerre mondiale, la désorganisation monétaire est telle que la mise en place de nouvelles institutions semble nécessaire. Le projet américain l'emporte et se concrétise par les accords de Bretton-Woods en 1944.

Les principales dispositions de l'accord portent sur les points suivants :

– Chaque pays devra progressivement assurer la convertibilité de sa monnaie avec le dollar et les autres monnaies.

– Le dollar est rattaché à l'or au taux fixe de 35 dollars l'once d'or. Le lien avec l'or est donc conservé, mais de façon indirecte pour la plupart des monnaies.

– Les taux de **change** doivent être **fixes**. La quantité de monnaie échangée contre une unité de monnaie étrangère ne doit pas varier dans le temps de façon significative. La marge de variation tolérée est de plus ou moins un pour cent. La dévaluation, constat d'échec dans le maintien de parités stables, ne doit être qu'exceptionnelle.

– Un organisme supra-national, le **Fonds Monétaire International** est créé. Il a pour fonction principale d'aider les différents Etats à maintenir la fixité des taux de change.

Le système de Bretton-Woods a de fait comme pivot le dollar, et les États-Unis sont les véritables responsables de la création des liquidités internationales.

R. Salomon, ancien sous-secrétaire au Trésor américain pour les affaires monétaires, parle même du rôle unique de son pays :

« Le système de Bretton-Woods, dans le cadre duquel les Etats-Unis jouaient un rôle unique en tant qu'offreur ou preneur en dernier recours des réserves de dollars par leur politique d'achat ou de vente d'or dans leurs transactions avec les autorités monétaires étrangères, leur demandait de rester passifs vis-à-vis de leur taux de change » (*Le S.M.I.,* Economica, 1979).

Autrement dit, toutes les monnaies étant définies par rapport au dollar, celui-ci n'avait pas à bouger, et sa référence à l'or assurait seule en théorie une contrainte : tout détenteur de dollars pouvait théoriquement demander immédiatement la contrepartie en or des « billets verts ». De fait nulle contrainte institutionnelle véritable ne pesait sur la création de liquidités au gré du Trésor américain.

Les liquidités internationales

Ce système allait favoriser l'accroissement des **liquidités internationales,** c'est-à-dire des « moyens de paiement mis à disposition des agents pour régler leurs transactions en devises ».

Le montant des liquidités internationales ne correspond pas nécessairement à l'ensemble des réserves détenues par les États car certains avoirs peuvent être figés par exemple pour garantir la monnaie émise au niveau interne et donc constituer un stock oisif. De plus, certains avoirs privés participent des liquidités internationales.

Ces liquidités internationales allaient être alimentées par le développement des droits de tirage spéciaux et surtout par les eurodollars.

Eurobanques et eurodollars

A l'origine des eurodollars se trouve le déficit de la balance des paiements des États-Unis qui a alimenté le monde en dollars, mais également la politique monétaire américaine. Au début des années 60, la rémunération des dépôts internes fut réduite et les prêts aux ressortissants étrangers strictement limités. Il en résultait an déplacement vers un marché parallèle situé en Europe et le développement d'**eurobanques,** banques européennes opérant en devises, surtout en dollars. Les fonds américains y recherchaient des taux plus élevés qu'aux États-Unis et les Européens y trouvaient les crédits qu'ils ne pouvaient pas obtenir aux États-Unis, par suite de cette réglementation.

Les banques américaines elles-mêmes créèrent des filiales en Europe pour ne pas perdre leurs clients et bénéficier du développement des eurobanques.

Un peu plus tard, la législation américaine changea, mais les habitudes étaient prises et le déficit américain accélérait le développement des eurodollars par le canal des eurobanques. Les **eurodollars** (aussi qualifiés de xenodollars) sont des avoirs en dollars possédés par des ressortissants non résidents aux États-Unis (banques ou entreprises) et qui se négocient et circulent à l'extérieur des États-Unis. Plus généralement, on parlera d'**eurodevises** pour qualifier tout autre avoir en devises présentant les caractéristiques ci-dessus par rapport à son pays d'origine.

CIRCULATION D'EURODOLLARS

Phase I.		
Une entreprise française a une créance sur une banque américaine		
Compte de la banque E.U.	Compte de l'entreprise française A	
Détenteur européen	Banque E.U.	
X dollars	X dollars	

Phase II.		
L'entreprise A dépose ses avoirs dans une banque européenne qui elle-même pourra prêter ces dollars à une entreprise B		
Compte de A	Banque française	Banque E.U.
Banque française	Banque E.U. / Client A	Détenteur européen
X dollars	X dollars	X dollars

Pour de nombreux auteurs, il peut y avoir création monétaire suivant un mécanisme comparable à la création de monnaie scripturale par les banques nationales. Il y aurait alors plus d'eurodollars que de dollars nécessaires pour réaliser ces opérations. C'est donc une banque située hors du territoire national qui assure des fonctions pour partie comparables à celles d'une banque centrale.

Capitaux flottants

Les capitaux flottants sont des capitaux qui se déplacent très rapidement d'un pays à l'autre à la recherche d'un rendement optimal.

Les Droits de Tirage Spéciaux (D.T.S.)

Les droits de tirage spéciaux ont été créés en 1970 et se présentent comme une monnaie supranationale, émise par le F.M.I. La valeur du D.T.S. est fonction de celle d'un panier de 5 devises (Dollar, Deutschemark, Franc français, Yen, Livre sterling).

Les D.T.S. sont considérés comme faisant partie des réserves de change d'un pays.

L'étalon-dollar

L'accroissement considérable de la masse des dollars détenus hors des États-Unis, la modification des poids économiques relatifs des différents pays..., allaient favoriser une spéculation intense contre le dollar. Progressivement les principales caractéristiques de Bretton-Woods allaient être abandonnées : le 15 août 1971, la convertibilité du dollar en or est supprimée, les accords de la Jamaïque confirmeront officiellement l'abandon du rôle légal de l'or.

La suppression de la référence à l'or ne suffit pas pour définir un système d'étalon-dollar, il faut encore que le dollar joue effectivement le rôle d'étalon-monétaire, c'est-à-dire de référence par rapport à laquelle sont définies les différentes monnaies existantes. Certains auteurs estiment que dès le lendemain de la Deuxième Guerre mondiale le dollar jouait en fait le rôle d'étalon monétaire.

Changes flexibles et flottement des monnaies

Les accords de Bretton-Woods prévoyaient la fixité des parités. Les accords de la Jamaïque officialisèrent une pratique courante depuis 1973 : le flottement des monnaies.

Le **flottement des monnaies peut être pur :** dans ce cas l'État n'intervient pas dans la détermination des parités et l'offre et la demande des différentes devises déterminent seules les cours du jour.

Les flottements monétaires peuvent être **impurs :** l'État se réserve le droit d'intervenir sur le marché des changes lorsqu'il estime nécessaire. Cette forme atténuée de flottement des monnaies est la plus couramment pratiquée.

Diverses mesures ont eu pour fonction de limiter les effets des changes flottants (voir le Système monétaire européen, page 238).

Le système de Bretton-Woods a éclaté par la généralisation des changes flottants, la disparition de la référence théorique du dollar à l'or depuis l'inconvertibilité décrétée par Nixon. Le rôle croissant des D.T.S., l'émergence de nouvelles monnaies de réserve acceptées pratiquement (DM et Yen) introduisent un bouleversement notable.

Aujourd'hui, les principes qui règlent le F.M.I. sont peu contraignants : l'article IV révèle l'état actuel du S.M.I. : « Chaque pays membre s'engage à collaborer avec le Fonds (F.M.I.) et avec les autres membres pour promouvoir **un système stable de taux de change** (...). En ce qui concerne plus particulièrement les changes, chaque État membre peut opter pour l'une des trois solutions suivantes :

a. définir la valeur de sa monnaie par une relation fixe avec le D.T.S., ou tout autre étalon, à l'exclusion toutefois de l'or, exclusion très formellement signifiée ;

b. lier la valeur de sa monnaie à celle d'une autre devise (...).

c. laisser flotter librement sa monnaie sur le marché des changes » (J. Marchal, *Le S.M.I. 1944-1979,* Cujas).

De fait le dollar continue de jouer son rôle de principal moyen de règlement, d'unité de compte et d'instrument de réserve privilégié. Pourtant ce rôle n'a plus aucune contrepartie. Le dollar bénéficie en fait de son appareil industriel et surtout de son réseau bancaire et financier qui fournit un espace financier homogène et aux règles explicites qui font du dollar une pièce maîtresse de l'actuel S.M.I. (existant empiriquement).

Le recyclage

L'accroissement du prix du pétrole s'est traduit par une détérioration des balances des paiements des pays importateurs et par une accumulation importante de ressources monétaires pour les pays pétroliers. Dans la mesure où les revenus obtenus par ceux-ci n'étaient pas utilisés pour acquérir des marchandises, certains économistes craignaient une réduction des liquidités mondiales défavorable à l'activité économique. Pour éviter ces inconvénients, une **politique de recyclage** des capitaux pétroliers excédentaires fut préconisée. La politique de recyclage des capitaux des pays pétroliers consiste à placer directement ou indirectement dans certains pays importateurs une fraction des surplus financiers des pays producteurs. Les eurobanques, les banques américaines, japonaises... jouent un rôle important dans ce recyclage.

☞ BANQUE, ÉCHANGES INTERNATIONAUX, MONNAIE, SYSTÈME MONÉTAIRE EUROPÉEN

TRAVAIL

Qu'est-ce-que le travail?

L'ouvrier spécialisé qui travaille sur une presse est incontestablement au travail ; s'il apprend l'anglais après les heures passées à l'usine, nombreux sont ceux qui considéreront cette activité comme un loisir culturel. Par contre, si un cadre commercial étudie une langue étrangère, cela sera généralement considéré comme un prolongement naturel de son travail et même une partie de celui-ci. Parallèlement, on parle indistinctement de travail pour le repassage du linge réalisé par une femme « au foyer », les devoirs de l'écolier, le bricolage d'une femme qui tapisse sa maison ou fabrique des meubles... Ces différents exemples renvoient à plusieurs définitions du travail.

Au sens le plus large

Le travail est toute activité qui produit des objets ou des services qui ont une valeur d'usage. Ainsi pour G. Friedmann le travail est « l'ensemble des actions que l'homme, dans un but pratique, à l'aide de son cerveau, de ses mains, d'outils ou de machines, exerce sur la matière, actions qui à leur tour, réagissant sur l'homme, le modifient ». *(Traité de sociologie du travail)*. En ce sens le bricolage, le travail de l'étudiant ou de la ménagère sont un travail. L'individu qui prend sa douche le matin travaille lui aussi !

Au sens intermédiaire

« Le **travail** est une activité qui produit quelque chose qui a de la valeur pour autrui » (Rapport « *Work in América* » MIT Press). Dans cette approche, le domaine du travail exclue par exemple le temps passé à prendre soin de soi-même, mais inclut le travail ménager qui a une valeur pour le reste de la famille.

Au sens étroit

La notion de travail retenue est celle de **travail rémunéré**. Le travail est une activité qui produit dans un cadre économique donné (salarié, artisan, profession libérale...) de la valeur pour autrui.

Du point de vue économique, c'est essentiellement le travail rémunéré qui est pris en compte. (Par opposition au travail non rémunéré qui est inclus dans les définitions précédentes). A l'intérieur de cette première catégorie on peut aussi distinguer le travail salarié et non-salarié.

Dans un autre **sens économique** le travail est un **facteur de production**. Le travail est alors l'activité productrice de l'ensemble des travailleurs. Dans ce sens, **travailler** est une activité créatrice de biens et de services mettant en action des travailleurs disposant de connaissances techniques et dans une certaine relation aux moyens de travail, incluant la nature et la répartition des tâches, les règles hiérarchiques, la place des individus dans la création de la richesse sociale, et une certaine répartition du produit créé.

La division du travail

Si un groupe d'amis passe des vacances ensemble, à rénover une vieille maison, et qu'ils décident que l'un va faire la maçonnerie, l'autre l'électricité, le troisième la plomberie, le quatrième les plans, le cinquième la cuisine, ils pratiquent alors une forme de division du travail.

La division du travail peut résulter de la répartition des tâches entre les membres d'une famille, d'un pays ou du monde. Elle peut consister en une division par sexes, par âges, par types de tâches (travail de conception ou de réalisation), par niveaux hiérarchiques...

Il y a **division du travail** si la réalisation d'un produit est décomposée en une série de tâches partielles dont chacune contribue en partie à l'élaboration de l'ensemble.

La division du travail se double de **spécialisation** si, de plus, chaque opération (ou groupe d'opérations) est confiée à des individus différents.

Parcellisation

On parle de travail **parcellaire** lorsque l'activité du travailleur est limitée à l'élaboration d'une infime partie de l'objet. Dans un texte célèbre, Adam Smith décrit la parcellisation des tâches dans une fabrique d'épingles :

« Un ouvrier tire le fil de la bobine, un autre le dresse, un troisième coupe la dressée, un quatrième empointe, un cinquième est employé à émoudre le bout qui doit recevoir la tête ; cette tête est elle-même l'objet de deux ou trois opérations séparées ; la frapper est une besogne particulière ; blanchir les épingles en est une autre ; c'est même un métier distinct et séparé que de piquer les papiers et d'y bouter les épingles ; enfin l'important travail de faire une épingle est divisé en dix-huit opérations distinctes ou environ, lesquelles, dans certaines fabriques, sont remplies par autant de mains différentes, quoique dans d'autres le même ouvrier en remplisse deux ou trois. » (A. Smith, *La richesse des nations*).

Taylorisme

Le taylorisme n'a pas inventé la division du travail mais lui a donné une impulsion nouvelle, poussant à sa limite la division entre travail manuel et intellectuel. C'est un courant né à la fin du XIXe siècle et qui s'est généralisé depuis.

L'organisation scientifique du travail (ou OST) est une forme d'organisation du travail fondée sur les principes suivants :

1. L'étude systématique du savoir-faire des ouvriers est faite par le service des méthodes. Celui-ci s'informe, puis analyse les gestes productifs pour en tirer des règles générales qui s'imposeront ensuite à tous les ouvriers.

2. « Tout travail intellectuel doit être enlevé à l'atelier pour être concentré dans les bureaux de planification et d'organisation » (Taylor, *Shop management*, 1903). Le second principe découle du premier : ayant parfaitement maîtrisé le processus de production, il est inutile que les ouvriers possèdent le métier, ils doivent simplement appliquer les instructions. Une séparation stricte du travail intellectuel et manuel aboutissant à une déqualification des ouvriers réduits au rang de simples ouvriers spécialisés est une conséquence du taylorisme.

3. Le troisième principe consiste à définir strictement les tâches afin de contrôler leur exécution et de limiter les temps morts. Des instructions détaillées et complètes concernant les gestes productifs sont données aux travailleurs :

– la tâche confiée à chaque travailleur est limitée à un nombre restreint de gestes,

– les mouvements improductifs sont éliminés,

– les mouvements les plus rapides pour effectuer une tâche donnée sont imposés aux travailleurs,

– un temps est affecté à chaque opération productive. Celui-ci est le plus faible possible,

– le salaire aux pièces, pratiqué dans la mesure du possible, doit motiver les travailleurs,

– des outils appropriés doivent être définis.

Le stakhanovisme se distingue du taylorisme par l'utilisation importante des stimulants idéologiques et le caractère moins systématique de la division des tâches.

Pour beaucoup, le terme scientifique ne convient pas à l'organisation scientifique du travail car elle ne prend en compte qu'un point de vue partiel, l'intérêt des chefs d'entreprise.

Fordisme

Le fordisme doit son nom à l'inventeur de la Ford T, première voiture populaire de l'ère de l'automobile, symbole de la société de consommation de masse.

Le fordisme intègre le taylorisme et crée le principe de la chaîne continue qui implique soumission à la cadence de l'ensemble-machine. D'autre part il introduit l'idée qu'il doit y avoir standardisation des pièces et des produits, si l'on veut fabriquer des produits bon marché, seuls susceptibles de se vendre en masse.

Ford préconise l'octroi de salaires élevés pour développer la production de masse. Ces salaires élevés sont perçus comme une façon de créer des débouchés, donc de stimuler une production de masse rentable. Ford voit l'élévation des salaires dans le cadre des cadences accrues, et de productions en série favorisant la productivité. Le fordisme comme mode de régulation se développe (au moins en Europe) seulement après la Seconde Guerre mondiale.

Vocabulaire pratique

Poste de travail

Une part essentielle de la division du travail consiste à décomposer les tâches pour définir des postes de travail.

Un poste de travail est un ensemble de tâches. Selon Friedmann, il comprend : « La machine, la force motrice qui l'alimente, la disposition des organes intrinsèques, et par rapport aux machines voisines, le système d'alimentation et les interventions exigées de l'opérateur... » (Friedmann, *Traité de sociologie du travail*).

Travail à la chaîne

Une fois posée une certaine décomposition des tâches, le système du travail à la chaîne assure la continuité du processus.

La chaîne d'Olida est un exemple classique de ce type de processus de production : « Chez Olida, à Levallois, l'atelier "jambons cuits" emploie une centaine de personnes. A un bout de la chaîne les jambons arrivent accrochés sur des cadres. Le scieur les décroche, scie la crosse, les pose sur un tapis roulant qui les envoie aux dégraisseurs, aux désosseurs, au manoeuvre qui les saupoudre de gélatine, puis au mouleur. » (*Expansion,* avril 1971).

Pour Touraine, le **travail à la chaîne** est « Un type d'organisation du travail tel que les diverses opérations, réduites à la même durée ou à un multiple ou sous-multiple simple de cette durée, soient exécutées sans interruption entre elles et dans un ordre constant dans le temps et dans l'espace ».

Autrement dit, il s'agit de réaliser une coordination entre les divers postes de travail afin d'éviter tout phénomène d'encombrement obligeant les travailleurs à travailler de façon continue au rythme de la machine. Si décrocher les jambons prend cinq minutes et que l'opération suivante de sciage de la crosse en prend 10, il faudra prévoir deux fois plus de postes de scieurs que de décrocheurs afin d'assurer la continuité du travail d'un bout à l'autre de la chaîne.

Cadences

La cadence est le nombre d'opérations à réaliser en une unité de temps donnée.

Par exemple à l'usine de jouets « Mont Blanc », qui fabrique des voitures miniatures : « Devant chaque chaîne, il y a un tableau où sont inscrites les cadences : pour la Matra, c'est 2 000 par jour; pour les voitures à friction, c'est 5 000. » (*Expansion,* avril 1971).

Les cadences élevées ont pour objectif d'accroître la productivité du travail.

Travail posté

La recherche d'une utilisation continue des machines est aussi développée dans le temps afin d'amortir plus vite des équipements coûteux.

Le travail posté (ou en équipe) suppose une division du personnel qui travaille successivement pendant la même journée selon une alternance variant selon le système retenu.

Ainsi, par exemple dans le système 2 × 8 pratiqué à Renault Billancourt, deux équipes se succèdent; la première commence à 6 h 40 et doit attendre 14 h 05 pour être remplacée par l'équipe du soir qui travaille jusqu'à 23 h. Chaque équipe travaille six jours le matin et cinq jours le soir. En 3 × 8 continu, quatre équipes interviennent : une le matin, une l'après-midi, une la nuit, la quatrième étant au repos.

Turnover, absentéisme, coulage

Le taylorisme et le fordisme généralisés favorisent le développement de réactions négatives : turnover rapide, absentéisme, « **coulage** », revendications salariales ou de conditions de travail.

$$\text{Turnover} = \frac{\text{nombre de salariés quittant l'entreprise}}{\text{effectivifs totaux moyens pendant la période}}$$

$$\text{Absentéisme} = \frac{\text{salariés absents (en dehors des congés normaux)}}{\text{effectifs totaux (devant être théoriquement présents)}}$$

Le « **coulage** » est mesuré par le nombre de pièces mal faites, les disparitions de matériel, les matières premières et l'énergie gaspillées.

L'école des relations humaines

L'école des relations humaines introduit la dimension psychosociale dans l'étude du travail en mettant en évidence le rôle du groupe. Avec les expériences menées par Roethilsberger et Mayo à la Western General Electric Company, l'idée centrale de Taylor du « one best way » (unicité de la meilleure façon de faire) est ébranlée sur le plan théorique.

Ainsi une expérience menée avec modification de la lumière dans un groupe, alors que reste stable la lumière du groupe témoin, met en évidence que :

1. Quand on augmente l'intensité lumineuse, la productivité du groupe expérimental augmente.

2. Contre toute attente, la productivité du groupe témoin dont l'éclairage reste inchangé augmente aussi.

3. Quand on commence à diminuer l'éclairage du groupe expérimental, sa productivité continue à augmenter, et elle ne diminuera que lorsque la lumière rendra très difficile le travail.

Au lieu du résultat attendu avec une luminosité d'une intensité de x Lux, la productivité est maximum, on constate une absence de liaison entre intensité et productivité.

Les chercheurs concluent à l'existence d'un effet de groupe, d'une dimension de relation humaine dans le travail. Ainsi la productivité d'un individu dépend de celle du groupe. La productivité du groupe dépend d'un certain réseau affectif. La logique des sentiments gouverne ainsi le travail qui se situe en dehors de la logique économique classique ; en particulier l'homme mû par le seul appât du gain, cher à Taylor, est à rejeter, affirmera Mayo.

L'école des relations humaines propose une approche intégratrice des travailleurs, la mise en évidence des réseaux et la recherche des personnalités efficaces. Elle recherche la dédramatisation des conflits.

Dans les applications actuelles, les relations humaines tentent d'intégrer à l'entreprise les travailleurs, y compris ceux qui sont soumis à une division du travail de type taylorien. Loin de faire disparaître le taylorisme, la pratique des relations humaines le complète.

Enrichissement des tâches et groupes de travail autonomes

Pour rendre le travail moins répétitif, moins parcellaire, plus valorisant, plusieurs techniques ont été définies :

La rotation des postes est un système de travail où l'homme est affecté successivement à des postes de travail différents, afin de varier ses activités et de lui donner une conscience plus globale de ce qu'il produit. Cependant ce système conserve le côté parcellaire de chaque poste et oblige les travailleurs à des réadaptations, les automatismes devant être trouvés lors de chaque rotation de l'équipe.

L'élargissement des tâches désigne le regroupement en un même poste d'une multitude de tâches autrefois séparées. Il s'agit donc d'une recomposition des tâches, revenant sur le principe de spécialisation croissante. Par exemple, aux usines Volvo, un travailleur fait l'ensemble du moteur, muni d'un outillage polyvalent.

L'enrichissement des tâches est un stade encore plus élaboré de revalorisation du travail manuel. Le travailleur se voit confier des tâches plus valorisantes et moins répétitives : entretien, contrôle du processus de production... L'accroissement des responsabilités et de la qualification fait partie de l'enrichissement des tâches.

Groupes semi-autonomes : les travailleurs forment une équipe qui a la responsabilité d'organiser son temps et son travail conformément aux demandes des autres services de l'entreprise ou directement des clients. A la différence de la hiérarchie autoritaire classique, cette organisation du travail pousse à l'identification à l'entreprise, utilise les astuces du groupe, stimule la production par une association des revenus du travailleur aux résultats du groupe semi-autonome (plus ou moins productif, plus ou moins économe de matières premières...).

Cependant, cet ensemble de méthodes ne remet en cause ni les finalités, ni le pouvoir dans l'entreprise, ni même la hiérarchie qui demeure face à la responsabilité collective du groupe semi-autonome par exemple. Il ne faut donc pas confondre ces groupes semi-autonomes et l'autogestion appliquée au travail.

Automatisation

Lorsqu'un conducteur de métro dirige celui-ci, de station en station, il y a mécanisation mais non automatisation car la machine reste directement dirigée par l'homme. Par contre, si l'on fait fonctionner un métro sans conducteur il y a **conduite automatique** et la conduite du métro est automatisée.

Lorsque la peinture de certaines carrosseries ou la fabrication de certains blocs-moteurs, chez Renault, se fait sans manipulation humaine, il y a processus automatique, une partie de la production est automatisée.

De façon générale, lorsqu'un processus de production peut être rendu opérationnel sans intervention directe de l'homme, on dit qu'il y a **automatisation.**

Si au niveau d'une entreprise on parle d'automatisation, au niveau de l'ensemble d'une société qui subit des transformations profondes liées au développement de l'automatisme, on parlera d'**automation.**

Du travail manuel à l'automatisation intégrale, la diversité des degrés de mécanisation est importante.

Concrètement dans une usine, il peut y avoir différents degrés d'automatisation et ceci non seulement du point de vue de la technique employée, mais également au niveau du champ couvert par l'automation : ce peut être un poste de travail qui est automatisé, une phase de la production d'un produit donné, l'ensemble de la production d'une marchandise ou de l'usine.

Qualification

La qualification peut être envisagée de deux points de vue différents : la qualification requise par le poste de travail et la qualification effective du travailleur qui effectue une tâche. Le conflit entre ces deux conceptions apparaît nettement dans les négociations collectives : le patronat souhaite généralement classer les **postes de travail,** alors que les syndicats demandent que la discussion porte sur la **qualification des travailleurs** (niveau de formation, expérience acquise...).

Si la qualification est l'objet de discussions importantes, c'est qu'elle est la seule base qui peut justifier des différences de salaires. Cette liaison avec les revenus apparaît nettement dans la classification Parodi de 1945 qui définit l'ouvrier professionnel par une certaine formation professionnelle (CAP), mais aussi par une tranche de salaire.

La définition retenue peut aussi privilégier ou non un aspect des compétences requises. Par exemple, pour M. Freyssinet « la qualification d'un travail se mesure au degré et à la fréquence de l'activité intellectuelle qu'il exige pour être exécuté ».

Mais on peut retenir aussi une conception plus large :

La qualification d'un travailleur comprend l'ensemble des connaissances théoriques et pratiques nécessaires pour accomplir un travail donné.

Évidemment la qualification ne tient pas compte des aptitudes non reliées à l'activité ; que l'ouvrier soit un poète remarquable n'est pas considéré dans la définition de sa qualification.

Des classifications

Plusieurs terminologies sont utilisées qui correspondent à différents types de préoccupation ou de démarche : définitions des conventions collectives destinées à définir des grilles de salaires, études statistiques cherchant à connaître les besoins de main-d'oeuvre de l'appareil productif, analyses plus théoriques et générales de la réalité du monde du travail...

La classification Parodi

Historiquement, la classification Parodi a marqué le vocabulaire :

Le manœuvre est le travailleur qui réalise des « travaux élémentaires n'entrant pas dans le cycle de production ».

Les ouvriers spécialisés exécutent des travaux nécessitant une formation ou une pratique préalable ne dépassant pas six mois ; leur niveau de salaire doit se situer dans une tranche supérieure à celle des manœuvres.

Le vocable de spécialisés n'indique pas la possession d'une connaissance spéciale, mais plutôt la réduction de leur champ d'activité à une petite partie de la production. La qualification de l'O.S. s'acquiert sur le tas, mais nécessite souvent une adaptation rapide, un sens aigu de l'imitation et des facultés de réaction et d'attention. Les jeunes femmes O.S. dans l'électronique choisies pour leur minutie témoignent d'une qualification non négligeable des O.S. L'ouvrier spécialisé des grandes chaînes automobiles est l'exemple vivant du travail manuel conçu par Taylor et Ford.

Les ouvriers professionnels sont des ouvriers qualifiés disposant du CAP. Leur rémunération se situe dans une grille plus élevée que les deux catégories précédentes.

Les classifications des conventions collectives se sont progressivement éloignées de la classification Parodi, surtout à partir de 1968. Par ailleurs, la pratique a souvent classé des ouvriers dans des catégories supérieures à celle qui leur correspondait d'après les conventions collectives, pour permettre des augmentations ponctuelles de revenus sans remettre en cause les barèmes de revenus définis dans les conventions collectives.

Vocabulaire marxiste

Force de travail

La force de travail est l'ensemble des capacités matérielles et intellectuelles que vend le salarié ; elle inclut les connaissances techniques théoriques et pratiques, le savoir-faire, l'énergie, la résistance, la faculté d'adaptation et d'intégration au processus productif.

Force de travail simple

Le travail simple est la qualification du travailleur standardisé, par exemple la force de travail élémentaire sera celle du manœuvre.

Force de travail complexe

La valeur de la force de travail complexe correspond à un multiple de la force de travail simple du point de vue de sa valeur. Pour mesurer la valeur de la force de travail complexe, il faut inclure le coût de la formation, le coût de l'éducation des enfants et tous les éléments qui entrent dans le maintien en état de cette force de travail (vacances, loisirs...) à un moment social donné.

Valeur de la force de travail

La valeur de la force de travail correspond à l'ensemble des biens et services qui sont nécessaires pour dans des conditions historiques données, nourrir, loger, vêtir, éduquer, distraire un individu et sa famille. C'est donc une notion sociale qui dépend du niveau des forces productives et du niveau des luttes sociales pour faire reconnaître les besoins d'une catégorie de travailleurs.

Surtravail

Le surtravail est la durée du temps de travail pendant laquelle l'ouvrier travaille alors qu'il a déjà engendré pour son patron la valeur de sa force de travail.

Si par exemple, il suffit de 4 h pour engendrer 200 F de valeur nouvelle correspondant au salaire journalier et que le travailleur produit encore pendant 4 h pour 200 F supplémentaires, le surtravail est de 4 h ou encore de 200 F.

C'est le surtravail qui est donc à la base de la plus-value ; dans notre exemple la plus-value est aussi de 200 F.

Travail productif et improductif

Productif

Au sens de l'école soviétique, le travail productif est celui qui crée des produits matériels, y compris le conditionnement et les transports.

En ce sens le travail de l'ouvrier est par excellence le travail productif, celui du paysan aussi, la manutention et le transport sont aussi classés productifs.

Au sens intermédiaire, le travail productif est celui qui met à la disposition de la société des biens et des services disponibles sur un marché.

Moins centrée sur le travail manuel cette définition inclut les services, les transports, mais demeure centrée sur la notion marchande, excluant le travail des enseignants publics ou des chercheurs du CNRS, dont pourtant la contribution à la formation et à l'élaboration de nouvelles forces productives scientifiques, matérielles et humaines est notable.

Au sens large, tout travail créant des réalisations dotées d'utilité, soit directement en créant des biens ou rendant des services, soit indirectement par l'amélioration des forces productives, est productif.

Travail improductif

La notion de travail improductif dépend évidemment de la définition du travail productif.

Quelle que soit la définition du **travail productif,** le travail improductif peut être défini comme celui qui n'est pas productif.

Certains considéreront que les travailleurs créant des gadgets ou fabriquant des armes sont improductifs, car ils n'améliorent pas la satisfaction matérielle et morale de la population.

Travail indirectement productif : Est indirectement productif tout travail qui sert à préparer, contrôler, administrer, gérer, trouver de nouvelles techniques liées à la production.

☞ MODE DE PRODUCTION, PRODUCTIVITÉ

VALEUR ET PRIX

Différents niveaux de prix

Prix de vente

Le prix du melon à Cavaillon, fin juillet, pour une qualité précise, a un sens. Mais, le melon, à une autre date ou en un autre lieu, sera un bien différent qui aura un autre prix.

Le prix est le nombre d'unités monétaires nécessaires pour obtenir une marchandise ou un service, à un moment donné, dans un lieu donné et pour une qualité spécifique précise.

Le prix de marché est le prix constaté sur le marché d'un produit donné. Il peut exister plusieurs marchés pour un produit donné.

Les amateurs de football peuvent, parfois, constater, lors des finales importantes, qu'à côté du marché « normal » des billets, il peut exister un « marché noir », le prix des billets d'entrée sur le stade étant très différent du prix officiel.

Lorsque l'on parle de prix, sans autre précision, il s'agit le plus souvent du **prix de vente**. On distingue le prix de vente hors taxe, qui n'inclut pas la TVA, et le prix taxe comprise qui est le prix que doit payer l'acheteur.

Prix de revient

Le prix de revient est l'ensemble des coûts supportés par l'entreprise qui produit ou distribue la marchandise ;

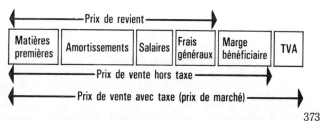

Prix de revient = Coût de production + coût de distribution

Coût de production = coût d'achat + charges directes et indirectes qui précèdent la vente.

Coût de distribution = Charges directes et indirectes liées à l'acte de vente (publicité, promotion, succursales, représentants).

Valeur d'usage

Un manteau de vison, à midi au Sahara, ou le 31 décembre en Laponie n'a pas la même valeur d'usage. La valeur d'usage apparaît ainsi comme une propriété des objets, mais elle ne leur est pas intrinsèque ; au contraire elle varie selon une multitude de facteurs. La valeur d'usage d'un manteau dépend de ses caractéristiques physiques (est-il chaud, imperméable...?) mais aussi de données subjectives. Un écologiste, hostile à la destruction des animaux à fourrure, peut éprouver un profond désagrément à porter un manteau fait de fourrures très rares ; pour lui, la valeur d'usage de cet objet peut être négative. Une femme, ouvrière spécialisée, revêtue du même manteau, peut provoquer diverses remarques désagréables, même si elle juge le manteau à son goût. Ainsi, selon les lieux, la mode, les individus, le contexte social... la valeur d'usage d'un objet varie.

La valeur d'usage est une estimation subjective de la satisfaction que procurent directement ou indirectement la possession d'un bien et son utilisation. Cette estimation est faite à un moment donné, dans un contexte social précis.

Interprétation néo-classique (marginaliste)

Pour les néo-classiques, la valeur d'usage correspond à l'utilité qu'un individu retire d'un objet.

L'utilité désigne la propriété qu'a un objet de procurer une satisfaction. La satisfaction peut être directe (biens de consommation) ou indirecte (biens de production). Notons que le mot utilité ne renvoie nullement à la notion de besoin, mais simplement à celle de plaisir : une tomate peut avoir comme utilité le plaisir qu'elle procure lorsqu'elle est dégustée en tomate provençale ou lorsqu'elle est lancée lors d'un spectacle sur un artiste qui déplaît, par un spectateur irascible. De même le tabac, produit nocif, est considéré de ce point de vue comme utile. Le point de vue subjectif du fumeur est choisi par rapport à l'approche normative de la médecine.

Valeur d'échange

La **valeur d'échange** s'exprime par un rapport d'échange qui précise pour chaque marchandise la quantité des autres marchandises qui lui sont équivalentes. Ainsi, on dira que la valeur d'échange d'une raquette de tennis exprimée en paire de chaussures est de 2, s'il faut deux fois plus d'étalon de valeur (par exemple d'argent) pour se procurer cette raquette que ces souliers... (on échange, directement ou non, une raquette contre 2 paires de chaussures). Usuellement on considère que le prix est la forme monétaire de la valeur d'échange, mais certaines théories considèrent que les marchandises peuvent être vendues au-dessus ou en dessous de leur valeur.

Vocabulaire néo-classique

Valeur utilité

Une des caractéristiques de l'école néo-classique en économie est qu'elle fonde la valeur sur l'utilité, c'est-à-dire qu'elle relie l'estimation subjective de la valeur d'usage à un rapport quantitatif dans l'échange.

Par exemple si M. Fraisier dispose de 3 kg de fraises et rencontre M. Pommier qui dispose de 5 kg de pommes ils pourront par l'échange et en tenant compte de leurs seuls goûts pour ces deux fruits établir la valeur de chacun de ces biens par rapport à l'autre. Pour simplifier nous raisonnerons en supposant que l'utilité peut être repérée sur une échelle numérique, M. Fraisier étant capable de dire que le premier kg de fraises lui apporte par exemple 15 unités de satisfaction, le deuxième 12 unités...

La loi psychologique de saturation présente le consommateur comme appréciant plus la première unité consommée que la deuxième, celle-ci étant préférée à la troisième...

Supposons que les utilités marginales de M. Pommier et M. Fraisier soient données par le tableau suivant :

	M. POMMIER		M. FRAISIER	
	Fraises	Pommes	Fraises	Pommes
1er kg	10	6	15	10
2e kg	8	5	12	8
3e kg	6	4	9	4
4e kg	4	3	6	4
5e kg	2	2	3	2

On observe alors que M. Pommier avant 5 kg de pommes dispose d'une utilité totale de 6 + 5 + 4 + 3 + 2 = 20 et que M. Fraisier, avec ses 3 kg de pommes, a une satisfaction de 15 + 12 + 9 = 36.

Par l'échange ils peuvent améliorer leur niveau d'utilité totale, ainsi M. Pommier peut renoncer à son cinquième kg de pommes (utilité marginale 2) contre 1 kg de fraises (utilité marginale 10 pour un premier kg de fraises), il améliorerait sensiblement son utilité totale (de + 8).

Même M. Fraisier, en échangeant selon ce rapport d'échange serait plus satisfait, car le renoncement au 3e kg de fraises lui fait perdre une utilité marginale de 9, alors que l'obtention du premier kg de pommes lui apporte une utilité de 10 ; cet échange à la valeur de 1 kg de fraises contre 1 kg de pommes lui procurerait un gain d'utilité de 1. Cependant il y a bien d'autres valeurs possibles améliorant la situation de chacun des deux sans nuire à l'autre.

Par exemple M. Pommier peut accepter une valeur d'échange de 3 kg de pommes contre 1 kg de fraises en étant plus satisfait, car le renoncement aux 3e, 4e et 5e kg lui fait perdre une utilité de 4 + 3 + 2 = 9 alors que l'obtention d'un premier kg de fraises lui procure une utilité de 10, soit un gain de 1 niveau d'utilité pour ce rapport d'échange.

Ainsi le niveau d'utilité total obtenu dans l'échange dépend de la valeur des biens.

Évidemment un tel rapport d'échange est encore plus favorable à M. Fraisier qui atteint alors un niveau d'utilité de + 5 l. On voit donc qu'il y a une place pour la négociation et que la valeur dans notre exemple peut s'établir entre 1 kg de fraises contre 1 de pommes et 1 kg de fraises contre 3 de pommes en améliorant la situation des deux échangeurs, ceci en se tenant aux seules valeurs entières pour simplifier.

Bien évidemment, les néo-classiques ne s'en sont pas tenus à des classifications cardinales de l'utilité.

Prix d'équilibre en concurrence pure et parfaite

Loi de l'offre et de la demande

Les acheteurs sont censés se déterminer selon la loi de l'offre et de la demande en fonction du prix, ils réagissent par une fonction de demande D (p), leurs achats étant d'autant plus élevés que les prix sont bas. Les quantités demandées sont donc une fonction décroissante des prix.

Les vendeurs sont supposés avoir un comportement réciproque, les quantités offertes [$q = O\,(p)$] étant une fonction croissante des prix : plus le prix est élevé plus ils sont disposés à vendre.

Sous ces hypothèses, à l'image de la cotation en Bourse, le prix d'équilibre parfait est celui où les quantités offertes q_2 et demandées q_1 sont égales pour un prix p' dit prix d'équilibre de marché.

Par exemple les chiffres du tableau indiquent les quantités que sont disposés à acheter et à vendre les échangeurs pour chaque prix théorique.

Quantités Prix	Achetées potentiellement	Vendues potentiellement
15 F 20 F	100 80	0 10
25 F = P*	50 = q_1	50 = q_2
30 F 40 F	20 10	80 100

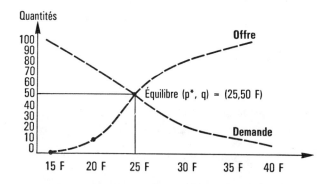

Ce schéma repose sur de multiples hypothèses, en particulier celle que les conditions de la concurrence pure et parfaite soient respectées.

Prix et tarification au coût marginal

Un exemple : le tarif vert

Prix et coût marginal : De façon assez symbolique la tarification au coût marginal est appliquée par une entreprise nationalisée : EDF.

Le tarif vert est fondé :

1. sur la nature de la demande d'électricité très discontinue durant la journée avec ses fameuses pointes du matin et de la fin d'après-midi.

2. sur la nature très composite du parc de centrales, qui comprend à la fois des centrales nucléaires, hydrauliques, à charbon, au fuel, ... Chaque type de centrale a un coût d'utilisation spécifique, fonction de ses caractéristiques techniques et de son âge.

En simplifiant, il est rentable d'utiliser en permanence le parc nucléaire (au coût élevé d'immobilisation et à coût moindre de combustible); à l'inverse les vieilles centrales qu'il faut pousser aux heures de pointe ont un coût en combustible élevé dû à leur faible rendement.

On appellera coût marginal du kW/EDF le coût de production du kW produit par la dernière centrale mise en route (en réalité il faudrait prendre le dernier kW supplémentaire produit par cette centrale).

La **tarification au coût marginal** consiste à faire payer à l'individu qui allume son électricité le surcroît de coût que sa décision impose. S'il allume à une heure de pointe, le prix qu'il paiera sera supérieur à celui qu'il paierait lorsque peu de personnes font usage de l'électricité.

Ce type de tarification est très différent de la tarification au coût moyen. Dans ce dernier cas le prix est le même quel que soit le moment de la journée.

Le prix d'équilibre de la firme

L'analyse marginaliste s'est forgée non dans le cas d'une entreprise nationalisée en situation de monopole vendant au coût marginal pour minimiser ses coûts globaux de production, mais au contraire dans le cadre du modèle de concurrence pure et parfaite...

Dans le cadre de ce modèle la firme ne peut influencer les prix, donc le prix du marché est donné et va l'amener à produire une certaine quantité correspondant au prix d'équilibre. Ce point d'équilibre de la firme est celui qui rend le profit de la dernière unité produite nul; autrement dit la firme n'a pas intérêt à produire plus si le coût de production d'une seule unité supplémentaire dépasse le prix de vente, donc le prix d'équilibre du marché.

On montre que ce prix d'équilibre de la firme est tel que :

Prix de marché = coût marginal correspondant au coût de production de la dernière unité, qui est aussi le point le plus bas de la courbe de coût moyen.

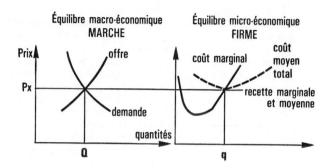

Prix de monopole

La situation de monopole, au sens strict (un seul vendeur) est exceptionnelle. Dans le cas du monopole l'entreprise n'a plus à suivre un prix de marché, mais simplement à maximiser son profit en choisissant son niveau de production en tenant compte de la quantité demandée à chaque prix, le prix de monopole assurant le profit maximum pour la firme.

Prenons un exemple très simple de la production de stylos : l'entreprise déterminerait son prix de monopole selon l'analyse marginaliste par une sorte d'enquête qui lui révélerait pour chaque prix le niveau de la demande et son coût moyen unitaire déterminant son profit. Supposons que le service marketing arrive à faire répondre les acheteurs à la question : « à tel prix, combien de stylos êtes-vous prêts à acheter ? »

Prix de vente (p)	Quantités achetées (q)	Coût unitaire moyen, au niveau de production = q (c)	Prix de revient total q.c = pr	Recette totale p.q = R	Profit total $P = pq - qc$ $= q(p-c)$
1 F	10 000	0,50 F	5 000 F	10 000 F	5 000 F
1,20 F	8 000	0,60 F	4 800 F	9 600 F	4 800 F
1,50 F	7 000	0,70 F	4 900 F	10 500 F	5 600 F
2 F	3 000	1,50 F	4 500 F	6 000 F	1 500 F

L'entreprise en situation de monopole choisira le prix de 1,50 F, et produira 7 000 stylos car son profit est alors maximum. Le prix de monopole est généralement supérieur au prix qui se fixerait en situation de concurrence pure et parfaite.

Prix d'oligopole

Dans le cas de l'oligopole (quelques vendeurs) la théorie néoclassique propose plusieurs approches des prix, la solution variant selon le modèle de stratégie des firmes. Comme les producteurs sont peu nombreux, le prix dépend de la décision de chacun d'eux, car les quantités offertes sont fonction de leur décision de production. Une des représentations possibles de leur comportement est celle de « l'entreprise de Cornac » : Le prix est fixé par la firme dominante qui choisit le prix en fonction de ses objectifs propres. Ayant fixé ce prix, cette entreprise dominante voit les autres suivre son exemple, car lui faire une guerre des prix serait perdu d'avance. Les entreprises plus petites fournissent le marché, vendent des quantités telles que leur coût marginal soit égal à ce prix, l'entreprise leader choisissant alors de fournir les quantités restantes pour que le marché soit en équilibre (offre et demande s'égalent au prix choisi). Evidemment cela suppose que l'entreprise dominante ait des coûts de production favorables qui lui assurent une part de marché notable et un profit élevé au prix fixé.

De façon générale, les prix d'oligopoles ont fait l'objet de nombreux modèles (Cournot, Edgeworth, Chamberlin...). Les divers modèles dépendent du type de marché, du rapport de force des participants, de l'évolution de la demande, du comportement des consommateurs,...

Généralement les prix ne sont pas des éléments centraux de la concurrence car trop meurtriers ; les oligopoles ont tendance à fixer des prix plus élevés que dans les situations de concurrence pure et parfaite. Il faut pour les analyser tenir compte des stratégies de lutte, d'alliances... Les consommateurs sont dominés par le vendeur.

Équilibre général, système de prix

Les notions de prix, de coût et d'utilité sont interdépendantes. Si les quantités produites dépendent des prix et donc des profits escomptés, les coûts de production diffèrent selon l'échelle de production. La demande variant selon les prix proposés, une demande forte fera baisser des prix en permettant une production de masse... Enfin la demande dépend non seulement du prix du produit, mais aussi du prix des autres produits, car le dernier franc dépensé le sera pour le produit qui procure l'utilité marginale la plus forte et une montée du prix d'un produit fera renoncer à son achat au profit d'autres biens (effet de substitution).

Walras a proposé le premier un modèle d'équilibre général. Nous définirons « le mécanisme de formation des prix », dans une représentation d'équilibre général selon la présentation de G. Cassel (*Theory of social Economy,* Ernest Benn, 1932).

Supposons que l'économie comprenne n biens $\{1,...n\}$, et numérotons l'offre respective de chacun par O_1 ,...O_n, et la demande par D_1... D_n.

La demande de chaque bien est en fait fonction non seulement du prix du bien, mais de tous les autres, autrement dit :

$$D_1 = F_1 \, (p_1 ..., p_n)$$
$$D_n = F_n \, (p_1 ..., p_n)$$

A l'équilibre, nous aurons pour chaque bien la demande égale à l'offre, soit $D_1 = O_1$... $D_n = O_n$...

Mais pour produire les n biens, il faut des facteurs de production ; supposons qu'ils soient au nombre de $_r$ et désignons-les par R_1... R_r.

Pour produire le bien 1, il faut utiliser les biens de production R_1... R_r et ce en quantités a_{11},... a_{1r} éventuellement nulle, et ce pour obtenir une unité du premier bien ; de même pour chaque bien : pour l'obtention d'une unité du nième bien il faudra a_{n1}... a_{nr} de chacun des r biens de productions.

Si q_1... q_r sont les prix des biens de production on peut calculer les prix des n biens :

$$p_1 = a_{11} \, q_1 + ... + a_{1r} \, q_r$$
$$P_n = a_{n1} \, q_1 + a_n \, q_r$$

La demande peut alors être calculée

$$D_1 = F_1 \, (p_1 ,... p_n)$$
$$D_n = F_n \, (p_1 ,... p_n)$$

Si les prix sont des prix d'équilibre

$$D_1 = O_1 ,.... D_n = O_n$$

Car l'offre et la demande de chaque bien s'équilibrent alors.

En vertu du principe de rareté, toutes les ressources de moyens de production sont utilisées et aucune autre n'est disponible, donc les divers moyens de production sont :

$$R_1 = a_{11} \, O_1 + ... + a_{n1} \, O_n \quad \text{(S)}$$
$$R_n = A_{1n} \, O_1 + ... + a_{nr} \, O_n$$

Cet ensemble d'équations concernant les facteurs de production dépendent de l'offre, donc des prix p_1... P_n qui nous l'avons vu, dépendent de q_1... q_r prix des r facteurs de production. Ainsi ce système de r équations linéaires a pour inconnues les r prix (q_1, ... q_r) des r biens de production, il a une solution unique dans le cas général où le déterminant de la matrice des coefficients est non nul, ce qui correspond à l'indépendance entre les biens de production.

On voit qu'ainsi on a une vision interdépendante des divers éléments de prix des biens produits, des biens de production, de la demande et de l'offre.

Bien que non conventionnelle, cette présentation met en évidence la logique d'une présentation en termes *d'équilibre général* insistant sur l'interdépendance entre les coûts de production, les prix de vente et l'offre et la demande de tous les biens.

Vocabulaire marxiste

Valeur-travail

Qu'est-ce qui fait que des marchandises s'échangent dans un rapport donné ? Pour Marx, les marchandises ont un point commun essentiel, elles sont le produit du travail humain. Bien qu'un manteau et une bicyclette soient, sur le plan de la valeur d'usage, des valeurs totalement différentes selon les goûts, les lieux et les modes, ils ont un point commun : chacun renferme un temps de travail donné mesurable permettant ainsi la comparaison avec un même instrument de mesure.

La théorie de la **valeur-travail** affirme que toutes les marchandises ont une valeur d'échange déterminée par la quantité de travail social moyen nécessaire à leur élaboration, à un moment historique donné.

Ainsi, si la bicyclette représente 100 heures de travail et que le manteau en contienne 50 heures, la valeur d'échange entre les deux marchandises sera de deux manteaux contre une bicyclette. Comme les produits tendent à s'échanger à leur valeur, 1 h de travail consacrée au manteau vaudra une heure de travail consacrée à la fabrication de la bicyclette.

Mais il faut préciser que le temps de travail varie selon les entreprises, selon les individus, et qu'en conséquence Marx se réfère à **une moyenne.** Les techniques de production étant variées, il est cependant possible de trouver une moyenne qui soit unique. Ainsi pour tel travailleur plus rapide ou plus lent que la moyenne, 1 h de son travail peut valoir plus ou moins que pour un autre, mais globalement ces différences s'équilibrent.

Marx précise aussi que le temps de travail reste une notion complexe : pour faire des produits banals ou à technologie complexe il ne faut ni le même type de travail, ni la même formation. Aussi la valeur sera exprimée à partir d'une unité de travail simple.

Le temps de travail d'un produit comprenant du travail très qualifié (ingénieurs, techniciens, travail complexe) sera ramené à une quantité de travail simple. Ainsi l'instrument de mesure est rendu homogène, et la valeur de tout produit peut être comparée à celle des autres.

Les machines, matières premières etc., interviennent dans la fabrication des marchandises. Pour lui, tout ce qui n'est pas le travail vivant est désigné par l'expression de **capital constant** en ce sens qu'il s'agit de biens transmettant leur valeur dans la production mais ne créant nulle valeur nouvelle.

Ainsi une machine permettant de fabriquer 100 produits sur son cycle transmet 1/100 de sa valeur à chaque marchandise qu'elle sert à fabriquer (exemple de capital fixe). Pour les matières premières constituant le capital constant sous sa forme de capital circulant, Marx précise qu'elles aussi ne font que transmettre leur valeur. Le tissu intégré à la chemise rajoute à celle-ci la valeur créée par le tisseur et nulle autre.

Donc pour Marx :

Valeur d'une marchandise	=	Capital constant incorporé (c)	+	Capital variable incorporé (v)	+	Plus-value créée par le travail (pl)

Prix de production

Marx constate dans le livre III du *Capital* que paradoxalement les marchandises ne peuvent généralement être vendues à leur valeur. En effet, précise Marx, les entreprises voient la valeur créée par le capital variable, mais elles diffèrent largement dans les conditions de production, car certaines nécessitent beaucoup de capital constant (c) et d'autres beaucoup de capital variable (v). Comme les conditions de concurrence produisent des occasions d'investissements pour tous les capitaux recherchant la plus-value maximale, le taux de plus-value dépendant des conditions communes d'exploitation il se produit une unification des taux de plus-value. Ceci étant admis, on obtient alors le résultat paradoxal suivant en appliquant strictement la loi de la valeur-travail : plus les entreprises font des investissements lourds, plus elles sont puissantes, plus leur taux de profit serait faible. En effet si le taux de plus-value est de 100 % et qu'une entreprise capitalistique a pour 90 milliards de capital constant et 10 milliards de capital variable, sa plus-value est égale à 10 milliards (pl = 100 % = 1).

Mais alors son taux de profit est seulement de 10 % :

$$\frac{pl}{c + v} = \frac{10}{10 + 90}$$

En revanche, une entreprise peu capitalistique et dépensant peu, mais ayant pour 1 000 F de capital constant et 9 000 F de capital variable ferait 90 % de taux de profit. Dans le cadre de ce modèle, le capitalisme ne pourrait exister car nul n'aurait intérêt à investir beaucoup !

Péréquation du taux de profit

Pour Marx, il y a péréquation du taux de profit, c'est-à-dire qu'un taux de profit unique et national se dégage du fait de la concurrence, qui, à un moment donné, pousse les capitaux à s'investir là où le profit est maximal. Ainsi, dès qu'une activité a un taux de profit élevé, les capitaux s'y précipitent, engendrant surproduction et rééquilibrage du taux de profit.

Le taux de profit correspondant à cette péréquation est obtenu en divisant la plus-value totale par la totalité du capital avancé :

$$P = \frac{(pl_1 + \dots pl_n)}{(c_1 + v_1 \dots + (C_n + V_n)}$$

Le prix de production est obtenu en ajoutant à la somme du capital constant et du capital variable une marge de profit proportionnel.

Prix de production = c + v + P (c + v)

P étant le taux de profit obtenu par péréquation.

Exemple : supposons qu'une économie est formée de deux entreprises, que le taux de plus-value soit de 100 %, déterminons le taux de profit moyen et les prix de production.

	Capital constant	Capital variable	plus value	taux de profit	profit obtenu	prix de production	valeur
	c	v	$pl=100\%$	P	$P(c+v)$	$(c+v)(1+P)$	$c+v+pl$
I	10	90	90	50 %	50	150	190
II	90	10	10	50 %	50	150	110

On constate ainsi que ces deux entreprises vendent leurs produits à 150 F alors que pour l'une la valeur est supérieure et pour l'autre inférieure. Pourtant globalement :

Somme des valeurs = Somme des prix de production. Dans notre exemple 150 + 150 = 110 + 190.

Les prix de production sont donc des prix qui permettent à tous  les types d'activité de rémunérer de façon égale leur capital mais en maintenant de façon globale la loi de la valeur. Ce modèle suppose que sans le savoir chaque entreprise tend à calculer ses prix en ajoutant le profit moyen calculé à ses avances en capital.

☞ COÛT ÉCONOMIQUE ET SOCIAL, MARGINALISME

INSTITUTIONS ET SIGLES

AELE Association européenne de libre-échange.

• *Création*. L'AELE est mise en place par la convention de Stockholm du 20 novembre 1959.
• *Membres*. L'AELE comprend : l'Autriche, l'Islande, la Norvège, la Suède, la Suisse et, depuis mai 1961, la Finlande.
• *Objectifs*. Instaurer le libre-échange au sein d'une Europe élargie. L'AELE fut une riposte à la CEE, ses résultats économiques, en termes de taux de croissance et de flux d'échange, ont été moins brillants que ceux de la CEE. Cela explique sans doute que la Grande-Bretagne puis le Portugal aient franchi le pas vers la CEE; des accords se sont alors tissés depuis 1972 entre l'AELE et la CEE pour réduire les freins au commerce entre ces zones.

ANPE Agence nationale pour l'emploi.

• *Création*. L'ANPE a été créée par l'ordonnance du 13 juillet 1967.
• *Objectifs*. La fonction principale de l'ANPE est normalement de rechercher des emplois pour les chômeurs (prospection et placement); elle doit pour cela informer tout chômeur des emplois disponibles sur toute la France; elle a aussi une fonction d'information et de conseil pour les chômeurs qui peut déboucher sur des formations professionnelles. L'ANPE est très connue pour les statistiques qu'elle tient sur l'emploi (DEFM, demandes d'emploi en fin de mois), à partir des inscrits à l'ANPE. Par-delà ces chiffres, l'ANPE fait des études et fournit des prévisions et des diagnostics sur l'emploi et le chômage...

ASSEDIC Association pour l'emploi dans l'industrie et le commerce.

• *Création*. Une convention entre le CNPF et les syndicats de travailleurs, signée le 31 décembre 1958, a mis en place le régime de l'assurance-chômage géré parfaitement par les employeurs et les représentants des travailleurs. Les ASSEDIC forment 52 associations qui sont gérées par les partenaires sociaux et qui sont réunies au sein d'une Union nationale, UNEDIC...
• *Objectifs*. Permettre l'indemnisation des chômeurs à partir des ressources versées par les cotisations sociales des employeurs (part patronale) et des salariés (part des travailleurs), sur la base des salaires versés aux salariés.

BIRD Banque internationale pour la reconstruction et le développement ou Banque Mondiale.

• *Création.* La conférence de Bretton Woods de juillet 1944 envisagea en plus de la création du FMI (voir page 358), celle de la BIRD.

• *Membres.* Comprend 134 États membres de l'ONU qui forment le conseil des Gouverneurs qui se réunit en assemblée plénière une fois par an. Entre ces réunions la BIRD est gérée par 20 administrateurs (dont un représentant pour chacun des cinq pays les plus riches du monde : États-Unis, France, RFA, Grande-Bretagne et Japon).

• *Objectifs.* Le but essentiel de la Banque Mondiale est de financer les projets de développement des pays les plus démunis. Elle sert d'intermédiaire entre les États apporteurs de capitaux et les emprunteurs. Elle procède par des prêts sélectionnés en fonction de la qualité technique et économique des projets soumis par les États eux-mêmes, par des organismes publics ou par des entreprises privées disposant de la garantie de leurs gouvernements. La Banque fournit une assistance technique aux projets, met en place leur financement; elle coordonne des projets interrégionaux, elle aide à la formation des administrateurs et des gestionnaires des pays les moins avancés.

BRI Banque de règlements internationaux.

• *Création.* La BRI a été créée lors de la conférence de La Haye en 1930 afin notamment de régler les problèmes relatifs aux réparations payées par les pays vaincus lors de la Première Guerre mondiale.

• *Membres.* Cinq pays européens en sont les fondateurs : Allemagne, Belgique, Grande-Bretagne, France et Italie. Aujourd'hui, 29 États en font partie. Les actionnaires privés ne peuvent dépasser 18 % du capital de la BRI afin de lui conserver son caractère officiel et inter-États.

• *Objectifs.* La BRI a actuellement pour vocation d'encourager la collaboration entre les Banques Centrales sur le plan monétaire. Elle peut être mandatée pour trouver des solutions à des problèmes épineux entre débiteurs et créanciers : rééchelonnement des dettes, soutien des monnaies fragiles, négociation de nouvelles parités, etc.

CAF Coût, assurance, fret, voir page 134.

CEE Communauté économique européenne, voir page 235.

CAEM Conseil d'aide économique mutuel (en anglais le COMECON).

• *Création* en 1949 du CAEM par les pays à économie planifiée d'Europe Orientale pour contrebalancer les effets du plan Marshall au sein des économies occidentales.

• *Membres*. A l'origine Albanie (depuis retirée), Bulgarie, Hongrie, Pologne, Roumanie, Tchécoslovaquie, URSS; depuis sa création, des pays s'y sont associés : Corée du Nord, Yougoslavie, Viêt-nam, Cuba.

• *Objectifs*. Le CAEM a comme objectif de favoriser la coopération économique entre les pays de l'Est, et la mise en place progressive d'une division internationale du travail. La finalité est en principe une intégration complète des économies socialistes au moyen d'une planification interdépendante. Mais en pratique, les accords sont essentiellement bilatéraux et le COMECON est régi par la règle de l'unanimité qui en limite le pouvoir contraignant.

CFDT Confédération française démocratique du travail.

• *Création*. La fondation de la CFDT sous sa forme actuelle date de 1964 où un congrès a transformé la CFTC, syndicat chrétien, en organisme laïque.

• *Objectifs*. Parmi ses objectifs la CFDT a mis en avant le refus de l'exploitation capitaliste, le rejet d'une inégalité des revenus trop prononcée et de l'aliénation d'une société qui prive les travailleurs d'un pouvoir effectif dans le travail, mais aussi dans la vie quotidienne. C'est ainsi que s'explique son attitude favorable à l'autogestion et à la planification indicative. Elle prône l'extension du domaine de l'économie non marchande (mutuelles, troisième secteur, etc.). Elle semble même préférer ce secteur associatif à l'étatisme qu'elle veut transformer par une meilleure prise en compte du pouvoir des travailleurs et aussi des usagers...

CFTC Confédération française des travailleurs chrétiens

• *Création*. La CFTC date de 1919; l'apport des syndicats chrétiens d'Alsace et de Lorraine fut alors décisif pour la fondation d'une Confédération française des travailleurs chrétiens.

• *Objectifs*. Le syndicalisme chrétien fut marqué largement par l'Encyclique *Rerum Novarum* du pape Léon XIII (1891) qui voulait pour les ouvriers un juste salaire et des droits qui leur assurent une vie libre et digne tout en respectant la propriété privée.

Ce syndicalisme réformiste refuse la lutte des classes et demande un dialogue permanent entre partenaires sociaux et une planification concertée.

CGT Confédération générale du travail.

• *Création.* La fondation de la CGT est le fruit du Congrès de Limoges du 24 septembre 1895. La Charte d'Amiens en 1906 sépare les objectifs des organismes syndicaux de ceux des partis politiques. Le syndicat est alors marqué par l'influence du courant anarcho-syndicaliste.

La CGT connaît une période de division et de scission avec les exclusions de 1920. Les exclus, membres des comités syndicalistes révolutionnaires (CSR), fondent la CGTU en opposant à la Charte d'Amiens des principes qui remettent en question le système capitaliste et la coupure stricte entre syndicats et partis politiques. Le congrès de Toulouse de mars 1936 réunifira les deux branches réformiste et révolutionnaire. Il faut attendre 1939 pour que l'exclusion des communistes de la Commission administrative de la CGT provoque une nouvelle période de division et de tensions. Les accords du Perreux en avril 1943 permettent une nouvelle réunification. Celle-ci sera cependant rompue par le départ de militants en 1947 qui fondent la CGT-FO.

• *Objectifs.* Outre la défense quotidienne des intérêts des travailleurs, la CGT a un projet social plus global qui comprend :
- la suppression de l'exploitation de l'homme par l'homme, donc du système capitaliste ;
- l'instauration d'une société où seront socialisés les principaux moyens d'échange et de production ;
- nationalisations, gestion démocratique, planification.

CNPF Conseil national du patronat français.

• *Création.* Le CNPF a été fondé dans sa forme actuelle en 1946 ; il regroupe, comme membres actifs, 85 fédérations professionnelles (dont la fameuse UIMM, Union des industries métallurgiques et minières) et 155 unions patronales interprofessionnelles territoriales rassemblant environ 900 000 entreprises... Il a aussi des membres associés tels le CJD (Centre des jeunes dirigeants d'entreprise), etc.

• *Objectifs.* Le CNPF est l'expression synthétique de la volonté patronale qui négocie au niveau national avec les organisations de travailleurs au nom des principales associations patronales qu'il coordonne et fédère.

CNUCED Conférence des Nations unies sur le commerce et le développement.

• *Création.* En 1964, l'assemblée générale des Nations unies s'est dotée d'un organe permanent ayant pour nom « Conférence des Nations unies sur le commerce et le développement ».

• *Membres.* La CNUCED comprend 167 pays.

• *Objectifs.* La CNUCED a pour but d'accélérer le développement économique des pays du Tiers-Monde et ce, en relation avec une maîtrise croissante des échanges internationaux. Elle recherche la stabilisation des prix des matières premières exportées, la diversification des exportations des pays du Tiers-Monde et notamment le développement de leurs échanges de biens manufacturés. L'accord relatif au système généralisé des préférences tarifaires symbolise la nature de ses interventions ; dans ce cadre, les pays riches se sont engagés sans contrepartie à réduire leurs droits de douane pour les marchandises en provenance du Tiers-Monde afin d'aider à leur développement.

COB Commission des opérations de Bourse.

• *La COB* est une administration sous tutelle du ministère de l'Économie et des Finances ; elle a été créée par l'ordonnance du 28 septembre 1967 pour veiller au bon déroulement des activités du marché financier ; elle est dirigée par un haut fonctionnaire mais comporte seulement 1/3 de fonctionnaires et 2/3 de membres représentatifs du marché ; elle est administrée par un collège composé d'un chef d'entreprise, d'un banquier, d'un agent de change et d'un magistrat, elle gère, contrôle les introductions de société, la bonne marche des émissions d'actions et d'obligations. Elle doit ainsi sanctionner les infractions à la bonne marche du marché.

CSP Catégories socio-professionnelles, voir page 56.

DTS Droits de tirage spéciaux, voir page 360.

ECU European currency unit, voir page 240.

FAO Food and Agricultural Organization.

• *Création.* En octobre 1945, la conférence de Québec fonde la FAO qui est une organisation spécialisée de l'ONU.

• *Membres*. Elle est régie par un conseil de 49 membres élus émanant d'une conférence bi-annuelle des pays membres de l'ONU.
• *Objectifs*. La FAO s'occupe de trois domaines touchant à l'agriculture et à la faim :
- l'information alimentaire destinée à combattre la famine, aides diverses, politique de stockage;
- l'action pour améliorer l'agriculture et l'autosuffisance des pays les plus touchés par la faim : réformes agraires, assistance technique sur le terrain, programmes d'irrigation, recherche de variétés agricoles plus productives et mieux adaptées aux pays pauvres.

FECOM Fonds européen de coopération monétaire, voir page 242.

FEOGA Fonds européen d'orientation et de garantie agricole, voir page 238.

FMI Fonds monétaire international, voir page 358.

FOB Free on board, voir page 134.

FO-CGT Force Ouvrière - Confédération générale du travail.

• *Création*. La CGT-FO plus brièvement appelée FO ou Force Ouvrière est une organisation syndicale issue en 1947 d'une fraction minoritaire de la CGT se réclamant de la Charte d'Amiens et s'opposant à la majorité communiste d'alors qui refusait le plan Marshall.
• *Objectifs*. Quatre grands principes inspirent FO :
- le syndicat doit être indépendant des parties et de l'État;
- la négociation de conventions collectives est l'essence du syndicalisme;
- le syndicalisme doit gérer les institutions sociales de façon paritaire (Sécurité sociale, caisse de chômage, etc.);
- le syndicalisme doit avoir la primauté sur les autres formes de représentation du personnel souvent dépendantes du chef d'entreprise...

GATT *General agreement on tariffs and trade* ou accord général sur les tarifs douaniers et le commerce.

• *Création*. Il prend naissance à Genève en 1947 où il est reconnu par près de 40 pays développés à économie de marché, trois pays socialistes (Pologne, Tchécoslovaquie, Yougoslavie) et quelques pays sous-développés tels : l'Indonésie, Cuba, Ceylan et le Nicaragua... C'est un accord multilatéral, aujourd'hui signé par 80 pays.

Le GATT a joué un rôle fondamental dans la libération des échanges lors de la croissance rapide des « Trente glorieuses ». Cependant, la méfiance des pays sous-développés à l'égard du libre-échange du GATT a entraîné la création de la CNUCED.

• *Objectifs.* Le GATT recherche un libre-échange généralisé. Pour atteindre ce but, il a adopté plusieurs principes clés :

- Le principe de non-discrimination signifie que la « clause de la nation la plus favorisée » doit être étendue à tous les partenaires participant au GATT. Toute déduction tarifaire accordée à un pays doit automatiquement être généralisée.

- Le GATT interdit les discriminations qui frappent l'entrée des produits étrangers, à l'exception des droits de douane dont elle encourage la réduction.

- Le principe de consolidation signifie que les participants à l'accord s'engagent à ne pas augmenter leurs droits de douane par rapport à la situation de 1947. On ne peut aller que dans le sens du libre-échange si l'on respecte le GATT. Les pays sous-développés ont obtenu une exception à ce principe pour protéger leurs industries naissantes ou des agricultures fragiles notamment.

- Les participants au GATT se sont engagés à négocier de façon systématique des réductions des tarifs douaniers de façon bilatérale et ce, par le moyen de concessions réciproques.

INSEE Institut national de la statistique et des études économiques.

• *Création.* L'INSEE sous sa forme actuelle a été créé en 1946; cet organisme prit la suite de la S.G.F. (Statistique générale de la France); l'INSEE bénéficia aussi d'autres apports : le Service national de statistique du gouvernement de Vichy (1941), divers services d'études économiques et surtout le service de Comptabilité nationale créé en 1962, qui contribuèrent à lui donner sa forme actuelle...

• *Nature de l'organisme :* L'INSEE est organisé sur une base nationale, il dispose d'une direction générale à Paris et de directions régionales reliées à des préfectures. Près de 8 000 salariés sont attachés à cette administration placée sous la tutelle du ministère de l'Économie.

• *Objectifs.* L'INSEE a pour fonction de fournir des éléments de connaissance sur l'évolution économique et sociale du pays, de tenir des statistiques, de réaliser des études et des prévisions économiques.

L'INSEE publie son fameux indice des prix, organise et dépouille le recensement, fait les enquêtes sur l'emploi, et tient les Comptes de la nation, etc.

L'INSEE a aussi une fonction de prévision et d'étude; il met au point des modèles économiques, fournit des études prévisionnelles sur l'état de l'économie française et fournit des données sociales.

OCDE Organisation de coopération et de développement économique.

• *Création.* Une convention signée le 14 décembre 1960, à Paris, a mis en place l'Organisation de coopération et de développement économique.

• *Membres.* Australie, Autriche, Belgique, Canada, Danemark, Finlande, France, RFA, Grèce, Islande, Irlande, Italie, Japon, Luxembourg, Pays-Bas, Nouvelle-Zélande, Norvège, Portugal, Espagne, Suède, Suisse, Turquie, Royaume-Uni, États-Unis...

• *Objectifs.* « L'OCDE a pour objectif de promouvoir des politiques visant :

- à réaliser la plus forte expansion possible de l'économie et de l'emploi et une progression du niveau de vie dans les pays membres, tout en maintenant la stabilité financière et contribuer ainsi au développement de l'économie mondiale;

- à contribuer à une saine expansion économique dans les pays membres, ainsi que non membres, en vue du développement économique;

- à contribuer à l'expansion du commerce mondial sur une base multilatérale et non discriminatoire, conformément aux obligations internationales. » *Convention du 14 décembre 1960,* Paris, OCDE.

OIT Organisation internationale du travail et BIT.

• *Création.* En 1919 par la SDN (Société des Nations, ancêtre de l'actuelle ONU); en 1946 l'OIT devient une institution associée à l'ONU.

• *Organisation.* L'OIT comprend 151 États membres en 1985 et dispose d'un Bureau international du travail (BIT) qui en constitue le secrétariat permanent; son conseil d'administration comporte 56 membres dont une moitié est l'émanation des gouvernements et l'autre moitié représente les partenaires sociaux (patronat et travailleurs).

• *Objectifs.* Contribuer à l'amélioration des conditions de travail et d'emploi; ses actions consistent généralement à lancer des programmes de coopération entre les pays afin d'améliorer la qualification professionnelle, à promouvoir des législations sociales, à inciter à la création d'emploi...

OMS Organisation mondiale de la santé.

• *Création.* En juillet 1946 à l'initiative des Nations unies (ONU).
• *Membres.* La plupart des membres de l'ONU.
• *Objectifs.* L'OMS a pour but d'améliorer l'état sanitaire du monde. L'OMS intervient sur demande des États. Elle fournit une assistance en matière d'élaboration d'infrastructures médicales dans le Tiers-Monde, elle diffuse les informations concernant l'état de santé du monde, dispense une assistance dans la lutte contre la maladie notamment contre celles qui règnent à l'état endémique (tuberculose, lèpre, choléra, malaria, etc.); son rôle dans la vaccination à grande échelle et dans la lutte contre les maladies transmissibles est fondamental.

ONU Organisation des Nations unies.

• *Création.* L'ONU a pris la succession de la Société des Nations (SDN). L'ONU est le fruit d'une série de conférences (Moscou – 1943 –, Yalta et San Francisco). Mais il faut attendre 1945 pour que se crée l'ONU, comprenant alors 51 pays (la décolonisation n'avait pas encore provoqué l'afflux des nouveaux membres).
• *Membres.* L'ONU comporte 159 pays membres en 1985 soit l'essentiel des pays du monde. Il est plus facile de citer les pays non membres de l'ONU que ceux qui en font partie, ce sont : Andorre, les deux Corées, Kiribati, Liechtenstein, Monaco, Nauru, Saint-Marin, Suisse, Taiwan, Tonga, Tuvalu, le Vatican.
• *Objectifs.* L'ONU s'est fixé pour objectif d'œuvrer pour la paix et la sécurité dans le monde. En pratique, cela n'exclut pas que près d'un pays de l'ONU sur trois soit régulièrement en guerre plus ou moins larvée contre ses voisins... Dans ce cas, l'ONU tente de favoriser le règlement pacifique des conflits.
• *L'organisation* a six organes fondamentaux :
- L'assemblée générale qui regroupe les 159 États membres en une cession annuelle ou en cession extraordinaire sur demande de la majorité des membres ou du Conseil de sécurité. Des commissions spécialisées préparent les travaux de l'assemblée plénière dans les domaines de la sécurité, de la politique, de l'économie, etc.
- Le secrétariat a pour fonction d'assurer les tâches nécessaires au bon fonctionnement de l'ONU et comprend 8 départements où travaillent des fonctionnaires internationaux dépendant de l'ONU et non de leur pays.

- Le Conseil de sécurité est l'organisme permanent de l'ONU chargé de faire respecter la paix dans le monde; il comprend 15 pays dont les cinq membres permanents disposant du *droit de veto* (Chine, États-Unis, France, Grande-Bretagne, URSS), et 10 membres renouvelables élus par l'assemblée générale.
- La Cour internationale de justice peut régler tout différend entre deux pays qui se soumettent à sa décision pour trouver une solution qui a force de loi pour les parties.
- Le Conseil économique et social coordonne les organisations spécialisées rattachées à l'ONU parmi lesquelles : la CNUCED, la FAO, l'OIT, l'OMS, le BIT, l'UNESCO, l'UNICEF, la BIRD, etc.

OPEP Organisation des pays exportateurs de pétrole.

• *Création.* En septembre 1960, cinq membres fondateurs se réunissent pour créer l'OPEP, ce sont : l'Irak, l'Iran, l'Arabie Saoudite, le Koweït et le Venezuela. Le siège de l'OPEP a été fixé à Vienne en Autriche.

• *Objectif.* L'OPEP a deux objectifs permanents :
- étudier les moyens de garantir les revenus du prix du brut;
- réagir contre les « Majors », grandes compagnies pétrolières qui tentent de s'approprier une part excessive des revenus du pétrole.

L'article 2 des statuts de l'organisation est clair :
« Certes, l'**objectif principal** devra être la coordination et l'unification des politiques pétrolières des États membres et la recherche des meilleurs moyens de sauvegarder leurs intérêts individuels et collectifs [...]. L'Organisation devra élaborer des politiques susceptibles d'assurer la stabilité des prix sur les marchés pétroliers internationaux afin d'éliminer les fluctuations nuisibles et inutiles. »

• *Membres.* L'OPEP regroupe 13 membres; en plus des 5 membres fondateurs, elle comprend aujourd'hui les Émirats arabes unis, Qatar, la Libye, l'Algérie, le Gabon, le Nigeria et l'Indonésie. Quatre organes permanents structurent l'organisation de l'OPEP ce sont : la conférence ministérielle qui est l'organe suprême de l'organisation, le conseil des gouverneurs, la commission économique et le secrétariat qui gère les affaires. Le secrétaire général de l'OPEP est le porte-parole officiel de l'organisation.

PCS Professions et catégories socioprofessionnelles, voir page 57.

PDRE Population disponible à la recherche d'un emploi, voir page 147.

PIB Produit intérieur brut, voir page 74.

PMDRE Population marginale disponible à la recherche d'un emploi, voir page 147.

PNB Produit national brut, voir page 74.

SMI Système monétaire international, voir page 353.

SMIC Salaire minimum interprofessionnel de croissance, voir page 329.

TDC Tarif douanier commun, voir page 236.

TVA Taxe à la valeur ajoutée, voir page 186.

UNESCO Organisation des Nations unies pour l'éducation et la culture.

• *Création.* L'UNESCO a été créée en 1946 à l'initiative des Nations unies (ONU).
• *Membres.* 160 États membres en 1985; les États-Unis puis la Grande-Bretagne ont quitté cette institution en 1985.
• *Objectifs.* Éviter les guerres et les conflits en développant un esprit de compréhension mutuel entre les peuples par le biais d'une diffusion de la connaissance des cultures les plus diverses. La valorisation des droits de l'homme et le refus des discriminations relevant de la race, de la langue, du sexe et de la religion est un principe essentiel de l'UNESCO. En pratique l'UNESCO a souvent reflété les divisions idéologiques de la planète.

INDEX

Comment utiliser l'index?

Croissance, 115 ⟶ Mot en gras qui correspond à un article fondamental regroupant une famille de mots. L'article se trouve page 115.

KEYNES, 223 ⟶ Nom d'auteur en majuscule, un développement lui est consacré page 223.
- demande effective, 224

⟶ La *demande effective* est une notion fondamentale de Keynes, elle est exposée page 224.

Actif, 87 ⟶ Le mot est défini page 87 dans son sens général.
- circulant, 88

⟶ L'expression *actif circulant* a un sens précis qui se trouve défini page 88

Concentration, 91
- verticale, 94
- - amont, 94 ⟶ La *concentration verticale amont* est traitée p. 94

DANS LA MÊME COLLECTION

Ouvrages de base

- Dictionnaire économique et social
- Dictionnaire des théories et mécanismes économiques
- Dictionnaire d'histoire économique,
  de 1800 à nos jours
- Dictionnaire de la pensée politique,
  hommes et idées

- Comprendre l'information économique et sociale,
  guide méthodologique
- Initiation à l'économie,
  les concepts de base, les techniques,
  les grands économistes
- Initiation à la sociologie

- Keynes et les keynésiens aujourd'hui,
  des solutions pour sortir de la crise?
- Les économistes classiques
  D'Adam Smith à Ricardo
  de Stuart Mill à Karl Marx
- Les économistes néo-classiques
  De L. Walras à M. Allais
  de F. von Hayek à M. Friedman

Ouvrages thématiques

- Le dollar,
  monnaie américaine ou monnaie mondiale?
- La Bourse,
  son fonctionnement,
  son rôle dans la vie économique
- La productivité,
  progrès social ou source de chômage?
- Les politiques industrielles,
  libéralisme ou intervention de l'État?
- L'énergie dans le monde,
  stratégies face à la crise
- Le désordre alimentaire mondial,
  surplus et pénurie : le scandale
- Le tourisme international,
  mirage ou stratégie d'avenir?
- L'économie française face aux défis mondiaux
- Singapour, Taïwan, Hong Kong, Corée du Sud,
  les nouveaux conquérants?
- L'économie du Japon,
  une menace ou un modèle?
- Le Tiers-Monde
  les stratégies de développement à l'épreuve des faits...
- L'Europe de 1993
  espoirs et risques
- Comptabilité et finance
- Le Monde aujourd'hui 1992.
- Le désordre monétaire international.

Achevé d'imprimer en juin 1995
sur presse CAMERON
dans les ateliers de B.C.I.
à Saint-Amand-Montrond (Cher)

N° d'Édition : 14708. N° d'Impression : 1/1563.
Dépôt légal : juin 1995.

Imprimé en France